金融商品取引法制の潮流

金融商品取引法研究会 編

公益社団法人 日本証券経済研究所

はしがき

　平成18年の証券取引法の改正によって誕生した金融商品取引法制（平成19年9月末施行）は，平成20年以降，今年（平成26年）を含めて毎年改正という記録を更新中である。資本市場をめぐる環境の変化が激しく，法制もそれに対応して頻繁に改正されて今日に至っている。

　金融商品取引法研究会は，平成18年11月から平成21年5月までに開催した研究会における研究の成果を平成22年6月に『金融商品取引法制の現代的課題』として刊行したが，その後も，実務上生じている諸問題を中心として，幅広く研究を継続してきた。本書は，平成23年2月から平成25年7月までに開催された研究会における研究の成果を収録したものである。

　本書が日本の資本市場の一層の発展のために学問面から貢献することを願うしだいである。

　なお，金融商品取引法は，今後も研究を継続する予定である。

　平成27年1月

金融商品取引法研究会
会長　神田　秀樹
（東京大学教授）

金融商品取引法研究会メンバー

平成26年9月30日現在

会　　長	神　田　秀　樹	東京大学大学院法学政治学研究科教授
副会長	前　田　雅　弘	京都大学大学院法学研究科教授
委　　員	青　木　浩　子	千葉大学大学院専門法務研究科教授
〃	飯　田　秀　総	神戸大学大学院法学研究科准教授
〃	太　田　　　洋	西村あさひ法律事務所パートナー・弁護士
〃	加　藤　貴　仁	東京大学大学院法学政治学研究科准教授
〃	川　口　恭　弘	同志社大学大学院法学研究科教授
〃	神　作　裕　之	東京大学大学院法学政治学研究科教授
〃	黒　沼　悦　郎	早稲田大学大学院法務研究科教授
〃	後　藤　　　元	東京大学大学院法学政治学研究科准教授
〃	中　東　正　文	名古屋大学大学院法学研究科教授
〃	中　村　　　聡	森・濱田松本法律事務所パートナー・弁護士
〃	藤　田　友　敬	東京大学大学院法学政治学研究科教授
〃	松　尾　健　一	大阪大学大学院法学研究科准教授
〃	松　尾　直　彦	東京大学大学院法学政治学研究科客員教授・弁護士
〃	山　田　剛　志	成城大学法学部教授
幹　　事	萬　澤　陽　子	専修大学法学部講師・当研究所客員研究員

なお，オブザーバーとして，本研究会に参加されている方々は，次のとおりである。

田　原　泰　雅	金融庁総務企画局市場課長
永　井　智　亮	野村證券常務執行役員兼チーフ・リーガル・オフィサー

荻野　明彦	大和証券グループ本社執行役員経営企画部長
藤瀬　裕司	SMBC日興証券法務部長
金井　仁雄	みずほ証券法務部長
田島　浩毅	三菱UFJモルガン・スタンレー証券法務部長
平田　公一	日本証券業協会専務執行役
山内　公明	日本証券業協会執行役
三森　肇	日本証券業協会自主規制本部副本部長
高良　美紀子	東京証券取引所総務部法務グループ課長

(敬称略)

（注）　本書に執筆いただいた近藤光男委員（神戸大学大学院法学研究科教授）は，平成26年3月に委員を退任された。

目　次

ライツ・オファリングに係る制度整備 ……………………… 前田雅弘
Ⅰ．はじめに………………………………………………………………………1
Ⅱ．ライツ・オファリングの意義と形態………………………………………1
　1．ライツ・オファリングの意義…………………………………………1
　2．コミットメント型とノンコミットメント型…………………………2
Ⅲ．平成23年金融商品取引法改正までの経緯…………………………………3
　1．平成17年の会社法制定前………………………………………………3
　2．平成17年の会社法制定…………………………………………………4
　3．平成23年金融商品取引法改正までの制度整備………………………6
Ⅳ．平成23年金融商品取引法改正……………………………………………10
　1．概要……………………………………………………………………10
　2．目論見書の交付方法の弾力化………………………………………10
　3．「有価証券の引受け」の範囲の見直し………………………………13
　4．公開買付規制の適用範囲……………………………………………16
　5．インサイダー取引規制における重要事実との関係………………19
Ⅴ．会社法上の制度整備と課題………………………………………………20
　1．割当通知の発送期限…………………………………………………20
　2．外国の証券規制への対応……………………………………………21
　3．コミットメント型と自己新株予約権の有利処分規制……………25
Ⅵ．おわりに……………………………………………………………………26

公開買付規制を巡る近時の諸問題 ……………………………………太田　洋

Ⅰ．はじめに ………………………………………………………………27
Ⅱ．EU 型の退出権制度（義務的公開買付制度）をわが国
　　でも導入すべきか ……………………………………………………32
　　1．問題の所在 …………………………………………………………32
　　2．検討の視角 …………………………………………………………35
Ⅲ．複数の種類の「株券等」が発行されている場合における
　　公開買付価格の均一性を巡る問題 …………………………………40
　　1．問題の所在 …………………………………………………………40
　　2．公開買付規制における「異なる種類の株券等」の意義 ………41
　　3．異なる種類の株券等を発行している会社に対して全部勧誘・全部
　　　　買付義務が適用される公開買付けを行う場合には公開買付手続
　　　　は複数行われることになるのか …………………………………42
　　4．異なる種類の株券等の間における公開買付価格の均一性規制の
　　　　適用の有無 …………………………………………………………46
　　5．対価の「種類」を買付け等の対象である有価証券の種類ごとに
　　　　異なるものとすることの可否 ……………………………………54
Ⅳ．均一性規制に関するその他の問題 …………………………………56
　　1．公開買付け成立後の取締役としての報酬約束と均一性規制 …56
　　2．応募契約における表明保証及び補償規定と均一性規制 ………57
　　3．公開買付け成立後におけるスクィーズ・アウト価額の和解による
　　　　合意 …………………………………………………………………58
　　4．並行的公開買付けと均一性規制 …………………………………60

キャッシュ・アウト法制 …………………………………………中東正文

Ⅰ．序論 ……………………………………………………………………65
Ⅱ．会社法の制定 …………………………………………………………66
　　1．会社法制定とキャッシュ・アウト ………………………………66

2．キャッシュ・アウトの利用状況 …………………………………… 67
　　3．濫用的な利用と裁判所による対応 ………………………………… 69
Ⅲ．特別法による特別措置 ……………………………………………………… 79
　　1．緒論 …………………………………………………………………… 79
　　2．産活法の改正 ………………………………………………………… 79
　　3．競争力強化法の制定 ………………………………………………… 81
　　4．検討 …………………………………………………………………… 81
Ⅳ．会社法改正法案 ……………………………………………………………… 82
　　1．緒論 …………………………………………………………………… 82
　　2．特別支配株主の株式等売渡請求権 ………………………………… 83
　　3．規制の非対称の是正 ………………………………………………… 87
　　4．救済手段の拡大（差止め） ………………………………………… 88
　　5．マジョリティ・オブ・マイノリティ ……………………………… 89
　　6．セル・アウト ………………………………………………………… 91
Ⅴ．結語 …………………………………………………………………………… 93

金融商品取引法の責任と会社法の責任
　　－虚偽開示をめぐる役員の責任を中心に－ ……………………… 近藤光男
Ⅰ．はじめに ……………………………………………………………………… 95
Ⅱ．株主保護と投資者保護 ……………………………………………………… 97
Ⅲ．不法行為責任と金融商品取引法の責任 …………………………………… 99
Ⅳ．フタバ産業事件 ……………………………………………………………… 102
Ⅴ．金融商品取引法と会社法における役員の責任 …………………………… 109
Ⅵ．会社の責任と取締役の責任 ………………………………………………… 115
Ⅶ．裁判例の検討 ………………………………………………………………… 116
　　1．429条2項による役員の責任 ……………………………………… 116

2．金融商品取引法による役員の虚偽開示責任 120
Ⅷ．結語 125

格付会社への規制 .... 山田剛志
Ⅰ．はじめに 128
Ⅱ．金商法改正による格付会社の規制〜IOSCO の基本行動規範
　　との対比 130
　　1．登録規制 131
　　2．無登録業者の格付に関する金融商品取引業者の説明義務 133
　　3．格付会社の体制整備に関する事項 134
　　4．格付会社の禁止行為 137
　　5．格付会社の情報開示に関する事項 138
　　6．資産証券化商品の特例 139
　　7．現状の問題点 140
Ⅲ．格付会社への規制強化に対する諸外国の法整備 141
　　1．諸外国における各種規制の相違 141
　　2．EU における格付会社への規制動向 143
　　3．アメリカにおけるドッド＝フランク法による格付会社への規制 145
Ⅳ．格付会社への規制と今後の証券市場 152
　　1．民事責任 152
　　2．ルックバックレビュー 156
　　3．非依頼格付（勝手格付）と格付方針への規制 157

店頭デリバティブ取引に関する若干の問題 .... 神田秀樹
Ⅰ．はじめに 159
Ⅱ．金融商品取引法における投資家のプロ・アマ区分 159

- III. 担保提供 ··· 161
  - 1. 裁判例の概要 ··· 161
  - 2. 検討 ··· 165
- IV. 分別管理 ·· 167
- V. むすびに代えて ·· 169

利益相反管理体制整備義務と情報遮断 ·················· 神作裕之

- I. はじめに ·· 171
- II. 利益相反管理体制整備義務の導入 ······································· 172
  - 1. 見直しの背景－弊害防止措置の導入 ······························ 172
  - 2. ファイアー・ウォール規制の見直し ······························ 172
  - 3. 利益相反管理体制整備義務の導入 ································· 176
- III. 利益相反管理体制整備義務の法的根拠・位置付け ·················· 179
  - 1. 金商法36条2項と44条以下の規定の関係 ······················ 179
  - 2. 金商法36条1項の誠実公正義務 ································· 180
  - 3. 利益相反管理体制整備義務の法的位置付け ····················· 182
- IV. アメリカにおける証券業者の利益相反規制と情報遮断
  （ウォール） ··· 183
  - 1. 証券業者の利益相反規制－投資顧問とブローカー・ディーラー ···· 183
  - 2. ドッド・フランク法による利益相反規制の見直し ············ 186
  - 3. 看板理論 ··· 189
  - 4. 誠実公正義務 ··· 190
  - 5. 証券取引所法10条項およびルール10b-5 ······················· 190
  - 7. 証券取引所法における利益相反規制 ······························ 194
  - 8. 情報遮断（ウォール） ·· 197
  - 9. ウォールの私法上の効果 ··· 209

Ⅴ．結び………………………………………………………………………212

法人関係情報に関する規制
―内部者取引規制との比較検討を中心に― …………………… 川口恭弘
Ⅰ．はじめに………………………………………………………………214
Ⅱ．「法人関係情報」の意義……………………………………………215
　1．「公表」の概念……………………………………………………215
　2．内容…………………………………………………………………218
　3．軽微基準……………………………………………………………223
Ⅲ．「法人関係情報」に関する規制……………………………………225
　1．情報の管理体制の整備……………………………………………225
　2．法人関係情報を提供した勧誘の禁止……………………………228
　3．法人関係情報を利用した自己売買の禁止………………………229
　4．適用除外取引………………………………………………………230

損失補てん禁止原則の廃止について ……………………… 青木浩子
Ⅰ．本稿で検討しようとすること………………………………………232
Ⅱ．最近の実務要請………………………………………………………234
　1．損失補てん禁止原則は和解や金融ADR利用の障害となる………234
　2．元本保証と一般に了解されている金融商品（MRFなど）が不測
　　の事態により元本割れした場合に補てんできるか………………240
　3．小括…………………………………………………………………241
Ⅲ．立法理由ないし立案過程……………………………………………243
　1．特別利益提供に係る理解…………………………………………243
　2．国会会議録…………………………………………………………246
　3．小括…………………………………………………………………249

Ⅳ．学説 …………………………………………………………… 251
　1．法律学者の学説 …………………………………………… 252
　2．法律学の外からの見解 …………………………………… 255
Ⅴ．まとめに代えて ……………………………………………… 258

金商法第6章の不公正取引規制の体系 …………………… 松尾直彦
Ⅰ．はじめに ……………………………………………………… 259
Ⅱ．現行の不公正取引規制の体系 ……………………………… 260
　1．不公正取引規制の沿革 …………………………………… 260
　2．本稿の整理 ………………………………………………… 263
　3．主な学説上の整理 ………………………………………… 264
　4．学説上の整理まとめ ……………………………………… 266
Ⅲ．不公正取引規制の体系のあり方 …………………………… 269
　1．不公正取引規定の体系上の課題 ………………………… 269
　2．主要国・地域の不公正取引規制の体系 ………………… 271
　3．不公正取引規制の体系上の整理の原則 ………………… 274
　4．不公正取引規制の体系上の整理の試案 ………………… 274
Ⅳ．おわりに ……………………………………………………… 276

相場操縦の規制 ………………………………………………… 藤田友敬
Ⅰ．はじめに ……………………………………………………… 277
Ⅱ．金商法159条の構造 …………………………………………… 279
　1．金商法159条1項 …………………………………………… 279
Ⅲ．1934年証券取引所法 ………………………………………… 280
　1．1934年証券取引所法9条(a) ……………………………… 281
　2．1934年証券取引所法10条(b) ……………………………… 282

3．まとめ……………………………………………………………283
Ⅳ．EU 市場濫用指令……………………………………………………283
　1．市場濫用指令……………………………………………………283
　2．相場操縦の定義…………………………………………………284
　3．規制の特徴………………………………………………………285
Ⅴ．若干の検討……………………………………………………………287
　1．総説………………………………………………………………287
　2．現実売買の規制…………………………………………………287
　3．表示による相場操縦……………………………………………293
Ⅵ．むすび…………………………………………………………………294

ドッド＝フランク法における信用リスク保持ルールについて……………………………………………………黒沼悦郎

Ⅰ．はじめに………………………………………………………………295
Ⅱ．概要……………………………………………………………………296
　1．ドッド＝フランク法……………………………………………296
　2．信用リスク保持義務の趣旨……………………………………297
　3．定義………………………………………………………………298
　4．リスク保持義務の要件…………………………………………299
Ⅲ．リスク保持の方法……………………………………………………300
　1．概説………………………………………………………………300
　2．垂直的リスク保持………………………………………………301
　3．水平的リスク保持………………………………………………302
　4．垂直的保持と水平的保持の組合せ……………………………305
　5．回転資産マスタートラストの特例……………………………306
　6．代表的サンプル保持……………………………………………307
　7．資産担保コマーシャルペーパー導管の特則…………………309

8．商業用モーゲージ担保証券の特則 …………………………………… 311
　　9．担保付ローン債務の特則 ……………………………………………… 313
　　10．プレミアム捕捉準備金勘定 …………………………………………… 314
　　11．オリジネーターへの配分 ……………………………………………… 315
Ⅳ．ヘッジ取引およびファイナンスの制限 ……………………………………… 317
　　1．当初提案 ………………………………………………………………… 317
　　2．再提案 …………………………………………………………………… 318
Ⅴ．適格住宅モーゲージ …………………………………………………………… 319
　　1．概説 ……………………………………………………………………… 319
　　2．QRM の定義と要件 …………………………………………………… 319
　　3．契約締結後に要件の不充足が発見された場合 ……………………… 322
Ⅵ．その他 …………………………………………………………………………… 322
　　1．5％のリスク保持義務の軽減 ………………………………………… 322
　　2．一般的な適用除外権限 ………………………………………………… 323
　　3．外国取引に対するセーフハーバールール …………………………… 325
Ⅶ．おわりに ………………………………………………………………………… 325

米国 JOBS 法による証券規制の変革 ………………………… 中村　聡
Ⅰ．米国 JOBS 法制定の経緯と構成 ……………………………………………… 328
　　1．立法の経緯 ……………………………………………………………… 328
　　2．JOBS 法の構成と主な内容 …………………………………………… 330
Ⅱ．主要な改正内容 ………………………………………………………………… 331
　　1．IPO 途上段階の規制 …………………………………………………… 331
　　2．私募の活用による資本調達 …………………………………………… 339
　　3．クラウドファンディング ……………………………………………… 341
　　4．小規模会社の少額免除取引による資本調達の拡充 ………………… 345
　　5．証券取引所法上の登録義務の株主数基準の引上げ ………………… 346

Ⅲ．おわりに …………………………………………………………… 346
別紙　米国スタートアップ企業のジャンプスタートに
　　　関する法律（JOBS法）の要旨 ………………………………… 348

ライツ・オファリングに係る制度整備

前 田 雅 弘

I. はじめに

　既存株主の利益保護に手厚い資金調達の手法として，新株予約権無償割当ての方法を利用した新株発行または自己株式処分（ライツ・オファリング）の制度が注目されている。金融商品取引法（以下「金商法」という）および会社法においても，ライツ・オファリングを円滑に利用することができるよう，さまざまな制度整備が進められた。

　本稿では，平成23年の金商法改正を中心として，金商法上および会社法上，どのような理由でどのような内容の制度整備が行われたかを概観するとともに，若干の問題点について検討してみたい。

II. ライツ・オファリングの意義と形態

1. ライツ・オファリングの意義

　ライツ・オファリングとは，株主全員に新株予約権を無償で割り当てることによる増資手法である[1]。すなわち，株主割当ての方法による新株発行（または自己株式処分）のうち，新株予約権無償割当てによって，株主が株

---

[1] 金融庁・開示制度ワーキング・グループ報告「新株予約権無償割当てによる増資（いわゆる「ライツ・オファリング」）に係る制度整備について」（平成23年1月19日）1。

式の割当てを受ける権利を譲渡することができるタイプのものをいう。ライツ・イシューと呼ばれたこともあったが，現在では，ライツ・オファリングという呼び名が広く用いられるようになっている。

2．コミットメント型とノンコミットメント型

ライツ・オファリングの手法には，コミットメント型とノンコミットメント型という2つの方法がある。典型的な手順は次のとおりである[2]。

まず，コミットメント型とノンコミットメント型の両方に共通する手順として，①会社が全株主に新株予約権無償割当てをする。②株主は，新株予約権を行使して払込みをし，または払込みをしたくなければ新株予約権を市場で売却することもできる。

コミットメント型では，さらに次の手順が加わる。③あらかじめ新株予約権に取得条項を付けておき，行使期間満了前の一定時点で会社がまだ行使されていない新株予約権を株主から取得する。④会社は取得した新株予約権を証券会社に売却する。⑤証券会社は，新株予約権を行使して払込みをし，株式を取得する。⑥証券会社は，取得した株式を市場等へ売却する。

実務において主に利用が想定されているのは，コミットメント型である。コミットメント型は，最終的にはすべての新株予約権が行使されるので，発行会社が確実に資金調達を行うことができるというメリットがある[3]。

2）ライツ・オファリングのスキームについて，野崎彰ほか「開示制度等の見直し〔上〕——ライツ・オファリング」商事法務1936号（2011年）26頁参照。
3）金融庁・開示制度ワーキング・グループ報告・前掲注（1）2(2)①。

Ⅲ. 平成23年金融商品取引法改正までの経緯

1. 平成17年の会社法制定前

(1) 新株引受権証書の制度

 ライツ・オファリング（またはライツ・イシュー）という呼び名が使われるようになったのは比較的最近のことであるが、株主割当てであり、かつ割当てを受ける権利を譲渡できるタイプの新株発行は、決して目新しい方法というわけではなく、会社法制定前から存在していた。

 すなわち会社法制定前には、新株引受権証書の制度が存在した。同制度において、会社は定款または取締役会の新株発行決議で新株引受権を譲渡することができる旨を定めることができ（平成17年改正前商法280条ノ2第1項6号）、この定めがある場合には、会社は、申込期日の2週間前に新株引受権証書を発行しなければならないものとされていた（同法280条ノ6ノ2第1項）。株主の請求がある場合にだけ新株引受権証書を発行する旨を定めることもできた。

 新株引受権証書は新株引受権を表章する有価証券であり、株主はこれを交付して新株引受権を譲渡し、新株引受権の経済的価値を回収することができた。振替制度施行後は、振替株式の新株引受権については、新株発行決議で振替制度の適用を受けることを定めることができ、その場合は新株引受権証書は発行されず、新株引受権の譲渡は振替口座簿の振替えによって行われるものとされた（平成17年改正前「社債、株式等の振替に関する法律」170条1項・171条1項・191条）。

 もっとも、新株引受権の譲渡を認めると会社の事務処理の負担が増えるため、実際には、上場会社でも新株引受権の譲渡を認める例は非常に少なかったようであり[4]、特に新株引受権証書が上場までされる例は稀であったようである[5]。

(2) 新株予約権の通常の株主割当て

会社法制定前において，新株引受権証書の制度のほかに，もう1つ，株主割当てであって，かつ割当てを受ける権利を譲渡できるタイプの新株発行を行う方法として，新株予約権を「通常の」株主割当ての方法で発行する方法があった。「通常の」とは，次に見る「無償割当て」でないという意味である。

すなわち，株主に新株予約権の引受権を与えて無償で発行する方法をとれば（平成17年改正前商法280条ノ2第2項12号），実質的には，株主割当ての新株発行と同様のことを実現することが可能であった[6]。

2．平成17年の会社法制定

(1) 新株予約権無償割当ての制度の創設

平成17年制定の会社法は，制度の簡素化を図るため，新株引受権証書の制度を廃止し，株式の割当てを受ける権利を譲渡できるタイプの株主割当ては，新株予約権無償割当て（会社法277条）によって行うべきこととした[7]。

その結果，平成17年制定の会社法のもとでは，割当てを受ける権利の譲渡を認める場合にだけ新株予約権を利用する形をとることとなり[8]，株主割当ての方法は，割当てを受ける権利の譲渡を認めるかどうかでやり方が異なるという，やや複雑な規律となっている。

新株予約権無償割当てによって，譲渡制限を付した新株予約権を付与することもできるのであるから，立法論としては，割当てを受ける権利の譲渡を

4）江頭憲治郎『株式会社・有限会社法〔第4版〕』（2005年，有斐閣）601頁。
5）上柳克郎ほか編『新版注釈会社法（7）』（1987年，有斐閣）205頁〔前田重行〕。
6）証券取引法研究会編『転換社債型新株予約権付社債の理論と実務』別冊商事法務266号（2003年）1頁〔龍田節報告〕。
7）江頭憲治郎「『会社法制の現代化に関する要綱案』の解説Ⅳ」商事法務1724号（2005年）10頁〔別冊商事法務編集部編『会社法制現代化の概要』（2005年，商事法務）所収〕。
8）もっとも，新株予約権を利用しなければ割当てを受ける権利は譲渡することができない旨の明文規定が存在するわけではなく，会社法のもとでも，新株予約権を利用することなく割当てを受ける権利を譲渡することは否定されないという見解もある。金融商品取引法研究会『ライツ・オファリングの円滑な利用に向けた制度整備と課題』研究記録34号（2011年，日本証券経済研究所）21頁〔黒沼悦郎発言〕。

認めるかどうかにかかわらず，株主割当てはすべて新株予約権無償割当ての方法によるべきものとするほうが，より簡明な制度となったようにも思われるが[9]，ともかく現行法は，割当てを受ける権利の譲渡を認める場合にだけ，新株予約権無償割当ての方法をとるべきものとしている。

　このように，割当てを受ける権利の譲渡を認める場合と認めない場合とで，株主割当ての方法は大きく異なることとなるが，これらの2つの場合の間で整合性がとれるような解釈をする必要があると思われる。たとえば，後述するように，新株予約権無償割当ては有価証券の募集に該当するか（後記3(2))，またどのような行為を引受けとして捉えるか（後記Ⅳ3）などの問題について，新株予約権無償割当てを用いる場合と用いない場合とで，パラレルな解釈がなされる必要があると思われる。

　平成17年制定の会社法の施行後，新株予約権無償割当ての制度は，株主割当てによる資金調達という制度目的本来の使い方ではなく，むしろ敵対的企業買収に対する防衛策の目的での利用が関心を集めた[10]。しかしその後，第三者割当ての新株発行によって既存株主が害されているのではないかという問題が指摘され[11]，それを受け，第三者割当てについて，企業内容等の開示に関する内閣府令（以下「開示府令」という）が改正され[12]，また東京証券取引所の規則が改正される事態となった[13]。このように，第三者割当てに対する風当たりが強まる状況の中で，新株予約権無償割当ての制度を，既存株主の利益保護に手厚い資金調達という，本来の制度目的のために活用しよう

---

[9] 証券取引法研究会編『新会社法の検討──ファイナンス関係の改正』別冊商事法務298号（2006年）84頁［前田雅弘報告］。

[10] 支配権争奪が具体化した段階（有事）で買収防衛策として新株予約権無償割当てが利用された例として，最決平成19年8月7日民集61巻5号2215頁，支配権争奪が具体化する前（平時）に利用された例として，東京高決平成17年6月15日判例時報1900号156頁。

[11] 金融審議会金融分科会・我が国金融・資本市場の国際化に関するスタディグループ報告「上場会社等のコーポレート・ガバナンスの強化に向けて」（平成21年6月17日）Ⅱ1。

[12] 谷口義幸ほか「第三者割当に係る開示の充実等のための内閣府令等の改正」商事法務1888号（2010年）4頁。

[13] 伊藤昌夫「有価証券上場規程等の一部改正の概要」商事法務1878号（2009年）21頁。

という気運が高まった[14]。

(2) 新株予約権の通常の株主割当て

新株予約権の通常の株主割当ての方法（前記1（2））は，平成17年制定の会社法のもとでも，なお利用することが可能であるが（会社法241条1項），割当てをするまでに，株主に申込みをさせ，それに対して割り当てる手続を要し（会社法242条2項・243条1項），また，決定機関についても，公開会社であれば取締役会で決定することを要する（会社法241条3項3号）など，手続が煩雑である。新株予約権無償割当ての方法によれば，株主からの申込みを待たずに直ちに割り当てることができ，また，決定機関についても定款の定めによる自由度が大きい（会社法278条1項・3項但書）。

新株予約権無償割当ての制度が創設された会社法のもとでは，株主割当ての新株発行を，新株予約権無償割当ての方法を利用せず，あえて新株予約権の通常の株主割当ての方法で行う実益はないように見える。

3．平成23年金融商品取引法改正までの制度整備

金商法上，ライツ・オファリングのための制度整備が本格的に行われたのは，平成23年改正によってであるが（後記Ⅳ），前記のようにライツ・オファリング活用への気運が高まる中で，すでに同改正までにも，ライツ・オファリングを利用しやすくするための若干の対応がなされていた。

[14) わが国で最初にライツ・オファリングによる資金調達を行ったのは，タカラレーベンである（ノンコミットメント型）。同社の公表した資料によると（http://www.leben.co.jp/corp_ir/ir/news/pdf/press_100305.pdf），日程は次のとおりであり，取締役会決議から，新株予約権の行使期間満了まで，全部で3か月近くを要したことがわかる。①平成22年3月5日，新株予約権無償割当ての取締役会決議，有価証券届出書提出，基準日設定公告。②同年3月21日，届出の効力発生。③同年3月31日，割当基準日。④同年4月1日，新株予約権無償割当ての効力発生，新株予約権の上場。⑤同年4月16日，目論見書の送付，新株予約権割当通知。⑥同年5月6日〜5月31日，新株予約権の行使期間。

（1） 有価証券届出書の提出時期の短縮

開示府令の改正（平成22年4月23日施行）により，ライツ・オファリングにおける有価証券届出書の提出時期が短縮された。

すなわち，株主割当てによる新株発行については，割当日の25日前までに届出を要するという特則が設けられているが（金商法4条4項本文），内閣府令で例外を定めることが認められており（同項但書），これを受け，ライツ・オファリングがその特則の例外とされた（開示府令3条5号の新設）。特則の例外が設けられたことにより，原則に帰り，通常の待機期間である15日が確保されていれば足りることとなった[15]。

注意を要するのは，この例外が認められるのは，ライツ・オファリングだけであって，通常の株主割当ての新株発行，すなわち割当てを受ける権利を譲渡できないタイプの株主割当ては，依然として割当日の25日前の届出が必要とされたことである。開示府令は，なぜライツ・オファリングについてだけ短縮を認めたのであろうか。

この問題を検討するためには，なぜ金商法4条4項本文が，株主割当てによる新株発行について，割当日の25日前までに届出を要するという特則を設けているのかを考えなければならない。株主割当ての場合には，割当日4日前の権利落ち日時点で株主名簿上の株主である者は，払込みを経済的に強制されることになる。すなわち，その者は，新株の引受けをすれば低い価格で株式を取得することができるため，それで権利落ち分を埋め合わせることができるが，もし引受けをしなければ，経済的損失を受ける[16]。従って，払込みをしたくない株主は，割当日4日前までに株式を売却しておく必要がある。すなわち，経済的損失を避けるためには，株主は，払込みをするか，それとも持株の売却をするかの投資判断を迫られることになる。この投資判断のた

---

[15] タカラレーベンの行ったライツ・オファリング（前掲注（14））は，この改正府令施行前に行われたものであったが，仮に施行後に行われていたとすると，①と③の間を10日間短縮できたことになる。

[16] 河本一郎ほか『金融商品取引法読本（第2版）』（2011年，有斐閣）74頁。

めの熟慮期間を確保するために，株主割当てによる新株発行については，割当日の25日前までの届出が要求されてきた。

しかし，新株予約権無償割当てが行われる場合は，損失を回避したい株主は，新株予約権を譲渡することで権利落ち分を埋め合わせることができる。すなわち，新株予約権を行使したくない株主は，新株予約権を譲渡すればよいのであり，割当日4日前までに持株を売却するかどうかの投資判断を迫られることはない[17]。ライツ・オファリングにおける有価証券届出書の提出時期が短縮されたことは，期間短縮へのニーズとともに，理論的には以上のような理由により合理的に説明がつく。

（2） 目論見書の交付時期の明確化

開示府令改正（平成22年4月23日施行）の際に，ライツ・オファリングにおける目論見書の交付時期が明確化された。すなわち，ガイドラインの改正により，新株予約権無償割当てに係る目論見書については，割当通知（会社法279条2項）を受理した日に新株予約権証券の取得が行われるものとして，あらかじめ，または同時に交付しなければならないことに留意すべきこととされた[18]。

新株予約権無償割当てと目論見書との関係は，平成23年金商法改正において焦点の1つとなった難問である（後記Ⅳ2）。そもそも，新株予約権無償割当ては，有価証券の募集に該当するかが問題となる。形だけを見ると，新株予約権無償割当ては，株主の申込みなしにいきなり自動的に割当てがなされる。取得の申込みがない以上，取得の申込みの勧誘もありえず，形式的には，株主の数がどれほど多くても募集にはなりえないように見える。しかし，ガイドラインにおいては，新株予約権無償割当てについては，新株予約権証券の取得勧誘に該当することに留意するという解釈が明らかにされている[19]。

---

[17] 江頭憲治郎『株式会社法〔第4版〕』（2011年，有斐閣）688頁注8。
[18] 企業内容等の開示に関する留意事項15-6。
[19] 企業内容等の開示に関する留意事項2-3。

このような解釈をとる理由として，金融庁は，「新株予約権の無償割当てについては，新株予約権の行使時の払込みを含めて考える必要があり，実質的には株主割当てによる株式の募集と同様であると考えられることから，新株予約権の無償割当てについては，取得勧誘に該当することと考えられます」という見解を示しており[20]，正当であろう。

　確かに，新株予約権の無償割当てにおいては，形だけを見れば，勧誘はないかのごとくである。「株式」の無償割当ては募集でないことは明らかであり，新株予約権の無償割当ても，一見それと同じようにも見える。しかし，割当日の株主に新株予約権の無償割当てを行うことは，通常の株式の株主割当てに対応させて考えてみるならば，割当日の株主に株式の割当てを受ける権利を付与することに相当する行為であって，通常の株式の株主割当ての場合には，株式の割当てを受ける権利を付与することが募集に当たることは，異論のないところである。割当てを受ける株主の立場からすれば，新株予約権の無償割当てを受けるのも，譲渡できない割当てを受ける権利を与えられるのも，譲渡の可能性の点を除けば実質的に同じはずであって，募集に当たるかどうかという問題が，新株予約権無償割当てと通常の株式の株主割当てとで異なるのは，不合理である。新株予約権の無償割当ては取得勧誘に該当するという考え方は正当であり，次に見るように，平成23年の金商法改正も，このような考え方が基礎となっている[21]。

---

20) 金融庁「『証券取引法の一部を改正する法律の施行等に伴う関係ガイドライン（案）』に対するパブリックコメントの概要及びそれに対する金融庁の考え方」（平成19年10月2日）No.2。ただし，新株予約権無償割当てを取得勧誘に当たると解することは，解釈論を超えており，立法で手当てすべきである旨の指摘がある。金融商品取引法研究会　前掲注（8）20頁［松尾直彦発言］。

21)「取得」とは有償の取得をいうのであり，株主が投資判断に直面するのは新株予約権の行使段階であることを理由に，新株予約権無償割当ての段階を捉えて取得勧誘に当たると解することに反対の見解も示されている。大証金融商品取引法研究会『ライツ・オファリングにかかる金融商品取引法の改正について(1)(2)』同研究会8号（2012年）4頁［黒沼悦郎報告］。しかし，行使段階で初めて規制をかけるとすると，改めて行使を勧誘する行為がなされない限り開示規制が及ばなくなってしまう。新株予約権の無償割当ての段階で，「有償で株式を取得せよ」という勧誘（行使せよという勧誘）があるとみるのがよいのではなかろうか。大証金融商品取引法研究会・前掲26頁［前田雅弘発言］。

Ⅳ. 平成23年金融商品取引法改正

1．概要

　平成22年12月に公表されたアクションプランにおいて，ライツ・オファリングの制度整備が掲げられ[22]，開示制度ワーキング・グループにおいて検討が行われ，平成23年1月に，報告書が取りまとめられた[23]。これを受け，平成23年の金商法改正により，ライツ・オファリングに係る開示制度等の整備が行われた。
　整備が行われた事項は，①目論見書の交付方法の弾力化，②「有価証券の引受け」の範囲の見直し，③公開買付規制・大量保有報告規制の適用範囲の見直し，④インサイダー取引規制の重要事実の明確化である。

2．目論見書の交付方法の弾力化

（1）　改正の概要

　目論見書の作成義務を定める金商法13条1項に但書が新設され，ライツ・オファリングについては，一定の要件のもとで目論見書の作成を要しないものとされた。すなわち，新株予約権が上場され（1号），有価証券届出書等の提出後遅滞なく，届出を行った旨その他の事項を日刊新聞紙に掲載すれば（2号），目論見書の作成は不要になる。
　さらに目論見書の交付について，交付義務の適用除外を定める金商法15条2項但書の規定に，3号として「第13条第1項ただし書に規定する場合」が新設され，目論見書の作成が不要とされる場合に，交付を不要とする旨が定められた。

---

22) 金融庁「金融資本市場及び金融産業の活性化等のためのアクションプラン～新成長戦略の実現に向けて～」（平成22年12月24日）Ⅰ3(5)。
23) 金融庁・開示制度ワーキング・グループ報告・前掲注（1）。

（2） 交付方法の弾力化を許容する理由

　一定の要件のもとで目論見書の作成・交付を不要とすることを許容する根拠は何か。開示制度ワーキング・グループ報告は，次の３つの理由から，ライツ・オファリングでは目論見書を交付する必要性は高くないと述べる[24]。

　第１に，株式の取得を望む株主は，新株予約権を行使することで確実に株式を取得することができるため，行使を急ぐような圧力が生じる可能性は，一般の募集より高くないこと。

　第２に，割当て対象が株主であり，発行者に関する情報を有していることが多いこと。

　第３に，新株予約権が上場される場合には，新株予約権を市場価格で売却するという選択肢があること。

　第１の理由については，同報告の指摘のように，株式を取得したければ確実に取得できる状況であれば，販売圧力（行使せよという圧力）は，小さいと考えることができる。そして販売圧力の大きさに定型的な差が存在するのであれば，それに応じて目論見書交付の必要性に差を設けることは，合理的な措置だと思われる。第２の理由も指摘されたとおりであろう。

　もっとも，第１と第２の理由だけであれば，通常の株式の株主割当てについても妥当する。したがって，通常の株主割当ての場合との整合性を説明するためには，第３の理由づけが必要となってくる。この第３の理由は，有価証券届出書の提出時期をライツ・オファリングについてだけ短縮することを正当化する理由（前記Ⅲ３（１））と，実質的には同じことを述べるものであろう。すなわち，通常の株主割当てであれば，割当日現在の株主は払い込まずに経済的損失を被るか，払い込むかの重大な投資判断を迫られるのに対して，ライツ・オファリングの場合は，もう１つ，新株予約権を譲渡するという選択肢が与えられ，投資判断の重大性はそれだけ小さくなる。この第３の理由によって，株主割当てのうち特にライツ・オファリングについてだけ，

---

24) 金融庁・開示制度ワーキング・グループ報告・前掲注（１）2(1)。

目論見書の交付方法を弾力化することが理論的に正当化できるのではないかと思われる[25]。

(3) 目論見書の交付に代わる日刊新聞紙への掲載

目論見書の交付方法の弾力化が認められるためには，一定事項を日刊新聞紙に掲載することが要件となる（金商法13条1項2号）。掲載すべき事項は，届出を行った日，EDINETのウェブページのアドレス，発行会社の連絡先である（開示府令11条の5）。

コストだけを考えるのであれば，日刊新聞紙への掲載ではなく，電子的な方法，たとえば会社法上の電子公告等を利用することもありえたところであろう。日刊新聞紙への掲載が要求されたのは，デジタル・デバイドの問題を考慮して，電子的な方法では周知力が十分でないと考えられたのではないかと思われる。

また，株主には会社法上，新株予約権の割当通知がなされるところ（会社279条2項），日刊新聞紙への掲載によるのでなく，この割当通知のときに，併せてEDINETのアドレス等を通知するという方法もありえたようにも思われる。このような方法が採用されなかった理由は，割当てを受けた株主から新株予約権を譲り受けた者への情報提供のためであるとも推測されるが，しかし，もともと目論見書は割当通知を受けた株主に対してしか交付しないのであるから，譲受人への情報提供が理由であるとは考えにくい。その理由は必ずしも明らかではないが，次のような説明が可能であろう。

すなわち，目論見書は，募集による取得の場合に「あらかじめ又は同時に」交付するのが原則であり（金商法15条2項），遅くとも取得と同時には情報提供がされなければならない。割当通知があると，割当通知を受領した時点

---

[25] もっとも，目論見書の交付が不要となると，それに連動して，虚偽記載のある目論見書等を使用した者の責任に関する規定（金商法17条）の適用もなくなる。立法論として，この規定を使えるよう手当てが必要ではなかったかという指摘がある。金融商品取引法研究会・前掲注（8）25頁〔黒沼悦郎発言〕。

で新株予約権証券の「取得」があると見るべきであり[26]，その段階でEDINETのアドレス等が通知されるだけでは，「同時に」情報提供がされたと見ることはできない。すなわち株主側は，割当通知に記載されたEDINETのアドレスをたどって初めて情報を入手できるのであって，それでは同時に情報を提供することにならないと考えられたのではなかろうか。

3．「有価証券の引受け」の範囲の見直し

(1) 改正の概要

金商法2条6項の引受人の定義規定に3号が新設され，コミットメント型ライツ・オファリングにおいて，コミットメントを行う者は「引受人」と位置づけられることとなった。

これに連動して，コミットメントを行う行為は，金融商品取引業の1つである「有価証券の引受け」（金商法2条8項6号）に該当することとなり，これに伴い，金商法28条7項の「有価証券の元引受け」の定義規定に3号が新設され，新株予約権を発行者等から直接に取得して行使する内容の契約をすることは，「有価証券の元引受け」と位置づけられることとなった。

これにより，コミットメントを行う行為は，「引受け」になるため，これを業としてすることは，第一種金融商品取引業となる（金商法28条1項3号）。著しく不適当と認められる数量・価格等による引受けを行っている状況は，不適正な業務運営として規制されることとなる（金商法40条2号，金融商品取引業等に関する内閣府令〔以下「金商業府令」という〕123条1項3号）。

また，「元引受け」になることで，最低資本金の上乗せ規制がかかり（金商法29条の4第1項4号，金融商品取引法施行令〔以下「金商法施行令」という〕15条の7第1項），適切な引受審査を行っていない状況は，不適正な業務運営として規制を受けることとなる（金商法40条2号，金商業府令123

---

26) 企業内容等の開示に関する留意事項15-6。

条1項4号)。

さらに,金商法21条4項3号の「元引受契約」の定義規定に3号が新設され,新株予約権を発行者等から直接に取得して行使する内容の契約は「元引受契約」に含められることとなった。これにより,コミットメントをした証券会社は,有価証券届出書の虚偽記載等に関する損害賠償責任(金商法21条1項4号)の責任主体となる。

このほか,開示制度ワーキング・グループ報告では採り上げられていなかったが,引受人による信用供与を制限する金商法44条の4の規定が改正され,引受人となった証券会社が株式を売却する場合の信用供与が制限されることとなった。

以上のように,コミットメント型の場合の証券会社の行為を「引受け」と見ることにより,それに連動した金商法の引受けに関する規制を及ぼすことが可能となった。

(2) 改正の理由

開示制度ワーキング・グループ報告において,コミットメントを行う証券会社の行為は,行為態様・リスク負担の点で「残額引受け」(金商法2条6項2号)に類似すると指摘されていた[27]。すなわちコミットメントを行う証券会社は,発行される新株予約権のうち権利行使のない残部について取得および権利行使することを約束する。残額引受けは,有価証券の募集等に際し,「有価証券の全部又は一部につき他にこれを取得する者がない場合にその残部を取得すること」を約束することであるところ,ライツ・オファリングの場合,発行される新株予約権はいったんすべて株主によって取得はされ,未行使分だけを証券会社が取得する形をとるので,形のうえでは残額引受けには該当しない。しかし,新株予約権が行使されないリスクは証券会社が負担をすることになるので,実質的には「残額引受け」と同視すべきものである。

---

27) 金融庁・開示制度ワーキング・グループ報告・前掲注(1) 2(2)①。

このような理由から，改正法は，コミットメントを行う者を「引受人」と位置づけるとともに，その行為を「有価証券の引受け」とすることにしたのであり，合理的な対応がなされたものと思われる。

(3) 改正法の射程

この引受け概念の拡大は，改正法の規定の文言から明らかなように，ライツ・オファリングの場合に限られていない。公募または第三者割当てで新株予約権が発行された場合，さらには，通常の新株予約権の株主割当ての方法がとられた場合であっても，ともかく新株予約権の未行使分を取得して行使するという約束がなされるならば，同じく引受けに当たることとなる。ライツ・オファリング以外に，現実にこのような利用の仕方がされるかは明らかでないが，もしこのような利用がされるのであれば，やはり同様の販売圧力（行使せよという圧力）は生じうる。改正法が，ライツ・オファリングに限らず引受け概念を拡大したのは，一貫した考え方に基づいており，正当である。

(4) 引受人による信用供与の制限

金商法44条の4の規定は，もし引受人が投資者に資金の貸付け等をすることを許すと，投資者に安易に取得させたり投資者に取得を押しつけたりして，引受人が自ら負担すべきリスクを回避するおそれがあることから設けられた規定である[28]。コミットメントを行う行為は「引受け」になるので，改正により，引受人となった証券会社が株式を売却する場合の信用供与にも，この規定による制限を及ぼすこととしたのは正当である。

もっとも，この規定の趣旨に照らすならば，改正法が手当てをした，証券会社が最後に株式を売却する段階での貸付け等だけを規制するのでなく，それと並び，むしろそれ以上に，株主に新株予約権の行使をさせるよう，新株

---

28) 河本ほか・前掲注 (16) 325頁。

予約権「行使」のための資金を貸し付ける等の行為をも規制の対象とすべきではなかったかと思われる。

もともとこの規定は，引受人が募集・売出しに際して取得資金を貸し付ける等の行為を規制対象とはしておらず，その枠組みを前提とするならば，改正法は必要な手当てをしたことになる。しかし立法論としては，この規定の適用範囲は，もともと規制の趣旨に照らして狭すぎるのではないかという問題があるように思われる[29]。

4．公開買付規制の適用範囲

(1) 改正の概要

金商法27条の2は，株券等の買付け等は一定の場合には公開買付けによらなければならない旨を定める規定であり，新株予約権の行使による株券等の買付けを適用除外としているが，新株予約権のうち，一定のものを内閣府令で除外するものとした（金商法27条の2第1項但書）。

(2) 改正の理由

金商法27条の2第1項により，株券等の買付け等は，株券等所有割合が一定割合を超えることになる一定のものは公開買付けによらなければならないとされ，その株券等所有割合の算式は，同条8項に定められている。

買付者の株券等所有割合（同項1号）について見ると，「(A) 買付者の所有する株券等に係る議決権数」を，「(B) 発行会社の総議決権数＋買付者（および特別関係者）所有の一定の有価証券に係る議決権数」で除して得た割合とされる。

この分子 (A) の「株券等」には，新株予約権証券も含まれ（金商法施行令6条1項1号），新株予約権の目的たる株式の議決権を加える（発行者以外の者による株券等の公開買付けの開示に関する内閣府令〔以下「他社株府

---

[29] 大証金融商品取引法研究会・前掲注 (21) 15頁，31頁［黒沼悦郎報告，前田雅弘発言］参照。

令」という〕8条3項1号)。分母 (B) の「有価証券」は，潜在的に議決権が生じうるものを広く含んでおり，新株予約権証券も入る (金商法施行令9条の2第2号)。

　すなわち，買付者の株券等所有割合を計算する際に，買付者の持つ新株予約権は分子と分母のいずれにおいても株式と同じ扱いをする。買付者の有する新株予約権は，買付者の意思だけで株式に変えることができるのであるから，株式と同じと見てカウントするのである。それに対して，買付者（および特別関係者）以外の有する新株予約権は，分子に入らないのはもちろんのこと，行使されるかどうかはわからないので，分母にも加算されない。

　このように，買付者の保有分については，新株予約権の段階，すなわち行使される前の段階で規制をかける代わり，買付者が新株予約権を現に行使して株式を取得する段階については，重ねて規制がかからないよう，金商法27条の2第1項但書において，新株予約権を有する者がその新株予約権を行使して行う株券等の買付け等は，公開買付けによることを要しないこととしている。

　改正前は，ライツ・オファリングの場合に特に手当ては設けられておらず，ライツ・オファリングについても以上の規律がそのまま適用された。すなわち，新株予約権無償割当てがなされると，買付者の株券等所有割合は，分子・分母ともに同じ数がプラスされるため増加する。新株予約権が行使されるかどうかにかかわらず，ともかく1未満の分数の分子と分母の両方に同じ数を加算することになるからである。その後，買付者以外の有する新株予約権が行使されるたびに，分母の総株主の議決権数が加算され，徐々に株券等所有割合は減少していく。新株予約権がもし全部行使されると，買付者の株券等所有割合は元に戻る。新株予約権が全部行使されると，通常の株式の株主割当てで株主全員が引受けをしたのと同じこととなるからである。コミットメント型は，まさしく新株予約権が全部行使されることになるので，最終的には株券等所有割合は元に戻ることになる。

　開示制度ワーキング・グループ報告では，ライツ・オファリングの場合に

は，株券等所有割合がこのように特殊な変動をすることから，このような特性をとらえた適切な手当てが必要ではないかという問題が指摘された[30]。同報告が指摘するように，一時的に株券等所有割合が上がり，徐々に下がっていき，コミットメント型であれば元に戻るという特性を考慮すると，一時的な状況だけをとらえて公開買付け義務の発生の有無を決するのは適切でない。何より，ライツ・オファリングは，そもそも会社の支配関係に影響を与えることなく資金調達を行うための手法であるはずであって，この場面で，一時的な現象だけを見て公開買付け義務を発生させるのは不合理である。

改正法は，新株予約権のうち，内閣府令で定める一定の新株予約権は，金商法27条の2第1項の適用除外の対象から外し，原則どおり，新株予約権を行使して株式を取得した時点で初めて株券等の買付け等に当たることとした。すなわち，一定の新株予約権については，取得時点ではなく，行使時点のほうでカウントすることとするのである。これを受け，内閣府令において，一定の要件を満たすライツ・オファリングの場合の新株予約権が定められるととともに（他社株府令2条の2の2），株券等所有割合を算定するときの分子・分母の議決権数から，同じ範囲の新株予約権をはずし（他社株府令8条3項1号），新株予約権のままではカウントをしないよう手当てがなされた[31]。

このほか，公開買付規制との関係では，証券会社が引受業務により所有する株券等については，一定範囲で，株券等所有割合の算定に当たり除外するものとされているところ，コミットメント型のライツ・オファリングにおいてコミットメント行う証券会社については（コミットメントを行う行為が

---

30) 金融庁・開示制度ワーキング・グループ報告・前掲注（1）2(4)①。
31) もっとも，内閣府令はコミットメント型についてしか手当てをしていない（他社株府令2条の2の2第3号・8条3項1号ハ）。しかし，ノンコミットメント型についても，最終的に株券等所有割合が元に戻るとは限らないにせよ，程度の差はあれ，株券等所有割合が投資者の意思によらずに特殊な変動をすることに変わりはないのであって，立法論としては，コミットメント型かどうかで規律に差を設けたことの合理性は疑わしい。大証金融商品取引法研究会・前掲注（21）65頁［黒沼悦郎報告］。

「引受け」となることについて、前記3参照)、未行使の新株予約権を取得し、または当該新株予約権の行使により株券等を取得した場合に、一般の引受けよりも広い範囲で、株券等所有割合の算定に当たり除外が認められるよう、手当てがなされた（他社株府令7条1項2号）。

公開買付け規制との関係は以上のとおりであるが、同様の問題は、大量保有報告規制における「株券等保有割合」（金商法27条の23第4項）の算定においても生じ、内閣府令により公開買付け規制と同様の手当てがなされている（株券等の大量保有の状況の開示に関する内閣府令5条1項1号・4条2号）。

5. インサイダー取引規制における重要事実との関係

（1） 改正の概要

改正前は、新株予約権無償割当てに関する決定は、インサイダー取引規制において個別列挙された重要事実に含められていなかったが（金商法166条2項1号）、改正により、これが新たに重要事実に含められた（金商法166条2項1号ホ）。

（2） 改正の理由

開示制度ワーキング・グループ報告では特に検討されなかった事項であるが、新株予約権無償割当てに関する決定は、本来は、平成17年の会社法制定時に新株予約権無償割当ての制度が導入された時点で、個別列挙された重要事実に加えておくべきものであったと思われる。

通常の新株予約権の発行は、従前より重要事実とされていた（金商法166条2項1号イ）。すなわち、通常の新株予約権の発行を株主割当ての方法で、しかも無償で行うという決定が重要事実になっていたのであるから、新株予約権無償割当てに関する決定が重要事実と定められていなかったことは、均衡を欠いていたと言わざるを得ない。投資者の投資判断に与える影響に変わりはないはずであり、平成23年改正前から、包括規定により重要事実と解釈

すべき事実であったと思われるが、平成23年の制度整備の機会に、重要事実として明示したことには合理性がある。

V. 会社法上の制度整備と課題

1. 割当通知の発送期限

平成26年に実現した会社法改正により[32]、ライツ・オファリングに要する期間を短縮するための会社法上の手当てがなされた。すなわち、割当通知の発送期限は、改正前は、行使期間の初日の2週間前までとされていたところ（平成26年改正前会社法279条2項）、改正により、「効力発生日後遅滞なく」通知すべきものとされ、かつ、通知の日から2週間以内に行使期間の末日が到来するときは、行使期間が通知の日から2週間を経過する日まで延長されたものとみなされることとなった（平成26年改正会社法279条2項・3項）。

改正前は、新株予約権行使の準備をするための期間として、行使期間が開始する前に2週間という時間的余裕を確保していた。改正法が通知を「効力発生日後遅滞なく」行うべきものとしたことは、問題ない。権利内容の変更は遅滞なく株主に知らせるのが適切であるし、株式無償割当てにおいては、すでに従前よりこのような規律となっているからである（会社法187条2項）。

問題は、通知の日から2週間以内に行使期間の末日が到来するときは、行使期間が通知の日から2週間を経過する日まで延長されたものとみなし、行使をするかどうか判断できる期間を2週間としてよいかである。通常の株式

---

32) なお、特にライツ・オファリングの利用促進を目的とするものではないが、平成26年改正により、公開会社が支配株主の異動を伴うほどの大規模な第三者割当てによる新株発行・自己株式処分を行う場合、一定の要件のもとで株主総会の特別決議が要求されることとなった（平成26年改正会社法206条の2）。この改正もまた、大規模な資金調達の方法として、ライツ・オファリングの利用を促進する可能性がある。太田洋ほか「ライツ・オファリングの規制緩和と第三者割当増資に関する規律〔上〕」商事法務1951号（2011年）20頁参照。

の株主割当てであれば，割当通知は申込期日の2週間前とされており（会社法202条4項），引受けをするかどうかの判断のために2週間の期間が確保されている。そうすると，新株予約権無償割当てについても，2週間の判断の期間を確保しておけば問題がないようにも思われるが，通常の株式の株主割当てとは，若干の違いがあることを考慮しておく必要がある。

　すなわち，通常の株式の株主割当てであれば，申込期日までのどの時点で申込みをしても変わりはない。たとえ申込期日ぎりぎりに申込みをしても引受けが成立し，発行決議で決めた払込期日（払込期間を定めたときは払込みをした日）に株式を取得することになる（会社法209条）。これに対して，新株予約権無償割当ての場合は，割当てを受けた者は新株予約権を行使した日に株主となるので（会社法282条），いわば行使期間と準備期間とが同時に進行することとなり，準備の仕方次第では，良いタイミングで行使をして株式を売却する機会を逸してしまうおそれがある。このことを重視すると，改正前のように，割当てを受けた者にあらかじめ2週間の準備期間を確保したあと，一斉に行使期間に入っていくのが望ましいということにもなりそうである。しかしその反面，新株予約権の場合は，行使をせずに新株予約権を譲渡するという選択肢がある。したがって，行使期間に入る前に2週間もの準備期間を設ける必要はないと考えてよいのではなかろうか。ライツ・オファリングに要する期間の短縮というニーズも考え併せると，改正法の考え方には十分な合理性があると思われる。

2．外国の証券規制への対応

　開示制度ワーキング・グループ報告において，外国の証券規制への対応についての課題が指摘されていた[33]。そこでさしあたり具体的に念頭に置かれたのは，アメリカの証券規制であると思われる。すなわち，日本の会社が行うライツ・オファリングであっても，アメリカに居住する株主に株式が交付

---

33) 金融庁・開示制度ワーキング・グループ報告・前掲注（1）2(4)②。

されることになると、1933年証券法上の募集に該当してSECへの登録義務が生じる可能性があり、そして登録後には、今度は1934年証券取引所法に基づく継続開示義務が生じる可能性がある。これは、日本の会社にとっては大きな負担となる。SEC規則により登録が免除される場合が定められているが、アメリカ居住株主の株式保有比率が10％以下でなければならないなど、いくつかの要件を満たさなければならない[34]。

たまたまアメリカ居住株主が多数存在するために、アメリカが自国の投資者を保護するために設けた規制を日本の会社が受け、円滑にライツ・オファリングを利用できなくなるのは不合理である。そこで、アメリカ居住株主による新株予約権の行使に制限を設けることができないかが検討課題となる[35]。

ここでは株主平等原則との関係をどう考えればよいかが難問となり、この問題の解決に向け、金融庁・開示制度ワーキング・グループの法制専門研究会で検討が行われ、次のような趣旨の報告がとりまとめられた[36]。すなわち、ブルドックソース事件決定において、最高裁は、必要性と相当性があれば差別的扱いも株主平等原則またはその趣旨に反しないという判断枠組みを示したが[37]、この判断枠組みは、ライツ・オファリングのような、支配権の争いがない場面でも一般に利用できるのではないかと指摘する。そのうえでライツ・オファリングについて、必要性・相当性が認められるかを判断する際に、

---

34) Rule 801 under the Securities Act of 1933. この登録義務の問題は、ライツ・オファリングの場合に限らず、組織再編によってアメリカ居住株主に株式を交付することになる場合にも、同じく生じうる。

35) EU諸国のように株主の新株引受権が法定されている国でさえ、特定の国に居住する株主による権利行使を制限し、登録手続を回避する例があるという。金融商品取引法研究会・前掲注（8）25頁［神作裕之発言］。

36) 金融庁・開示制度ワーキング・グループ法制専門研究会報告「ライツ・オファリングにおける外国証券規制への対応と株主平等原則の関係について」（平成23年9月16日）。金融庁担当者による解説として、小長谷章人ほか「ライツ・オファリングにおける外国証券規制への対応と株主平等原則の関係——法制専門研究会での審議と報告書の概要」商事法務1944号（2011年）30頁。なお、支配権争奪がある場面でライツ・オファリングが実施される場合は、検討の対象外とされている。

37) 最決平成19年8月7日民集61巻5号2215頁。

次のような要素を考慮すべきであるとの提言がなされた。必要性の要件については、ライツ・オファリングにおいては、事務・コスト負担を考えれば、行使を制限する必要性が生じるとされ、相当性の要件については、新株予約権の流動性が確保され、市場価格での取引により経済的利益の回収が可能な状況にある場合には、権利行使を制限される外国人株主は、新株予約権を市場で売却することによって経済的な不利益を受けないと言えるし、市場で株式を購入して持分割合を維持することもできるとされた。

一般に、ブルドックソース事件決定の射程については議論のあるところであるが、同報告が指摘するように、「会社の企業価値がき損され、会社の利益ひいては株主の共同の利益が害されるような場合には、その防止のために当該株主を差別的に取り扱ったとしても、当該取扱いが公平の理念に反し、相当性を欠くものでない限り、これを直ちに同原則〔株主平等原則〕の趣旨に反するものということはできない」という部分は、買収防衛以外の場面でも妥当するように読むことができるし、読むのがよいと思われる。買収防衛以外の場面でも、株主平等原則を貫くことが会社自体の利益を害するときまで、これを貫徹しなければならないと考えるべきではないであろう。

そこで、必要性の要件と相当性の要件が満たされるかが問題となるが、より慎重な検討を要するのは、相当性の要件についてであろう。権利行使を制限される外国居住株主は、権利行使できないこと自体に対する代償はなく、一方的に不利な扱いを受けることになるからである。新株予約権の譲渡はできるものの、譲渡は他の株主もできるのであるから、他の株主に比べて一方的に選択肢を奪われる扱いを受けることになる。それにもかかわらず相当性の要件が満たされると言ってよいか。

買収防衛の場面においても、経済的補償が必要かどうかは議論のあるところであるが、ライツ・オファリングの場合、同報告で指摘されているように、新株予約権の流動性が確保され、市場価格での取引により経済的利益の回収が可能であれば、権利行使を制限されることに実質的な不利益はないと考えることができる。したがって、特に選択肢を奪われること自体に対する代償

はなく，他の株主に比べて一方的に不利な扱いを受けることになっても，それで相当性が欠けることにはならないと考えてよいのではなかろうか[38]。

そして，必要性の要件と相当性の要件とは相互に関連させて理解すべきものであり，差別的な扱いを受けることに実質的な不利益はなく，相当性が大きいと言えるのであれば，それだけ必要性の要件は緩やかに解してよいであろうから[39]，同報告のいうように，事務・コスト負担を考えれば[40]，必要性の要件も満たされると考えてよいと思われる。

また，必要性・相当性に関しては，その有無をどの時点を基準時として判断すべきかも問題となる。必要性・相当性を満たすかどうかは，新株予約権無償割当ての決定時点で判断せざるを得ないであろう。たとえば，決定時には相当性があると考えて決定したところ，現実には，発行後に上場されたものの値がつかないという事態になったとしても，そのような事後的な事情で相当性を欠いて株主平等原則違反だということになると，法的安定性が害される。したがって，決定時点で，流動性が確保され，市場価格で取引できる仕組みが合理的に構築されていれば，それで相当性は満たされるという解釈をすべきではないかと思われる。

さらに，必要性・相当性を誰が判断するかも問題となる。買収防衛に関するブルドックソース事件決定では，必要性については株主総会決議を尊重す

---

[38] 新株予約権に取得請求権を付しておき，権利行使を制限される外国居住株主は，会社に対しその新株予約権の取得を請求できることとしておけば，相当性はより高められると考えられる。しかし，取得対価次第では外国居住株主への逆差別となるおそれがあること，また，取得請求権の行使条件が満たされているかどうかの確認が実務的に煩瑣であること等の理由から，このような仕組みには難点があると見られている。金融商品取引法研究会・前掲注（8）34頁［藤田友敬，神作裕之，黒沼悦郎，太田洋発言］，大証金融商品取引法研究会・前掲注（21）75頁［黒沼悦郎報告］参照。なお，「取得請求権付新株予約権」について会社法上明文の規定は存在しないが，会社と新株予約権者との間でそのような約定をすることが禁じられるわけではない。江頭憲治郎編『会社法コンメンタール6――新株予約権』（2009年，有斐閣）28頁［江頭憲治郎］，相澤哲ほか編『論点解説 新・会社法』（2006年，商事法務）229頁。
[39] 金融商品取引法研究会・前掲注（8）24頁［近藤光男，前田雅弘発言］参照。
[40] アメリカが自国の投資者保護のために設けた規制のために，日本の会社が円滑にライツ・オファリングを利用できなくなることの不合理性も，考慮要素としてよいであろう。金融商品取引法研究会・前掲注（8）25頁［中東正文，神作裕之発言］参照。

ることとされ，要するに，必要性は株主総会が判断し，相当性は裁判所が判断するという枠組みが採用された。同報告でも指摘されているように，この最高裁決定の枠組みは，買収防衛の場面だからこそとられたものであると考えられる。すなわち，買収防衛の場面では，実質的に利益相反の立場に立つ取締役に決定させることはできないし，かといって，良い買収か悪い買収かは裁判所にもわからず，そうすると，決定できるのはまだしも株主総会しかないという事情がある。これに対して，ライツ・オファリングの場合には，このような買収防衛に特有の問題はないので，取締役会が決定することができるが，ただ，その決定は相当性とともにもろに裁判所の審査に服すべきことになろう。結局，ライツ・オファリングの場合には，必要性も相当性も裁判所が判断すべきことになるのではなかろうか。

3．コミットメント型と自己新株予約権の有利処分規制

　会社法には，新株予約権の有利発行規制はあるが（会社法238条3項・240条1項），有利処分規制が欠けている。コミットメント型のライツ・オファリングの場合には，発行会社は自己新株予約権を証券会社に売却することとなるが，その価格はいかに証券会社に有利であっても，有利発行規制に相当する規制は働かないこととなる。

　自己株式処分については，すでに会社法制定前から新株発行に準じた手続をとることが要求され（平成17年改正前商法211条），平成17年制定の会社法においては，新株発行と自己株式処分とは，手続面では完全に揃えられた（会社法199条〜213条）。これに対し，新株予約権処分については，なお手当てを欠いている。

　しかし，新株予約権についても，特に有利な価格で処分されると，有利発行と同じく既存株主の経済的利益が害される。立法論としては，会社法制定前の早い段階から，手当てが必要である旨の問題提起がなされていたところであり[41]，なお課題が残されたままとなっている。

　有利処分に株主総会特別決議を要求することは，ライツ・オファリングを

利用しやすくしようという方向に反することにはなるが，公正な価格で売却しさえすれば取締役会決議のままで足りるのであり，また，特別決議が必要になる場合にも，決議を得れば最大1年間は効力を有する（会社200条3項）。ライツ・オファリングの円滑な利用の妨げになるという理由で，新株予約権の有利処分規制の創設に反対することは，失当であろう[42]。

VI. おわりに

　以上において，平成23年の金商法改正を中心として，金商法上および会社法上，ライツ・オファリングの円滑な利用に向けてどのような制度整備が進められてきたか，その概要を示すとともに，若干の問題について検討を行った。一連の制度整備により，ライツ・オファリングを利用するための法的基盤は相当に整えられたように見える。実務界において，ライツ・オファリングの手法が円滑かつ適切に利用されていくことに期待したい。

〔付記〕　校正中に，洲崎博史「ライツ・オファリング」商事法務2041号（2014年）12頁に接した。

---

41) 藤田友敬「オプションの発行と会社法〔下〕——新株予約権制度の創設とその問題点」商事法務1623号（2002年）31頁，前田雅弘「新株予約権」ジュリスト1295号（2005年）49頁。
42) 立法論としては，新株予約権の有利処分一般について広く規制を導入するのでなく，さし当たりはライツ・オファリングの場面でだけ，発行会社が自己新株予約権を公正な価格で証券会社に売却することを確保するための手当てを設けることも考えられる。金融商品取引法研究会・前掲注（8）33頁〔藤田友敬発言〕参照。

公開買付規制を巡る近時の諸問題

太 田　　洋

I．はじめに

　公開買付規制に関しては，2006年12月13日に施行された旧証券取引法（以下「旧証取法」という）平成18年改正[1]（以下「平成18年改正」という）により，いわゆるスピード制限規制や全部勧誘義務・全部買付義務の制度等が導入されるなど，大幅な改正がなされたこともあって，2007年9月30日に金融商品取引法（以下「金商法」という）が施行されて以降は，立法的にはさほど大きな改正はなされていない。具体的には，例えば，①2008年12月12日に施行された金商法平成20年改正[2]で，一定の公開買付規制違反行為が課徴金の対象とされ，②いわゆる自社株対価TOBに関する「産業活力の再生及び産業活動の革新に関する特別措置法」（いわゆる「産活法」）の一部改正法[3]の施行（2011年7月1日）に伴い，同日付けで金融庁が公表している「株券等の公開買付けに関するQ&A」（以下「公開買付けQ&A」という）[4]に問42乃至44及びそれらに対する回答が追加されると共に，同年8月5日付けで「企業内容等の開示に関する内閣府令」（以下「企業内容開示府令」という）

※　本稿の執筆に際しては，西村あさひ法律事務所の同僚である松尾拓也，黒松昂蔵及び森本凡碩の各弁護士から，資料収集等で多大な協力を得た。ここに特に記して謝意を表したい。
1）平成18年法律第65号。
2）平成20年法律第65号。
3）平成23年法律第48号。
4）同Q&Aは，2009年7月3日に初めて公表され，その後，本文記載のものも含め，順次Q&Aが追加されている。

及び「企業内容等の開示に関する留意事項について（企業内容等開示ガイドライン）」（以下「企業内容開示ガイドライン」という）が改正されて，臨時報告書及び有価証券届出書の記載事項がそれぞれ改正された。また，③2011年11月24日に施行された金商法平成23年改正[5]で，一定の要件を満たすライツ・オファリングについて，新株予約権の取得時ではなく，その行使時を基準に株券等所有割合を判定して公開買付規制を適用するものとする等の改正[6]がなされ，④2012年10月31日に施行された金融商品取引法施行令（以下「金商法施行令」という）及び他社株買付府令の改正（以下「PTS関係金商法施行令等平成24年改正」という）[7]により，一定の私設取引システム（Proprietary Trading System：以下「PTS」という）について，強制公開買付規制のうち，後記①記載の5％基準の適用を除外する等の改正がなされ，更に，⑤2014年4月1日に施行された金商法平成25年改正[8]において，いわゆるスピード制限規制につき，取引所金融商品市場外における株券等の買付け等（以下「市場外買付け等」という）が5％超に達するか否かの判定に当たって，「市場外買付け等」の算定対象から除外される買付け等の範囲を，従前の「公開買付けによるもの」だけでなく「公開買付けによるもの及び適用除外買付け等」にまで拡大する旨の改正がなされている程度である。

　このように，金商法の施行以降，わが国の公開買付規制は，立法的にはさほど大きな変容を遂げていないため，その中核を成す強制公開買付規制の枠組みも，平成18年改正直後から基本的に変わっていない。即ち，現在のわが国の強制公開買付規制は，大要，以下の①から⑤までの5つの柱から構成されている[9]。

　①　取引所金融商品市場外（以下「市場外」という）で[10]，その株券等に

5）平成23年法律第49号。
6）「発行者以外の者による株券等の公開買付けの開示に関する内閣府令」（以下「他社株買付府令」という）8条3項1号等参照。
7）平成24年政令第270号及び同年内閣府令第72号。
8）平成25年法律第45号。

つき有価証券報告書を提出しなければならない発行者(以下,本稿では,かかる発行者を「有価証券報告書提出会社」[11]という)の株券等の買付け等を行い,当該買付け後の株券等所有割合が5％を超えるが,3分の1を超えない場合には,61日間に10人以内から取得する場合を除いて,公開買付けの方法によることが強制される(以下「5％基準」という)[12]

② 市場外で[13]有価証券報告書提出会社の株券等の買付け等を行い,当該買付け後の株券等所有割合が3分の1を超える場合は,公開買付けの方法によることが強制される(以下「3分の1ルール」という)[14]

③ 株券等所有割合が50％超(これについては,1年以上形式的特別関係者であった者の当該割合のみを合算)の者が行う,市場外における[15]有

---

9) わが国の強制公開買付規制の趣旨については,統一的な説明はできず,当該規制は,㋑株券等の保有者への同一条件での売付け機会の確保と必要な情報開示の確保(5％基準),㋺支配権プレミアムの均霑(3分の1ルール),㋩特定の株主の支配権掌握後における少数株主の地位の不安定性の解消(3分の2基準),㋥企業買収者間の公平確保(他者の公開買付期間中における強制公開買付規制)といった,複数の趣旨に基づく複数のルールの集合体であると考えざるを得ない(長島・大野・常松法律事務所編『公開買付けの理論と実務〔第2版〕』(商事法務,2013)4頁参照),と指摘されている。See Tomotaka Fujita, *The Takeover Regulation in Japan: Peculiar Developments in the Mandatory Offer Rule*, 3 UT Soft Law Review, 33 (2011).

10) 金商法平成24年改正前までは,「市場外買付け等」であっても5％基準が適用されない「取引所金融商品市場における有価証券の売買等に準ずる取引」としては,「店頭売買有価証券市場における店頭売買有価証券の取引」のみが金商法施行令によって指定されていたが,PTS関係金商法施行令等平成24年改正により,一定のPTS取引も追加的に指定されることとなった。

11) 一般に「有価証券報告書提出会社」というと,社債を発行したことにより継続開示義務を負う会社が含まれることになるが,強制公開買付規制との関係では,旧証取法平成16年改正(法律第97号)により,強制公開買付規制の対象となる有価証券の発行者の範囲から社債を発行したことにより継続開示義務を負う会社が除かれているので,本稿では,便宜上,その株券等につき有価証券報告書を提出しなければならない発行者を「有価証券報告書提出会社」と称することとする。

12) 金商法27条の2第1項1号,金商法施行令6条の2第3項。

13) もっとも,旧証取法平成17年改正により,市場内取引であるToSTNeT取引などのいわゆる「特定売買等」も「3分の1ルール」の対象とされるに至った(金商法27条の2第1項3号,平成17年金融庁告示第53号)。

14) 金商法27条の2第1項2号。なお,この潜脱を防止するため,平成18年改正によっていわゆるスピード制限規制(金商法27条の2第1項4・6号,金商法施行令7条7項2号)が導入されたが,スピード制限規制の詳細については,紙幅の関係上,割愛する。スピード制限規制の概要については,例えば,長島・大野・常松法律事務所・前掲(注9)65–79頁参照。

15) 市場内取引であるToSTNeT取引などのいわゆる「特定売買等」も含む。

価証券報告書提出会社の株券等の買付け等であって，当該買付け後の株券等所有割合が3分の2未満である場合，61日間に10人以内から取得する場合を除いて，公開買付けの方法によることが強制される（以下「50％超基準」という）[16]

④　市場外で[17]有価証券報告書提出会社の株券等の買付け等を行い，当該買付け後の株券等所有割合が3分の2以上となる場合には，公開買付けの方法によることが必要であるだけでなく，当該有価証券報告書提出会社の全ての種類の株券等の所有者に対して勧誘を行うべき義務（いわゆる「全部勧誘義務」）及び応募のあった株券等を全て決済すべき義務（いわゆる「全部買付義務」）が課される（以下「3分の2基準」という）[18]

⑤　他者が株券等について公開買付けを行っている場合に，当該株券等に関する株券等所有割合が3分の1を超える者が，当該公開買付けに係る公開買付届出書に記載された株券等の公開買付期間（以下「TOB期間」という）中に，5％を超える株券等の買付け等を行う場合には，それがたとえ取引所金融商品市場内（以下「市場内」という）で行われる場合でも，公開買付けの方法によることが強制される（以下「他者の公開買付期間中における強制公開買付規制」という）[19]

　また，わが国の強制公開買付規制の（特にEUのそれと比較した場合の）比較法的特徴[20]として，ⓐ基本的に，（上記⑤の場合を除き）市場外における買付け等のみが規制の対象とされ，市場内における買付け等については強制公開買付規制の適用対象外とされていること，ⓑ一部の例外を除き，基本

---

16) 金商法27条の2第1項但書，金商法施行令6条の2第1項4号。
17) 市場内取引であるToSTNeT取引などのいわゆる「特定売買等」も含む。
18) 金商法27条の2第5項，同法27条の13第4項，金商法施行令8条5項3号，同施行令14条の2の2。
19) 金商法27条の2第1項5号，金商法施行令7条5項，6項。
20) なお，米国の連邦証券規制には，手続規制・情報開示規制を超える「強制」公開買付規制は存在しない。

的に既発行の株券等の有償による取得のみが規制の対象とされ，新規に発行された株券等の引受けによる取得や既発行の株券等の無償取得については強制公開買付規制の適用対象外とされていること，ⓒ公開買付価格の事後的な引き下げが原則として禁止されていること及び公開買付価格の均一性が要求されていること（いわゆる公開買付価格の均一性規制）を除き，公開買付価格に関する規制（具体的には最低価格規制）が存在しないこと，並びにⓓ（上記④の場合を除き，）全部買付義務が課されていないことが挙げられる[21]。

しかしながら，会社法制見直しの議論の中で，少数株主の保護に光が当てられたこと等と関連して，近時，強制公開買付規制に関する基本的な制度設計を巡る議論が活発化している。また，解釈論の分野では，いわゆるカネボウ少数株主損害賠償請求事件東京高裁判決[22]を機縁として，発行会社が複数の種類の株式を発行している場合における公開買付規制の適用の在り方が，注目を集めている。

本稿では，紙幅の関係上，以上の全てについて詳しく述べることはできないが，それらのポイントについて，以下，簡潔に紹介することとしたい。なお，本稿のうち意見に亘る部分は，筆者の個人的見解に過ぎず，筆者の所属する法律事務所又は団体の見解を示すものではないことを，念のため付言しておく。また，文中に引用した具体的な会社は，特に断りなき限り全て株式会社である。

---

21) 藤田友敬「支配株式の取得と強制公開買付－強制公開買付制度の機能」岩原紳作＝山下友信＝神田秀樹『会社・金融・法〔下巻〕』（商事法務，2013）39－42頁参照。*See also* Fujita, *supra* note 9, 28－30.

22) 東京高判平成20年7月9日金融・商事判例1297号20頁。

II. EU 型の退出権制度（義務的公開買付制度）をわが国でも導入すべきか

1. 問題の所在

　1990年代から2000年代初頭にかけての強制公開買付規制を巡る立法政策論としての議論の中心は，それを構成している複数のルールのうち，特に（旧証取法平成2年改正で導入された）前述した「3分の1ルール」（前記Ⅰの②参照）を廃棄すべきではないか，という問題であった[23)24)]。これに対して，近時，それとは全く逆の方向性の議論として，わが国でも，EU 型の義務的公開買付制度における「退出権」のコンセプトを全面的に導入すべきではないかということが，立法論として活発に議論されている[25)]。この退出権のコンセプトは，簡単にいえば，「支配権が異動した（又は異動する）際に，買収者に事後的に（又は同時に）全株式に対する公開買付け（但し，一定の価格規制に服する）を義務付けて，少数株主が会社から退出する機会を与えること」とまとめることができるが，EU においては，ここでいう「支配権の異動」の原因については，株式の相対売買であるか若しくは市場売買であるか，又は第三者割当増資等による新株の取得であるかを問わないものとされている。つまり，EU 型の義務的公開買付規制における退出権のコンセプトは，前記Ⅰで述べたわが国の強制公開買付規制の特徴のうち，ⓐからⓓまで

---

23) 例えば，内間裕＝佐粧朋子「日本における MBO の普及・活性化に向けて〔上〕」旬刊商事法務1537号（1999）23－25頁，黒沼悦郎「強制的公開買付制度の再検討」旬刊商事法務1641号（2002）55頁など参照。
24) なお，近時において，EU 型の退出権制度を導入すべきか否かという問題についての詳細な検討も踏まえて，「3分の1ルール」の廃棄を主張する見解として，黒沼悦郎「公開買付規制の理論問題と政策問題」江頭憲治郎編『株式会社法大系』（有斐閣，2013）527頁以下（特に549－550頁）参照。
25) 議論の全体像については，飯田秀総「公開買付規制の改革－欧州型の義務的公開買付制度の退出権の考え方を導入すべきか－」旬刊商事法務1933号（2011）14頁以下がよくまとまっている。

のいずれにおいても対極を成すものである点に特徴がある。

　このようなEU型の退出権制度をわが国でも全面的に導入すべきと唱える論者の論拠は，大別すると，①これを導入することが，強圧的な公開買付けが引き起こす諸問題への解決策になるというもの[26]，②（上記①のコインの裏側の議論であるが）これを導入することで買収防衛策が不要となるというもの，及び③支配・従属関係成立後に従属会社の少数株主を事後的に救済することは困難であるので，支配・従属関係の形成段階で従属会社の少数株主の保護を実現すべきであるというもの[27]，の3つに分けられる。

　この問題に関しては，藤田友敬教授が，強制公開買付規制を持たない米国の法制を単純化したルールA（買付者Yは，対象会社の支配株主Xとの間の相対取引を含め，自由な方法で支配権を移転することができるとするルール），全部勧誘・全部買付義務を伴う強制公開買付制度を有するEU各国の法制を単純化したルールE（YはXから取得するのと同じ価格で残りの全ての投資者からも株式を取得しなくてはならないとするルール）及び全部買付義務を伴わない強制公開買付制度を単純化したルールJ（Yは，支配権の取得にあたり，Xを含めたすべての投資家に対して公開買付けを行わなくてはならないが，部分買付けが容認されており，取得する株式は51％でよいとするルール）の効果ないし影響を比較する形で，非常に優れた考察を行っている[28]。その内容は，大雑把に要約すると，以下のとおりである。即ち，①(i)支配株主が存在しない状態から行われる企業買収を前提とした場合には，相対取引を容認する（強制公開買付規制を課さない）ことには，さして大きな意味はない[29]。(ii) 他方，支配株主が存在する状態から行われる企業買収

---

26) 代表的なものとして，藤縄憲一「検証・日本の企業買収ルール—ライツプラン型防衛策の導入は正しかったか—」旬刊商事法務1818号（2007）18頁及び22頁参照，並びに中東正文「企業結合法制と買収防衛策」旬刊商事法務1841号（2008）48頁参照。
27) 代表的なものとして，奈須野太「経済産業省意見『今後の企業法制の在り方について』」旬刊商事法務1906号（2010）49頁及び大杉謙一教授執筆に係る2010年4月14日付け日本経済新聞朝刊「経済教室」参照。
28) 藤田・前掲（注21）48–77頁。

を前提とすれば，相対取引を容認する（強制公開買付規制を課さない）ルールには，効率的な買収は抑止されないが非効率的な買収を抑止できないという問題点が存するのに対し，相対取引を容認しない（強制公開買付規制を課す）ルールには，非効率的な買収を抑止する機能があるが効率的な買収まで抑止してしまう場合があるという問題点が存する[30]。②公開買付けによって支配権を取得する場合には，部分買付けを容認するか否かは，支配株主が存在している場合と存在しない場合とで異なった影響をもたらす[31]。即ち，(i)支配株主が存在しない場合には，部分買付けを容認する（全部勧誘・全部買付義務を課さない）と，効率的な買収が抑止されることはない一方で，買収者の私的利益が十分に大きければ，非効率的な買収がなされる可能性が生じる[32]が，部分買付けを容認しない（全部勧誘・全部買付義務を課す）場合には，（公開買付費用を考慮しない限り）効率的な買収が抑止されるという問題点は生じず，非効率的な買収も抑止される結果となる[33]。(ii)他方，支配株主が存在するときには，元の支配株主の私的利益を補償してやる必要が存することとの関係で，部分買付けを容認する（全部勧誘・全部買付義務を課さない）場合でも容認しない場合でも，効率的な買収が抑止される場合が生ずるが，非効率的な買収は抑止できる[34]。③従って，まとめると，支配株主が存しない状態における買収を前提とすれば，ルールEが（非効率的な買収がなされることがないという点で）相対的に優れた働きをすることになる[35]が，支配株主が存する状態における買収を前提とすれば，ルールEには，ルールJと同様に，効率的な買収を抑止することがあるという問題点が存する（他方，ルールAは効率的な買収を抑止することはないが，非効率的な

---

29) 藤田・前掲（注21）58頁。
30) 藤田・前掲（注21）54頁。
31) 藤田・前掲（注21）58頁。
32) 藤田・前掲（注21）57-58頁。なお，同74-75頁参照。
33) 藤田・前掲（注21）55-56頁。なお，同76-77頁参照。
34) 藤田・前掲（注21）51-55頁。なお，同72-73頁参照。
35) 藤田・前掲（注21）58頁。

買収を抑止できないという問題点が存する)³⁶⁾。

2．検討の視角

　筆者としても，上記の分析には全く異存はない。それでは，ルールEとルールJとを比較した場合，支配株主が存するときには共に効率的な買収を抑止することがあるという問題が存する一方で，支配株主が存しないときには非効率的な買収がなされることがないという点では，ルールEの方がルールJより相対的に優れている以上，わが国はルールEを採用してEU型の退出権制度を全面的に導入すべきなのであろうか。それとも，支配株主が存するときに，非効率的な買収を阻止できないものの効率的な買収を抑止しないルールAを採用すべきということになるのであろうか。

　この点，仮に，（企業価値の最大化を阻害するような企業買収を排除する目的に基づく）買収防衛策の導入及び発動が適切な範囲で認められ，支配株主による不当な私的利益の追求行為が解釈論上相当程度抑止される限り，非効率的な買収は抑止できるとの前提に立つのであれば，ルールEとルールJとの間には相対的な優劣はないということになり，むしろ，非効率的な買収を阻止できないものの効率的な買収を抑止しないルールAを採用すべきということになるであろう³⁷⁾。

　それでは，仮に，買収防衛策の導入及び発動が認められていても，（特に支配株主が存しない場合において）非効率的な買収は完全には抑止し切れないとの前提に立つのであれば，わが国は，ルールJの代わりにルールEを採用すべきなのであろうか。この点，筆者としては，上記のとおり，EU型

---

36) 藤田・前掲（注21）53-55頁。なお，同72-73頁参照。
37) 支配株主による不当な私的利益の追求が会社法によって制限されたり，事後的な矯正の対象となるのであれば，非効率的な買収をある程度抑止することができるので，そうであれば，効率的な買収も非効率的な買収も促進するルール（相対取引による支配権の移転及び市場取引による支配権の取得を認めるルール）の方が，いずれをも抑止するルール（強制的な公開買付け）よりも，全体として好ましいものといえるのではないかと指摘するものとして，黒沼・前掲（注24）550頁参照。

の退出権制度には，支配株主が存しない場合を含めて，企業価値を毀損ないし減少させるような買収を抑止する機能が存する反面で，上記1で述べた抽象的・理論的な分析とは異なる次元の問題により，事実上，企業価値を増大させるような買収が阻害される可能性が存すること[38]をどのように考えるべきか，という点が重要なポイントとなるものと考える[39]。このような，企業価値を増大させるような買収を事実上阻害し得る要因としては，以下の2つが特に重要であると考えられる。

第一は，藤田教授も指摘している点である[40]が，流動性制約（資金制約）の問題である。EU型の退出権制度を全面的に導入し，支配株式の取得に際して買収者に全部勧誘・全部買付義務を課した場合には，買収者が全株式を買い付けるのに十分な資金を調達できないときは（企業価値を増大させるものも含めて）企業買収は行われないことになる。他方，金融機関には，業法上の規制により，大口融資規制[41]が課されることがあり，大口融資規制に抵触しない場合にも，金融機関が単一の企業グループとの関係で許容できるエクスポージャーには，リスク管理の観点から，内部的に一定の限度が設定されているのが通常である[42]。従って，EU型の退出権制度を全面的に導入し，支配株式の取得に際して買収者に全部勧誘・全部買付義務を課すと，多額の資金を必要とするキャッシュTOBによる大型買収が困難になるおそれがあるが，この問題を重視するのであれば，EU型の退出権制度を導入することは，必ずしも望ましい選択肢とはいえないということになるであろう。

第二は，藤田教授の論考では特に指摘されていない点であるが，特にわが国においては，企業買収が行われる際，実際上，被買収会社側で，買収を受

---

38) *See* Lucian Arye Bebchuk, *Efficient and Inefficient Sales of Corporate Control*, 109 Quarterly Journal of Economics, 957(1994)；Fujita, *supra* note 9, 34-39.
39) 藤田・前掲（注21）58-59頁参照。See also Fujita, *supra* note 9, 43.
40) 藤田・前掲（注21）58-59頁。
41) わが国の銀行法13条，銀行法施行令4条参照。
42) 三田克徳「バーゼルⅡ対応に向けたリスク管理態勢のあり方」銀行実務37巻4号（2007）32-33頁など参照。

け入れる条件として上場の維持が挙げられることが多い[43]という問題である[44]。この点について，わが国では従来十分な実証研究がなされているとはいえない状況にあるが，長年わが国において企業買収に携わってきた実務家としての実感からいえば，わが国では，企業買収が行われる際，被買収会社側で，買収を受け入れる条件として上場維持や経営の独立性ないし自律性の尊重が挙げられることは，かなり多いように思われる。それ故，EU型の退出権制度を全面的に導入し，支配株式の取得に際して買収者に全部勧誘・全部買付義務を課すと，買収後も被買収会社の上場を維持することを法的に担保することは不可能となるため，被買収会社が買収後の上場維持に固執する場合には，少なくとも友好的な買収は行われないこととなる。

　実際，後掲の【表1】記載のとおり，例えば，2011年1月1日から2013年12月31日までの3年間に公開買付届出書が提出された他社株公開買付け（以下「他社株TOB」という）の事例は全部で165件であったところ，そのうち，公開買付届出書に「買付予定数の上限」として3分の2未満の割合を定めていた事例は38件（全体の約23％）存在しており，しかも，その中で敵対的公開買付け（以下「敵対的TOB」という）の事例（18，25），対象株式が非上場であった事例（11，24，32，34，38）及び対象株式がグリーンシート銘柄であった事例（21）を除く全ての事例（即ち30件）の公開買付届出書には，対象会社の上場を維持するために3分の2未満の上限を設けたと記載されていた。従って，わが国でEU型の退出権制度を全面的に導入した場合には，これら約20％程度の企業買収の大半が行われなくなる可能性が高いものと考えられ，そうであるとすると，企業価値を増大させるような企業買収が相当

---

43) 例えば，パナソニックによる三洋電機の買収に際しても，三洋電機側は，買収受入れの条件として，「上場維持」に強くこだわったと報じられている（2009年6月27日付け大阪読売新聞朝刊8面参照）。なお，宍戸善一＝新田敬祐＝宮島英昭「親子上場をめぐる議論に対する問題提起－法と経済学の観点から－〔中〕」旬刊商事法務1899号（2010）7頁では，アメリカに比して，日本では人材採用の面など，上場していることのメリットが大きいと指摘されている。
44) この点につき指摘するものとして，例えば，拙稿「公開買付規制の現在と課題－岐路に立つわが国の強制公開買付規制」ジュリスト1444号（2012）51頁参照。

程度阻害されるおそれは高いものといわざるを得ない。このことを重視するのであれば，やはり，EU 型の退出権制度を全面的に導入することについては極めて慎重であるべきということになろう。

【表１】他社株 TOB のうち３分の２未満の上限が設定されていた事例
（2011年１月１日～2013年12月31日）

	買付者	対象会社	公開買付届出書提出日
1	双日	さくらインターネット	2/23/2011
2	ウェルネット	ナノ・メディア	6/8/2011
3	ヤマダ電機	エス・バイ・エル	8/15/2011
4	豊田通商	エレマテック	1/17/2012
5	吉野勝秀（個人）	メッツ	1/27/2012
6	あかつきフィナンシャルグループ	ドリームバイザー・ホールディングス	2/13/2012
7	高砂熱学工業	丸誠	2/14/2012
8	イコールパートナーズ	小僧寿し本部	2/15/2012
9	デジタル・アドバタイジング・コンソーシアム	ngi group	2/15/2012
10	IHI	明星電気	5/9/2012
11	エイチ・アイ・エス	九州産業交通ホールディングス	5/23/2012
12	J. フロントリテイリング	パルコ	7/9/2012
13	東京証券取引所グループ	大阪証券取引所	7/11/2012
14	高齢社会戦略１号投資事業有限責任組合	シダー	8/14/2012
15	野村総合研究所	だいこう証券ビジネス	9/18/2012
16	ピースヴィラ・エルピー（Peace Villa, L.P.）	シーシーエス	10/18/2012
17	兼松エレクトロニクス	日本オフィス・システム	10/24/2012
18	PGM ホールディングス	アコーディア・ゴルフ	11/16/2012

19	ブラザー工業	ニッセイ	12/ 5 /2012
20	ワンダーコーポレーション	新星堂	12/21/2012
21	出縄ホールディングス	みどり証券	12/27/2012
22	森トラスト	日本エスリード	1 /28/2013
23	光通信	エフティコミュニケーションズ	2 /13/2013
24	伊藤忠商事	ヤナセ	2 /26/2013
25	エス-エイチ ジャパン・エルピー（S－H Japan, L.P.）	西武ホールディングス	3 /12/2013
26	三栄建築設計	シード	3 /27/2013
27	ソフトバンクモバイル	ガンホー・オンライン・エンターテイメント	4 / 1 /2013
28	ギブソン・ホールディングス・インク（Gibson Holdings, Inc.）	ティアック	4 / 1 /2013
29	井　康彦（個人）	フェヴリナホールディングス	5 /20/2013
30	SAM ホールディングス	ハイブリッド・サービス	6 /24/2013
31	光通信	ユニバーサルソリューションシステムズ	7 / 2 /2013
32	アジアグロースキャピタル	ディーワンダーランド	9 /20/2013
33	やまや	チムニー	11/ 8 /2013
34	伊藤忠商事	ヤナセ	11/13/2013
35	有限会社河野商事	武蔵野興業	11/13/2013
36	セブン&アイ・ネットメディア	ニッセンホールディングス	12/ 3 /2013
37	キユーピー	アヲハタ	12/25/2013
38	伊藤忠食糧	大阪第一食糧	12/26/2013

　いずれにせよ，EU 型の退出権制度を導入すべきか否かを議論する場には，これら2点につき，実証的な観点から十分な検証及び議論がなされることが望まれる[45]。

III. 複数の種類の「株券等」が発行されている場合における公開買付価格の均一性を巡る問題

1. 問題の所在

　金商法が施行されて以降，強制公開買付規制に関する解釈論の分野では，前述したカネボウ少数株主損害賠償請求事件東京高裁判決がきっかけとなって，公開買付規制における株券等の「種類」の同一性と買付条件の均一性規制の問題がクローズアップされるに至っている。この問題は，後述するように，特に，平成18年改正によって「3分の2基準」（前記Ⅰの④）が導入されて以降，実務上大きな問題となっている。

　そもそも，わが国の公開買付規制では，前述したとおり，公開買付価格の水準自体については直接的な規制がなされていないものの，買付条件の一環として，公開買付価格についても，その均一性が要求されている。即ち，①公開買付けの対価が金銭である場合には，公開買付価格は全ての応募株主等について均一にしなければならない（金商法27条の2第3項，同法施行令8条3項）ものとされ，②対価が有価証券その他金銭以外のものである場合には，当該有価証券その他金銭以外のものとの交換比率を公開買付価格とみなした上で均一性規制が適用されるものとされ（金商法施行令8条2項），更に，③公開買付者が応募株主等に複数の種類の対価を選択させる場合には，選択することができる対価の種類を全ての応募株主等につき同一とし，かつ，

---

45) わが国における部分公開買付けの意義を積極的に評価した上で，支配権の取得に際して全部公開買付けを強制する必要はないとするものとして，田中亘『企業買収と防衛策』（商事法務，2012）407-409頁参照。なお，藤田友敬教授は，もしわが国が強制公開買付規制を維持するのであれば，制度としての一貫性を確保するため，ⓐ「3分の1ルール」を存置した上で，「3分の2基準」を市場内買付けや株式の新規発行の場合にも拡張して適用するか，ⓑ「3分の2基準」のトリガー割合を株券等保有割合の3分の1にまで引き下げた上で，強制公開買付規制をEU型の事後的規制に修正し，市場内買付けや株式の新規発行の場合にも拡張して適用するようにすべきであると主張している。*See* Fujita, *supra* note 9, 42.

それぞれの種類ごとに当該種類の対価を選択した応募株主等について均一にしなければならない（金商法施行令8条3項但書）ものとされている（以上を併せて「公開買付価格の均一性規制」と総称する）。

カネボウ少数株主損害賠償請求事件について訴訟が提起されるまでは，このような公開買付価格の均一性規制が異なる「種類」の株券等の間でも適用されるか否かについては，学説上も余り議論されていなかった。しかしながら，複数の種類の株券等について買付け等がなされる場合，これらが，会社法上は異なる種類のものとされるときでも，その内容の類似性故に，公開買付規制上は同一の種類の株券等として扱われ，その結果，「同一の公開買付手続の対象に含めるべき」ものと解されるとすれば，会社法上は別の種類とされる株券等の間においても公開買付価格の均一性規制が適用されることになる[46]ため，カネボウ少数株主損害賠償請求事件を契機に，この問題が俄かにクローズアップされるに至った。

2. 公開買付規制における「異なる種類の株券等」の意義

この点，金融庁は，公式には，「株券等の『種類』をどのようにとらえるかは，関係法令に照らして，個別事案ごとに判断されるものと考えられます」（パブリックコメントに対して示された「金融庁の考え方」[47]）としているが，平成18年改正の立案担当者は，一歩踏み込んで，「同一の発行者に係る2以上の内容の異なる株券等について，買付け等の対象に含めるものと含めないものを区別して公開買付けを行うことは，公開買付制度上，当然には予定されていない。一方，2以上の内容の異なる株券等の発行者の株券等を買い付けるにあたって，たとえば，ある内容の株券等については現在も，また，将来に向けても，買い付ける予定・意思が一切ない，などの場合も想定されるところである。同一の公開買付手続に含めるべき株券等の内容の範囲につい

---

46) 宮下央「判批」金融法務事情1916号（2011）72頁参照。
47) 金融庁がそのウエブサイト上で公表した「提出されたコメントの概要とコメントに対する金融庁の考え方」（2006年12月13日付け）中のNo.15のコメントに対して示されたもの。

ては，最終的には個別事案ごとに判断される必要があるが，このような場合であって，かつ，当該株券等に係る議決権，配当，普通株式への転換条件等の内容が，他の内容の株券等と明確に区別できるような場合には，公開買付けを行うにあたって，当該株券等を買付け等の対象から除外する取扱いが認められる場合もあると考えられる」[48]として，会社法上異なる種類の株式とされるものを，公開買付規制上「異なる種類」の株券等であるとして区別して取り扱うことができるか否かは，実質的に判断されるかのような見解（いわゆる実質説）を明らかにしていた。

しかしながら，前述したカネボウ少数株主損害賠償請求事件東京高裁判決の上告審判決である最判平成22年10月22日民集64巻7号1843頁（以下「カネボウ損害賠償事件最高裁判決」という）[49]は，この点につき，明示的には言及しなかったものの，当該判決の担当調査官は，同判決は，上記「株券等」の意義に関して，実質的な内容の同一性は問題とならず，形式的に（会社法上）種類の異なる株券等であれば，全てかかる「株券等」に含まれないという見解（いわゆる形式説）を採用したものであるとの理解を明らかにしており[50)51)52)]，上記の立案担当者の見解は，同判決によって実質的に否定されたものと考えられる。

3．異なる種類の株券等を発行している会社に対して全部勧誘・全部買付義務が適用される公開買付けを行う場合には公開買付手続は複数行われることになるのか

これで，会社法上異なる種類の株式とされるものを，公開買付規制上「異なる種類」の株券等であるとして区別して取り扱うことができるかとの問題については，事実上決着がついたわけであるが，それでは，一歩進んで，同

---

48) 池田唯一＝大来志郎＝町田行人『新しい公開買付制度と大量保有報告制度』（商事法務，2007）97頁。
49) この判決の詳細な分析については，例えば，石丸将利「判批」法曹時報65巻6号（2013）48頁以下参照。

一の公開買付手続において複数の種類の株券等を買付け等の対象とする場合において[53]，買付者は，実質的に公開買付価格が均一となるように公開買付価格を設定しなければならないのであろうか。言い換えれば，異なる種類の株券等の間でも公開買付価格の均一性規制が適用されると解されるのであろうか[54]。

この点が正面から争われた裁判例はまだ登場していないが，2014年3月26日に，東京証券取引所（以下「東証」という）マザーズ市場に，ロボットベンチャー企業であるCYBERDYNEが，議決権数の異なる複数の種類株式を発行する会社としてはわが国で初めて上場を果たした[55][56][57]ことで，今後，

---

50) 石丸将利「時の判例」ジュリスト1428号（2011）111頁は，「限定説を採用した場合であっても，形式的に種類の異なる株券等であればすべて『株券等』に含まれないのか，それとも，形式的に種類の異なる株券等であっても，実質的な内容が同一の株券等であれば，『株券等』に含まれると解する余地はないのかという問題がある。この点について，本判決は明示的に触れてはいないが，普通株式とC種類株式の実質的同一性を問題とすることなく，公開買付けの要否を判断していることから，形式説を採用したものと考えられる。実質説は，個別具体的な妥当性を追及するという点では優れているものの，その限界が不明確な面があることは否めない。そして，公開買付けを行うことが必要とされる場合に公開買付開始公告を行わなかったときには，買付者は，個人であれば3年以下の懲役もしくは300万以下の罰金又はその併科に，法人であれば3億円以下の罰金に処せられることになるが〔中略〕その後，法定刑は加重されている〔中略〕。さらに，平成20年法律第65号による改正後の金商法の下では，公開買付開始公告なしに買付け等を行った場合に，買付総額の25％相当額の課徴金も課される。），このように公開買付けの実施の有無が刑事責任にも関わることなどからすれば，『株券等』の内容が不明確になる解釈は採り難いように思われる」〔傍点筆者〕と述べる（石丸・前掲（注49）84-85頁もほぼ同じ内容を述べる）。黒沼悦郎「判批」金融・商事判例1366号（2011）2頁も，結論において同旨。また，加藤貴仁「判批」私法判例リマークス43号（2011）85頁は，本判決は，形式説に限りなく近い立場に立っており，実質判断の余地は大きくないとする。
51) なお，宮下・前掲（注46）70頁は，形式説に立つ以上は一切の例外を認めないという考え方が一貫していると考えているようである。飯田秀聡「判批」旬刊商事法務1923号（2011）15頁は，実質に立ち入って種類株式の同一性を判断することは，極めて例外的な場合に限ってのみ認められる余地があると解すれば足りるとする。
52) この問題の詳細については，例えば，太田洋＝中山達也「種類株式の買付けを通じた上場企業の買収と公開買付規制―強制公開買付規制の射程を巡って―」金融・商事判例1351号（2010）6頁以下等を参照。
53) 「株券等の買付け等を行う者が特定の種類の株券等のみを買付け等の対象とし得る」場合があることにつき，カネボウ損害賠償事件最高裁判決参照。
54) 中東正文「公開買付制度」金融商品取引法研究会編『金融商品取引法制の現代的課題』（日本証券経済研究所，2010）159頁脚注41，太田＝中山・前掲（注52）11頁等参照。

これは実務上も大きな問題になるものと考えられる。

この問題は，理論的には，「同じ時点で」「異なる種類の」株券等に対して公開買付けが行われる場合，公開買付手続は「複数」行われているものと観念されるのか，それともあくまで単一の公開買付手続が行われているものと観念されるのかによって，結論が変わってくるものと考えられる[58]。以下，このことについて説明する。

まず，「異なる時点で」対象会社の「異なる種類の」株券等に対して公開買付けが行われるときは，当然，「複数の」公開買付手続が行われているも

---

55) 同社は，普通株式と（普通株式の10倍の議決権を有する以外は剰余金の配当及び残余財産の分配を始めとしてその権利内容につき普通株式と概ね差異がない）B種株式とを発行しているが，このような仕組み（一般に「デュアル・クラス・ストラクチャー」と呼ばれる）を採用することによって，同社の創業者である山海嘉之氏の同社上場後における持株割合は，発行済株式総数ベースでは合計約43％にとどまるが，議決権ベースでは約88％となっている。なお，東証マザーズへの上場が承認されたのは同社の普通株式であって，同社のB種株式は，譲渡制限も付されており，上場されていない。

56) このような議決権数の異なる複数の種類株式（一般に「議決権種類株式」といわれる）を用いて上場後における創業者及び経営陣の支配力維持を図る例はGoogleやFacebookを始めとして米国のIT企業等では少なくないが，わが国ではCYBERDYNEの事例が初めてである。なお，CYBERDYNEの事例に関する詳細な分析としては，松尾拓也「議決権種類株式を用いた我が国初の上場事例の登場～強制公開買付規制の種類株式への適用について望まれる解釈の明確化～」法と経済のジャーナルAsahi Judiciary 2014年4月2日掲載（《http://judiciary.asahi.com/outlook/2014033100002.html》にて閲覧可能）等がある。

57) なお，2013年6月に閣議決定された「日本再興戦略－JAPAN is BACK－」において掲げられている，新規ビジネス創出を促すためのリスクマネーの供給促進に取り組む方針や，金融審議会の「新規・成長企業へのリスクマネーの供給のあり方等に関するワーキング・グループ」による同年12月25日付け報告書で掲げられている，新規・成長企業の出口戦略を多様化するためのIPO活性化策を含めた諸施策等を踏まえて，東証の上場制度整備懇談会では，同年10月8日開催の第34回会合から，種類株式の上場を活用する方法について検討が進められている。それを受けて，東証は，2014年2月5日付けの「IPOの活性化等に向けた上場制度の見直しについて」と題するリリースにおいて，(1)新規上場時の株主数基準の引き下げや，(2)議決権種類株式に係る上場審査の観点の明確化等の所要の制度整備を，2014年3月を目途に実施すると公表していたが，その後，同年3月24日に，「本年3月を目途に実施する予定としておりました『議決権種類株式に係る上場審査の観点の明確化』（上場審査ガイドラインの改正）の改正内容・施行日は，本年4月以降にお知らせいたします」と公表するに至っている（本稿脱稿日現在では，当該改正の内容は不明である）。しかしながら，いずれにせよ，東証としては，議決権種類株式に係る上場審査の観点を明確化すること等を通じて，議決権種類株式の健全な利用を促進し，IPOの活性化につなげていくことを企図しているものと考えられ，今後も，CYBERDYNEと同様の議決権種類株式を用いた新規上場（IPO）の事例は増加するものと考えられる。

のと観念されることになる。それでは、同一の買付者により「同じ時点で」対象会社の「異なる種類の」株券等に対して公開買付けが行われるときは、どのように解されることになるのであろうか。この点に関しては、観念的には、「複数の」公開買付手続が行われていることになると解さざるを得ないのではないかとする見解（複数説）[59]と、同じ時点で行われている以上、「単数の」公開買付手続が行われているものと見るべきとする見解（単数説）[60]とが対立している。この点は、条文上は、特に、市場外で有価証券報告書提出会社の株券等の買付け等を行って当該買付け後の株券等所有割合が3分の2以上となる場合における全部勧誘義務について定める金商法施行令8条5項3号[61][62]が、「一つの」公開買付手続で全種類の株券等につき全部勧誘を行うことを要求していると解するのか否かを巡って争われている[63]。単数説の立場からは、この条文は、「一つの」公開買付手続で全種類の株券等につ

---

58) 例えば、後述のとおり、松尾直彦教授は、この問題に関して公開買付手続は「複数」行われていると観念するのでなければ、後記4における否定説を採ることは困難であるとする（金融商品取引法研究会編『金融商品取引法研究会研究記録第35号　公開買付規制を巡る近時の諸問題』（日本証券経済研究所、2012）（以下「金商法研究会研究記録第35号」という）43頁〔松尾直彦発言〕参照。

59) 池田唯一＝岩原紳作＝神作裕之＝神田秀樹＝武井一浩＝永井智亮＝藤田友敬＝松尾直彦＝三井秀範＝山下友信『金融商品取引法セミナー【公開買付け・大量保有報告編】』（有斐閣、2010）90頁〔藤田友敬発言〕参照。この他、金商法研究会研究記録第35号45頁〔藤田友敬、太田洋発言〕参照。なお、平成18年改正の立案担当官は、必ずしも複数説を完全には否定していないようである（池田＝岩原＝神作＝神田＝武井＝永井＝藤田＝松尾＝三井＝山下・前掲書90頁〔池田唯一発言〕）。

60) 金商法研究会研究記録第35号45頁〔松尾直彦発言〕。

61) 他社株公開買付府令5条5項は、「〔全部勧誘義務を定める〕令第8条第5項第3号の規定による買付け等の申込み又は売付け等の申込みの勧誘は、同一の公開買付けによらなければならない」〔傍点筆者〕とする。

62) なお、わが国では、どの範囲までの株券等を公開買付りの対象としなりればならないかという問題（勧誘義務の及ぶ範囲の問題）に関して、金商法施行令8条5項3号が、当該買付け後の株券等所有割合が3分の2以上となる場合についての全部「勧誘」義務について定め、他方、当該買付け後の株券等所有割合が3分の2以上となる場合には、買付予定数につき上限を付すことができない（つまり、買付予定数の下限を超える限り、応募されたものは全部買い付けなければならない）という全部「買付」義務については、金商法27条の13第4項及び金商法施行令14条の2の2が別途規定する、という法文上の構造が採用されている。

63) 池田＝岩原＝神作＝神田＝武井＝永井＝藤田＝松尾＝三井＝山下・前掲（注59）89-90頁〔藤田友敬発言〕参照。

き全部勧誘を行うことを要求していると解することになるし，複数説の立場からは，この条文は，株券等の種類ごとに行われる複数の公開買付手続において，各種類の株券等につき全部勧誘を行うことを要求しているに過ぎないと解することになる[64]。

この両者の見解のうちどちらを採るかは，様々な解釈論上の問題について，具体的な結論に差異をもたらすことにつながり得る。その最も代表的な例が，同一の買付者が，複数の株券等を発行する有価証券報告書提出会社の株券等につき，市場外で買付け等を行い，当該買付け後の株券等所有割合が3分の2以上となる場合，即ち，全部勧誘・全部買付義務の適用があるために当然に「同じ時点で」「異なる種類の」株券等に対して公開買付けが行われる場合において，異なる種類の株券等の間でも公開買付価格の均一性規制が適用されることになるか否かという問題である。この問題につき，単数説の立場からは，複数の種類の株券等の間でも均一性規制が適用されると解さざるを得ないように思われる[65]が，複数説の立場からは，複数の種類の株券等の間では均一性規制は適用されないと解しやすい[66]。また，複数説の立場からは，更に，進んで，公開買付けの上限及び下限も種類ごとに別々に設定できると解することも容易になる[67]。

4．異なる種類の株券等の間における公開買付価格の均一性規制の適用の有無

そこで，以上を前提として，前述した，同一の公開買付手続において複数の種類の株券等を買付け等の対象とする場合において，買付者は，実質的に公開買付価格が均一となるように公開買付価格を設定しなければならないかという問題について，以下検討する。

---

64) 池田＝岩原＝神作＝神田＝武井＝永井＝藤田＝松尾＝三井＝山下・前掲（注59）90頁〔藤田友敬発言〕参照。
65) 金商法研究会研究記録第35号43頁〔松尾直彦発言〕。
66) 池田＝岩原＝神作＝神田＝武井＝永井＝藤田＝松尾＝三井＝山下・前掲（注59）90頁〔藤田友敬発言〕参照。

この点，解釈論上は，肯定説，限定的肯定説及び否定説が対立している。まず，肯定説は，平成18年改正の立案担当者が採っているのではないかと思われる説で，論者は，「同一の公開買付けにおいて，対象者が発行する，内容の異なる2以上の株券等を買付け等の対象とするような場合においても，実質的に公開買付価格が均一となるよう，公開買付価格を設定すべきである」〔傍点筆者〕とし，具体的には「たとえば普通株式に転換する条件が付されている種類株式あるいは新株予約権に対する買付け等の価格については，普通株式など基準となる株券等に経済的価値を換算することが基本的に可能であり，そのような場合，換算後の価格が普通株式に対する価格と均一になるように公開買付価格が設定されるべきものと考えられる。経済的価値を定量的に換算することが困難な場合，いかなる公開買付価格の設定が均一かについては，個別の事案ごとに判断される必要がある」と述べている[68)69)]。なお，公開買付届出書の様式では，「株券等の種類に応じた公開買付価格の価額の差について，換算の考え方等の内容を具体的に記載すること」〔傍点筆者〕[70)]が要求されており，これは肯定説の考え方を前提としているようにも読めな

---

67) 池田＝岩原＝神作＝神田＝武井＝永井＝藤田＝松尾＝三井＝山下・前掲（注59）91-92頁，103頁〔藤田友敬発言〕参照。もっとも，松尾直彦教授は，全部勧誘義務が課されない場合を前提に，単一の公開買付手続で複数の株券等を買い付けるときでも，種類ごとに異なった上限及び下限を付すことができるとする（池田＝岩原＝神作＝神田＝武井＝永井＝藤田＝松尾＝三井＝山下・前掲（注59）105頁〔松尾直彦発言〕参照）。この問題は，それ自体大きな問題であるが，紙幅の関係上，本稿ではこれ以上詳しくは立ち入らない（この問題の詳細については，例えば，池田＝岩原＝神作＝神田＝武井＝永井＝藤田＝松尾＝三井＝山下・前掲書102-106頁参照）。
68) 池田＝大来＝町田・前掲（注48）65頁参照。
69) 松尾直彦教授はこの見解に賛同する（池田＝岩原＝神作＝神田＝武井＝永井＝藤田＝松尾＝三井＝山下・前掲（注59）95頁〔松尾直彦発言〕及び金商法研究会研究記録第35号43頁〔松尾直彦発言〕）。また，金融庁の三井秀範氏もこの見解に好意的である（池田＝岩原＝神作＝神田＝武井＝永井＝藤田＝松尾＝三井＝山下・前掲書91，93-94頁〔三井秀範発言〕）。
70) 他社株買付府令第2号様式記載上の注意(6) e。同じ平成18年改正の立案担当官は，全部勧誘義務が課されている同一の公開買付けにおいて，買付け等の対象となる株券等の種類が異なる場合には，公開買付価格につき「名目的な価額には差異が生じ得る」が，この場合には，「公開買付届出書において，この価額の差異について説明を求めることとしている」として，この他社株買付府令第2号様式の記載上の注意(6) eを引用する（大来志郎「公開買付制度の見直しに係る政令・内閣府令の一部改正の概要」旬刊商事法務1786号（2006）10頁）。

くはない[71]。しかしながら，この肯定説の考え方に対しては，（前述したとおり，）そもそも，同じ時期に行わない限り，同一の買付者が同一の対象会社の異なる種類の株券等に対して別々に公開買付けをすることも可能なのであって，同一の公開買付けで行った場合にの̇み̇内容の異なる複数の株券等について実質的に公開買付価格が均一であることを要求する合理的な理由はないとの批判がある[72]。

　一方，限定的肯定説は，全部勧誘義務が適用される場合に限って，異なる種類の株券等の間でも公開買付価格の均一性規制の適用を肯定する見解[73]である。この説の形式的な論拠は，全部勧誘義務が課される公開買付けにおける買付け等の申込み又は売付け等の申込みの勧誘は「同一の公開買付けによらなければならない」とする他社株公開買付府令5条5項の規定が存在するが故に，全部勧誘義務が適用される場合には，複数の公開買付手続によって複数の種類の株券等の買付け等を行うことは許されないと解し得る点に求められるであろう。しかしながら，この見解に対しては，何故，全部勧誘義務が適用される場合にの̇み̇，種類の枠を超えて均一性規制が適用されることになるのか，理論的根拠が不明であるとの疑問がある[74]。

　この点，実務では，後掲の【表2】に見られるとおり，全部勧誘・全部買付義務が課される公開買付けに際して，発行者の発行する普通株式については，その株価に一定のプレミアムを付した価格を買付価格とする一方で，①ストック・オプションとして発行された新株予約権がアウト・オブ・マネー

71）池田＝岩原＝神作＝神田＝武井＝永井＝藤田＝松尾＝三井＝山下・前掲（注59）91頁〔神田秀樹発言〕参照。
72）石塚洋之＝岡野辰也「公開買付けの実務(6)公開買付けの条件に関する規制〔上〕」旬刊商事法務1848号（2008）30頁及び長島・大野・常松法律事務所・前掲（注9）177頁参照。
73）なお，石塚＝岡野・前掲（注72）30頁は，「少なくとも全部勧誘義務の課されないような場合には，内容の異なる複数の株券等のそれぞれの公開買付価格の水準自体について均一性は要求されないと解すべきである」〔傍点筆者〕などとするが，限定的肯定説と否定説のいずれに立脚するかは明らかにしていない。限定的肯定説については，長島・大野・常松法律事務所・前掲（注9）177頁も参照。
74）限定的肯定説に対するその他の批判については，長島・大野・常松法律事務所・前掲（注9）177頁参照。

の状態にある場合や当該新株予約権に被付与者（及びその親族）以外は行使できないとの行使条件が付されている場合には，公開買付けに際して，その買付価格を備忘価格（1円）とするのが一般的であり，同様に，②新株予約権付社債の買付価格については，行使期限が到来していなければ社債の額面金額，行使期限が到来していればパリティ価格（＝普通株式の公開買付価格×額面金額／行使価額）とするのが一般的であり，このような実務自体については特に問題視はされていないようである[75]。

【表2】 新株予約権・新株予約権付社債（転換社債）についての公開買付価格の設定例（2010年10月1日〜2013年12月31日）

下記で挙げた実例は，①出光興産がエス・ディー・エスバイオテックを対象者として行った公開買付け，②大和証券グループ本社がリテラクレア証券を対象者として行った公開買付け及び③ジーコミュニケーションがジーテイストを対象者として行った公開買付け（いずれも下記Aの(a)の類型に属するもので公開買付価格が1円とされている事例）を除き，全部勧誘・全部買付義務の適用があった事案である。

A ストック・オプションとして発行された新株予約権の公開買付価格の定め

(a) 取得しても公開買付者がこれを行使できない可能性のある条件が付されているもの[76]

	公開買付価格の定め	件数
1	公開買付価格を1円としたもの	44件[77]
2	当該新株予約権に係る普通株式1株当たりの行使価格と公開買付価格との差額に，各新株予約権の目的となる普通株式の数を乗じた金額としたもの	2件[78]

---

75) 池田＝岩原＝神作＝神田＝武井＝永井＝藤田＝松尾＝三井＝山下・前掲（注59）90-92頁参照。
76) 具体的には，行使条件として役員・従業員の地位と関連した条件が付されている新株予約権，及び譲渡について対象会社取締役会の承認を要するという条件が付されている新株予約権。

(b) 上記(a)以外のもので，アウト・オブ・マネーとなっていた新株予約権

	公開買付価格の定め	件数
1	公開買付価格を1円としたもの	5件[79]
2	他の定め方をしたもの	0件

(c) 上記(a)以外のもので，イン・ザ・マネーとなっていた新株予約権

	公開買付価格の定め	件数
1	公開買付価格と当該新株予約権に係る普通株式1株当たりの行使価格との差額に，各新株予約権の目的となる普通株式の数を乗じた金額としたもの	14件[80]
2	他の定め方をしたもの	2件

B 新株予約権付社債（転換社債）の公開買付価格の定め

(a) 行使期限がTOB期間終了までに到来しないもの

	公開買付価格の定め	件数
1	公開買付価格をパリティ価格としたもの	7件[81]
2	他の定め方をしたもの	0件

(b) 行使期限が到来していた，又は，TOB期間終了までに到来するもの

→ 不見当

---

77) Macquarie Goodman Japan Pte.Ltd.が日本レップを対象者として行ったTOB（2010年10月18日付け公開買付届出書参照），MMホールディングスがカルチュア・コンビニエンス・クラブを対象者として行ったTOB（2011年2月4日付け公開買付届出書参照），出光興産がエス・ディー・エスバイオテックを対象者として行ったTOB（同年5月11日付け公開買付届出書参照），三井住友銀行がプロミスを対象者として行ったTOB（同年10月18日付け公開買付届出書参照），大和証券グループ本社がリテラクレア証券を対象者として行ったTOB（2013年2月4日付け公開買付届出書参照），ジーコミュニケーションがジーテイストを対象者として行ったTOB（2013年2月18日付け公開買付届出書参照）など。
78) パシフィック・アライアンス・グループ・ホールディングス・リミテッドがセキュアード・キャピタル・ジャパンを対象者として行ったTOB（2010年11月5日付け公開買付届出書参照）及びMBKP2がインボイスを対象者として行ったTOB（2010年12月3日付け公開買付届出書参照）。
79) ニチイ学館がGABAを対象者として行ったTOB（2011年8月8日付け公開買付届出書参照）など。
80) バッカスがエノテカを対象者として行ったTOB（2011年2月3日付け公開買付届出書参照），住友商事及び住友情報システムがCSKを対象者として行ったTOB（同年3月10日付け公開買付届出書参照）並びにエヌ・シー・ホールディングスが日本医療事務センターを対象者として行ったTOB（同年9月20日付け公開買付届出書参照）など。

そうであるとすれば，少なくとも，上記①の実務を上記の肯定説や限定的肯定説の立場から是認することは理論的に難しい以上，上記の問題については否定説を採る他ない（従って，「同じ時点で」対象会社の「異なる種類の」株券等に対して公開買付けが行われるときには公開買付手続はいくつ行われていることになるのかとの問題については，複数説を妥当とする他ない）ように思われる。この点，肯定説や限定的肯定説の立場に立ったとしても，買付者にとっての価値を基準に実質的に均一といえるか否かを判断すれば足りる[82]ので，上記①の実務はなお正当なものとして是認され得ると解する見解も存する[83]が，買付者にとっての主観的価値を基準に実質的な均一性の有無を判断できるというのであれば，それはもはや「実質的な均一性」が要求されているとは到底いえない[84]のであって，上記①や②の実務を正当なものとして是認できるというためには，基本的に否定説の立場に立脚する以外ないように思われる。

また，その点を措くとしても，前述したCYBERDYNEの事例に見られるように，今後，わが国でも，IPOの件数の増加や資本市場の活性化のためには，上場会社においても，種類株式の利用を促進して投資家のニーズにきめ

---

81) NECキャピタルソリューションがリサ・パートナーズを対象者として行ったTOB（2010年11月1日付け公開買付届出書参照），住友商事及び住友情報システムがCSKを対象者として行ったTOB（2011年3月10日付け公開買付届出書参照）並びに三井住友銀行がプロミスを対象者として行ったTOB（同年10月18日付け公開買付届出書参照），ジーコミュニケーションがジーテイストを対象者として行ったTOB（2013年2月18日付け公開買付届出書参照）など。
82) 長島・大野・常松法律事務所・前掲（注9）178頁はこれを肯定する。
83) 例えば，石塚＝岡野・前掲（注72）31頁は，「ストック・オプションとして発行された新株予約権は，買付者にとってはほとんど無価値に近いものであり，公開買付価格を1円とすることにも合理的な理由があるから，実質的な均一性を要求する見解に立ったとしても問題はないと解されている」と述べる（金商法研究会研究記録第35号43頁〔松尾直彦発言〕も同旨）。なお，「これは，公開買付者は通常ストック・オプションの行使要件を満たさないため，1円という公開買付価格を付すことも経済合理性の観点から認められるということを前提としており，種類の異なる株券等の間においては均一性は求められていないと言うことを前提とした取扱いではないと思われる」とする見解として，宮下・前掲（注46）72頁。
84) 公開買付価格の均一性規制は，公開買付けの対価が金銭である場合には，公開買付価格は全ての応募株主等について均一にしなければならない（金商法27条の2第3項，同法施行令8条3項）というものである以上，「均一性」とはあくまで「客観的な」均一性でしかあり得ないであろう。

細かく対応していくことが求められており，そうであるとすれば，強制公開買付制度を有するわが国としては，支配権の異動が無用に阻害されることのないよう，諸外国のように，公開買付けに際して，種類が異なる（従って，経済的価値やそれを保有する投資家の志向も異なる）株式に関しては異なった公開買付価格を付してもよいと考えるべきである[85]。

　以上から，上記の問題に関しては，結論的には，否定説の立場が正当ではないかと考える[86]。しかしながら，全部勧誘・全部買付義務が課されるような場合には，それが課された趣旨（少数株主の退出機会の保障[87]）に鑑み，特定の種類の株券等に関する買付条件のみが他の種類の株券等に関するそれと比して著しく不利であって，実質的に見て，当該特定の種類の株券等を保有する少数株主の退出機会が保障されているとはいい難い状況となること（その価格では当該少数株主のほとんどがその保有株式の売却に応じることはないと合理的に解されるような買付価格を当該少数株主に提示すること）は許されないものと解したい（この場合には，公開買付価格の均一性規制の違反ではなく，全部勧誘・全部買付義務を定める規定[88]の趣旨に違反することになるものと考える）[89]。何故なら，そもそも，公開買付価格の均一性規制の趣旨については，（強制）公開買付制度の趣旨を重視する見解[90]が通説

---

85) 例えば，ドイツにおいて，義務的公開買付けに際して種類の異なる株式についてはその差異に応じた差別的な取扱いが認められていることに関しては，池田＝岩原＝神作＝神田＝武井＝永井＝藤田＝松尾＝三井＝山下・前掲（注59）91-92頁〔神作裕之発言〕参照。なお，イギリスの状況については，中東・前掲（注54）157-158頁参照。
86) （実質的均一性）否定説については，長島・大野・常松法律事務所・前掲（注9）177-178頁も参照。
87) 平成18年改正の立案担当者は，「手残り株を抱えることとなる零細な株主が著しく不安定な地位に置かれる場合が想定される」ことから，全部買付義務を課すこととしたと述べている（大来志郎「公開買付制度・大量保有報告制度」旬刊商事法務1774号（2006）42頁）。
88) 前掲（注18）参照。
89) 筆者は，2011年11月30日開催の金融商品取引法研究会の席上では，この点につき，全部勧誘・全部買付義務が課されるような場合には，それが課された趣旨に鑑み，特定の種類の株券等に関する買付条件のみが，他の種類の株券等に関するそれと比して，実質的に不合理に不利でないことが要求されるものと考えたい，と報告していたところである（金商法研究会研究記録第35号24-28頁〔筆者発言〕）が，同研究会席上での藤田友敬教授の指摘（金商法研究会研究記録第35号45頁〔藤田友敬発言〕）を踏まえて再考した結果，本文のように見解を改める。

的であるところ，強制公開買付制度の趣旨自体が平成18年改正による全部勧誘・全部買付義務の導入によって影響を受けたとするならば[91]，上記の問題を考えるに当たっても全部勧誘・全部買付義務が課されることになった趣旨を勘案せざるを得ないと解されるからである。そして，全部勧誘・全部買付義務が課されることになった趣旨を勘案するのであれば，それら義務が課される場合に，仮に買付者がターゲットとしていない種類の株券等についての買付価格が何ら規制されないとすると，例えば，これを1円とする等の方法を用いることによって，全部勧誘・全部買付義務に係る規制の実効性が損なわれることになってしまう。従って，特定の種類の株券等に関する買付条件の゛み゛が他の種類の株券等に関するそれと比して著しく不利であって，その条件では当該特定の種類の株券等を保有する少数株主のほとんどがその保有株式の売却に応じることはないと合理的に解されるような買付条件を提示することは，やはり許されないであろう。

具体的には，公開買付けに全部勧誘・全部買付義務が課される場合に，特定の種類の株券等についてだけ，その公正価値にプレミアムを付した価格での買付けを行い，その他の種類の株券等については，ディスカウント価格での買付けを行うようなことは許されないであろう[92]。他方，例えば，①ある特定の種類の株券等についてだけ，当該株券等の市場価格に20％のプレミアムを付した価格で買付けを行い，他の種類の株券等については，当該株券等

---

90) 旧証取法平成2年改正の立案担当者は，旧証取法27条の2第3項は，「公開買付制度の趣旨を踏まえ，株主の平等待遇を図るという観点から，買付条件の中心をなす買付け等の価格については応募株主が公平に扱われるよう均一の条件によらなければならない」とするものであると述べている（内藤純一「新しい株式公開買付制度〔上〕」旬刊商事法務1219号（1990）5頁）。

91) 全部勧誘義務等を導入した平成18年の証券取引法改正がTOB規制の目的に与えた影響に関する分析として，「企業買収に直面している投資者に情報を与えて適切な投資判断を確保するという従来の目的以外に，買収者間または買収者と対象会社との間の公平確保，少数株主の保護といった目的を法につけ加えるものであった」と指摘する見解（黒沼悦郎「金融商品取引法の将来像」上村達男編『企業法制の現状と課題』（日本評論社，2009）228頁）がある。

92) 藤田友敬教授は，「いずれにせよ全部勧誘があるときに，ある種類については現在の株価以上だが，残りの種類の株式については現在の価値未満という条件を出すのがだめだというのは，その形式的な論拠をどこに求めるかはともかく，結論としては異論がなさそう」と述べる（池田＝岩原＝神作＝神田＝武井＝永井＝藤田＝松尾＝三井＝山下・前掲（注59）94頁〔藤田友敬発言〕）

の「時価」にプレミアムを全く付さない（しかし，ディスカウントではない）価格で買付けを行うことや，②ある特定の種類の株券等については，当該株券等の市場価格の20％ディスカウントで買付けを行い，他の種類の株券等については，（いわゆる DCF 法に基づいて算出された当該株券等の「時価」と比較したときには30％ディスカウントとなる価格ではあるが，）それら株券等の保有者の取得価額（簿価）に20％のプレミアムを付した価格で買付けを行うことは，実質的に見て，当該特定の種類の株券等を保有する少数株主の退出機会が保障されない状況であるとまではいい難いので，これらについては，基本的には許容されるものと解したい。

5．対価の「種類」を買付け等の対象である有価証券の種類ごとに異なるものとすることの可否

最後に，更に進んで，公開買付けを行う場合に，その対価の種類を，買付け等の対象である有価証券の種類ごとに異なるものとすることは許されるであろうか。例えば，いわゆる自社株対価 TOB（exchange tender offer）を行う際，対象会社の普通株式の買付け等の対価を買付者の発行株式（自社株）とする一方，対象会社の新株予約権や新株予約権付社債の買付け等の対価を金銭のみとする方法を採用することはできるであろうか。

この点，実務家からは，このような方法を採用することも可能であるとの考え方（肯定説）が唱えられている[93]が，その根拠については争いがある。即ち，一部の論者は，「公開買付者が応募株主等に複数の種類の対価を選択させる場合には，選択することができる対価の種類をすべての応募株主等につき同一とし，かつ，それぞれの種類ごとに当該種類の対価を選択した応募株主等について均一にしなければならない」とする規制（金商法施行令8条

---

93) 小島義博＝峰岸健太郎＝藤田知也「自社株対価 TOB の実務上の諸問題〔下〕」旬刊商事法務1943号（2011）27頁は，「応募される有価証券の種類が異なる場合に，買付け等の対価の種類が同一であることまでは求められていないものと解すべきであろう」とする。結論同旨，金商法研究会研究記録第35号43-44頁〔松尾直彦発言〕及び太田洋編著『M&A・企業組織再編のスキームと税務〔第2版〕』（大蔵財務協会，2013）369頁。

3項但書)の外には,対価の種類の同一性を要求する規定が存しないことを根拠とする[94]が,これに対しては,文理上,それを根拠とすることは困難であり,公開買付価格の均一性規制を実質的に考えることで肯定説を採ることもできるのではないかとする見解[95]もある。

この問題は,前記4の問題とも関連するが,仮に前記4の問題について肯定説や限定的肯定説を採用する場合には,もし,上記のような方法が許されず,対価の種類を統一しなければならないとする(即ち,対象会社の新株予約権や新株予約権付社債の買付け等の対価も買付者の発行株式に限られるものとする)と,普通株式の経済的性質と新株予約権及び新株予約権付社債の経済的性質とは全く異なる以上,対象会社の普通株式に対する対価と「実質的に均一な」価値の買付者の発行株式の数量をどのように定めるかという点で,著しい困難に逢着することになってしまう(前記4の問題について否定説を採る場合には,そのような困難な問題は生じない)[96]。

その点はさて措くとして,この問題について,肯定説を採る場合の文理上の障害は,公開買付価格の均一性規制を定める金商法施行令8条3項本文が,同項但書との対比において,同一の公開買付けにおいて買付け等の対価の種類が複数となることを想定していないかのようにも読める点である[97]が,私見のとおり,そもそも「同じ時点で」対象会社の「異なる種類の」株券等に対して公開買付けが行われるときには,観念的には,「複数の」公開買付手続が行われていることになると解する(前記3で述べた複数説)のであれば,異なる種類の株券等に対して公開買付けが行われる場合に,対価の種類を買付け等の対象である有価証券の種類ごとに異なるものとしても,公開買付価格の均一性規制を定める金商法施行令8条3項本文と抵触することはないので,上記の点は特に問題とならない。

---

94) 小島=峰岸=藤田・前掲(注93)27頁参照。
95) 金商法研究会研究記録第35号43-44頁〔松尾直彦発言〕。
96) 金商法研究会研究記録第35号44頁〔筆者発言〕。
97) 金商法研究会研究記録第35号43頁〔松尾直彦発言〕は,「ただし,」の文言が「この場合において,」とされていない点を文理上の障害として指摘する。

また，仮に前記3において単数説を採る場合でも，その場合には金商法施行令8条3項本文所定の「均一性」の意味を「実質的に均一であること」[98]と理解することに争いはないと解される[99]ところ，そうであれば，金商法施行令8条3項本文と但書との関係については，本文では，実質的な均一性が保たれている限りは，対価の種類は買付け等の対象となる有価証券の種類ごとに異なっていても構わない[100]ということを（暗黙裡に）定め，それを前提として，応募株主等に複数の種類の対価を「選択させる」ときは，例外的に，(恐らくは混乱を避けるため)当該「複数の種類の対価」のプールは「すべての」応募株主等につき共通にすべきこと及びそれぞれの種類の対価ごとにそれを選択した応募株主等について均一にすべき旨を，但書において定めたと考えることができるので，やはり，上記の点は肯定説を採ることの障害にはならないものと解される。

従って，この問題に関しては，肯定説が妥当であろう。

Ⅳ．均一性規制に関するその他の問題

1．公開買付け成立後の取締役としての報酬約束と均一性規制

公開買付価格の均一性規制との関係では，かねてから，公開買付けに応募する対象会社の株主に対して，公開買付けに近接して，又はそれと関連して行われる別の取引において利益を供与すること（通常よりも有利な取引条件を与えることなど）が，当該規制に抵触しないかということが議論されてきた。

中でも，代表的な問題が，対象会社の株券等についての公開買付け成立後

---

98) 但し，流石に，金商法27条の2第3項及び金商法施行令8条2項の文理に照らすと，同一の種類の有価証券の対価としては，同一の種類の対価（選択制も可）を交付することしか許されていないと解すべきであろう。
99) 例えば，池田＝大来＝町田・前掲（注48）65頁参照。
100) 選択制であっても構わないという趣旨を含む。

に，当該公開買付けに応募した対象会社の株主が，同社の取締役として就任することが予定されており，かつ，その受領すべき報酬額に関して買付者との間で約束がなされていた場合に，公開買付価格の均一性規制と抵触するかという問題である。この問題は，特にプライベート・エクイティ・ファンドが対象会社の株主兼経営者と組んで MBO ないしバイアウトを行う際，その後に当該経営者が対象会社の取締役として残留することが予定されている場合に，しばしば問題となる。

この点，公開買付け Q&A 問24（2010年3月31日付けで追加されたもの）では，公開買付けが成立した後における取締役としての報酬約束に関して，当該「報酬」が「当該株券の対価としての性質を有すると認められるときは，『均一の条件』」に反すると考えられるとの解釈が明らかにされた上で，どのような場合にそのような事実認定がなされることになるのかに関する一定のガイドラインが示されている。具体的には，公開買付け Q&A では，上記の取締役としての報酬約束について，「当該『報酬』額が，当該取締役が応募する株券等の数を基準として決定されている場合には，それだけで，株券等の対価としての性質を有することが強く推認されよう」とされている[101]。かかる例示は，当該「報酬」が「当該株券の対価としての性質を有する」と合理的に推認されることになる場合を具体的に摘示したもので，結論的に妥当であろう。

2．応募契約における表明保証及び補償規定と均一性規制

次に，実務上，買付者が，特定の大株主との間で公開買付けに係る応募契約を締結し，この中で，当該大株主による対象会社の事業内容等に関する表明・保証条項を設け，かかる条項の違反があった場合に，買付者に対して補償すべき責任を当該大株主に課す例がしばしば見られるが，このような場合，

---

[101] 三井秀範＝土本一郎＝宮下央「株券等の公開買付けに関する Q&A の解説〔Ⅱ〕」旬刊商事法務1899号（2010）45頁。

買付者が，当該大株主（売主）から当該補償責任に基づく支払いを受けた場合には，公開買付価格の均一性規制に違反することになるであろうか。

この点，実務上は，上記の補償責任に基づく支払いは公開買付価格の均一性規制とは無関係であるとする見解[102]が一般的であり，上記１の公開買付け成立後における取締役としての報酬約束が基本的には公開買付価格の均一性規制に反しないと考えられているところからすれば，当該補償責任に基づく支払いが，実質的にそれに名を藉りた公開買付けの対価の一部減額ではない限り，公開買付価格の均一性規制には反しないと解すべきであろう。

3．公開買付け成立後におけるスクィーズ・アウト価額の和解による合意

それでは，上記１及び２よりも更に公開買付価格との関連性が強い金銭の支払いであると考えられる以下の事例は，公開買付価格の均一性規制に反するであろうか。即ち，公開買付け成立後における全部取得条項付種類株式を用いたスクィーズ・アウト手続に際して，買付者に支配された対象会社と少数株主とが，和解によりスクィーズ・アウトの価額につき公開買付価格を上回る金額で合意し，それに基づいて買付者に支配された対象会社が当該金額を支払うことは，実質的に見て，公開買付価格の均一性規制に反するであろうか。

この問題についても，結論的には，買付者と少数株主との間で，公開買付けの開始前にスクィーズ・アウトに係る取得価格決定手続における取得価格につき実質的に合意した上で，それに基づいて買付者に支配された対象会社が上記のような支払いを行った場合には，実質上，当該少数株主による会社法172条所定の取得価格決定申立ては取得価格決定手続の形式を藉りた公開

---

102) 西村総合法律事務所（現・西村あさひ法律事務所）編『M&A法大全』（商事法務研究会，2001）79頁〔内間裕＝佐藤理恵子〕は，「表明違反の補償責任の履行を買付価格の減額ととらえることに必ずしも必然性はない」とする。長島・大野・常松法律事務所・前掲（注９）180頁ほかも賛成。

買付けへの応募であるとされ，公開買付価格の均一性規制に反するものと解される可能性が否定できない。しかしながら，予めこのような合意を行うのではなく，あくまで公開買付け開始後における当事者間の交渉の結果として，取得価格決定手続等の中で，和解により，スクィーズ・アウトの価額につき公開買付価格を上回る金額で合意して，それに基づいて買付者に支配された対象会社が当該金額を支払うことは，公開買付価格の均一性規制に反するものではないと解される。

　この点，学説等では従来ほとんど議論されていなかったところであるが，金融庁の公開買付け Q&A 問24に対する回答においては，「公開買付けの外で利益を供与する場合，公開買付け価格の均一性が問題となり得ることは従前から指摘されてきたことであり，一般論としては異論は少ないと思われる」との指摘がなされた上で，上記とは異なる場面に関する議論ではあるが，前述のとおり，「取締役との間で報酬を約束することは，かかる論点の一類型であるともいえ，結局，当該「報酬」が，真に職務執行の対価としてのものなのか，あるいは，『報酬の名を借りた公開買付けの対価の支払いに過ぎないのか』ということが問題になると考えられる」と指摘されている[103]ところであり，公開買付価格の均一性規制との関係が問題とされる場合には，一般に，ある利益が，公開買付けの対価の支払いとしての実質を持つか（他の形式を藉りた公開買付けの対価の支払いであるのか）という点が問題となると解されている。

　かかる観点からすると，実質的には公開買付けに応募する趣旨で予め価格等につき合意しておき，単に形式的にのみ全部取得条項付種類株式の取得価格決定の手続を利用したというのであれば，公開買付価格の均一性規制との関係で問題が生じ得るものと考えられるが，少数株主が真に公開買付価格が不満ということで公開買付けに応じない旨の判断をし，その後の交渉の結果

---

103) 三井秀範＝土本一郎『詳説　公開買付け制度・大量保有報告制度 Q&A』（商事法務，2011）45頁参照。

として，買付者が支配する対象会社との間でスクィーズ・アウト価格につき公開買付価格を上回る価格で合意したというのであれば，取得価格決定手続における取得価格の支払いは公開買付けに対する対価の趣旨ではないとして，公開買付価格の均一性規制に抵触するものではないと解すべきであろう。

4．並行的公開買付けと均一性規制

公開買付価格の均一性規制との関係が特に問題となるのは，いわゆる「自社株TOB＋他社株TOB」取引を通じた買収スキーム（これら2つの公開買付けが，関係当事者間の合意に基づいて，並行的に実施されるような買収スキーム。以下，この2つの公開買付けが並行して実施される場合には，特に「並行的公開買付けスキーム」と呼ぶこととする）が用いられる場合である[104]。

この「自社株TOB＋他社株TOB」取引を通じた買収スキームとは，対象会社Tを買付者Pが買収しようとしているが，Pが調達できる買収資金に限度があって，Tの支配株式の全てを同社の市場株価に一定の買収プレミアムを上乗せした価額で買収することは困難であるが，Tの支配株主であるSについては，その保有株式をTに自社株買い（自社株TOB）で取得して貰えるのであれば，法人税法上，その場合にSに生じるみなし配当については受取配当益金不算入規定が適用されるため，当該自社株買いの価格がTの市場株価を若干下回る価格であっても，税引後の手取り額ベースでは，その保有株式を市場を通じてPに対して売却した場合とさほど変わらない価額を確保できるような場合[105]等において用いられるスキームである。典型的には，①買収者PによるS以外のTの既存株主からの株式の取得は，市場株価にプレミアムを上乗せした価格による他社株TOBで行う一方で，②

---

104) かかるスキームについては，長島・大野・常松法律事務所・前掲（注9）385-386頁に簡単に紹介されている。

Sの保有株式は，S以外のTの株主が応募しないように，市場価格よりも低い価格による自社株TOB（即ち，ディスカウントTOB）によってTが取得して消却する方法によって行われる（後掲の【表3】記載の実例参照）。かかる場合，上記①の他社株TOBの価格（プレミアム付き価格）と上記②の自社株TOBの価格（ディスカウント価格）とは一致しないことになるが，このようなスキームでPがTの買収を実行することは，公開買付価格の均一性規制との関係で許されるであろうか[106]。

この点，学説では十分議論されていないところであるが，「自社株TOB＋他社株TOB」取引を通じた買収スキームが用いられた実例（【表3】記載の2つの実例参照。いずれも「並行的公開買付けスキーム」によって実行された）では，いずれも，自社株TOBと他社株TOBのそれぞれの公開買付価格が同一の価格とされているところである。

この問題については，理論的には肯定説と否定説とがあり得るが，前者は，恐らく，公開買付価格の均一性規制は，「同一の」公開買付けに応募する投資者間の公平を図ることを目的とするものである[107]から，自社株TOBと他社株TOBの買付価格が異なったとしても，公開買付価格の均一性規制に抵触しないということを理由とすると思われる。他方，後者は，恐らく，自社株TOBと他社株TOBとが関係当事者間の合意に基づいて同時に行われるのであれば，公開買付価格の均一性規制を実質的に解釈して，両者の買付価

---

105) 法人株主については，自社株TOBに応募した場合，みなし配当課税（法人税法24条1項4号）及び株式譲渡損益課税（法人税法61条の2第1項）に服するものとされているので，対象会社に法人税法上の利益積立金が十分存していれば，みなし配当部分については受取配当益金不算入の取扱い（法人税法23条1項参照）を受けることができる一方で，場合によっては税務上株式譲渡損を認識できることがあり，単に株式を第三者に対して譲渡する場合よりも，タックス・メリットを享受できる（太田・前掲（注93）133-135頁参照）。

106) なお，自社株TOBと他社株TOBとが関係当事者間の合意に基づいて同時に行われる場合，発行者が他社株TOBに係る買付者の特別関係者（金商法27条の2第7項2号所定の共同取得者）に該当する結果，別途買付禁止規制が適用されるのではないかという点も問題となる。この点，その論拠については確立した考え方はないようであるが，実務上は，結論的には，この場合には別途買付禁止規制の適用はないと解されているようである（長島・大野・常松法律事務所・前掲（注9）198頁の脚注43及び385-386頁参照）。

107) 神崎克郎＝志谷匡史＝川口恭弘『金融商品取引法』（青林書院，2012）490頁参照。

格は同一でなければならないということを理由とするものと思われる。

　この点，公開買付価格の均一性規制の趣旨と自社株 TOB の規制趣旨に遡って検討することが必要であると解されるが，前者の公開買付価格の均一性規制の趣旨については，平成2年旧証取法改正の立案担当官が，「〔旧証取法27条の2〕第3項は，公開買付制度の趣旨を踏まえ，株主の平等待遇を図るという観点から，買付条件の中心をなす買付け等の価格については応募株主が公平に扱われるよう均一の条件によらなければならない」とするものである旨述べている[108]ところである。これに対して，後者の自社株 TOB の規制趣旨に関しては，自社株 TOB は本来的には支配権の異動を目的とした取引ではない点において他社株 TOB と大きく異なる（制度上もそれぞれ異なるものとして取り扱われており，他社株 TOB には公開買付けの下限の設定が許されている一方で，自社株 TOB には公開買付けの下限の設定が許されていない[109]など，それぞれの取扱いにも異なる部分が存在する）一方，適正な情報開示や投資者の平等な取扱いの確保という目的は，他社株 TOB と特に異なるものではないと考えられる。

　従って，この問題は理論上非常に難しい問題であるが，対象会社の株主等は，ディスカウント価格で行われる自社株 TOB とプレミアム付き価格で行われる他社株 TOB のいずれに応募するかを選択することが可能であって，そのどちらに応募した場合でも，それぞれの公開買付けにおいては同一の条件で保有株券を売却する機会が与えられているのであるから，「株主の平等待遇を図る」という上記の均一性規制の規制趣旨との関係からも，実質的に問題もなく，両者の公開買付価格を異なるものとすることが許容される（換言すれば，自社株 TOB と他社株 TOB の間に均一性規制の適用はない）ものと解してもよいのではなかろうか。

---

108) 内藤・前掲（注84）5頁。
109) 金商法27条の22の2第2項で他社株 TOB の規定が準用されているが，その括弧書において同法27条の13第4項1号所定の下限の規定が除かれている。その他，自社株 TOB に関する規律と他社株 TOB に関する規律の違いについては，長島・大野・常松法律事務所・前掲（注9）378頁所掲の表がよくまとまっている。

もっとも，このような考え方については，自社株TOBと他社株TOBそれぞれの公開買付期間がほぼ同一であるとか，両者の間に相互に重なり合いがある場合には，たとえ自社株TOBと他社株TOBとが異なる公開買付けであるとはいっても，対象会社の株主の間に混乱を生ぜしめ，場合によって不利益を被らせるおそれがあるので，そのような場合には，両者の公開買付価格を異なるものとすることは許されないと解すべきである，との批判もあり得よう。この点，自社株TOBと他社株TOBの双方について所定の情報開示が十分なされている場合に，そこまで対象会社の株主をパターナリスティックに保護する必要があるかどうかについては疑問なしとしないものの，「自社株TOB＋他社株TOB」取引を通じた買収スキームが用いられるのは，専ら，対象会社の支配株主Sと買収者Pとの間に買収スキームにつき合意が成立している友好的買収の場合に限られることに鑑みると，公開買付期間はそれぞれ最短期間である20営業日で十分なはずであり，そうである以上，両者の公開買付期間を重ならないように設定しても，「自社株TOB＋他社株TOB」取引を通じた買収スキームのローンチ（開始）から完了までに要する期間は，最短で，20営業日＋20営業日＋3～5営業日＝43～45営業日で済むのであるから，対象会社の株主の間に無用な混乱を生ぜしめない観点から，自社株TOBと他社株TOBそれぞれの公開買付価格を異なるものとすることができるのは両者の公開買付期間が重ならない場合に限られる，と解したとしても，実務上，大きな不都合はないであろう。

　それでは，更に進んで，公開買付価格が高い方の公開買付け（通常は他社株TOBの方であろう）について買付数量に上限が設けられている場合も，同様に，自社株TOBと他社株TOBそれぞれの公開買付価格を異なるものとすることができると解しても差し支えないであろうか。これは，対象会社の一般株主が，公開買付価格が高い方の公開買付けに応募した場合に，その保有株券等の全てを売却し切れず（手残り株が生じる），それを全て売却し切るためには公開買付価格の安い自社株TOBに応募することを余儀なくされる点で一応問題となるが，この問題は，部分買付けを容認するわが国の公

開買付規制の下では必然的に生じる問題であるので,対象会社が(安い公開買付価格による)自社株 TOB を実行することで上場廃止になるような場合(この場合には,いわゆる二段階買収の場合と同様に構造的強圧性が生じることになる)でない限りは,特に問題ないと解して差し支えないであろう。

【表3】並行的公開買付けの実例

A 大新東発行の普通株式に係る公開買付け

(a) 自社株 TOB(買付者:大新東)

TOB 期間	期間が重複した日数	公開買付価格(1株当たり)	TOB 開始直前の対象株式の株価(終値)
2007.1.30〜2.27(20営業日)	20営業日(自社株 TOB の全期間)	390円	373円

(b) 他社株 TOB(買付者:シダックス)

TOB 期間	期間が重複した日数	公開買付価格(1株当たり)	TOB 開始直前の対象株式の株価(終値)
2007.1.30〜3.13(30営業日)	同上	390円	同上

B 平和発行の普通株式に係る公開買付け

(a) 自社株 TOB(買付者:平和)

TOB 期間	期間が重複した日数	公開買付価格(1株当たり)	TOB 開始直前の対象株式の株価(終値)
2007.4.9〜5.17(26営業日)	26営業日(全期間)	1,317円	1,463円

(b) 他社株 TOB(買付者:石原ホールディングス)

TOB 期間	期間が重複した日数	公開買付価格(1株当たり)	TOB 開始直前の対象株式の株価(終値)
2007.4.9〜5.17(26営業日)	同上	1,317円	同上

キャッシュ・アウト法制

中 東 正 文

I. 序論

近年, 会社法制の再構築に関する議論において, 「構造的な利益相反」が注目されている。

今般の会社法改正法案においても, 改正の趣旨として, 「株式会社をめぐる最近の社会経済情勢に鑑み, 社外取締役等による株式会社の経営に対する監査等の強化並びに株式会社及びその属する企業集団の運営の一層の適正化等を図るため, 監査等委員会設置会社制度を創設するとともに, 社外取締役等の要件等を改めるほか, 株式会社の完全親会社の株主による代表訴訟の制度の創設, 株主による組織再編等の差止請求制度の拡充等の措置を講ずる必要がある。これが, この法律案を提出する理由である」とされており, 支配従属会社間 (企業集団) での運営や組織再編などにおいて, 利益相反の契機が意識されていることを窺うことができる。

本稿においては, 上場会社に関するキャッシュ・アウト[1] 法制に限定して検討を行う。少数株主の排除 (squeeze-out) が企図されていない支配従属会社間の組織再編などについても, 基本的には, 同様の考察が妥当すると考えられる。

以下では, 会社法の制定から会社法改正法案の提出に至るまでのキャッ

---

1) キャッシュ・アウトとは, 現金を対価とする少数株主の締め出しをいう。三苫裕ほか「ゴーイング・プライベート取引におけるキャッシュ・アウトに関する一試論〔上〕」金融・商事判例1405号2頁 (2012年) 参照。

シュ・アウト法制を考察するとともに，今後の検討課題を抽出する。

Ⅱ．会社法の制定

1．会社法制定とキャッシュ・アウト

キャッシュ・アウト法制との関係では，会社法制定に伴う実質改正が実務に大きな影響を与えた。

すなわち，組織再編の対価が柔軟化されたことによって，当事会社の株主が組織再編後の会社の株主であり続けることは，当然の前提ではなくなった[2]。むしろ，対価が存続会社等の株式であるか，あるいは，現金であるかは，少なくとも会社法制において，どちらが原則であるかとの位置付けもなされないことになった[3]。

また，いわゆる100％減資を可能とすることを目的として導入された全部取得条項付種類株式も，法的な倒産手続によらなくても，少なくとも一定の場合には，多数決によって株主の地位を失わせることを正面から可能とするものであった。

会社法制定前であっても，事業（営業）譲渡と解散の組合せ，大規模な株式併合などによって，少数株主を締め出すことを試みることも不可能ではなかった。もっとも，事業譲渡を用いると免責的債務引受や契約上の地位の移転のために，会社債権者の個別の同意が必要となるなど，実務的には簡単な方法ではなかった。株式併合についても，端数株式が残る可能性があったし（会社法234条・235条対照），反対する株主が存する場合にも，株式買取請求

2）会社法制定前から，組織再編に際して，株式以外の対価を交付することが解釈論上も認められるとする見解もあった。例えば，柴田和史「合併法理の再構成（6・完）」法学協会雑誌107巻1号58-60頁（1990年），江頭憲治郎『結合企業法の立法と解釈』263頁（有斐閣，1995年）。

3）実務的には，課税上の考慮を重視して，適格組織再編成となるように株式以外の対価を交付することは第二次的に考えられるという発想は残されている。

権が与えられておらず，効力発生後に株主総会決議が取り消される可能性が高いことが懸念されたのであろう[4]。

2．キャッシュ・アウトの利用状況

　キャッシュ・アウトが利用される典型的な場面は，MBO（Management Buy-Out）のほか，完全子会社化（完全親子会社関係の形成）などが存する。

　2012年に上場廃止となった会社の廃止理由をみると，①株式の全部取得が23社，②完全子会社化が22社，③合併が4社，④破産その他が7社である。また，2013年は，①株式の全部取得が21社，②完全子会社化が30社，③合併が9社，④破産その他が4社である[5]。2011年は，同年12月13日までにMBOによる上場廃止発表した会社が19社となり，過去最多であったと報じられていたが[6]，その後も同程度の件数が実施されていると推察される。

　MBOについては，5つの時期に区分して，現在までの傾向が整理されている[7]。すなわち，第1期（1998年頃～2003年前半頃）においては，会社の事業部門や子会社がその幹部を中心として分離独立する形でのMBO（カーブアウト型MBO）が主流であった。第2期（2003年後半頃～2005年頃）においては，上場会社の経営陣がバイアウト・ファンドと組んで，非上場化（ゴーイング・プライベート）する形でのMBOが本格的に登場するようになった。第3期（2005年頃～2007年初頭頃）においては，同族経営の上場会社において，創業家のイニシアチブの下にMBOによる株式非公開化を行う動きが本格化した。第4期（2007年半ば～2008年半ば）においては，創業家

4）会社法が施行される前は，株式併合をキャッシュ・アウトの手法として利用する例も少なからず存在したが，他の手法のように株主に特別の救済手段が与えられず，法的リスクも高いと理解されるようになり，実務では利用されなくなったとされる。高原達広「キャッシュ・アウト手法の整備」ビジネス法務2014年2月号36頁。

5）本文で示した数字は，東京証券取引所「上場廃止銘柄一覧」の2012年と2013年のデータによる＜http://www.tse.or.jp/listing/haishi/list.html＞（2014年5月11日現在）。

6）「MBOで上場廃止最多」日本経済新聞2011年12月14日朝刊。

7）太田洋＝矢野正紘編著『M&A・企業組織再編のスキームと税務―M&Aを巡る戦略的プランニングの最先端―』217-222頁（大蔵財務協会，2012年）。

主導のMBOによる株式非公開化にブレーキがかかるなどして、少数株主の権利保護が注目を浴びるようになった。そして、第5期（2008年半ば〜）においては、リーマン・ショックに端を発する日本経済の低迷を背景にMBOによる株式非公開化が再び活性化すると同時に、手続の公正性確保に一層注意が払われるようになった。このような段階を経て、手続の公正性を確保するという姿勢が、実務の中で強まっていったことが注目される。

完全子会社化または完全支配化のために、全部取得条項付種類株式を利用する例が少なくない。幾つかの理由があると思われるが、複雑な手続が選ばれていることについては、「現時点では他にそれよりも優れた手法が存在しないことから、消去法的に実務上多く利用されている」とされる[8]。他の手法で得られない利点は、主として次の二点にあろう。

第一に、課税上の理由であり、対象会社（完全子会社となる会社等）の株主に対して現金の交付が予定されている場合には、現金対価の株式交換を利用するよりも、全部取得条項付種類株式を利用した方が、対象会社の含み益に対する課税がないし（課税の繰延べ）、価格決定の申立てを行った株主も含めて、みなし配当課税を行わず、譲渡益課税のみが行われる[9]。

第二に、全部取得条項付種類株式を利用すると、対象会社の有価証券報告書提出義務が直ちに消滅すると解釈されている[10]。対象会社が全部取得条項付種類株式の全部を消却すれば、金融商品取引法24条1項各号に該当する有価証券が存在しなくなるからである。このため、近時では、有価証券報告書提出義務を消滅させることを目的として、普通株式とは異なる株式を交付する例が多いとされている[11]。全部取得条項付種類株式を用いた少数株主の排除は、実質においては、株式併合の際の端数処理と同様であるが、継続開示

---

8) 三苫ほか・前掲注（1）4頁。石綿学「会社法改正後の世界におけるキャッシュ・アウト」金融・商事判例1442号1頁（2014年）も参照。
9) 詳しくは、太田＝矢野編・前掲注（7）240-255頁を参照。
10) 郡谷大輔＝若林義人「上場廃止に伴う有価証券報告書・内部統制報告書等の提出義務の帰趨と実務上の留意点」商事法務1870号59-62頁（2009年）、長島・大野・常松法律事務所編『公開買付けの理論と実務』302頁（商事法務、2010年）。

義務の帰趨に違いが生じている。この点の規制の非対称は改められるべきであるが，その検討にあたっては，発行開示と継続開示を連続して捉えている現行法の建付けないし枠組みを再検証することが必要であろう[12]。

3．濫用的な利用と裁判所による対応

（1） 緒論

全部取得条項付種類株式制度は，本来の目的とは異なるものの，健全な形で用いられている例もあれば，濫用的に利用されている例もあると思われる[13]。実際，締め出された株主が裁判において，取引の過程や対価の公正さを争う例が多く生じている。

---

11) 太田＝矢野編・前掲注（7）225頁注（22）。なお，会社法改正法案で導入された株式売渡請求権が行使された場合に，継続開示義務との関係で必要となる手当てについて論じたものとして，篠原倫太郎＝藤田知也「キャッシュ・アウトおよび組織再編における株式買取請求等」商事法務1959号29頁（2012年）。

12) 久保田安彦＝中東正文「少数株主の締出しと金融商品取引法上の継続開示義務の帰趨」金融・商事判例1397号6頁（2012年）。より詳細な考察については，久保田安彦「発行開示と継続開示の接続とその合理性—金融商品取引法24条1項3号に関する一考察—」阪大法学62巻3＝4号751頁（2012年）を参照。かねてから，黒沼悦郎教授は，発行開示義務と継続開示を切り離す方向性を示唆されている。黒沼悦郎「ディスクロージャーに関する一省察」黒沼悦郎＝藤田友敬編『企業法の理論〔上巻〕』（江頭憲治郎先生還暦記念）613-614頁（商事法務，2007年）。また，川口恭弘教授は，「金融商品取引法は，募集・売出しがなされていない場合でも，一定の数の株主等が存在している会社について，継続開示義務を課している（金商法24条1項4号）。したがって，かかる外形基準の適用によって，継続開示義務のみを課するという立法も考えられるのではないか」とされている。川口恭弘「組織再編成・集団投資スキーム持分等の開示制度」金融商品取引法研究会編『金融商品取引法制の現代的課題』40頁（日本証券経済研究所，2010年）。

13) 齊藤真紀准教授は，「現金等を対価とする組織再編や全部取得条項付種類株式制度の利用など，現行法には株式会社の少数株主を締め出す手法が存在する。しかし，これらの諸制度は，少数株主を締め出すこそれ自態を目的に設けられているわけではなく，締め出しを目的とする行為が現行法上どのような場合に許容されうるのかは，引き続き解釈に委ねられている。もっとも，例えば，機動的な事業再編等を行うために上場会社の株式を買い集めた後に行う残存株主の締め出しなど，わが国の企業が国際社会で生き残るために，許容することを認めざるを得ない場合があることもまた事実である」と分析されている。齊藤真紀「キャッシュ・アウト」ジュリスト1439号51頁（2012年）。

(2) 価格決定に関する裁判例

裁判となる事例では，通常，株式取得価格決定申立事件の形が採られる。会社法の文言上は明らかではないが，裁判所が決定すべき価格は，組織再編行為などに際して反対株主が株式買取請求権を行使した場合に関する「公正な価格」と同じであると一般的に解されている[14]。全部取得条項付種類株式の取得価格に関する価格決定事件と，反対株主の株式買取請求権の行使に伴う買取価格に関する価格決定事件との両者をあわせると，相当数の裁判例が蓄積されつつある。ただ，非訟事件の性質上，最終的には裁判所の合理的裁量に委ねられざるを得ないこともあり，決定される価格について，当事者の予見可能性は高くない[15]。

他方で，時期的な関係もあろうが，最高裁判所で示された規範が下級審の裁判例で反映されていないとの懸念も存在する。テクモ事件に関する最高裁平成24年2月29日決定（金融・商事判例1394号34頁）は，「相互に特別の資本関係がない会社間において，株主の判断の基礎となる情報が適切に開示された上で適法に株主総会で承認されるなど一般に公正と認められる手続により株式移転の効力が発生した場合には，当該株主総会における株主の合理的な判断が妨げられたと認めるに足りる特段の事情がない限り，当該株式移転における株式移転比率は公正なものとみるのが相当である」としている。この点は，独立当事者の間で交渉の上で合意される企業再編の条件をもって，「公正な価格」の基準として，また，そのような条件については，裁判所の介入を限定する従来の学説とも，基本的に整合的であると考えられている[16]。

---

14) レックスHD事件に関する最高裁判所平成21年5月29日決定（金融・商事判例1326号35頁）における田原睦夫裁判官の補足意見を参照。
15) 三苫ほか・前掲注（1）4頁は，「裁判所における取得価格決定の基準が不明確である」とする。なお，インテリジェンス事件に関する最高裁平成23年4月26日決定（金融・商事判例1367号16頁）における那須弘平裁判官の反対意見では，「『公正な価格』の決定については，通常の権利義務の存否を争う訴訟とは異なり，基本的に地方裁判所及び高等裁判所の裁量に委ねられるべきもの」であり，最高裁判所の積極的な介入は，「決定例の積み重ねの中で自ずから『公正な価格』の意味内容が明らかになっていくという道を閉ざすことに通じる」として否定的に理解されている。

ところが、例えば、カルチュア・コンビニエンス・クラブ（以下、「CCC」という。）の MBO に関する大阪地裁平成24年4月13日決定（金融・商事判例1391号52頁）は、「本件公開買付けが、利益相反関係を抑制し〔マジョリティ・オブ・マイノリティ、交渉権限を付与された独立委員会の設置〕、公開買付価格の公正性等を担保するための種々の措置が講じられた上で実施され、かつ、多数の株主の応募を得て成立した〔関係者を除く発行済株式総数の91.95％〕との前記の認定を前提としても、このことのみをもって、本件買付価格が、ナカリセバ価格と増加価値分配価格とを合算した価格を下回らないと即断することはできない」と判示しており、裁判所は、積極的な介入を試みている。実際、「MBO における全部取得条項付種類株式の取得価格は、ナカリセバ価格と増加価値分配価格とを合算した価格なのであって、実体的な概念である」とも判示しており[17]、積極的に、自ら「公正な価格」の決定を行った。裁判所が決定する「公正な価格」を、①ナカリセバ価格（取得日における当該株式の客観的価値）と、②増加価値分配価格（強制的取得により失われる今後の株価の上昇に対する期待を評価した価格）とを合算して算定するという枠組みについても、理論的な是非はともかく、実践的な枠組みであるのか疑問がある[18]。のみならず、「利益相反関係を抑制し、公開買付価格の公正性等を担保するための種々の措置が講じられた」と認定しつつ、実践的ではない算定枠組みを用いて裁判所が介入することになれば、安定し

---

[16] 石綿学「テクモ株式買取価格決定事件最高裁決定の検討〔上〕―株式買取請求権制度における『公正な価格』の判断枠組み―」商事法務1967号17-18頁（2012年）。また、十市崇＝廣田駿「テクモ株式買取価格決定申立事件最高裁決定の意義と実務への影響」会社法務 A2Z 2012年7月号23頁も同旨。

[17] 大阪地裁は、「公正な手続による株式公開買付けにおいて多数の株主の応募を得たとしても、その公開買付価格が、実体的にみてナカリセバ価格と増加価値分配価格とを合算した価格か、これを上回る場合でなければ、当該公開買付価格をもって取得価格であるとみることはできないはずである。多数の株主が株式公開買付けに応募したとの事実から、当該公開買付価格をもって取得価格であると容易に推認するのでは、株式公開買付けが成立した場合には、これに反対する株主にも同額での買付けに応ずることを強制するのと変わらないこととなってしまう。これでは、公開買付価格に不服があるにもかかわらず、その意思に反して保有株式を強制的に取得されることになる反対株主の保護を図ろうとした取得価格の決定申立制度の趣旨が失われることにもなりかねない」とする。

た取引の設計が困難にならないか,それ故に,効率的な取引を萎縮させないかが懸念される[19]。

(3) 価格決定制度の限界(その1)――証拠の偏在――
① 非訟事件

価格決定の枠組みについては,最高裁決定も少なからず現れ,議論が深められつつあるものの,全部取得条項付種類株式に関する株式取得価格決定申立権,あるいは,組織再編等に関する反対株主の株式買取請求権には,取引の公正さを十分に制度的に担保することは期待しがたい[20]。

株主にとっては,会社との協議が調わずに裁判に至ると,非訟事件手続法のもとで,裁判所の合理的な裁量によって価格が決定される[21]。価格決定事

---

18) 弥永真生教授は,企業価値が増加する組織再編の場合について,「公正な価格」とは,①ナカリセバ価格と②増加価値分配価格とを合算したものであるとすることについて,裁判規範として機能しない,実務に耐え得ないという危惧を示されている。弥永真生「企業価値が増加する場合の株式買取価格の決定〔上〕」商事法務1967号6-7頁(2012年)参照。ただし,CCC事件については,そのような懸念を持たれていないようである(弥永真生「企業価値が増加する場合の株式買取価格の決定〔下〕」商事法務1968号6-11頁(2012年)参照)。なお,CCC事件の価格決定の方法は,レックス・ホールディングス事件に関する最高裁平成21年5月29日決定(金融・商事判例1326号35頁)における田原睦夫裁判官の補足意見を踏襲したものであると思われる(弥永・前掲〔下〕6頁)。
19) CCCのMBOについての設計を積極的に評価するものとして,中東正文「企業結合」商事法務1940号37頁(2011年)。なお,ホリプロは,平成23年12月16日に,「MBOの実施及び応募の推奨に関するお知らせ」を公表し,「買付価格の公正性を担保するための措置及び利益相反を回避するための措置等,本公開買付けの公正性を担保するための措置」として,①独立した第三者算定機関からの株式価値算定書の取得,②独立委員会の設置,③独立した法律事務所からの助言,④当社における利害関係を有しない取締役及び監査役全員の承認,⑤公開買付価格の適正性を担保する客観的状況の確保(30営業日,取引保護条項なしなど),⑥マジョリティ・オブ・マイノリティに相当する買付予定数の下限の設定を記載している。ホリプロ株式取得価格決定申立事件(東京地決平成25年3月14日金融・商事判例1429号48頁,東京高決平成25年10月8日金融・商事判例1429号56頁)を検証するものとして,白井正和「MBOにおける利益相反回避措置の検証―ホリプロ株式取得価格決定申立事件を題材に―」商事法務2031号4頁(2014年)ほか。
20) 会社法制定時には,制度設計として理想的でないにせよ,株式買取請求権制度に組織再編等の条件の公正さを担保する機能が期待された。例えば,藤田友敬「新会社法における株式買取請求権制度」黒沼悦郎=藤田友敬編『企業法の理論〔上〕』(江頭憲治郎先生還暦記念)284頁(商事法務,2007年)参照。
21) 最決昭和48年3月1日民集27巻2号161頁ほか。

件の手続は，平成23年の非訟事件手続法の制定と整備法による会社法改正によって，争訟性が強い裁判類型であると整理され，当事者主義的に再構築された[22]。これらの改正等は，会社あるいは株主のどちらかを有利にしようとするものではなく，個別の事項によって，有利に働く可能性があるものもあれば，不利に働く可能性があるものも存する。本稿では，キャッシュ・アウトを公正に行わせるという観点から，当事会社に情報の十分な開示を求められる枠組みになっている例として，当事者の責務と文書提出命令について簡単に述べる[23]。

非訟事件手続法は，当事者の責務として，「信義に従い誠実に非訟事件の手続を追行しなければならない」との規定を置いた（非訟法4条）。また，事実の調査および証拠調べ等についても，「当事者は，適切かつ迅速な審理及び裁判の実現のため，事実の調査及び証拠調べに協力するものとする」と規定された（同49条2項）。後者は，当事者の責務の規律を裁判資料の収集という側面において具体化したものである。

非訟事件の当事者には，事案解明義務が課されるものではないが，上記の当事者の責務に関する規律に加えて，新非訟事件手続法においては，文書提出命令に関する民事訴訟法の規定を準用することにした（非訟法53条1項）。もっとも，非訟事件の性質上（真実主義，職権探知主義など），文書を提出しない場合の真実擬制はなされない（非訟事件手続法53条1項による民事訴訟法224条の準用除外）。とはいえ，裁判所の自由心証の中で，文書の不提出という事実が考慮されることが想定されている[24]。

新非訟事件手続法の制定前から，実際の裁判例（レックスHD）でも，MBOに関する株価算定の過程を明らかにする文書（事業計画，株価算定評価書）を会社が提出しないことから，裁判所が裁量において，会社の主張す

---

22) 金子修＝脇村真治「新非訟事件手続法の概要と会社法等の整備の解説」商事法務1939号68頁（2011年），中東正文「会社非訟事件の現状と課題」法律時報83巻11号41頁（2011年）ほか。
23) 中東・前掲注（22）42頁参照。
24) 金子＝脇村・前掲注（22）77頁注（10）参照。

る価格を上回る価格を決定した事例がある（東京高決平成20年9月12日金融・商事判例1301号28頁）[25]。

なお，実体法の問題としても，構造的な利益相反が存する取引においては，公正さを確保するために，情報開示が拡充されるべきである。例えば，MBO に際しては，買収側の経営陣が提示する価格が「公正な価格」であることが，開示された書面や情報から理解されるものでなければならない。この限りにおいて，価格決定の裁判において，文書提出命令が活用されることは望ましいと考えられる。

② 代表訴訟

シャルレの MBO に関する代表訴訟事件に関して，神戸地裁平成24年5月8日決定（金融・商事判例1395号40頁）が注目される。同決定では，申立ての対象となった文書の多くについて文書提出が命じられているが，文書提出義務が否定される自己利用文書（民事訴訟法220条4号ニ）の意義についても，最高裁平成11年11月12日決定（民集53巻8号1787頁。富士銀行に対する貸出稟議書の提出が否定された事例）が参照された。この最高裁決定では，①作成に関する内部文書性，②所持者への看過しがたい不利益，③これらを否定する消極要件としての特段の事情という判断枠組みが示された[26]。①に関して，神戸地裁は，「MBO は，株式会社の経営陣等が株式を買い取って

---

[25] 東京高裁は，「抗告人〔株主〕らの度重なる要請にもかかわらず，相手方〔会社〕は，その事業計画を提出しないし，また，……デューディリジェンスを実施した上で作成した株価算定評価書を検討すれば，その性質上，事業計画を踏まえた株価算定の過程が明らかになることが容易に推認できるにもかかわらず，株価算定評価書の提出もしないのであって，本件においては，一件記録に基づき，MBO に際して実現される価値を検討した上で，株価の上昇に対する評価額を決することは困難といわざるを得ず，当裁判所としては，一件記録に表われた疎明資料に基づき，本件 MBO に近接した時期において MBO を実施した各社の例などを参考にして，その裁量により，本件株式の株価上昇に対する評価額を決定するよりほかはない」と説示して，会社の主張する価格を是認した原決定を大幅に変更した（1株23万円を33万余円に変更）。この決定は，最高裁（特別抗告・許可抗告審）でも，支持されている（最決平成21年5月29日金融・商事判例1326号35頁）。

[26] 例えば，伊藤眞「文書提出義務をめぐる判例法理の形成と展開」判例タイムズ1277号32頁（2008年）参照。また，中東正文「新しい非訟事件手続法と会社非訟事件の裁判」金融・商事判例1370号1頁（2011年）を参照。

株式会社の経営権を把握する手法であり，売る側（株主）と買付側（経営陣等）とは，本質的に利益相反の関係にある上，情報格差も大きいことが一般的である。そのため，MBOにあっては，手続過程の透明性，合理性を確保する必要があるとされている（……）。そうすると，手続過程の透明性を確保するためには，将来，当該MBOの手続過程における意見を含めた資料等が将来の検証の資料とされることが求められる。もっとも，その結果として，当該MBOの手続過程における意見が開示され，自由な意見交換や意見表明等に心理的な制約が生ずることとなるが，このような制約は，MBOの上記特質に照らして一定程度受忍されなければならないというべきである」と判示した。このような一般的な判断は，裁判手続においても，実体法の規範を基礎に自己利用文書の該当性を検討するものであり，妥当であると考えられる[27]。

他方で，神戸地裁決定は，「集金伝票や請求書は，いずれも法人税法や消費税法において相手方に保存が義務づけられた帳簿書類に当たり，国税庁等による調査に際して，国税庁等に提示することが予定されている文書である」とも述べている。このような基準が採用されると，会社法の帳簿閲覧権に関する規整ないし利益衡量が手続法によって，覆される可能性が生じる（持株要件，拒絶事由など）。会社が有する文書の閲覧謄写に関する実体法の秩序が，手続法によって容易に破られることは望ましくない[28]。

最高裁平成12年12月14日決定（民集54巻9号2709頁）は，「特別の事情とは，文書提出命令の申立人がその対象である貸出稟議書の利用関係において所持者である信用金庫と同一視することができる立場に立つ場合をいうものと解

---

27) 中村直人「稟議書の文書提出義務に関する最高裁決定」商事法務1545号26頁（1999年）参照。中村弁護士は，「現実の問題として公開会社の場合には，株主は外部者である。沈黙の自由の要請は変わらない。商法の定める段階的情報開示の制度との整合性も問題となる。株主による監督という法益は，商法がその調整をすべき問題である」とされる（同頁）。
28) 中村弁護士は，監督官庁が稟議書を見る可能性があることを自己使用文書の該当性を否定する理由とする考え方は，最高裁平成11年決定によって否定されたと理解されている。中村・前掲注(27) 25頁。

される」として,「会員代表訴訟は,会員が会員としての地位に基づいて理事の信用金庫に対する責任を追及することを許容するものにすぎず,会員として閲覧,謄写することができない書類を信用金庫と同一の立場で利用する地位を付与するものではない」[29]と判示している。その上で,代表訴訟において文書提出命令の申立てがされたからといって,自己利用文書と認められない特段の事情があるということはできないとしている(八王子信用金庫事件)[30]。

この点について,神戸地裁決定は,「開示により相手方に看過し難い不利益が生ずる恐れがないとする特段の事情」の有無を問題としており,上記の最高裁平成12年決定とは,異なった枠組みを採用していると思われる[31]。

(4) 価格決定制度の限界(その2)——個別的な効果——

より根本的な価格決定制度の限界は,使い勝手が悪い上に,申立株主のみが個別的な救済を受けるに留まることにある。規律付けの手段として十分ではないだけではなく,公正に設計され実施されたキャッシュ・アウトですら,不公正な取引であるとの烙印を押されかねないという逆の効果をも生じさせる可能性があることにも存する。

法制審議会会社法制部会では,新しいキャッシュ・アウト制度の創設に関して,価格決定の効果を申立株主以外の株主にも及ぼすことが示唆されたが[32],採用されなかった。もっとも,現行法でも,全部取得条項付種類株式

---

29) 本決定の最も重要な点であるとされる。河本一郎「文書提出命令と株主代表訴訟」銀行法務21第587号57頁(2001年)。
30) 民事手続法研究者の間では,文書提出命令を広く認めることが適切であるとの考え方が強いようである。例えば,川嶋四郎「株主代表訴訟と文書提出命令」川嶋四郎=中東正文編『会社事件手続法の現代的課題』67-75頁(日本評論社,2013年)を参照。
31) 最高裁平成13年12月7日決定(民集55巻7号1411頁)は,「本件文書の提出を命じられることにより,抗告人〔整理回収機構〕において,自由な意見の表明に支障を来しその自由な意思形成が阻害されるおそれがあるものとは考えられない。/上記の事実関係等の下では,本件文書につき,上記の特段の事情があることを肯定すべきである」として,信用組合の貸出稟議書についての文書提出命令を認めているが,破綻した金融機関に関するものであり,しかも,整理回収機構が貸出稟議書の所持者となっているという事情が存していた。

や株式の併合を用いたキャッシュ・アウトについては，同じような効果を得る道筋が存しない訳ではない。これらの方法では，通常，端数処理のために裁判所の売却許可が必要になるところ（会社法235条2項），この許可決定にあたって，売却価格の公正さが担保されるのであれば，実質的には，キャッシュ・アウトされた株主の全てが「公正な価格」を受け取ることができるからである。ただ，実際には，この決定は容易に得られると実務上も受け取られているようである。また，制度的にも，裁判所は申立人である会社の主張と疎明に基づき判断することが求められており，手続を当事者主義的に構築することが難しく，キャッシュ・アウトされる株主には防御の機会が与えられないから，裁判所に多くを期待することは難しいとも思われる。今後は，売却許可手続の運用にもよるが，新しい非訟事件手続法のもとで，株主に利害関係参加を認め（非訟事件手続法21条），文書提出命令を活用することも考えられなくもない。また，裁判所が，「一般に公正と認められる手続」が経られているかを，申立人の疎明活動から厳格に判断することも考えられる。

　現状において，価格決定の非訟事件による救済は，僅かの株式しか有しない株主が利用する際には，裁判費用に見合った不利益の回復を期待することが難しいのが一般的であろう。費用対効果が見合わないのは，株主だけではなくて，会社にとっても同様である。僅かの株主だけが争っている場合に，弁護士報酬などの裁判費用に見合った経済的な利益を得ることは難しく，実際にも，不服申立てや裁判の継続を断念する例も少なくないと思われる。とりわけMBOの場合には，不公正な価格であるとの裁判所の判断が残されて

---

32) 田中亘准教授は，「これは影響が非常に大きいですから軽々には言えませんが，現在の制度ですと，反対株主が株式買取請求をしますと，その株主だけが，高い価格で退出できるわけですから，それ以外の少数派株主は救われない，という構造になっています。零細で裁判費用を負担できない株主ほど割を食う，という制度になっています。価格決定の適正さを争う手続を設けるのであれば，最終的に裁判所によって，これが適正なキャッシュ・アウトの価格だと判断された価格は，少数派株主全部に及ぶ，という制度にするのが，合理的ではないかと考えております」と述べておられる。法制審議会会社法制部会第7回会議議事録（平成22年11月24日）PDF版33頁〔田中幹事発言〕。

も，対象会社は株式市場から退出することを目的としているから，再上場を近い将来に見込んでいるのでもなければ，株式市場における評判リスクが相対的に小さいと評価されることになろう。会社は十分に争うことなく，不満足な裁判を受け入れることが，経済合理的となる場合が少なくないと推測される。価格決定の裁判には，対世効がないために，少数株主全体の救済にはつながらないし[33]，当事者が徹底的に争った結果が裁判で示されることにならないという問題がある。

(5) その他の裁判

価格決定制度には，種々の限界があるが，キャッシュ・アウトに際して，他に有効に機能する事前または事後の救済手段が存在しないという現状も否定できない。

例えば，吉本興業のMBOにおいても，個人株主が差止めを求めたようであるが，平成21年10月29日に公開買付けは成立しており，平成22年1月29日に開催された株主総会では，全部取得条項付種類株式を用いたキャッシュ・アウトが承認されている。その後，株主は，株主総会決議の無効確認と取消の訴えなどを提起したが，大阪地方裁判所で請求が退けられている（大阪地判平成24年6月29日金融・商事判例1399号52頁）[34]。

このように，事前の救済手段である差止めも，事後の救済手段である株主総会決議の瑕疵を争う訴えも，株主側が勝った事例は，少なくとも公にはされていないようである。このうち，差止めについては，会社法制の再構築との関係で，後述する。

---

33) 三苫裕ほか「ゴーイング・プライベート取引におけるキャッシュ・アウトに関する一試論〔下〕」金融・商事判例1406号7頁（2012年）。前掲注(32)の田中准教授の見解も参照。
34) 吉本興業「弊社TOBに関連する訴訟についてのお知らせ」（平成24年6月29日付け）によれば，「弊社を存続会社とし，旧吉本興業を消滅会社とする合併手続きの効力が確定したことにより，当該株主総会決議の無効確認ないし取消を求める原告らの利益が消滅したことを理由として」，原告の請求を退けたとされる。東京高判平成22年7月7日金融・商事判例1347号18頁（日本高速物流事件）参照。

III. 特別法による特別措置

1. 緒論

　現在の会社法上のキャッシュ・アウトのための数々の手法は，他の目的にも資する手法を，いわば「転用」する形で，キャッシュ・アウトの目的にも利用することができる設計になっている[35]。そのため，「制度間の歪みの問題」ないし「規制の非対称」，すなわち，手法ごとに，手続，情報開示の内容，少数株主の保護手段，課税面などに関して違いがあることが指摘されてきた[36]。規制の非対称の問題については，会社法制の再構築に関して検討する。

　会社法制におけるキャッシュ・アウトの整理が十分でないなか，経済産業省の主導によって，平成23年に，産活法改正法（産業活力の再生及び産業活動の革新に関する特別措置法の一部を改正する法律）が成立し，キャッシュ・アウトを目的として特化させた手法が創設された。

2. 産活法の改正

　経済産業省は，法制審議会会社法制部会での議論の終結を待たずに，会社法の特例を含む産活法改正を成立させた[37]。

　キャッシュ・アウト法制に関する会社法の特例の概要については，同法案の要綱において，「全部取得条項付種類株式の発行及び取得に関する特例」(第七)として，次のように説明されている。すなわち，「認定事業者が認定計

---

35) 戸倉圭太「キャッシュ・アウトに係る英国の法制と日本における制度設計への示唆〔下〕」商事法務1970号26-27頁（2012年）。
36) 戸倉・前掲注（35）26-27頁，大石篤史「キャッシュ・アウト制度相互間の歪みとその是正」MARR2011年2月号34-35頁などを参照。
37) 以下の叙述について，経済産業省経済産業局産業再生課『逐条解説産活法』149-154頁（商事法務，2011年），藤田知也「改正産活法における会社法特例措置の概要」商事法務1933号30-32頁（2011年），太田＝矢野編著・前掲注（7）255-258頁など。

画に従って，公開買付けの方法により他の株式会社の総株主の議決権の10分の９以上の数の議決権の保有者になった場合において，当該他の株式会社による全部取得条項付種類株式の発行及び取得であって，主務大臣の認定を受けたものを行う場合について，会社法の規定に関する特例を設けるとともに，所要の規定を整備すること」である。

要点は，①認定事業者が認定計画に従って，②公開買付けを行い，③対象者の議決権総数の90％以上の議決権の保有者になった場合に，④主務大臣から特例利用の認定を受ければ，⑤定款変更に係る株主総会決議が省略され，⑥全部取得条項付種類株式の取得に係る株主総会決議が省略され，⑦端数の売却に係る裁判所の許可が省略されることにある（平成23年改正産活法21条の３）。

この特例を使わないと，①公開買付け終了後に完全子会社化が完了するまでに，おおよそ４か月から６か月の時間が必要となり，②株主総会開催の費用が必要となるため，キャッシュ・アウトによる完全子会社化の機動性が阻害されていると考えられた。

もっとも，平成23年改正産活法の特例を利用すれば，上記の期間そのものは，１か月から２か月で済むことになるが，申請に先立つ事前相談の開始から認定までに要する期間が通常１か月から２か月程度とされているため，事前に主務官庁と十分な協議を行いつつ，スケジュールを組む必要があるとされている[38]。

そのためであろうか，また，法制審議会会社法制部会では株主総会決議を経ないキャッシュ・アウト制度が創設される見込みが高まったためか，本特例を利用した事例は存在しないようである[39]。

---

38) 太田＝矢野編著・前掲注（７）257頁。
39) 経済産業省ウェブサイト「平成15年法改正以降の個別認定実績」<http://www.meti.go.jp/sankatsuhou/nintei/h15after_result.html>（2012年７月16日アクセス）。

3．競争力強化法の制定

平成25年12月4日，アベノミクスの第三の矢である「日本再興戦略」に資するため，産業競争力強化法が制定され，平成26年1月20日に施行された。これに伴って，産活法は廃止された。

もっとも，平成23年改正産活法で導入されたキャッシュ・アウトに関する特別措置は，産業競争力強化法において承継された（産業競争力強化法35条）。

4．検討

特別措置としてのキャッシュ・アウト法制に関して，積極面と消極面の両者について，若干の検討を行う。

積極的に評価され得ることは，平成年間の組織再編に関する柔軟化のように，産活法などによる特別措置が会社法制の改正を促した点である。特別法が厳重な手続を付した上で，一般法である会社法の特例を設けることは，組織再編のように企業活動の機動的な展開に関わる場面では，社会経済情勢に適合する法制度改革を進める上で，一定の意義が認められよう。

他方で，「会社法のルール形成主体は誰であるべきか」という視点からは，経済産業省が，事実上の私法規範について法務省に先んじて，一定の道筋を付けていくことについて，疑念がないではない。すなわち，法務省は「基本法制の維持及び整備」を任務としており（法務省設置法3条），他方で，経済産業省は「民間の経済活力……を中心とする経済及び産業の発展……を図ることを任務」しており（経済産業省設置法3条），政策目的が優先して，基本的な私法秩序の安定性を損なう危険が存しないとは断言できない[40]。

とりわけ，全部取得条項付種類株式の特例に基づくキャッシュ・アウト制

---

40) 江頭憲治郎「会社法改正の理論と展望——総論」商事法務1940号5頁（2011年），中東・前掲注（19）38頁参照。

度については,法制審議会会社法制部会でも,特別支配株主による株式売渡請求権制度の創設が検討されている折に,産活法改正法案が提出された。同じ実質の取引を主務大臣の認定という重い手続を経させて実現させるものである。特別法では主務大臣の認定が必要であった取引が,一般法たる会社法では何の実体的審査がなくてよいのか,説明が困難であるとも思われる[41]。また,平成23年改正産活法の特例では,公開買付けの前置が求められており,価格の公正さについて,手続面からの担保がなされやすい設計になっているとも考えられる。

IV. 会社法改正法案

1. 緒論

平成25年11月,会社法改正法案(「会社法の一部を改正する法律案」)が,第185回国会(臨時会)に内閣提出法案として提出されたが,審議は未了となり,第186回国会(常会)で審議されている。これは,法制審議会会社法制部会における平成22年4月28日から24回の会議を経て,同年9月7日に,法制審議会総会が採択し,法務大臣に答申した「会社法制の見直しに関する要綱及び附帯決議」を基礎に,法案化されたものである。

法制審議会会社法制部会での議論は多岐にわたるが[42],本稿の関係では,①キャッシュ・アウトを目的とする制度の創設のほか,②転用型のキャッシュ・アウト手法における規制の非対称の是正,③救済手段の拡大,とりわけ差止制度の拡充が,改正法案に盛り込まれていることが注目される。他方で,④マジョリティ・オブ・マイノリティ(MOM: majority of minority)を株主総会決議の要件とすることは見送られたし,また,⑤セル・アウト権

---

41) 中東・前掲注(19)38頁参照。
42) 部会の資料や議事録については,法務省のウェブを参照されたい。

も導入されないことになった。

以下では，これらの諸点について，簡単に検討を加えることにする[43]。

2．特別支配株主の株式等売渡請求権

(1) 概要

会社法改正法案では，キャッシュ・アウトのための新しい制度が導入される[44]。

株式会社の特別支配株主は，対象会社の株主の全員に対し，保有する対象会社の株式の全部を特別支配株主に売り渡すことを請求することができる（法案179条1項本文）。「特別支配株主」とは，従前の略式組織再編行為に関する「特別支配会社」の定義とほぼ同様であり（会社法468条1項参照），株式会社の総株主の議決権の10分の9以上を有している者である（法案179条1項本文括弧書参照）。条文では，「株式等売渡請求」という見出しが付されており，株式だけではなく，新株予約権をも売渡の対象とする趣旨である（法案179条2項3項）。本稿では，株式の売渡請求のみを検討の対象とする。

(2) 手続

特別支配株主は，株式売渡請求をしようとするとき，対象会社に対し，その旨と売渡に関する事項を通知し，対象会社の承認を受けなければならない（法案179条の2第1項・179条の3第1項）。取締役会設置会社においては，取締役会の決議によらなければならない（法案179条の3第3項）。対象会社は，この承認をしたときは，取得日の20日前までに，売渡株主に対して，所定の事項の通知または公告をしなければならない（法案179条の4第2項3項）。特別支配株主は，取得日に，売渡株式の全部を取得する（法案179条の

---

43) 髙原・前掲注（4），清水毅「株式等売渡請求制度の導入等でどう変わる？——キャッシュ・アウトに関する改正ポイント」経理情報1370号22頁（2014年），中東正文「キャッシュ・アウト」法学教室402号22頁（2014年）などを参照。

44) 概要や立案過程での議論の内容については，岩原紳作「『会社法制の見直しに関する要綱案』の解説〔IV〕」商事法務1978号39-48頁（2012年）を参照。

9第1項)。

売渡請求に不満のある株主には，差止請求権（法案179条の7），売買価格の決定申立請求権（法案179条の8），無効提訴請求権（法案846条の2ほか）が与えられている。その実効性を確保するため，売渡株式の取得に関する書面等の開示が事前（法案179条の5）と事後（法案179条の10）に予定されている。

以上のように，売渡請求権の制度は，基本的には，組織再編行為に準じた形で設計されている。特別支配関係を要件であることから，略式組織再編行為に関するものと同様の規律が用意されている。

(3) 立法論上の課題

このような売渡請求制度には，英国法上のバイ・アウト制度との比較において，①90％以上の議決権を有するに至った方法や経緯が問われておらず，平成23年改正産活法とは異なり，公開買付けの前置が予定されていない，②90％要件の分母には買付者が既に有していた株式が含まれる，③行使期限に制限がないという特徴がある[45]。

もっとも，これらの特徴が，わが国の現行法の枠組みにおいて，奇異なものであるかと言えば，必ずしもそうではない。略式株式交換においても，売渡請求制度とほぼ同様の手続で，キャッシュ・アウトを行うことができ，その場合には，同じ特徴を有する仕組みになっているからである。

このように割り切るのであれば，売渡請求制度に特段の問題がないとも考えられる。しかし，上記の①と②の特徴が欠けているので，価格の公正さが手続で担保される仕組みにはなっていない。この点では，略式組織再編を用いたキャッシュ・アウトにも，公開買付けが前置されない場合には，課題が残されているとも言える。また，特別支配株主が売渡請求権を有するに至った段階で，少数株主には退出の機会，つまりセル・アウト権を保障すべきで

---

45) 戸倉・前掲注（35）27-30頁参照。

あるか否かが議論されている[46]。

(4) 解釈論上の課題
① 従前のキャッシュ・アウト手法の利用

特別支配株主による株式の売渡請求権は，キャッシュ・アウトを直接の目的とするものであるから，この制度が導入されれば，従前のキャッシュ・アウト手法の利用が制限されるのかという問題が，一応はあり得る。

明文でそのような制限がなされていない以上，従前の手法に制約をする法改正であると解することはできないであろう[47]。立案の際も，そのような理解のもとで，売渡請求制度の導入が決定された[48]。実質的にも，従前の手法には，少数株主保護のためにほぼ同等の規制強化がなされるから，会社法制において整合性は維持されていると思われる。

② 対象会社の取締役の義務

特別支配株主が株式売渡請求権を行使するためには，対象会社の取締役会の承認が必要とされている。取締役や取締役会が，少数株主の利益を確保するために，キャッシュ・アウトの条件が適正なものかなどの判断を行うことを期待したからある[49]。

従来，取締役は会社の利益を守る義務があると理解されてきたが，会社法改正法案は，承認の是非を判断することは少数株主の利益を守る義務があることを前提とするものであるから，キャッシュ・アウトの場面における取締役の義務の内容を正面から論じられる契機となるであろう[50]。実際，対象会社の取締役会は，売渡株主の利益に配慮し，条件の公正さを判断する必要があることが明確にされたと説かれている[51]。

---

46) 戸倉・前掲注（35）30-32頁ほか。
47) 髙原・前掲注（4）41頁。
48) 岩原・前掲注（44）40頁，49頁参照。
49) 岩原・前掲注（44）43頁参照。
50) 岩原・前掲注（44）43頁参照。
51) 石綿・前掲注（8）1頁。

この議論は直ちには収束するものではなく、今後の解釈論の深化が期待される[52]。会社の利益と少数株主の利益は、必ずしも一致する訳ではないという一般論的な課題が存する。また、売渡請求の対象会社のように、特別支配株主が存在している場合に、対象会社の取締役の地位は特別支配株主の意向に完全に依存しているから、現実問題として、取締役に何を期待することができるという実際上の課題がある[53]。

③ 取得無効の訴えの無効事由

売渡株式の取得無効の訴えは、売渡で会社が当事者にならないから、会社の組織に関するものではないが、これに準じて扱われている。規定の内容も同様であり、無効事由について定められておらず、解釈に委ねられている。

とりわけ対価が著しく不当である場合が無効事由になるか否かについては、立案の段階でも議論がなされた[54]。一方で、組織再編行為と同様に無効事由にならないという考えもあり得る（東京高判平成2年1月31日資料版商事法務77号193頁参照）。他方で、株主総会決議を経ない点で簡略な手続で行われていること、また、売渡株式の取得の効果は株式の移転のみであるから事後的に無効としても合併などの無効に比べて影響が小さいことなどから、組織再編行為よりも無効事由を広く解するという考え方もあり得る[55]。

---

52) 例えば、篠原＝藤田・前掲注（11）25-26頁、柴田寛子「キャッシュ・アウトの新手法―株式等売渡請求の検討―」商事法務1981号20-23頁（2012年）、清水・前掲注（43）25頁、玉井利幸「少数株主に対する取締役と支配株主の義務と責任」布井千博編『会社法・金融法の新展開』（川村正幸先生退職記念）297頁（中央経済社、2009年）。
53) 売渡請求の後に、特別支配株主が撤回を望む場合に、撤回は個々の株主にとっては不利益なことが多いから、例えば、特別支配株主の資金繰りが悪化して対価を支払うことが見込めなくなった場合など、撤回を認めないと少数株主を害することになる場合にのみ、撤回を承諾してもよいと理解されている（岩原・前掲注（44）45頁参照）。もっとも、取締役に適切な行動を採ることを期待できるのかは、売渡請求の承認の場合と同じである。
54) 岩原・前掲注（44）47頁参照。
55) 全株式譲渡制限会社の場合には、株主としての地位に取締役や従業員の地位が付随しているなど、上場会社とは異なった意味がある場合もあり、内紛が生じた場合などに、安易に売渡請求が用いられる懸念がある。そこで、無効事由を広く解することが妥当であろう。岩原・前掲注（44）53頁（注12）参照。

3. 規制の非対称の是正

　現在のキャッシュ・アウトの手法は，他の目的にも資する手法を，いわば「転用」する形で，利用されている。そのため，「規制の非対称」が存するとされてきた。すなわち，手法ごとに，手続，情報開示の内容，少数株主の保護手段，課税面などに関して違いが生じている[56]。

　この点について，会社法改正法案では，従来のキャッシュ・アウト手法のうち，全部取得条項付種類株式，株式の併合，現金を対価とする組織再編について，会社法制における規制の非対称が相当に解消された。

　全部取得条項付種類株式に関して，事前の情報開示を充実し（法案171条の2），株主に差止請求権を与え（法案171条の3），事後の情報開示を充実する（法案173条の2）こととされた。また，株式の併合に関しても，事前の情報開示を充実し（法案182条の2），株主に差止請求権を与え（法案182条の3），反対株主に株式買取請求権と価格決定申立権を与え（法案182条の4・182条の5），事後の情報開示を充実する（法案182条の6）こととされた。組織再編行為についても，株主による差止請求権の行使が認められる範囲が拡張された（法案784条の2・796条の2・805条の2）。

　以上の規制の非対称が解消されることになれば，会社にも使い勝手が悪く，また，株主にも分かりにくい全部取得条項付種類株式の利用に代わって，株式併合を用いた手法が実務では用いられるようになると予想されている[57]。法的安定性が担保され，また，課税でも同等の利便が提供される可能性が高いからである[58]。

---

56) 戸倉・前掲注（35）26-27頁，大石篤史「キャッシュ・アウト制度相互間の歪みとその是正」MARR2011年2月号34-35頁などを参照。
57) 石綿・前掲注（8）1頁。清水・前掲注（43）27頁も同旨。
58) 石綿・前掲注（8）1頁。

4．救済手段の拡大（差止め）

　規制の非対称の解消にも関係して，事前の情報開示と差止めの機会が重視される建付けになっている。

　株主が差止請求権を行使する場合には，差止めの仮処分の申立てがなされることになろう。会社が差止めの仮処分命令に違反して組織再編行為を続行すれば，新株発行の無効の訴え（会社法828条1項2号ほか）に関する無効事由と解されているのと同様に（最判平成5・12・16民集47巻10号5423頁），組織再編行為の無効事由になると解するべきである[59]。

　問題は，どのような場合に差止めが認められるかである。一般的な組織再編行為の差止めについて，会社法改正法案は，法令または定款違反を要件としており（法案171条の3・182条の3・784条の2ほか），対価が不当であることを明確に差止事由としているのは，従来通り，略式組織再編行為がなされる場合に限られている（法案784条の2第2号ほか）[60]。しかしながら，前述のように，株式の価格に争いがある場合に，反対株主の株式買取請求権や価格決定申立権は，少数株主の保護のために，必ずしも効果的ではない。

　価格が著しく不当であるか否かは，株式の価格を直接的に検証する方法によるのは望ましくないであろう。特段の事情がなければ，取引過程の公正さを検証することが先決問題とされるべきである。このような視点からは，著しく不当な株主総会決議がなされる場合に，解釈論によって，差止めの仮処分を認めることで相当に対応が可能であると思われる。従来は，被保全権利に関して，決議取消等の提訴権が念頭に置かれてきたが，新しい差止請求権が明文化されれば，この請求権を被保全権利として理解して，決議の瑕疵を法令違反として読み込むことも考えられる。

　また，差止事由としての法令違反に，取締役の善管注意義務や忠実義務違

---

[59] 中東・前掲注（43）25頁。
[60] 解釈論の状況について，飯田秀総「組織再編等の差止請求規定に対する不満と期待」ビジネス法務2012年12月号76頁を参照。

反が含まれると解する余地を残すべきであるとの見解もある[61]。さらには，法令違反の内容に情報開示に関する法令を読み込もうとする見解もある[62]。いずれも，裁判上の争いを，事後的にではなく，事前に決着させることを志向するものであり，少数株主のみならず，会社側にとっても有意義であろう。

5. マジョリティ・オブ・マイノリティ

法制審議会会社法制部会では，キャッシュ・アウト法制の一部として，株主総会の要件の加重が検討された。

本来的には，構造的な利益相反取引について，一般的に検討されるべき問題であり，このような考え方は，オンタリオ証券委員会（OSC）のRule 61-501においても，示されている。カナダの連邦会社法（Canada Business Corporations Act）の第193条では，「Going-private transactions」について，適用される全ての州証券法に従わなければ，これを行うことができないと規定されている。このような形で，会社法制と証券規制との間の連携が図られている。

会社法制部会では，検討の結果，現行法の規律を見直さないこととされた。この結論に至る過程では，「対象会社の株主総会における議決権行使の状況（特に，支配株主以外の株主が有する議決権の過半数が賛成しているかどうか等）は，裁判所による価格決定手続における公正な価格の検討等に際して，考慮要素となり得ると考えられる（親会社との株式交換における株式買取請求に係る価格決定につき，東京地裁平成23年3月30日決定・金判1370号19頁参照）」との理解が示された[63]。

マジョリティ・オブ・マイノリティを決議要件とすることは見送られたが，この点については，その計算が必ずしも容易ではないし，設計の時点で

---

61) 飯田・前掲注（60）79-80頁，白井正和「組織再編等に関する差止請求権の拡充」川嶋四郎＝中東正文編『会社事件手続法の現代的課題』217-218頁（日本評論社，2013年）。
62) 飯田・前掲注（60）80-81頁，白井・前掲注（61）218-221頁。
63)「親子会社に関する規律に関する個別論点の検討（2）」（会社法制部会資料20）（平成24年3月21日）9頁（補足説明）。

の持株状況から現実的ではない（あるいは，少数株主の立場が濫用的に利用される）ことも考えられるから，会社法制で要件とすることが躊躇されたことは理解できなくもない。理論的な根拠が必ずしも明確でなく，また，少数株主の多数が2/3と過半数のいずれかについても一致した見解がないとの分析もある[64]。

　もっとも，実務において，CCC事件やホリプロ事件において工夫されたように，マジョリティ・オブ・マイノリティを目指す設計を試みることは有意義である。そこでは，価格決定手続における公正な価格の検討しか述べられていないが，理論的にも，差止めの場面，事後的に巻き戻しが求められた場面，損害賠償請求がなされた場面などにも，同様に考えられるべきである[65]。

　なお，少数株主の多数の数値について，一致した見解はないとされているが，一定の判断要素として利用することができるであろう。少数株主の多数決の賛成があれば，会社を部分的に解散させたと理解することができるから，理論的にも，この種の基準を取引の公正さの判断に利用することが適当であると考えられる[66]。この趣旨から考えると，解散決議と同様の特別決議に相当する「スーパーマジョリティ（2/3以上）」が必要ではないかとも思われる。しかしながら，わが国の特別決議は，米国などとは異なり，出席株主の

---

[64] 三苫ほか・前掲注（33）3頁。

[65] 法制審議会会社法制部会の平成24年3月21日の会議でも，内田修平関係官が，前掲注（63）の補足説明について，「支配株主以外の株主が有する議決権の過半数の賛成を得ているなどの事情が全く考慮されないということではないのだということを，この場で御議論いただいておくという意図もございまして，このような記述を入れさせていただいた次第でございます。価格決定のみならず，決議取消訴訟や，差止制度を導入する場合には差止めの仮処分申立といった手続の中でも，このような事情が考慮される余地があるという点についても，御指摘いただいたとおりかと思っております。補足説明の第3段落の『公正な価格の検討』の後に『等』というのを細かく入れていますのも，そのような理解に基づくものでございます」と説明されている。法制審議会会社法制部会第18回会議議事録（平成24年3月21日）PDF版36-37頁〔内田関係官発言〕。

[66] 強制的に株式を収用するというキャッシュ・アウトの性質から，自発的な取引を中核とする資本市場の機能が害されるという弊害が懸念されるが，会社を解散させることができるだけの賛成が少数株主の間で得られたのであれば，この懸念は相当に払拭されるであろう。中東正文『企業結合・企業統治・企業金融』546頁，137-139頁（信山社，1999年）などを参照。

有する議決権を基準とした上で，その2/3以上の賛成を必要としている。定足数が最低で満たされた場合には，1/2×2/3＝1/3，つまり総議決権の1/3の賛成があれば承認してしまう基準が採用されている。決議に反対ではなく，したがって賛否に関心を有しない株主は，総会を欠席することが多いと想像されることからしても，現状では，少数株主の2/3以上の賛成がなければ，取引の公正さが認めがたいものではなかろう。構造的な利益相反がある取引において，独立した専門家の評価がなされ，また，十分な情報が与えられた上で，過半数の賛成が得られていれば，基本的には，取引は公正であるとの事実上の推定が働くと考えてよいであろう[67]。

6．セル・アウト

少数株主をキャッシュ・アウトする手法については，会社法制の整備が進められている。他方で，支配株主または特別支配株主が存しあるいは新たに現れた場合に，少数株主が退出するために，株式を買い取るように請求する権利（セル・アウト権）は，当面は導入されないことになった[68]。

法制審議会会社法制部会でも，セル・アウト制度の導入が，途中までは検討がなされていた。もっとも，平成23年12月7日の法制審議会会社法制部会において取りまとめられた「会社法制の見直しに関する中間試案」には，この導入が盛り込まれなかった。同月に公表された「会社法制の見直しに関する中間試案の補足説明」（法務省民事局参事官室）（以下，「補足説明」という。）においては，その理由について，次のような説明がなされている。

すなわち，「部会では，①株式会社に新たな支配株主が現れたこと又は②株式会社の総株主の議決権の10分の9以上を有する支配株主が存することを

---

[67] 田中亘准教授は，「少数株主の中の少数派の『不満』が，日本株からの資金の大量引き上げといった深刻な事態をもたらすといった証拠がない限り，少数株主の承認は議決権の過半数で足りるとすることに，合理性があるように思われる」とされる。田中亘「CS（顧客満足，あるいは消費者余剰）と majority of minority ルール」金融・商事判例1406号12頁（2013年）。
[68] 金融商品取引法研究会「公開買付規制を巡る近時の諸問題」（研究記録第35号）5-12頁，38-42頁（日本証券経済研究所，2012年）〔太田洋報告ほか〕参照。

要件として，少数株主に，自己の有する当該株式会社の株式を当該支配株主に売却する機会を与える制度（セル・アウト制度）を創設すべきであるとの指摘もあった。このうち，①の要件によるセル・アウト制度（新たな支配株主に対するセル・アウト制度）は，支配株主の異動が生じた場合に少数株主に退出の機会を与えることにより，少数株主の保護を図るための制度として位置付けられ得るが，これに対しては，企業結合の形成に際して生じ得る費用が増大し，企業価値を高める企業結合の形成がされにくくなるおそれもあるとの指摘があったところである。また，②の要件によるセル・アウト制度（大多数保有支配株主に対するセル・アウト制度）は，新たな支配株主に対するセル・アウト制度とは異なり，支配株主の異動が生じた場合に少数株主に退出の機会を与えるための制度として位置付けることは困難であり，制度の目的・趣旨を慎重に検討する必要があると考えられる。そこで，試案では，これらのセル・アウト制度の創設は掲げないこととしている」（補足説明39-40頁）。

　このような論拠が十分なものであるかは，相当に疑問であり，批判が強い。例えば，大証の金融商品取引法研究会においては，「企業経営の効率化という点では，キャッシュ・アウトを認めたほうがいいというのが表向きの理由だと思うのですが，それだったら，セル・アウトも認めなきゃいけないのではないかと思います」[69]，「せめて公正な価格で買い取ってくれと，それがあればバランスとれるのではないでしょうか」[70]，「10％未満となった少数株主が著しく不利益な地位に置かれるから，それに対する道を与えるということに尽きるのではないでしょうか」[71]，「キャッシュ・アウトを認めるならセル・アウトも認める，そういう論理関係があると以前は思っていた」[72] といった批判的な意見が相次いで示されている。

---

69) 大証金融商品取引法研究会報告「会社法制の見直しに関する中間試案について——親子会社関係」（伊藤靖史報告）35頁（2012年）〔黒沼悦郎発言〕。
70) 大証金融商品取引法研究会報告・前掲注（69）36頁〔龍田節発言〕。
71) 大証金融商品取引法研究会報告・前掲注（69）36頁〔龍田節発言〕。
72) 大証金融商品取引法研究会報告・前掲注（69）38頁〔森本滋発言〕。

特別支配株主の株式売渡請求権には，公開買付けの前置が予定されておらず，行使期限に制限がないという特徴がある。特別支配株主の地位に基づく権利であり，少数株主は，いつ株主たる地位を奪われるか分からない不安定な立場に置かれ続けることになる。そこで，特別支配株主という地位に伴う負担として，少数株主にセル・アウト権を与えることが妥当である[73]。法制審議会会社法制部会において，セル・アウト制度の創設が残らなかった理由は，補足説明で示された①と②の区分のうち，②が株式売渡請求権との関係が強いとの認識が共有されなかったことにあるとも思われる[74]。

　なお，特別支配株主の株式売渡請求権に対応するものとして，少数株主による買取請求権を創設するとすれば，金融商品取引法ではなく，会社法で規定することが適切であろう[75]。というのも，会社法のキャッシュ・アウトに対応するものであるから，会社法でセル・アウトも規定することが自然である。また，会社法で形成権として規定すれば，私人が裁判によって権利を実現することが容易になるからである[76]。

V. 結語

　キャッシュ・アウトは，構造的な利益相反が象徴的に現れる場面である。ところが，法令による実体規制や開示規制によって，明確な公正さを担保

---

[73] 以上につき，戸倉・前掲注（35）31頁参照。
[74] 法制審議会会社法制部会の第3回会議（平成22年6月23日）においては，経済産業省から，「今後の企業法制の在り方について」（参考資料11）が提示され，「TOB後の『セルアウト』及び『スクイーズアウト』の両制度を創設することで，手続を簡略化するとともに，強圧性を削減し，法的安定性のある迅速な二段階買収を可能にするべきである」との提案がなされていた（11-12頁）。
[75] 公開買付けの強圧性への対応として，一定の場合に延長期間の設定を強制することや，公開買付開始公告で買付後に予定される行為を開示させることが示唆されている。田中亘『企業買収と防衛策』418頁，447頁（商事法務，2012年）。もっとも，買付者が公開買付を延長しない場合，あるいは，開示した行為を実施しない場合に，対象会社の株主としては，どのようにして買付者を強制するかが明らかではない。本文で述べたように，少数株主にセル・アウト権を与える方が，実現方法として簡便であろう。
[76] 中東・前掲注（19）39頁参照。

する仕組みが整備されているとは言い難く，今後も，実務の工夫が大いに期待される。

　実務が工夫を行うにあたっては，立法に至らなかった事項についても，是とされるものは，実務の運用において積極的に取り入れられるべきである。

　他方で，実務が十分な工夫を行った取引について，裁判所が後見的に介入し過ぎることは，実務の発展を阻害することにもなりかねず，望ましくないと考えられる。

金融商品取引法の責任と会社法の責任
－虚偽開示をめぐる役員の責任を中心に－

近 藤 光 男

I．はじめに

　金融商品取引法と会社法との関係については，従前から広く盛んに論じられるようになってきていたが，近年では，公開会社法という視点での議論もなされ，それぞれの法の独自性を過度に強調することよりも，むしろ両者の法律の関連性を重視した上で，法規定が相互に依拠するという傾向が益々強くなってきているように思われる。いずれにしても金融商品取引法と会社法との関係はいかにあるべきかを論じることが，一つの近時の重要なテーマになってきている。ただし，2つの法律の関係を全般的に論じることはかならずしも容易なことではないと考えられることから，本稿では2つの法律における民事責任について，その中でも対象を役員の責任に限定した上で，比較検討することとしたい。
　たとえば，株式会社の財務書類に虚偽または不実記載がなされた場合に，この会社の役員は，株主・投資者に対する関係だけを見ても，主として金融商品取引法の虚偽開示の責任のほか，民法上の不法行為責任と，会社法の対第三者責任といった，これら3種類の責任を問われる可能性が生じることになる。しかし，役員は，これらの責任を異なる別個の責任として負うことになるのであろうか。もちろん，そもそも，それぞれの法規定の趣旨が違うのであると考えるのであれば，そのような結論は当然とも言える。しかしながら，そうなれば，そこには不必要な重複があるのではないかという疑問や，

各責任の間には調整が十分になされていないところがあるのではないかとの思いも強くするところである。

　もちろん、会社法の開示の責任は株主と債権者を保護し、金融商品取引法の責任は投資者を保護すると、一応言えるかもしれないが、それに留まるものではなさそうである。このように考えられるのは、以下の2つの観点からの疑問が生じるからであり、そのような検討をすることの必要性を強く感じるところである。

　第1に、かつて、旧証券取引法の昭和28年改正においては虚偽記載に関して取締役をあえて責任対象から外した。そこでは取締役については現在の会社法429条に相当する商法266条の3が責任を定めていることが考慮されていたようである[1]。たしかに、会社法429条2項は、虚偽記載をはじめとして一定の列挙された行為を行ったことについて、比較的広く役員等の責任を定めている。しかしながら、2項の責任は、1項の責任に比べてみれば、追及されることは多いとはいえないし、責任が認められた事例はどちらかと言えば少ないと言える。また、従来の学説においても議論の対象は1項に集中しており、2項が学説上議論されることも多くはなかった。しかし、たとえば1項については、判例や通説によれば、不法行為責任と異なる特別の法定責任とされるが、2項についても同様の責任と解すべきかが問題となり、これを否定することも考えられる。このような規定の理解からは、それに応じて、429条2項の責任によって救済される対象の範囲が異なることになる。その場合には、企業内容についての情報開示では、金融商品取引法の規制が会社法の規制と重なる面が生じることになると考えられる。

　第2に、金融商品取引法と会社法の関係については、近時、興味深い判断を下した裁判例が見られている。すなわち、名古屋高裁の決定によれば、会社法125条に基づく株主名簿の閲覧請求権行使について、会社法の閲覧請求の前提となる権利行使は会社法の権利行使を対象とするのであり、金融商品

---

1) 小田寛＝三輪力＝角政也・改正証券取引法・証券信託法解説（港出版合作社・1954年）53頁。

取引法による責任追及は対象とならないことを述べて、そのような目的での閲覧請求を否定している。しかし、この裁判所の判断については、二つの法律に基づく責任追及は異なるものなのか、あるいは異質なものと言い切ることができるのかという疑問が生じる。もっとも、この事件が集団訴訟によるものであることや、本件が株主名簿の閲覧請求が認められるかどうかという限られた範囲内での議論に留まると捉えてしまうこともできるが、一般に、会社法の損害賠償請求と金融商品取引法の損害賠償請求について、両者をどこまで異質なものとしての扱いをすることが適切なのであろうかという疑問を惹起し、この観点からの検討をする必要があると感じさせるところである。

Ⅱ．株主保護と投資者保護

　金融商品取引法21条、22条、24条の4の各規定によれば、有価証券届出書や有価証券報告書のうちに重要な事項について虚偽の記載があり、または記載すべき重要な事項若しくは誤解を生じさせないために必要な重要な事実の記載が欠けている場合について、役員は責任を負う旨が規定されている。すなわち、有価証券届出書等を提出した会社のその提出時における役員が、記載が虚偽であり又は欠けていることを知らず、かつ、相当な注意を用いたにもかかわらず知ることができなかつたことを立証する場合を除き責任を負うとされており、そして、その責任の内容としては、有価証券を取得した者に対して、記載が虚偽であり又は欠けていることにより生じた損害を、賠償する責めに任ずるとされている。

　しかし、上記のような会社による虚偽記載があった場合については、株主・投資者はこのような金融商品取引法による責任追及のほか、民法の不法行為責任、および会社法による責任の追及が可能となる場合も予想されるところである。それでは、それぞれの関係はどのように理解すべきなのであろうか。救済される者、救済される損害において差異はなく、ほぼ重なるものなのであろうか、あるいはこの点については、そもそも責任の趣旨や性質か

らして両者は異質なものと理解できるのであろうか。

　金融商品取引法は，そもそも法の目的をどこに置いているのかについては，大いに議論のあるところであるが，同法1条によれば，国民経済の健全な発展及び投資者の保護に資することを目的とする旨が規定されており，投資者保護をその大きな柱の一つとしている。一方会社法は，会社をめぐる利害関係者の調整を図るが，株式会社であれば，会社，株主の利益あるいは会社債権者の保護が重視される。しかし，金融商品取引法が主として意図する投資者保護と会社法の主として意図する株主の利益保護とは，必ずしも一致しない場面もあると予想される。なぜならば，会社法における株主保護は，個々の具体的な株主の保護のみならず，当該会社の株主全体の利益の保護を意図する場面もある。しかしながら，これに対して，金融商品取引法においては，会社株主全体の利益という発想はほとんど見られないのではなかろうか。もちろん，一方で，金融商品取引法は金融市場の信頼性確保，投資者たる属性を持つ者の保護を意図するが，それと会社株主全体の利益とは明らかに異なるものなのであると考えられる。また会社法は会社関係者の私的利益の調整を主に意図するものである。

　以上のことから，役員の損害賠償責任のあり方についても，両者は異なるものとなることが予想されるところである。すなわち，金融商品取引法における損害賠償は，投資者の直接被る損害を念頭に置いているものと思われる[2]。

---

2) もっとも，ライブドア損害賠償事件における最高裁判所平成24年3月13日判決判例時報2146号33頁では，岡部裁判官の補足意見が，間接損害，直接損害という分類をしている点が注目される。すなわち，会社の信用毀損による株主の間接損害を便宜上「株価下落損害」とよび，この損害は株主であることによって全株主が被る損害であるとする。株価下落損害の賠償請求権は，利益虚偽記載という高値取得損害を生じさせた事実と同一の事実によって生じたものではあっても，被侵害利益が異なるのであって，高値取得損害の賠償を求める権利とは異なるとしている。金商法の規定からすると，同法21条の2は，発行市場，流通市場の区別を持たない株価下落損害の賠償請求権については触れていないと解すべきであるとし，間接損害である株価下落損害の賠償については適用することはできないとしている。ここで，投資者は会社からの損害賠償請求を期待するが，金商法においては会社の損害を経由した損害を投資者に賠償させるとか，あるいは会社の利益を保護するという発想はしていないのであろうかという点が争点になろう。

この点に関して，金融商品取引法は日本の金融資本市場の活性化を目指した政策立法であって，これに対して会社法は，直接そのような政策を掲げるものではなく，中立的に利害調整を行うものであり，この意味で２つの法は同じく役員について損害賠償責任を追及するという場面でも，必ずしも調和しているわけではないとの意見や，金融商品取引法においては会社株主全体の利益や，企業価値の向上よりも，投資者の利益，株主価値が優先するとの見解が見られるところである[3]。

以上の立場に立つとすれば，役員が賠償すべき損害の範囲や性質において，金融商品取引法の責任と会社法の責任とでは異なることになる。

もちろん会社法も単なる私的利益の調整に留まらず，公的な利益を考慮すべきであることは当然であるが，そのことは法の本質を変えるものではないであろう。

Ⅲ. 不法行為責任と金融商品取引法の責任

不法行為にもとづく責任と金融商品取引法の責任とでは内容が異なるものなのであろうか。この点については，役員の責任から少し離れるが，会社の責任において検討しておきたい。

流通市場における虚偽開示について発行会社の責任を追及する場合には，従前，金融商品取引法には明文規定がなかったことから，投資者は民法の不法行為に基づき責任追及を行ってきたところである。しかし，金融商品取引法21条の２が施行されて以降は，流通市場の虚偽開示に関しては，不法行為責任ではなく同条に基づいて発行会社の責任を追及すると考えられた。しかし，同条は不法行為責任の特則と考えられており，従来通り，そのような場面においても，投資者が依然としてあえて不法行為責任を追及することもで

3）中村直人「会社法と金融商品取引法の関係および公開会社法構想について」（新しい時代の民事司法（門口正人判事退官記念）457頁～458頁（商事法務・2011年）参照）。

きないわけではないと思われる。

　わが国では，米国法等と異なり民法による不法行為責任の成立要件が柔軟であると言われている。このため，民事責任規定を特別に置くことの意義は絶対的なものとは言えないのではないかと論じられることもあったが，金融商品取引法21条の２では責任の成立要件や責任が認められる場合の賠償額について法定するなどの意義があったと思われる[4]。すなわち一般にわが国の不法行為責任においては，責任追及の対象となしうる場面が広いため，金融商品取引法に基づく責任を別個に追及する意味は少ないと言えなくもないところであるが，金融商品取引法に基づく責任を追及する場合には，以下のように，同法による責任追及の方が，投資者は責任追及をしやすくなっていると言うことができる。

　すなわち金融商品取引法の虚偽開示について，要件および効果において不法行為責任に比べて，投資者が責任を追及しやすくなっていることは，21条の２第２項で損害額の推定があるほか，同条では会社の責任は無過失責任であり，また投資者が，当該虚偽記載等がなければこれを取得することがなかったとみるべき場合かどうかにかかわらず，請求できることになっている点に見られる。すなわち，そこでは信頼を要件とはしていないのであり，投資判断の重要な要素としたかどうかにかかわらず責任が課せられる[5]。金融商品取引法21条の２第１項では虚偽記載を知っていた者は除外されるものの，実際に有価証券報告書等の記載内容を信用してそれを投資判断の重要な要素としたかどうかは要件ではない。投資者が虚偽であることを知っている場合には請求することができないだけである。

　一方，不法行為責任よりも金融商品取引法の責任の方が狭いところもあり，そこでは不法行為責任を追及することによって，初めて賠償を得られることになる。

4）山下友信＝神田秀樹編著・金融商品取引法概説（有斐閣・2010年）457頁。
5）東京地判平成20年６月23日・ライブドア事件地裁判決。

すなわち金融商品取引法21条の2では，損害賠償を請求できる者は虚偽記載等のある書類が公衆の縦覧に供されている間に，公表前取得者に限定されており，とくに虚偽記載により公表前に証券を処分してしまった者は，2項の推定はもちろん1項の無過失責任を使えないから，不法行為責任を追及することになると考えられる。すなわち同条は取得者に限定して損害額が推定されているだけではなく，無過失責任を追及できるのは取得者としていることから，処分者は不法行為責任を提訴する必要があるわけである。

また，21条の2で損害賠償を請求する際には，損害賠償額は19条1項の規定の例により算出した額を超えない限度においてとされており，ここに上限が置かれている。19条1項の上限は，一般の不法行為に基づく損害賠償請求は排除されていないという前提で，推定規定の下となる賠償規定として，過度に拡大して使われすぎないための割り切りであると解される[6]。この点不法行為責任にはこのような上限には拘束されないと解する余地もある。

さらに，金融商品取引法では，大量かつ迅速に行われる証券取引について早期に解決する目的で，（20条により18条責任について，21条の3により21条の2責任について）短期消滅時効が定められている。とくに流通市場では，発行市場に比べて発行者の責任が広範囲のものとなり得ることに配慮して，短期の時効が定められた。これに対して，不法行為責任については，民法724条によることになる。

しかしながら，条文の上からは，2つの法の責任はこのように大きく異なるものであるが，具体的な事案において，裁判所が金融商品取引法の責任と不法行為責任とでは，異なる結果となることを意図していると言えるかといえば，その点は必ずしも明らかではないように思われる。すなわち，同じく虚偽の開示について争われた西武鉄道事件では不法行為責任が追及されているが，最高裁判決によれば，その損害について原状回復的な損害を原則とし

6）岩原伸作ほか・金融商品取引法セミナー（開示制度・不公正取引・業規制編）216頁（三井秀範発言）（有斐閣・2011年）。

たと解される。一方，ライブドア事件では不法行為責任ではなく金融商品取引法21条の2を適用したが，同条5項の解釈として原状回復的な発想に近い立場を示している。

しかし，この点に関して，金融商品取引法の損害賠償請求での損害は，不法行為的なものではなく，保護法益の中に何らかの資本市場法の観点からのものが含まれ，不法行為の一般理論が自動的に及ぶのではないとする見解が見られる[7]。金融商品取引法の損害賠償については，損害回復は手段であって，市場の機能を保護するのが目的であって，そこには市場の信頼を回復するためにはいかにすべきかが重視される[8]。金融商品取引法が賠償責任で保護しようとしているのは，民法と同様投資者の自己決定権の侵害や，単に投資者の私的利益を保護しているのではなく，価格形成機能という市場の機能の保護を目的としたものである[9]との見解が見られる。金融商品取引法21条の2は，流通市場の虚偽開示責任の特殊性から，不法行為責任とは別に，高値取得損害説の立場，あるいは市場信頼保護のため取得時差額を損害とする立場から損害を推定したと解するのが自然のようにも思われる。

いずれにしても，21条の2で請求できる損害額を超えた損害額も，不法行為を追及することで，請求ができるという余地も否定できない。したがって無過失責任ではない不法行為責任を追及しても，金融商品取引法責任を追及しても，結果は必ずしも同じであるというわけではないようにも思われる。

Ⅳ．フタバ産業事件

投資者が，虚偽開示にもとづく責任を役員に追及する場合には，金融商品取引法22条や24条の4に基づき行うことが考えられるところであるが，会社法429条2項を使っても役員の虚偽開示についての責任を追及することは可

---

[7] 岩原ほか・前掲（注6）217頁（神作裕之発言）。
[8] 岩原ほか・前掲（注6）135頁（神田秀樹発言）。
[9] 岩原ほか・前掲（注6）229頁（神作裕之発言）。

能である。ここに，損害賠償請求権の性質としては，会社法と金融商品取引法との間で差異があるのか，という点が疑問になる。この点について強く意識させたのがフタバ産業事件[10]の決定である。この事件では，以下のように，虚偽記載のある有価証券報告書を提出した会社において，株主が金融商品取引法上の損害賠償請求をすることを目的として，株主名簿の閲覧請求をすることが認められるかどうかが争われている。

　この事件では，株主が会社に対して，会社法125条に基づき株主名簿の謄写の仮処分を求めている。当該株主は，有価証券報告書虚偽記載に端を発して発行会社および発行会社の経営陣の責任追及を意図するものであった。会社法125条3項によれば，株式会社は，株主名簿の閲覧請求があったときは，次のいずれかに該当する場合を除き，これを拒むことができないとし，3項は1号から5号までの場合を列挙するが，その1号では，当該請求を行う株主または債権者がその権利の確保又は行使に関する調査以外の目的で請求を行ったときを挙げている。本件における株主は，本件申立てにおいて，株主名簿謄写請求の目的として5つを明示していた。その中には，「金融商品取引法上の損害賠償請求訴訟の原告を募る目的等，会計帳簿閲覧謄写請求権の行使に賛同する株主を募る目的」が挙げられていた。本件で会社側は，他の目的での閲覧には応じようとしていたのに対して，株主側が納得しなかった。なお，当時，当該会社は既に有価証券報告書の虚偽記載により金融庁から課徴金納付命令を受けていた。

　原決定[11]は，「金融商品取引法上の損害賠償請求権自体についてみれば，会社法125条3項1号の「株主の権利」が一般的に想定する株主の共益権的権利ではないものの，株式という有価証券の購入者という立場と，株式保有を通じて会社に対して権利を有する株主という立場は，少なくとも現在も株式を所有している株主にとっては，密接に関連しているということができ，

---

10) 名古屋高決平成22年6月17日資料版商事法務316号198頁。
11) 名古屋地方裁判所岡崎支部決定平成22年3月29日資料版商事法務316号198頁。

それ自体，株主の権利の確保又は行使に関する調査の目的と認める余地がないとはいえない。しかし，同損害賠償請求権は債権者個人の権利であり単独で行使することが可能であり，原告を募って集団訴訟とすることは必要とされておらず，この点で，賛同者を募ることが権利実現のために不可欠な場合とは決定的に異なる。そうであるとすれば，集団訴訟の原告を募集する目的で株主名簿を謄写することは，会社法125条3項1号のいう株主の権利の確保又は行使に関する調査以外の目的に当たると解すべきである。したがって，債権者の主張する集団訴訟の原告募集目的は同条項の拒否事由に当たる。」としている。

もっとも，債権者の掲げるこれ以外の4つの目的は，それぞれ債権者が謄写を求める主たる目的の一つであると認められるので，債務者には，債権者の請求に応じて株主名簿を謄写させる義務が認められるとしつつ，株主名簿は個人情報を含むこと，債務者としては，上記で拒否事由に該当すると認められた集団訴訟の原告募集目的を除く債権者主張の謄写目的については，謄写に応じる姿勢を本件申立て以降一貫して見せていることなどから，裁判所の結論としては，本案訴訟の結果を待たずに仮処分により株主名簿の謄写をさせるべき緊急の必要性は認められないとした。

これに対して，株主側が即時抗告をした。

名古屋高裁は，以下のように述べて抗告を棄却した。

「抗告人は，抗告人が金融商品取引法（以下「金商法」という）上の損害賠償請求訴訟の原告を募るために株主名簿を閲覧又は謄写することは，会社法125条3項1号の「株主または債権者がその権利の確保又は行使に関する調査」のための閲覧又は謄写（以下「閲覧等」という）に該当する旨主張する。

しかしながら，金商法で認められている損害賠償請求権は，虚偽記載のある有価証券報告書等重要書類の記載を信じて有価証券を取得した投資家を保護するため，それが虚偽であることによって被った損害を賠償するために認められた権利であって，当該権利を行使するためには現に株主である必要は

ないのに対し，株主の株主名簿閲覧等請求権は，株主を保護するために，株主として有する権利を適切に行使するために認められたものであり，権利の行使には株主であることが当然の前提となるものであって，金商法上の損害賠償請求とはその制度趣旨を異にするものである。したがって，金商法上の損害賠償請求権を行使するための調査は，会社法125条3項1号の「株主の権利の確保又は行使に関する調査」には該当しないというべきである。」

なお，最高裁[13]は，原審の判断は，正当として是認することができるとしている。

地裁の判断は，ここでの論点を集団訴訟とすることが必要であるか否かの問題と捉えて，金融商品取引法上の損害賠償請求訴訟の原告を募るために株主名簿を閲覧又は謄写することを理由とする場合には，請求を拒否することを認めるとの結論を導いている。しかし，「株式という有価証券の購入者という立場と，株式保有を通じて会社に対して権利を有する株主という立場は，少なくとも現在も株式を所有している株主にとっては，密接に関連しているということができ」と述べており，おそらくこの場合の金融商品取引法における責任の性質と会社法における責任の性質とでは，接しているという立場をとっているとも見える（高裁とは異なる）。このように地裁は集団訴訟で追及する必要はなく単独で行使できる権利であるとして，閲覧請求を拒否することを認めたのに対して，高裁は，金融商品取引法の損害賠償請求が株主であることを前提とする権利ではないとした上で，閲覧請求を拒否することを認めている。そして，そこでは株主としての権利行使と金融商品取引法上の損害賠償請求とはその制度趣旨を異にすることを強調していることが注目される。

ここで，株主が株主名簿の閲覧謄写を請求するには，「現に株主であることを要件としている権利」を行使することが要求され，そのときにのみ閲覧が認められるのかが問題となる。高裁決定の考え方から考えていくと，将来

---

13) 最決平成22年9月14日資料版商事法務321号58頁。

において株主となる者または過去において株主であった者として権利行使する場合については，その権利行使が対象外となるかのようでもある。そして，この点こそが会社法による損害賠償請求と金融商品取引法による損害賠償請求との差異となって現れてくると言えなくもないように思えるが，はたしてそうであろうか。仮に虚偽記載に基づき株式を取得した者が会社法429条2項に基づき責任を追及する場合には，会社法上の権利行使であり，結論としては株主として株主名簿の閲覧謄写が認められることになると思われるが，その場合には責任追及が現に株主であることが前提になっているのか，あるいは債権者としてとらえるのであろうか。そもそも株主が投資者，株式取得者として権利行使をする場合には，会社法125条における株主の権利行使ではないのであろうかが問題となろう。

さらに高裁決定によれば，金融商品取引法上の損害賠償請求権と会社法上の損害賠償請求権とは性質が異なるものであると考えているようにも読める。そうであれば，これは会社法の責任と金融商品取引法の責任とを峻別する発想であるかのように思える。しかし，株主名簿の閲覧謄写が会社法上の制度だからと言って，閲覧謄写の目的を会社法上の目的に限ったり，閲覧謄写を請求する主体を請求時点の株主に限ったりする必要はないのではなかろうか[14]。

この事件は，金融商品取引法上の虚偽記載の責任を追及するための株主名簿の閲覧謄写請求に関する事案であり，いわばきわめて限られた場面における議論であるという理解もできなくはないが，この裁判所の判断の波及効果は意外と大きいかも知れない。

一方で，株主には，広く過去に株主であった者または将来株主と成るであろう投資者も含まれるとなると，金融商品取引法上の権利行使等が広く株主の権利行使として認めざるを得ないことにもなる。この点については，会社

---

[14] 松井智予「フタバ産業株主名簿謄写仮処分命令申立事件と会社法・金商法の課題［最高裁平成22.9.14決定］」旬刊商事法務1925号12頁（2011年）。

法は会社・株主全体の利益の保護を意図しているのであって、それとは必ずしも調和しない金融商品取引法上の権利行使は含まれないと解することは不可能ではない。

　他方で、現に株主であることを前提とすると、たとえば、公開買付を行う前提として株主構成を把握する目的や公開買付への応募を呼びかける目的で、株主名簿の閲覧謄写を請求することについて、会社はその閲覧謄写請求を拒絶できるということになるかもしれない。企業買収を効率的かつ公正に行うためには、公開買付は不可欠な手段であると考えられるのであって、会社法の重視する会社株主全体の利益を考えた場合であっても、公開買付を活用して経営者の交代や企業再編を行うことは有益であり、公開買付を利用しやすくすることは否定されるものではない。このため、公開買付けが金融商品取引法の権利行使であることを理由として、株主名簿の閲覧謄写を認めないことの是非が問われることとなろう。この点については、金融商品取引法の公開買付規制には会社法的側面があると言われている[15]ことを無視できない。また、金融商品取引法と会社法は相互に補完しあって今日の市場経済を支えていること、株主は投資者としての側面も有すること等から、少なくとも株主の有する金融商品取引法上の権利については1号の株主の権利に含めるべきであるとする見解が見られる[16]。これに対して、公開買付への利用が、直ちに株主権の行使といえるかどうかには議論があるとの立場も見られる[17]。この点に関して、東京地裁[18]では、株式公開買付けの場面においては、対象会社の株主に直接接触し、個別の勧誘行為を行うことは、買付者にとって、重要な意義を有する。株主に対し個別に接触し勧誘するためには、本件株主名簿に記載された株主の氏名、住所等を把握する必要性が高い等と論じ、株主名簿の閲覧謄写の仮処分命令の必要があると認められた[19]。

---

15) 岩原紳作「会社法改正の見直しに関する要綱案の解説（Ⅵ・完）」旬刊商事法務1980号5頁。
16) 荒谷裕子・判批別冊ジュリスト23年度重要判例解説99頁（2012）。
17) 会社法上の株主の利益と金融商品取引法上の投資者の利益を峻別する意見もある。稲葉威雄・会社法の解明（中央経済社・2010年）327頁参照。
18) 東京地決平成24年12月21日金融・商事判例1408号52頁。

中間的な考え方として，とりあえず虚偽開示についての金融商品取引法の損害賠償請求等については，これを会社上の損害賠償請求を同質的なものと位置づけるという立場もあり得るところである。同質的な権利行使である以上，株主による権利行使として扱うことになる。この立場では，125条等の株主の権利行使という中には，金融商品取引法の損害賠償請求が含まれることになる。金融商品取引法の損害賠償を請求する場合と会社上の損害賠償を請求する場合とで異なる結論はなるべく避ける必要があるというのであれば，このような結論になろう。しかし，両者の責任を同質的に捉えることが，はたして正しいかどうかがまさに問題となる。

そもそも金融商品取引法上の損害賠償請求は投資者を保護するためのもので，株主であることは要件とはなっていない。一方，会社法上，株主は会社の経営状態や業績を監視することが期待されている。株主のもつ会社や役員に対する損害賠償請求権は一般債権者に劣後しており，また損害賠償請求の結果，株主相互間に不平等が生じるような結果は極力避けるべく制約されることになる。また，会社・株主全体の利益という視点が常に伴うことになる。これに対して，金融商品取引法においては，会社法上株主であれば請求することが認められない可能性のある責任（株主間に不平等が生じる場合や株主全員に生じる損害）についても，投資者が追及することも認められており，会社および役員から賠償を得ることも可能である。しかし，このような賠償が実現したとしても会社には直接利益をもたらすものではなく，むしろ会社財産が減少し，株主間で利益が移転するという結果につながるのである[20]。このように考えると，両者の責任は性質の異なることとなり，株主名簿の閲覧謄写に関しては同じ扱いをすべきであるということも躊躇される。

このように，両者は性質の異なる責任であり，他の利害関係者との調整も同じではないと考えて，様々な点で異なることも合理的であると考える立場

---

19) もっとも，この議論を突き進めていった場合に，さらにたとえば金融商品販売法等といった，金融商品取引法以外の法律に基づく権利行使も含まれるかという問題も検討する必要性がある。
20) 松井・前掲（注14）9頁。

があり，一方で，金融商品取引法と会社法の融合・調整が必要であって，両者で異なる結論はなるべく避ける必要があるという立場があり，どちらをとるのが適切か問題となる。

V. 金融商品取引法と会社法における役員の責任

　会社法429条2項によれば，取締役及び執行役は，計算書類及び事業報告並びにこれらの附属明細書並びに臨時計算書類に記載し，または記録すべき重要な事項についての虚偽の記載または記録がなされた場合等や，監査役及び監査委員が監査報告に記載し，または記録すべき重要な事項についての虚偽の記載または記録がなされた場合等に，その者が当該行為をすることについて注意を怠らなかったことを証明したときを除いて，当該役員等は，これによって第三者に生じた損害を賠償する責任を負うとされる。一方，金融商品取引法によれば，有価証券届出書や有価証券報告書のうちに重要な事項について虚偽の記載があるか，また必要な重要な事実の記載が欠けている場合について，提出の時における役員が，記載が虚偽でありまたは欠けていることを知らず，かつ，相当な注意を用いたにもかかわらず知ることができなかったことを立証する場合を除き，有価証券取得者に対し損害賠償責任を負うとされている。

　このように虚偽開示をめぐって，いずれも役員等の責任を定めているが，両者の関係はどのように整理すべきなのであろうか。その要件は異なるので，または責任の性質が異なるので，両者の責任は役割分担ができていると考えるべきであろうか。あるいは責任が同質であるにもかかわらず，十分に調整がなされていないと理解するべきなのであろうか。

　これらの責任の要件について，その具体的な解釈をめぐっては議論がある。それは，とりわけ金融商品取引法においては責任を負う対象と，どこまで注意を尽くさなければならないのかという点が問題となろう。有価証券報告書等の財務諸表の作成手続きが会社法上明確でないことに注意すべきであろう。

会社法については，429条が役員等の責任の規定であるとされており，役員等とは取締役，会計参与，監査役，執行役，会計監査人と定義されている（423条1項）ので，責任を負う者の範囲は明確である。ただし429条2項は役員等のすべてではなく，当該虚偽記載を行った者の責任について定めているに留まる。これに対して，金融商品取引法21条1項1号では，責任の対象を「その提出の時における役員（取締役，会計参与，監査役若しくは執行役又はこれらに準ずる者をいう。第百六十三条から第百六十七条までを除き，以下同じ。）又は当該会社の発起人」と規定するところであるが，「これらに準ずる者」とは何を指すかが問題となる。とりわけ問題になるのは執行役員等がそこに含まれるのかということである。ただし準ずる者とは，株式会社以外の組織を念頭に置き，それらの組織における取締役や監査役に相当する役員の地位を占める者に限定されるという狭い解釈もとれなくはない[21]。いずれにしても対象となる者の範囲は広いことになる。

　金融商品取引法においては，役員については過失の立証を転換した過失責任であり，相当な注意を用いたにもかかわらず知ることができなかったことを立証しなければ責任を免れないこととなる（金商22条，21条2項1号2号）。提出の時における役員全員は，虚偽開示を知らなくても相当な注意をしなければならない。作成したかどうか，あるいは作成義務があるかどうかにかかわらず，すべて同様の責任を負うことになる。この意味で責任の認められる範囲は広くなっている。そして，ここでの取締役の責任は書類を作成したことによる責任ではなく，それらの書類の正確性および完全性について相当の注意をしなかったことによる責任ということになる[22]。

　ここでいう相当な注意は，善管注意義務の内容とは一応異なるものと考えることができる。「相当な注意」の具体的内容については，各役員が会社に占めている地位に応じて具体的に検討すべきであろう。たとえば，会社の取

---

21) 吉川純「金商法開示と役員責任」資料版商事法務338号38頁（2012年）。
22) 神崎克郎・新版商法II（会社法）第3版（青林書院新社，1991年）309頁。

引内容や財務状態を熟知している財務担当取締役や社長といった上級経営者たる取締役は，実際上相当の注意を用いたけれど知ることをできなかったと証明することは困難となる。一方，技術担当取締役や社外取締役等は容易に証明できるとされる。ただ，いずれの取締役も営業財務状態の全般にわたって調査して，記載の正確性を判断すべきである[23]。このように書類が正確かつ完全であることを積極的に調査するという重い義務があると考えられている。また，会社法とは異なり，金融商品取引法では社外取締役か社内取締役か，業務執行権限の有無等による区別はなされていない。

　ところで，上場会社一般では，金融商品取引法の法定開示書類について取締役全員や，監査役による事前実査等は通常行われていないようである。開示書類の作成は，日常的な業務執行の一環と位置づけられることから，たとえば社外取締役等はその作成に個別具体的に関与することが無いといわれている。また，監査人の監査対象となる財務諸表については，そこに適正意見が付されていれば，すべての役員に対して実効性のあるレビューは期待できないといわれている。このような状況の下では，相当な注意を払っていると主張することは容易ではない。このような場合にも責任が認められるのであれば，会社法上の善管注意義務のほかに，相当な注意によって，金融商品取引法は別個特別の注意義務を課しているとの見方もできることになる[24]。もちろん，法定開示書類の作成はその他重要な業務執行に含まれると解することができるならば，取締役会の決議が一応必要にはなるが，取締役会で配布されない書類もあり得るところである。職位等に応じて適切に参画すれば少なくとも一定範囲ではその責任が果たされたと考えるべきであるとの意見が見られる[25]。監査役については，金融商品取引法の書類が取締役会に上程されないときは，重要な業務執行として取締役会決議事項である旨指摘して，

---

23) 神崎克郎「証券取引法上の民事責任」大森忠夫先生還暦記念・商法・保険法の諸問題（昭和47 有斐閣，1972年）221頁。
24) 吉川・前掲（注21）39頁。
25) 吉川・前掲（注21）40頁。

事前に書類を確認して,意見を述べる機会を確保する必要があるとの意見もある[26]。すべての役員に事前の実査を要求すべきかが問題となる。

会社法429条2項も,当該行為をすることについて注意を怠らなかったことの立証を役員等に課している。この規定からは,虚偽記載については,直接関与した役員等だけが責任を負うように見えるが,虚偽記載をした取締役以外の取締役は429条1項に基づく監視義務違反の責任が問われることになる。もちろん計算書類を作成した役員等は積極的な行為をしたといえるが,そこに注意を怠らなかったならば責任はない。それ以外の役員等については,任務懈怠として429条1項責任が生じる余地があるわけである。すなわち1項の場合には善管注意義務の責任を負うことになる。(もっとも平成17年改正前にあっては,商法266条2項が取締役会決議に基づく場合には決議に賛成した取締役は行為をしたものとみなされ,同3項で議事録に異議を留めないと賛成した者と推定されたので,この責任は重かった。)

以上の結果,金融商品取引法22条等の責任は,役員について監視義務違反的な責任をも含んでいることになる。一方,会社法429条では役員等はもちろん監視義務を負うが,その責任は1項によることになり,そこでは立証責任の転換はない点が異なっている。金融商品取引法における相当の注意基準は,金融商品取引法が会社法に比べとくにより重い義務を課したものと解する余地がある。とりわけ業務執行に関与しない者にも責任が課せられる恐れが少なくない。もっとも,429条1項における取締役の任務懈怠,すなわち会社に対する義務という点では,内部統制システムの整備が大きな意味を持つこととなろう[27]。

429条2項の責任については,それが任務懈怠の一類型と考えるべきかどうか議論がある。すなわち同条1項は任務懈怠を要件とするが,同条2項の責任については,1項の直接損害の特殊類型と解する余地もある。しかし,

---

26) 稲葉威雄「会社法と金融商品取引法の交錯とその調整——その現状と課題——(下)」ビジネス法務2011年11月号110頁。

2項の責任は不法行為的性質を有する責任と解するのが合理的であろう。このような解釈を採る場合には，1項と異なり2項では，会社に対する任務懈怠が問題となるわけではなく，株主を含む第三者保護を目的とする不実表示を理由とする不法行為責任とされるわけである[28]。

それでは，会社法429条と金融商品取引法22条はどのように棲み分けがなされているのであろうか。まず，責任追及が可能なのは，金融商品取引法の責任では有価証券の取得者に限られるが，会社法429条では虚偽開示について，そこから損害を受けた者となり範囲が広いこととなる。第三者には株主が含まれると解され，ここに株主や過去に株主であった者も会社法429条の第三者になり得ると解される。もっとも，株主全員に生じた損害については（公開会社である株式会社の業績が取締役の過失により悪化して株価が下落するなど，全株主が平等に不利益を受けた場合），一般に429条の責任は追及できないと解されてきている[29]のに対して，理論上は金融商品取引法に基づく責任としては，この種の損害も損害賠償を求めることが可能とも言える。

ただし，金融商品取引法21条や23条では虚偽記載についての役員の責任を追及できるのは，証券を取得した者に限られる。この点で流通市場においては，あやまった情報に基づいて不本意な処分をさせられた投資者の保護も図らねばならないと考えられる。会社の実際の状態よりも悪く見せかける場合，それにより形成された不当に低い市価で証券を処分した投資者は損害を被ると考えられるからである。この点について，266条の3第2項（429条2項）

---

27) たとえば，最判平成21年7月9日最高裁判所裁判集民事231号241頁では，株式会社の従業員らが営業成績を上げる目的で架空の売上げを計上した。このため有価証券報告書に不実の記載がされた。その後その事実が公表されて，同社の株価が下落した。公表前に同社の株式を取得した投資者が損害を被ったとして，取締役の義務違反を理由に会社の責任を追及した。裁判所は，本件不正行為を防止するためのリスク管理体制を構築すべき義務に違反した過失があるということはできないとして会社の損害賠償責任が否定されている。しかし，「相当の注意」の解釈に当たっては，これがどのように評価されるのかは不明である。
28) 森本滋・会社法・商行為法手形法講義（成文堂，2011年）293頁。
29) 東京高等裁判所平成17年1月18日金融・商事判例1209号10頁参照。なお，この判旨では民法709条による責任追及もできないとする。

の運用によって救済が図られるからその必要は大きくないとの意見も見られていた[30]。この立場は，民商法が定める民事責任とは別に金融商品取引法が特別の規定を置くのは，証券をめぐる問題は複雑であり，とくに一般投資者からすれば立証の困難な場合が多いので，要件を明確にして追及を容易にするためであるとされ，金融商品取引法の対象とならなかった場合も429条で救済されるとする[31]。すなわち両法の責任について同質的な位置づけをする立場と思われる。

これに対して，責任の実質として，金融商品取引法は市場規制と公正な価格形成をゆがめることに対する民事制裁であるのに対して，会社法は私的利益の調整として一応異質であると言うこともできる。この点から，市場で売った者や取引を断念した者まで429条の原告となり得るのか疑問であるとして，市場を経由した損害については金融商品取引法の責任規定が会社法の責任規定の限界を画するのであり，金融商品取引法が会社法に優先し株式を取得した者のみが請求できるとの見解もある[32]。しかし，金融商品取引法は市場法であるとしても，会社法の責任に優先するのであろうか。また市場を経由した損害を429条の対象外とする解釈は採りにくいのではなかろうか。

はたして会社法と金融商品取引法では責任の趣旨が異なるのか。両者が重なり合う部分があるが，基本的に異質なのか。たまたま規定されている法律が異なるだけか，本質的に異なる責任なのかが，やはり問われることになる。金融商品取引法は市場法であり市場の機能を確保し投資者保護を意図しているが，会社法は私的利益の調整が主である。開示の対象も，前者では投資者や市場であるが，後者では株主，債権者取引先等である。金融商品取引法が網羅的に投資者保護を実現しているようになれば，会社法の不実開示責任の存在意義は小さくなるのであろうか。市場法としての金融商品取引法による虚偽開示の責任は，個々の投資者の保護よりも主として抑止を意図している

---

30) 龍田節・新版注釈会社法第6巻（有斐閣，1987年）353頁。
31) 龍田・前掲（注30）345頁。
32) 上村達夫・会社法判例百選（第2版）153頁（有斐閣，2011年）。

のではなかろうか。その意味で責任に広がりがある一方で限界があると思われる。

かつては不実開示を発見するのは一般投資者にとって容易ではないとか，どれだけの損害が生じたのか，その立証が難しいと言われてきた。しかし，金融商品取引法の役員責任については課徴金納付命令の段階で開示書類の虚偽記載が認定され，それを前提として損害賠償請求が提起され，役員に巨額の損害賠償責任を負わされる懸念がある。一生懸命注意義務を尽くした場合にも巨額の損害賠償責任を負う恐れがあるとなると，社外取締役のなり手が乏しくなるとの意見も見られている[33]。しかも金融商品取引法の責任は，代表訴訟よりも株主にとって提訴のインセンティブが大きい[34]といえるのであれば，責任の脅威は大きいこととなる。すなわち，株主代表訴訟は会社への賠償となるが，金融商品取引法の責任や429条の責任は投資者個人への賠償となるため，インセンティブは異なるのである。後者は個人のリスク，個人の利益で追及されるのに対して，前者は会社全体の利益が考慮される。しかも相当の注意基準は金融商品取引法が会社法に比べとくにより重い義務を課したと解する余地があるのであり，業務執行に関与しない者にも責任が課せられる恐れがある。したがって，金融商品取引法の役員責任のリスクは小さくない。社外取締役にどこまで期待するかにも関わるが，それに応じて，相当な注意としてどこまですればよいのかを明確にしておく必要がある。

VI. 会社の責任と取締役の責任

虚偽開示の責任について，主として負うべきなのは会社なのであろうか取締役なのであろうか。金融商品取引法では会社の責任と役員の責任を並べて規定している。しかし，同一の行為について会社は無過失責任だが，役員の

---

[33] 神田秀樹他「金融商品取引法──実務上の課題と展望」ジュリスト1390号22頁（松尾直彦発言）。
[34] 吉川・前掲（注21）37頁。

責任は役員が相当の注意を立証する責任を負う過失責任であり，会社の責任の方が追及しやすいことになっている。したがって会社が賠償した後，役員へ求償することが意図されているようにも思える。一方会社法では，金融商品取引法の規定とは異なり，虚偽記載について会社の責任については直接言及していないが，同法350条や不法行為により会社が責任を負うことが想定されている。ただし，そもそも会社法では株主が，役員ではなく，会社に賠償を求められる場面は例外的であり，会社法の利害調整と金融商品取引法とでは異なっている。取締役は，会社に対する責任とは別に，第三者に対する賠償が求められる。

　金融商品取引法が想定する場面は，21条の2で会社に賠償させて，これを取締役に求償するのであろうか。会社の責任は取締役個人の資力が足りないことを考慮して定めたに過ぎないとも考えられるし，会社自体への制裁の意味もあろう。一方，取締役が損害賠償を行っても，取締役から会社へ求償することはあり得ず，究極的には取締役に負担させることが意図されているようにも思える。他方，会社にのみ損害推定規定を置くのは，抑止的効果を会社に働かせようとしたからではないのかとも思われる。その意味では，金融商品取引法は会社の責任を重視しているという考え方も成り立つところである。

VII. 裁判例の検討

以下では，近時における虚偽開示に基づく役員責任の事案を検討したい。

1．429条2項による役員の責任

責任を認められた事例もあるが，因果関係がないとして責任が認められなかった事例も少なくない。すなわち，同条を使えば，第三者として広く虚偽開示の責任を追及できるというわけではない。

＊名古屋高裁昭和58年7月1日判例時報1096号134頁

この事件は，商法266条ノ3第2項（会社法429条2項）は，同項所掲の書類の記載を信頼して会社と直接の取引関係に入った者または当該会社の株式・社債を公開の流通市場において取得した者等を保護するために取締役に重い責任を負担させたものであるから，会社振出の約束手形を取得するにあたり手形の経済的価値を判定するため会社四季報の当該会社に関する記載を閲読したにすぎない者は同項の保護の範囲外にあると判示した著名な事件である。

　「各書類の記載に虚偽がある場合において，これを信頼して会社と直接の取引関係に入った者あるいは会社と直接の取引関係はなくとも当該会社の株式又は社債を公開の流通市場において取得した者（その大多数を占める一般投資家としては前記各書類を信頼する以外に投資活動に伴う危険から自己を防衛する手段を有しない。）等を保護することにあり，これを確実なものにするため取締役に対し個人責任として故意・過失の存在を要しない極めて重い責任を負担させていると解されるのであり，従って会社以外の者との間の取引において生じた必要から会社の資力，業績等を判定する資料として右各書類を閲読したに止まる第三者一般について右規定による保護を及ぼすことは，時として右規定による責任を無過失責任とした本来の趣旨を超えて取締役に過大の犠牲を強いることになり，相当でないといわなければならない。このことは，同条二項により計算書類の承認決議に賛成したことのみを理由に責任を問われる取締役の場合において特に顕著である。」

　まず，この判決は，同条の責任は投資者保護を意図したものであるとの理解である。しかし，この判決に対して，本条は不実開示の危険性を重視してそれ自体を責任原因としたのであり，不実記載のある計算書類等を直接見たことを要件にするのは，開示された情報が媒体を通じて広まることを考えると狭すぎるとの見解[35]が見られる。また，債権の流動化が進展した現在でも，会社と直接の取引関係に入った者，または会社の株式または社債を公開の流

---

35) 龍田節・会社法大要（有斐閣，2007年）96頁。

通市場で取得した者等を保護するに限定するとする本件判旨が妥当するか疑問とする見解[36]も見られる。あまり厳格な因果関係の証明（第三者が虚偽表示を信頼したこと，その信頼が取引の原因となったこと）を要求されると，責任規定の存在が無意味になる。虚偽情報等が種々の媒体を通じて拡散し第三者の損害を惹起することは当然取締役が予想すべき事態であるから，因果関係が認められる限り，手形取引業者等にも保護を否定すべき理由はないと批判がなされている[37]。もっとも，本件当時の昭和56年商法改正以前にあっては，ここでの責任は無過失責任とされていたこと等から，裁判所は責任を負う範囲を制限したとも考えられる。

＊横浜地判平成11年 6月24日判例時報1716号144頁

下請建設業者が金融機関を通じて元請会社の信用調査を行ったところ，元請け会社が行った粉飾決算に係る決算書類に依拠して調査報告がなされた。下請け業者はこれを信用して工事を受注し，その結果損害を被ったという事案である。裁判所は，粉飾決算に関与した取締役またはそれを見逃した取締役（元請け会社の取締役）について，下請建設業者に対する損害賠償請求を認めている。

「Y1は，本件粉飾決算に係る決算書類の作成に携わっていなかったことが認められる。Y1は，常務取締役という代表取締役に次ぐ地位にあったにもかかわらず，本件粉飾決算という会社にとって極めて重要な事実を把握せず，これをそのまま見逃したことになるから，取締役としての監視義務を怠ったことが明らかであり，任務懈怠の責めを負わなければならない。」

「被告Y2は本件粉飾決算に係る決算書類を作成したことが認められるから，Y2については商法二六六条ノ三第二項ただし書の無過失の証明が問題となる。右事実によれば，Y2が右決算書類を作成するについて注意を怠らなかったとは到底認められない。

---

[36] 江頭憲治郎＝中村直人編・論点体系会社法3（第一法規，2012年）（江頭執筆）458頁。
[37] 江頭憲治郎・株式会社法（第4版）475頁（有斐閣，2011年）。

また，Y2が本件粉飾決算に係る決算書類の作成に異議を述べることが困難であった事情はないから，これを阻止する期待可能性がなかったとの主張も採用できない。」

以上の判旨によれば，第三者が直接虚偽記載ある計算書類を見たことが要件ではないとの解釈がとられているようである。

＊千葉地判平成5年3月22日判例地方自治121号51頁

商法二八一条一項所定の計算書類に虚偽の記載をしたとし，同法二六六条の三第二項所定の責任を負うとするが，計算書類への虚偽記載を理由とする同条所定の責任は，会社の計算書類を公示することにより，会社と取引に入ろうとする者が会社の財産状況を把握できるようにするという商法の公示の制度を受け，計算書類の内容の真正を担保し取引相手に判断を誤らないようにさせるためのものであるから，これにより損害賠償を請求することができるのは，虚偽記載のされた書類の内容を前提に取引をし，これによって損害を被ったという関係があることを要するものと解すべきところ，原告（会社債権者）は，右の点について何ら主張しないので，原告の右主張は，その余の点について判断するまでもなく，失当といわねばならない。

ここでは，虚偽記載のされた書類の内容を前提に取引をしたことを要件とされている。

＊東京地方裁判所平成17年6月27日判例時報1923号139頁

会社の計算書類の虚偽記載を理由に，会社債権者より取締役に対してなされた損害賠償請求がなされた事案である。裁判所は，会社債権者は取引開始に当たり，計算書類上の数字を吟味するだけではなく，営業戦略等の見地から，会社の業績が悪化しつつあることを認識しつつ，信用限度枠の増枠を決定していたとして，計算書類の虚偽記載と損害との間には因果関係が認められないとされた。

このような判示からは，因果関係の立証ができないことを理由に投資者が賠償を得られない可能性もあるということになろう。

2．金融商品取引法による役員の虚偽開示責任

＊東京地方裁判所平成21年5月21日判例時報2047号36頁では，不法行為，266条の3，金融商品取引法の責任が追及された。

金融商品取引法21条1項にいう役員（取締役，会計参与，監査役若しくは執行役又はこれらに準ずる者をいう。）について，以下のように判示した。

① 有価証券報告書の記載事項は，企業の概況，事業の状況，設備の状況，提出会社の状況，経理の状況等，当該企業の全般にわたる極めて広範なものである。そうだとすると，「取締役に準ずる者」として上記の責任を負うと認められるためには，その者に，会社の全般についての業務執行決定及び業務執行の監督を行う取締役会の一員である取締役とほぼ同等の地位や権限が与えられていることを要すると解するのが相当である。

② 「相当な注意を用いたにもかかわらず知ることができなかった」（旧証取法21条2項1号）と認めることはできないというべきであるとした

③ 429条については，親会社の一取締役にすぎない被告Y8が，その地位に基づいて当然に監視義務を負うということはできない。被告Y8は，被告LDMのした上記各虚偽公表に関して，旧商法266条ノ3第1項の責任を負わないというべきであり，原告らの上記主張は理由がない。

④ 被告Y11は，監査役として，被告Y3監査法人に対し，なぜ被告Y1社の連結財務諸表に無限定適正意見を示すに至ったのかについて具体的に報告を求め（旧商法特例法8条2項参照），Y1社の取締役や執行役員に対して，なぜ架空との疑念が持たれるほどの多額の売上げを期末に計上するに至ったのかについて報告を求める（旧商法274条2項参照）などして，Y1社の会計処理の適正を確認する義務があったものというべきであり，少なくとも重過失により自らの任務を懈怠した者であるから，Y1社株式を取得した者に対し，本件有価証券報告書の虚偽記載によって生じた損害を賠償する責任を負うというべきである（旧商法280条1

項，266条ノ3第1項）。そうだとすると，被告Y11が，賠償範囲の同じ旧商法280条2項，266条ノ3第2項の責任を負うかどうかの点を判断するまでもない。

この判旨では以下のように注目すべき点が見られる。①では，会社の資本政策や投資者向け広報活動をしていた執行役員は「取締役に準ずる者」に当たらないとされたわけである。②では，技術系の米国駐在取締役でも，他の取締役や執行役に連結経常利益の根拠について確認すべきであったと解している。④では，任務懈怠責任が認められるのであれば，虚偽開示の責任を論じるまでもないとの立場が示されている。

＊東京地方裁判所平成21年7月9日判例タイムズ1338号156頁は，旧商法266条ノ3第2項は，有価証券報告書に虚偽記載がある場合にも適用されるべきであるから，被告Y2は，本件有価証券報告書の虚偽記載について，Y1社株式等を取得した原告らに対し，同項の責任を負うとの主張に対して，「被告Y2は，上記ア及びイのとおり，本件有価証券報告書の提出につき旧証取法上の責任及び不法行為責任を負う以上，当該責任による賠償範囲がこれらに含まれると解される旧商法266条ノ3第2項の責任を負うかどうかの点は判断するまでもない」と判示した。被告Y3，Y4Y5も，上記ア及びイのとおり，本件有価証券報告書の提出につき旧証取法上の責任及び不法行為責任を負う以上，当該責任による賠償範囲がこれらに含まれると解される旧商法266条ノ3第2項の責任を負うかどうかの点は判断するまでもない。

被告Y6及び被告Y7は，平成16年11月8日の時点でも被告Y8監査法人からB社及びし社に対する売上げが架空でないかという疑いをもっていることを認識していたのであるから，業務一般の監査権を持ち，会社に対して善管注意義務及び忠実義務を負う監査役として（旧商法280条1項，254条3項，民法644条，旧商法254条ノ3），被告Y8監査法人に対し，なぜ被告Y1社の連結財務諸表に無限定適正意見を示すに至ったのかについて具体的に報告を求め（旧商法特例法8条2項参照），被告Y1社の取締役や執

行役員に対して、なぜ架空との疑念が持たれるほどの多額の売上げを期末に計上するに至ったのかについて報告を求める（旧商法274条2項参照）などして、被告Y1社の会計処理の適正を確認する義務があったものというべきである。そうだとすると、このような措置を何ら行わなかった被告Y6及び被告Y7は、「相当の注意を用いた」（旧証取法21条2項1号）とは認められない。

本件監査役会監査報告書には、「会計監査人Y8（監査法人）の監査の方法及び結果は相当であると認めます。」との記載がある。この前提として、Y1社の平成16年9月期の単体の損益計算書等についてY8が会計監査人として作成し取締役及び監査役会に提出した監査報告書に記載された適法意見という監査結果が、架空売上げの計上を看過した不適正なものであったことは明らかである。そうだとすると、本件監査役会監査報告書の上記記載は、監査報告書の重要な事項に虚偽の記載をしたものというべきである。そして、当該虚偽の記載について、被告Y6及び被告Y7が注意を怠らなかったこと（旧商法266条ノ3第2項ただし書）を認めるに足りる証拠はないから、被告Y6及び被告Y7は、当該虚偽記載により損害を受けた者がいれば、当該者に対して、旧商法特例法18条の4第2項、旧商法266条ノ3第2項に基づく賠償責任を負うことになる。

ここでは、虚偽記載のある証取法責任および不法行為責任による賠償範囲は、429条2項の賠償範囲を含むものと解したようである。これは役員の証取法（金商法）にもとづく責任については同法21条の2が類推適用されたとしても、そのように解するのであろうか疑問となる。本件では429条の責任と金融商品取引法の責任がどのように整理されているのか、判断が難しい。

＊東京地方裁判所平成24年6月22日金融・商事判例1397号30頁

本件は、臨時報告書虚偽記載についての役員の責任が認められた事例である。

① 臨時報告書及び有価証券報告書には、少なくとも、提出会社の利害関係人が投融資を行い、又は権利を行使するに当たって、その判断に影響

を与える重要な情報の記載が求められているものと解され，手取金の使途についても，このような観点から，その内容及び金額について重要な情報を具体的に記載することが求められているというべきである。投資者等に対し，本件新株予約権付社債の発行によって取得する300億円の資金の全額を，即座に短期借入金等の返済に充てることが可能であるとの誤解を生じさせるに足るものである。重要な事実の記載を欠いた本件臨時報告書等の記載は，「記載すべき重要な事項若しくは誤解を生じさせないために必要な重要な事実の記載が欠けている」ものというべきである。

② 役員に求められる「相当の注意」の具体的内容は，当該役員が当該会社において占めている地位，担当職務の内容，当時認識していた事実等に応じて個別に検討すべきである。

準備関与取締役について

　本件取引は，会社がいつ，いくらの資金を取得することができるのかが確定しない取引であり，かつ，その手取金の総額が300億円に満たず，大きな損失を被る可能性のある取引であったところ，そのことは，本件取引の検討過程に関与した者であれば，作成担当者から本件取引の仕組みの説明を受けるなどすることにより認識し得るものであったといえるから，作成担当者が実務経験の豊富な者であったとか，検討過程に当事者双方の弁護士が関与していたからといって，準備関与取締役が当然に免責されるというものではない。準備関与取締役は，C弁護士から上記のような指摘が現にあったのであるから，自らの職責として，資金使途の記載についての疑問点を作成担当者にただすなどしていれば，本件契約の存在及び内容を非開示とすることの問題点を理解することができたというべきである。準備関与取締役が相当な注意を用いたということはできない。

取締役会出席役員について

　本件取引を行うべきかどうかが本件取締役会の議題であったということができる。そして，本件臨時報告書の資金使途の項に本件スワップ契約の

締結を含めて本件取引の概要を記載するかどうかは，付議事項である本件取引の実行と密接に関連する事項である上，会社の利害関係人が投融資等に関する合理的な判断を行うに当たって影響を与える重要な情報であったことは前示のとおりであるから，取締役会出席役員としては，本件臨時報告書の資金使途の記載が適正に行われているかどうかについて，取締役会での審議を通じて，監視を行うべき立場にあったというべきである。C弁護士は，本件臨時報告書の記載を適法であるとの見解に立っていない。取締役会出席役員は，本件臨時報告書等の記載内容について疑問を持ったならば，C弁護士とのやり取りについて具体的に報告を求めるなどして本件臨時報告書等の記載内容に問題があるとの認識に到達し得た。取締役会出席役員について相当な注意を用いたものということはできない。
取締役会欠席役員について

「株式会社の取締役は，会社の業務執行全般についての監視義務を負うが，それは取締役会を通じて行うのが原則である。そして，会社の業務執行の決定は，迅速に行われるべき要請があるから，相当程度大規模な株式会社において，各取締役の担当する職務の分掌が定められている場合には，各取締役は，自分の関与しない職務については，他の取締役の職務執行について，特に疑うべき事情がない限り，これを信頼したからといって監視義務違反にはならないと解するのが相当である。」

「当時の会社においては，準備関与取締役は，インサイダー情報の管理の観点等から，非関与役員に対しては本件取引に関する情報を与えないという方針をとっており，そのこと自体は必ずしも不合理なこととは言い難いのであるから，本件取引の準備段階において，非関与取締役が，本件取引の存在を知り，その上で，臨時報告書等に虚偽記載等がされるのではないかとの疑問を持つことは，相当な注意を払ったとしても困難であったと言わざるを得ない。」

そして，「本件取締役会を欠席したというのも，無理からぬものであり，本件取締役会の欠席をもって任務懈怠を基礎付ける事実ということもでき

ない。そうすると、上記被告両名については、本件臨時報告書に記載すべき重要な事項等の記載が欠けていることについて、「相当な注意」を用いても知ることができなかったというべきである。」

監査役である上記4名の被告らが本件取締役会を欠席したことについて上記4名の被告らの任務懈怠を認めることもできない。そうすると、上記4名の被告らについても、本件臨時報告書等に記載すべき重要な事項等の記載が欠けていることについて、「相当な注意」を用いても知ることができなかったというべきである。

本判決で注目されるのが、相当な注意を用いたかについて、当該会社において占めている地位、職務内容、認識していた事実等に応じて詳細に検討されること、取締役会に欠席していたならば責任が否定される可能性が出てくることである。しかし一方で臨時報告書の作成を職務としていない取締役についても責任が認められている点が注目される[38]。責任を免れるには欠席すれば良いと解されるならば問題である[39]。

また、損害額について、22条の責任には、21条の2は準用されていないが、同条2項以下を参考にし、民訴248条にもとづき裁判所の裁量で額を算定するとしている。

Ⅷ. 結語

一般に会社法の責任と金融商品取引法の責任とではどのような役割分担がなされているのか、または両者の関係をどのように整理すべきなのか明らかではない。東京地方裁判所平成21年7月9日判決などから考えると、裁判所

---

[38] 弥永真生・判批ジュリスト1445号3頁。
[39] 東京地判平成25年2月22日金融法務事情1976号113頁では、常任取締役について相当な注意を用いたにもかかわらず知ることができなかったとして、責任が否定された。当該取締役は相当期間取締役に在任し取締役会に出席していたが、その間に継続的に粉飾決算が行われた。しかし、財務に直接携わっていなかったこと、巧妙に虚偽記載がなされたこと、被告を謀議から外し秘密裏に事を進めていたことが指摘された。

は両者の責任の性質が大きく異なるとは理解していないようにも思える。すなわち取締役について言えば，対象とする開示書類や請求者の範囲が異なるだけであり，責任の性質自体は異ならないし，重複していると解しているようにも思える。しかし，そうなると名古屋高裁の決定についての評価も変わってくるかも知れない。

　不法行為責任を使えば広く投資者は責任追及が可能であるが，立証の負担が重い。会社法429条2項を使えば，一定の書類の虚偽開示を行った者の責任を追及でき，しかも無過失の立証責任を被告が負う。ただし行為した者自身に限定される。これに対して，金融商品取引法は広く提出時役員の責任を追及できるといえるが，その反面「相当の注意」という要件が作成者以外の役員とりわけ社外取締役にとっては重荷になりうることから，どこまでのことをしておけば相当な注意をしたことになるかは判断するのが難しい。会社法429条1項にもとづき監視義務違反の責任を認める裁判例も多いが，役員にとって相当の注意を求める金融商品取引法に比べれば，重い負担を求めてはいないのかもしれない。そこで，果たして役員一般に金融商品取引法のような重い責任が必要であろうか。とりわけ流通市場開示においての主要な目的としては，虚偽開示を抑止することであるのであれば，ここまで厳格な責任である必要があるのかという疑問も生じる。

　会社法429条2項を任務懈怠に由来する直接損害の一つと解する立場は，虚偽表示の責任もコーポレートガバナンスの実効性の確保（あるいは債権者保護）にウエイトがおかれることになる。一方金融商品取引法は投資者の損害を填補することを主に意図していると考えられなくもないが，たとえば課徴金制度には，賠償能力を減じる効果があることを考慮すると，金融商品取引法では虚偽開示の防止に主眼があるようにも思える。

　しかし，会社法429条は第三者の損害を填補し，金融商品取引法は投資者の損害を填補する面は大きく，この点からは両者の責任には実質的な差異がないとの立場をとることもできる。会社法429条は直接取締役個人に賠償を求めることを規定する。とりわけ会社が破綻したときにこの規定が活用され

てきた歴史がある。一方金融商品取引法21条の2では，虚偽開示を行った役員等からではなく，まず会社に無過失責任・損害額の推定で賠償させた上で（会社が存続している場合），役員に求償することを期待するといわれる（会社が存続しない場合には役員の責任が問われよう）。このことは金融商品取引法も，会社が賠償することには議論がありながら，流通市場開示についてもこれを定めた時点で，抑止よりも投資者救済に足を踏み出したとも評価できる。

　結局，抑止か損害填補か，どちらかをとくに重視したとも言いがたく，その点は会社法429条も金融商品取引法も大きく変わらないのではなかろうか。もっとも，金融商品取引法では，他の株主（場合によっては債権者も）が犠牲になることは考慮せずに，投資者に会社が賠償するという政策を採っている点では大きく異なる。したがって，金融商品取引法の役員の責任と会社法429条の責任は異なる面があり，また重複する面もあるということになろう。

格付会社への規制

山 田 剛 志

I．はじめに

　2011年欧州危機に際して，ギリシア国債をはじめとして，格付会社の各国国債への非依頼格付（いわゆる勝手格付）が欧州危機を助長したという批判が強い。イタリアでは米系格付会社が警察による捜査を受けたというが，欧州各国は，米系格付会社の動向には，非常に神経をとがらせている。

　2007年夏以降に顕在化したサブプライムローンの証券化商品に端を発する世界的な金融危機に関連して，投資銀行や機関投資家がサブプライムローンの証券化に際して，格付会社の格付を無条件に信頼したことが，その後の世界的危機を引き起こした一つの要因というのが定説となっている。その際格付会社による不適切な格付及び証券化商品の原資産の開示が不十分だったことが，その原因とされている。

　投資家が判断を誤った背景には，証券化商品に実態以上の高い格付けが付されていたことがあるとされる。格付け機関が実態より高い格付けを付けた理由として，1）証券化商品の格付けビジネスにはもともと利益相反問題が存在する，2）格付けモデルの妥当性に関し適切な検証またはディスクロージャーがなされていなかった，3）投資家が格付けとは民間企業の評価であるという事実をよく認識していなかったことが理由として挙げられる。以上のような背景から，証券化商品に対する格付に対する規制も大きな課題となっている。

　その後世界各国で格付会社を規制するため検討がなされ，同時に証券監督

者国際機構（以下 IOSCO とする）は，格付会社の自主ルールに盛り込むべき「信用格付機関の基本行動規範（Code of Conduct Fundamental for Credit Rating Agencies）」（以下基本行動規範という）を2008年に改訂した[1]。一方アメリカでは，2006年信用格付機関改革法が成立し，2007年より格付会社の登録制を開始し，その後SEC規則を改定して格付会社に対する規制強化を図っている。また2010年7月に成立した金融規制改革法[2]（以下ドット＝フランク法という）では，931条以下で規制が大幅に強化された。他方欧州では，欧州委員会が2009年4月に「格付会社に関する欧州議会および理事会規則」[3]を制定し，規制強化が図られた。また更なる規制が議会で検討されている。

他方わが国における格付け会社への規制としては，平成21年6月24日に交付された「金融商品取引法等の一部を改正する法律」及び改正法にかかる政令・内閣府令が挙げられるが，平成21年12月28日に公布されている。本稿では，上記金商法改正及び金融商品取引業等に関する内閣府令（以下業府令という）を中心に現行法を検討し，その際具体的にわが国の格付会社にかかる規制を考察したい。

その上で，上記の規制により格付会社に対する不信は払拭されるか，規制に対する問題点は何かを欧州規制及びアメリカの法制・判例を参照しながら，検討していきたい。

---

1) IOSCO Code of Conduct Fundamentals for Credit Rating Agencies (revised May 2008) (http://www.fsa.go.jp/inter/ios/20080609-1/05.pdf より取得)
2) ドッド＝フランク・ウォール街改革及び消費者保護に関する法律（Dodd-Frank Wall Street Reform and Consumer Protection Act）
3) Regulation of the European Parliament and of the Council on Credit Rating Agencies(http://ec.europa.eu/internal_market/securities/agencies/index_en.htm より取得)

II. 金商法改正による格付会社の規制～IOSCO の基本行動規範との対比

わが国では，サブプライムローン証券化商品の被害はそれほど深刻とはいえなかったが，わが国で活動している格付会社[4]のうち，3社はアメリカ系格付機関であり，規制の国際的な統合を図るため，金融審議会における審議結果[5]を踏まえ，金商法21年改正により，格付会社への規制が導入された[6]。その際格付会社への規制は，2008年5月に改正された IOSCO 基本行動規範と整合的なものにすることが国際的に合意されていたため，わが国改正金商法でも，①誠実義務，②情報開示義務，③体制整備義務，④禁止行為の4つの柱に基づき制度整備がされている[7]。以下本稿では，大きな影響を与えた IOSCO の基本行動規範と比較しながら[8]，わが国の格付会社への規制を検討したい。

改正法の大きな特徴は，指定格付機関制度を変更し，格付会社に登録制度を導入し（登録した格付会社を信用格付業者という），格付会社は登録をできることとされた（金商法66条の27）。この場合，信用格付業とは，信用格付を付与し，かつ提供しまたは閲覧に供する行為を業として行うことをいい（金商法2条34項），さらに信用格付とは金融商品または法人の信用状態に関する評価の結果について，記号または数字を用いて表示した等級をいう（金

---

[4] 2006年当時米系3社（ムーディーズ，スタンダード＆プアーズ，フィッチ）及び日本系2社（格付投資情報センター，日本格付研究所）であり，指定格付機関でもあった。現在では後述するように米系3社の現地法人等も含めて8社が登録を受けている。
[5] 金融審議会第1部会での議論を踏まえ，2008年12月に報告書が出され，国際的に整合した公的規制の導入が提言された。
[6] 野崎彰・徳安亜矢「格付会社規制にかかる政令・内閣府令の整備」『商事法務』1890号13頁。
[7] 三井秀範監修『格付会社規制に関する制度』（2011年，商事法務）109頁参照。
[8] 立案担当者によると，今回の改正は，IOSCO の基本指針を国内法化したものであり，日本がもっとも忠実に IOSCO の基本指針を国内法化したと認識している。今後わが国では，格付会社に対する規制を変更する予定は当面ないということである（筆者のインタビューによる）。

商法2条34項)。なお信用格付を付与する行為であるが、第三者に対する提供や閲覧に供する行為がないときは、信用格付が投資判断材料として利用される確率はないので、信用格付業から除かれる[9]。具体的には一定の要件を満たす私的格付（プライベートレーティング），及び中小企業スコアリングなどが挙げられる（定義府令25条)[10]。上記の通り，登録制の枠組みとして，もっとも大きな変更は，格付を付与するためには，登録を義務化するのではなく，「登録をすることができる」という方法が採用されたことである。このことと関連して，投資家保護の観点から，無登録業者の格付利用に関しては，金融商品業者等に説明義務を課すこととした（金商法38条3号）。

さらに格付会社への規制として，①利益相反の禁止，格付プロセスの公正性確保の体制整備，②禁止行為，③格付方針の発表，説明書類の公衆縦覧等の情報開示義務が法定され，IOSCOの基本行動規範と整合するように国際的に合意されており，格付会社規制の詳細を定める業府令でも，基本行動規範を参照した対応が求められる。格付会社への規制について，以下分説する。

1．登録規制

信用格付業を行う法人は，内閣総理大臣の登録を受けることができ（金商法66条の27），信用格付業とは，信用格付を付与し，かつ提供または閲覧に供する行為を業として行うことをいい（金商法2条35項），信用格付とは，金融商品または法人の信用状態に関する評価の結果について，記号または数字を用いて表示した等級をいう（金商法2条34項)。なお信用格付を付与する行為のみで，第三者に提供や閲覧に供する行為がないときは，信用格付業から除外される。登録の方法は，前述の通り，義務的（参入制限）な登録ではなく，「登録することができる」旨の規制が採用された。この点に付き，

---

9) 黒沼悦郎「3．証券法制の見直し」『金融法務事情』1903号38頁。
10) 私的格付とは，格付関係者等の要求により，信用格付を付与し，かつ信用格付を当該関係者のみに提供する行為であり，広く投資家一般への公表が予定されていないものをいう。また中小企業スコアリングとは，特定の法人（中小企業であり，有価証券報告書非提出会社）を対象とするスコアリングモデルに基づく評価結果で，閲覧を予定している（定義府令25条2号）。

信用格付とは金融商品や発行者の信用状態に関する意見表明であり，何人も業規制を経ないと信用格付を業として行うことができないとすると言論の自由への大きな制約になるという意見がある。しかし無登録会社が独自に格付をすることは，特に規制はないし，業として格付を行わない限りは規制はないと理解される。なお格付の公的利用に関し，参照方式や発行登録制度の利用適格要件に指定格付機関から一定以上の格付の取得を求める制度は2010年の内閣府令により廃止された（企業内容等の開示に関する内閣府令9条の4参照[11]）。なお格付会社のうち登録を受けて，金商法による業規制に服する会社を信用格付業者（金商法2条36項，同66条の27）と呼ぶ。なお金商法においては，信用格付業を行うものには，参入規制は設けられておらず，何人も信用格付業を営むことは可能であるが，登録を受けて信用格付業者となることにより，規制の対象とはなるが，付与した信用格付について，金融商品取引業者等が追加的な説明義務を負うことがなく顧客に提供することが可能となる（金商法38条3号）。無登録業者が付与した信用格付を提供する際の追加的説明義務は，勧誘の相手が特定投資家でも適用される（金商法45条1号に規定する適用除外とはならない）。

　登録は個人以外のものが登録の申請に基づき（金商法66条の28），認められるが，申請書には，①商号または名称，②役員の氏名等，③営業所または事務所等，④他の事業を営んでいるときはその種類，⑤その他内閣府令で定める事項を記載する（業府令298条）。その記載事項の中には，基本事項の他，信用格付行為の内容・信用格付の対象事項の区分，業務管理体制の整備に関する事項がある。この点後述する。

　内閣総理大臣は，登録拒否事由に該当する場合を除き（金商法66条の30），登録申請書の記載事項，登録年月日，及び登録番号を信用格付業者登録簿に登録しなければならない（金商法66条の29）。さらに内閣総理大臣は信用格付業者登録簿を公衆縦覧に供さなければならない（金商法66条の29第2項）。

11）野崎彰他「格付会社規制にかかる政令・内閣府令の整備」『商事法務』1890号20頁。

なお外国法人である信用格付業者の国外拠点が付与する信用格付のうち，非日本関連格付（日本に持ち込まれる可能性のない格付）については，金商法の適用外となる。

2．無登録業者の格付に関する金融商品取引業者の説明義務

　金融商品取引業者が無登録業者の付与した信用格付を顧客に提供して，金融商品取引契約の締結を勧誘する際には，業府令で定める事項を説明する義務を負う（金商法38条3号）。逆に言うと，信用格付業者が登録を受けるメリットは，金融商品取引業者が説明無しに信用格付を投資勧誘に用いることができる点のみである。この場合の説明事項として，①信用格付を付与したものが信用格付業者の登録を受けていない旨，②信用格付業者の登録の意義，③信用格付を付与したものの商号，役員，本店その他の所在地等，④信用格付を付与したものが当該格付を付与するために用いる方針及び方法の概要，⑤信用格付の前提，意義及び限界について説明しなければならないとされていた（金商法38条3号，業府令116条の3）。

　なお後述するように，日本とアメリカは「登録できる」規制であり，登録を受けなければ登録の効果等が認められないが，欧州は「登録を受けなければならない」規制であるので規制目的で利用される格付の発行に関する規制（信用機関等の利用するための格付の付与）であり，格付の付与・提供のサービス等に参入規制を設けるものではない。

　この点に関し実務家からは，特に外国籍の格付会社海外オフィスは国内規制を嫌い，無登録で格付を提供することとなり，規制が厳しすぎ[12]，国内市場が空洞化するのではという危惧が示されていた。そこで，金融庁は平成22年10月1日の説明義務の施行に先立ち，金融商品取引業等に関する内閣府令（以下改正内閣府令という）が改正され，平成22年9月22日公布された[13]。

12）斉藤創「金融規制と副作用　～格付会社規制を中心に」『朝日ジュディシャリー』2010年9月22日 http://astand.asahi.com/magazine/judiciary/outlook/2010092200001.html

その大きな骨子は,「説明義務にかかるグループ指定制度(以下グループ指定制度という)」を導入することである。グループ指定制度は,制度の適用を受けた無登録業者について,一定の範囲で金融商品取引業等が直接説明を行う代わりに,グループ内の信用格付業者(例えばムーディーズ等の日本法人)を通じて,情報を提供することを認める。この場合当該方法による情報提供を認めるには,「説明事項にかかるグループ指定制度」の指定を受ける必要がある。その結果,無登録格付の説明に関し,金融商品取引業等が反復継続的に取引を行っている顧客に対し「説明義務にかかるグループ指定制度」の対象となる無登録業者の信用格付に関し,無登録業者である旨の説明は毎回必要であるが,その他の事情は当初に包括的な説明を行えばよく,毎回同じ説明は必要ないこととなる。また口頭の説明が簡易であった場合でも,事後的にファックス等で説明を補完し,業府令116条の3に定められている説明事項が網羅されている事例では顧客の知識等を考慮して詳細事項の説明義務が免責される場合があり得る,とされた。しかし現状では,日系2社,欧米系6社(なおムーディーズ系2社,S&P系2社含む)の登録があり[14],事実上大手の欧米系の格付会社が登録をしたため,グループ指定制度は例外としてはそれほど意味を持たなくなった。

なお外国法人である信用格付会社の外国拠点が付与する格付のうち,わが国に持ち込まれる可能性がない格付に関しては,金商法の適用除外(非日本関連格付)となる[15]。外国法人である信用格付会社でわが国の登録を受けていない格付会社は,以下で論じる法令遵守等の体制整備を行う義務はない。

3. 格付会社の体制整備に関する事項

信用格付業者は,信用格付業を構成かつ的確に遂行するため,業務の品質

---

13) 野崎彰他「無登録格付の説明義務の見直しに関する内閣府令の改正―説明義務にかかるグループ指定制度の導入」『金融法務事情』1907号68頁。
14) http://www.fsa.go.jp/menkyo/menkyoj/shinyoukakuduke.pdf#search='信用格付業者登録'
15) 野崎他・前掲論文(注13)14頁以下。なお野崎彰「格付会社に対する規制の導入」『商事法務』1873号64頁以下参照。

管理，利益相反防止措置，その他業務執行の適正を確保するための措置を含む業務管理体制を整備しなければならない（金商法66条33）。業府令では，基本行動規範及び欧米の規制の動向を踏まえ，業務管理体制の整備要件として詳細な規定を整備している（業府令306条1項）。信用格付業者は，業府令で整備することが求められている業務管理体制の各項目について自社の業務の特性・規模等に応じた適切な水準・深度となるような体制を整備することが求められる（監督指針Ⅲ-2-1）。

業務の適正性及び専門性を有する人員を十分に確保するための措置として，格付アナリスト[16]を採用し，適切に配置するとともに，採用研修のための格付委員会を設置し，格付アナリストを適切に監督することが求められる[17]。信用格付業者は，公正不偏の態度保持等が義務づけられている（業府令306条1項1号）。

① ローテーションルール……格付対象商品の発行者等とのなれ合い防止のため，同一案件に関与したアナリスト等の交代を義務づけるローテーションルール（業府令306号1項2号）が導入された。一方格付の品質確保の観点から，アナリスト等の専門知識の重要性も踏まえ，主任格付アナリストのローテーション（5年間継続した場合には2年間のインターバルの義務づけ）と格付委員会の委員の3分の1のローテーションの選択制が採用された。併用の場合には，適用基準を定めておくことが必要となる（監督指針Ⅲ-2-1(1)）。

② 格付プロセスの品質管理及び利益相反防止……格付本来の役割が果た

---

[16] 従来金融業務においては，アナリストとは証券アナリストを指し，セルサイドアナリスト・バイサイドアナリスト等の区分があったが，業府令の規定で『格付アナリスト』という文言が規定された。定義は明らかではないが，格付業務に当たる専門アナリストということとなると思われる。そのほか主任格付アナリスト制度も導入された。

通常社債等発行会社が格付会社に格付を依頼すると（依頼格付），担当格付アナリストが指名され，その後格付委員会の議決を経て，格付が決定される（日本格付研究所『コーポレート等の格付プロセス』http://www.jcr.co.jp/top_cont/pdf/top_cont_2.pdf#search='格付アナリスト'参照）。

[17] IOSCO基本行動規範1.8, 2.2及び2.4参照。

されるためにも格付プロセスの品質確保が重要である。業府令306条1項6号において，専門技能を有する人の確保，情報の品質確保，十分な人が確保できない場合の対応，格付方針のレビュー機能及び付与した格付のモニタリング等について所用の措置を講じることとされている[18]。

わが国では業府令において，IOSCOの基本行動規範に盛り込まれている事項は基本的に規定したが，利益相反については各国の実情を踏まえて，対応されている。具体的には，利益相反またはその恐れのある行為を特定し，当該行為が投資者の利益を損ねないことを確保するための措置を求めており，第1に格付対象商品の発行会社との間で融資または資本関係がある場合に利益相反回避の措置を求めている。第2に担当アナリストが格付対象商品の発行者の役員等への就任を働きかけることの防止措置が執られている。第三に転職した格付アナリストが転職先の案件の検証（ルックバックレビュー）を求めている。

この場合，転職に拘わらず，急激な格付の変更が短期間であった場合に，なぜそのような格付の変更があったのか検証を行うことも検討課題であろう（一般的なルックバックレビュー）。

③ 資産証券化商品の情報開示……サブプライム問題に関連して格付の低下が問題となったため，資産証券化商品の格付の妥当性について，第三者から独立した制度を求めている。具体的には，第三者が検証しやすいように重要な情報を整理して開示すること，資産証券化商品の発行者に情報公開を促すこと，及びその結果を公表することが求められる。資産証券化商品に対する格付への監督については後述する。

④ 監査委員会の設置……信用格付業者の独立性を確保するために，信用格付会社は内部体制の整備が義務づけられており（業府令306条1項4号），内閣府令により独立委員が参加する監督委員会の設置が義務づけられている（業府令306条1項17号）。ただし，信用格付業者の役職員の

---

18) IOSCO 基本行動規範1.1ないし1.16参照。

員数から，前述のローテーションルールと監督委員会の設置が困難であり，他の代替的な措置を講じることにより，独立性及び公平性の維持が図られていると思われる場合には，金融庁長官の個別承認により当該規制の適用を免除することができる（業府令306条2項～4項）。

4．格付会社の禁止行為

金商法改正法は，信用格付業者の公平性確保のため，以下の事項を禁止している。

① 格付会社と密接な関係[19]を持つ発行会社の格付の禁止……信用格付業者が格付対象会社と担当アナリスト等が発行会社の役職員であること，及び格付対象商品を保有することは禁止している（金商法66条の35第1号）。

② コンサルティング行為の同時提供の禁止……金商法は，信用格付業者が格付対象商品の発行者に対し，当該商品の格付に重大な影響を及ぼすべき事項について助言を行った場合に，当該商品の格付を禁止すること，とされている（金商法66条の35第2号）。具体的には，信用状態の評価が格付の対象となる事項について，当該法人の資産及び負債等の構成等がそれに当たる（業府令310条）。ただし業府令では，信用格付業者と発行会社等の間の適切なコミュニケーションを確保するために，発行者からの求めに応じ，当該発行者が提供した情報が格付にどのように影響を与えるか，格付付与方針に基づき説明した場合を除いている（業府令311条）。

③ その他禁止行為……金商法では，上記の他投資家保護に欠り，または信用格付業の信頼を失墜させることの無いように，以下の点を業府令で禁止している。第1に，格付対象商品の格付評価を行う前に，予め定め

---

19) 密接な関係とは，信用格付業者またはその使用人と格付関係者との間に親族関係，有価証券等の保有関係またはデリバティブなどの権利関係がある場合等をいう（業府令308条1項）。

た格付の提供を約束すること（格付の事前確約），第2に，担当アナリストが格付のプロセスにおいて発行会社から金銭または物品の交付を受けることを禁止する。第3に，資産証券化商品に関し他の信用格付業者が当該商品またはその原資産等を格付けしていた事実をもって，当該証券化商品の格付付与を拒否することは禁止されている（業府令312条1～3号）。

5．格付会社の情報開示に関する事項

金商法は，信用格付業者に対し，以下の情報開示を義務づけている。第1に，信用格付業者は業府令で定めるところにより，格付方針を定めて公表しなければならない（金商法66条の36第1項）。業府令で格付方針の記載事項及び公表方法を定めている（業府令313条，314条）。記載事項については，格付付与方針，及び格付提供方針が定められている。

特に資産証券化商品の格付の場合には，第1に投資者への情報開示の観点から，資産証券化商品の発行者，アレンジャー，オリジネーターの氏名の公表が求められる。第2に，資産証券化商品の格付については，損失，キャッシュフロー，及び資産証券化商品の格付であることを明示する表示の公表が求められている。

また信用格付業者は，事業年度ごとに業務の状況に関する事項を期した説明書類を作成し，事業年度から4ヶ月を経過した日から1年間公衆縦覧に供するとともに，インターネット等を通じて公表しなければならない（金商法66条の39）。その際説明書類の記載事項として，業務の状況に関する事項のほか，業務管理体制の整備状況が定められている（業府令318条）。また格付方針等の策定及び公表にかかる留意点として，インターネット等の開示方法等について，監督指針で具体的に規定している（監督指針Ⅲ-2-3(1)）。格付付与方針としては，格付符号，付与の方法，付与した年月日，主任アナリスト等の氏名，及び非依頼格付（勝手格付）の場合にはその旨及び未公開情報の有無等を含まなければならない[20]。なお日本格付研究所の場合，勝手

格付でも国等の場合には承認を採るとしている[21]。

　なお当局の信用格付業者に対する検査は主として，業務が格付方針等に従って行われているかの他，禁止事項利益相反等はないか，法令違反はないか検査することである[22]。方針そのものではない。信用格付業者に対する監督は，廃業の場合には届けでなければならず（金商法66条の40第1項），その際の年月日等の届出事項は法定されている（業府令321条）。内閣総理大臣は信用格付業者の業務の運営状況に関し，公益等の保護のため必要な限度で業務改善命令を発することができ（金商法66条の41），その他登録取消業務の全部または一部の停止を命じることができる（法66条の42第1項）。登録抹消後または無登録業者が信用格付業に関し不正または著しく不当な行為をし，または投資者の利益を害する事実があるときは，業務停止命令を発することは可能と理解されうる。

　この場合特に重要なのは，信用状態の変化に関する統計情報，すなわち格付分類ごとの過去のディフォルト率等が想定される。また格付の履歴に関しては，個別の格付について格付の付与を行った日及び付与した格付を時系列に整理したリスト等が考えられる。これは，サブプライム問題で急激な格付の低下が市場の不信を招いたことがその背景にあるといえよう。

6．資産証券化商品の特例

　前述の通り，サブプライムローン証券化商品に関し，種々の問題点が指摘されたので，ストラクチャード商品に対する信用格付には，IOSCO基本行動規範や欧米の規制においても，追加的義務が課されており，わが国でも業務管理体制の整備，禁止行為，格付方針等に関し，業府令で追加的な義務を

---

20) IOSCO基本行動規範3.5及び3.10参照。業府令313条2項5号
21) JCRの資料『コーポレート等の格付プロセス』p3
　　http://www.jcr.co.jp/top_cont/pdf/top_cont_2.pdf#search='日本格付研究所コーポレート等の格付プロセス'参照。
22) 金融庁『信用格付業者向け監督指針』，証券取引等監視委員会『信用格付業者検査マニュアル』参照。

規定している(業府令306条1項6号,9号,312条3号,313条3項3号等)。わが国におけるストラクチャード商品の定義としては,原資産に関する信用リスクの移転が重視されて[23],原資産がSPCまたは信託譲渡される形態の商品,及び原資産の所有権を譲渡せず,信用リスクのみをクレジットデフォルトスワップの手法を用いてSPCまたは信託財産に移転させる資産証券化商品に分類し(業府令295条3項1号イ〜ニ),及び金融庁長官が指定するものが対象とされる。

この場合格付関係者の定義に原資産の主たる保有者を追加したり(業府令307条2項1号),ローテーションルールでは案件毎に構成員の同一性を評価するなど(業府令306条1項2号ロ),規制が強化されている。

7. 現状の問題点

金融審議会において,格付会社制度の見直しが議論され,その方針[24]に基づき格付会社に関し今回の金商改正がなされたが,そこではデータの利用方法やモデルなど格付手法の妥当性について十分な検証が行われていたか,発行体・アレンジャーから報酬を受領するというビジネスモデルに利益相反の可能性が内在しているのではないか,市場参加者に格付の意義と限界に対する情報が不足していたのではないかという問題点が指摘され,今後の課題とされている。

金商法の改正に伴い,格付の公的利用制度が大きく変更された。格付会社に関し登録制度が導入され信用格付業者制度に移行したため,指定格付機関制度が廃止された。但しこの場合,登録できる,という規定である点に注意が必要である。そのため発行登録制度において2009年12月28日公布の業府令により指定格付機関の格付要件については撤廃された。これに代わり過去5年間においては公開時を行った募集または売出しにかかる社債券の券面総額

---

23) 三井他・前掲書(注7)140頁参照。
24) 『金融審議会金融分科会第一部会報告〜信頼と活力ある市場の構築に向けて』(平成20年12月17日)http://www.fsa.go.jp/singi/singi_kinyu/tosin/20081217-2/01.pdf

が100億円以上であること(企業内容開示府令9条の4第5項1号ホ)が規定されている。また主幹事引受制限に関しても,信用格付の公的利用制度を制限して,指定格付機関による格付付与の要件を削除し,格付による適用除外を廃止した。

その後2010年9月公布の業府令の改正において,投資信託の運用報告書交付義務の免除要件,SPC保有資産の価格調査をする機関から指定格付機関を除く,金融検査マニュアル等における企業の信用力の参考資料に関し信用格付業者を使う等の改正がなされ,その他銀行の自己資本規制等しか格付は公的に用いられてはおらず,格付の公的利用が大きく制限された。

その後日本証券業協会において,金商法改正,業府令等の改正を踏まえて,望ましい格付会社への規制について検討が行われた[25]。その際格付の分析手法や表示方法,ビジネスモデルなどについて検討されたが,特にわが国において発行体から報酬を受領するのではなく,投資家から報酬を受領する方式については,市場における価格形成機能が低下する危険性があるなど,問題点が指摘された。また格付の限界も市場に周知することも今後の課題とされた。

Ⅲ. 格付会社への規制強化に対する諸外国の法整備

1. 諸外国における各種規制の相違

前述のように,わが国では金商法及び内閣府令の改正により,格付会社への規制が強化されたが,その背景にあったのは,IOSCOが制定した基本行動規範の改訂,アメリカでは1934年証券取引所法による登録制度の導入及びSEC規則の改定(以下アメリカ規制という),並びに欧州委員会による「格

---

[25] 日本証券業協会「格付の利用のあり方に関するワーキンググループ　中間報告書」(平成23年6月27日)。http://www.jsda.or.jp/shiryo/houkokusyo/files/kakuzukewg_chukanhoukokusyo.pdf

付会社に関する欧州議会及び理事会規則」（以下欧州規制という）である。

IOSCOの基本行動規範[26]では，①格付プロセスの品質と公平性，②格付会社の独立性と利益相反の回避，③格付会社の一般投資家及び発行体に対する責任，④行動規範の開示と市場参加者とのコミュニケーションの4つの原則に基づいて，格付会社が遵守すべき具体的行動規範を求めている。これは，2009年4月のG20会議で，各国の格付会社に対する規制は基本行動指針によるものと合意されている。

また欧州規制[27]では，欧州域外の格付会社の格付に関し，欧州の金融機関等が利用を継続するために，一定の品質保証制度としての証明制度を利用することが求められた。証明制度とは，欧州域外の格付会社が母国当局において登録・監督され，欧州委員会より当該監督が欧州規制と同等の実効性があると評価された場合に，当該格付の有効性が認められる可能性がある制度である。

以上のように格付会社への規制について，国際協調が重視されるが，規制項目によっては，規制態様が異なることがある。例えば，ローテーションルールに関し，欧州規制では主担当アナリストは4年，格付主任者は7年で交代することが義務づけられているが，基本行動規範及びアメリカ規制ではローテーションルールは義務づけられていない。同時に，欧州規制では格付アナリストは，格付付与後6ヶ月以内に発行者の役職員に就任することが禁止されているが，基本行動規範の及びアメリカの規制にはそのような規定はない。またルックバックレビューについては，基本行動規範（2.17項）に定めがあるが，欧州規則では過去2年間の関与案件に対するレビューが求められており（同規則7条3項付属文書IC6），アメリカ規制では1年とされている。このように格付会社に対する規制に関し，国際的に影響力を持つ規範

---

26) 前掲（注1）参照。なお金融庁のHPに基本行動規範の概略についてわが国の方針とあわせ，説明されている。
27) 前掲（注3）参照。なお野崎他・前掲論文（注7）によると，日本政府も金商法改正及び内閣府令により，格付会社に対する規制の国際的整合性をはかることを目的に立法したことが明らかとなる。

としての基本行動指針，欧州の規制及びアメリカの規制の間でも若干の相違がある。以下欧州及びアメリカの規制状況を検討する。

2．EU における格付会社への規制動向

① 欧州規制の導入

欧州では，種々の規制が各国で行われていたが，サブプライムローン問題以降格付会社への規制の導入に向けて，欧州連合レベルでの取り組みが大きく進展した。欧州規制当局委員会（CESR : The comittee of European Securities Regulation）が2008年7月格付会社を欧州委員会の登録制度の対象とするべきという原則を支持するという結論に至った[28]。その後欧州議会は2009年に信用格付機関に関する欧州規則（Regulation on Credit Rating Agencies No.1060/2009）を採択した。同規則によると，格付会社は，規制目的で発行される信用格付を発行するためには登録を受けなければならない，という枠組みが採用されている。その登録の効果として，投資会社，保険会社等が EU 域内の規則を遵守するために利用可能な信用格付は登録されたものに限るという形の規制となっている。

② 欧州証券市場局 ESMA の設立

登録を受けた格付会社に対して，欧州証券市場局（European Securities and Market Authority）が新たに設置され，格付会社の登録及びその後の監督について権限を持つこととなった[29]。具体的な権限としては，独立委員を含む監視機関の設置，法令遵守・内部統制・利益相反防止，独立したレビュー機構の設置，アナリストのローテーションルール，格付方法に関する

---

28) The EU comittee, *Commission adopts proposal to regulate credit rating agencies* (November 2008)
  http://europa.eu/rapid/pressReleasesAction.do?reference=IP/08/1224&format=HTML&aged=0&language=EN&guiLanguage=fr
29) REGULATION (EU) No 1095/2010 of 24 November 2010establishing a European Supervisory Authority (European Securities and Markets Authority) http://www.esma.europa.eu/system/files/Reg_716_2010_ESMA.pdf

情報開示規定等が規定されている[30]。

　欧州域内で信用格付利用を認められるためには，原則として当該格付会社はEU域内で設立された法人でなければならない。欧州域外の格付会社の信用格付に関しては，①同一グループに属する欧州域内の格付会社に承認（endorsed）を受けた場合，②欧州域内の国により個別に格付利用を認めるための証明（certified）を受けた場合のいずれかの場合に限り，欧州域内の規制目的での利用が可能となる[31]。なお②証明制度は，一定の要件を満たせば，欧州域外の格付会社の信用格付についても承認を受けることなく欧州域内の規制目的で利用可能とされ，欧州域外の格付会社が母国で登録監督され，欧州委員会が当該母国の監督上の枠組みが欧州規則と同等と評価され（同等性評価），母国当局との間で情報交換監督協力の取り決めが機能していることの要件が満たされれば，域内での利用可能とされる。なおわが国の規制は，2010年9月欧州委員会により同等と評価されている。その後格付会社に関する欧州規則は2011年5月に改正された（Regulation No.513/2011）。同改正により，欧州証券市場局ESMAの設立が認められた。それ以降，欧州証券市場局ESMAが統一的に格付会社を規制している。

　③　欧州委員会での規制に関する議論

　その後既述したように，欧州危機の際，特に米系格付会社がギリシャ国債を格下げしたことが混乱を助長したとして，欧州委員会は規則及び指令の改正案を2011年11月提示した[32]。その中では，ソブリン格付に対する情報開示の拡大，信用格付の依存度の低下，信用格付機関の独立性の向上，ローテーションルール及び民事責任に対して規制強化を図ろうとしている。民事責任

---

30) 三井他・前掲書（注7）80頁以下参照。
31) 日系2社のうち，同一グループ内に欧州域内で設立された格付会社が存在しないことから，②の証明を受けた（Certified）要件を利用することとなる。なお日本格付研究所は，Autorité des Marchés Financiers（フランス）の証明を受けているので，承認がなくとも証明を受けている。http://www.esma.europa.eu/page/List-registered-and-certified-CRAs
32) The EU comittee "*Proposal for a REGULATION OF THE EUROPEAN PARLIAMENT AND OF THE COUNCIL amending Regulation (EC) No 1060/2009 on credit rating agencies*" http://ec.europa.eu/internal_market/securities/docs/agencies/COM_2011_747_en.pdf

に関しては，提案されている修正35a条において，信用格付を信頼した投資家は，故意または重過失に基づき欧州規則を犯した信用格付機関に対し損害賠償を可能とする改正を予定している[33]。さらに義務的なアナリスト等のローテーション，及び格付方針変更に際してのESMAの事前承認も予定している。

それに対して，大手格付会社であるS&Pは，2012年1月に反論書を公表している。その骨子はもし当該規則が議会を通過すれば，様々な否定的な影響を欧州市場に与えるだろうということである。その項目は，1-3年の義務的なアナリストのローテーション，及び民事責任を含む格付会社に対する特別の責任規定並びに登録格付機関は格付方針を変更する際には事前にESMAから承認が必要でさらに欧州格付符号への統一についてである。特に仮に格付方針変更だけでなく，個別の格付について欧州証券市場局ESMAが介入することは，深刻な影響を与えると思われる。

3. アメリカにおけるドッド＝フランク法による格付会社への規制

① ドッド・フランク法の成立前後の状況

アメリカでは，信用格付は，20世紀初頭に誕生し，投資者への参考情報として，また公的な利用も行われるようになった。1975年に採択されたSEC規則において，証券会社の健全性確保のための自己資本規制において，全国的に認知された統計格付組織（nationally recognized statistical rating organization : NRSRO）の信用格付を使うこととされた。当初は1940年投資顧問法における登録を前提に，SECがノーアクションレターによりNRSROと称しても問題ない旨の認定がなされていた[34]。

その後NRSROの基準が不明確であるという批判がなされ，さらに2001年に起きたエンロン事件において，格付会社が連邦破産法申請の4日前まで投

---

33) Cf.*Ibid.*, p11, 33.
34) 三井他・前掲書（注7）44頁以下参照。

資適格の信用格付を付与していたことなどの問題が指摘された。その後2002年成立のサーベンス＝オクスレー法では，格付会社の役割についての報告がSECがノーアクションレターに求められた。

このような背景で2006年信用格付機関改革法が制定され，1934年証券取引所法を改正して，NRSROについて，登録制を導入した。NRSROの登録要件として，3年間の業務実績，適格機関購入者による認証，財務基盤などが十分であることが求められる。2012年4月現在日系2社を含む10社がNRSROとして登録を受けている[35]。

2007年夏以降顕在化したサブプライムローン問題をめぐり，前述の通り格付会社に対し大きな批判がなされたが，特にSECによる調査で明らかとなったのが，2002年以降格付会社は信用格付の付与を行うようになったが，格付プロセスを文書化している格付会社は皆無であったことや公表されていなかったこと，また利益相反の管理が不適切だったことが明らかとなった[36]。その後SECは2009年2月SEC規則を改正した。

その中で特に重要な改正は，日本の格付会社2社等に対し，SEC規則17g－5(a)(3)が域外適用されるかである。SEC規則17g－5(a)(3)はストラクチャード商品の格付のため入手する情報を他のNRSROにもアクセス可能とする措置である。この規定は当初2010年12月まで適用が延期される予定であったが，金融庁はその影響は大きいため，適用免除の恒久化を求める意見を提出した。

② ドッド＝フランク法における信用格付制度の改正

周知の通り，2010年7月オバマ大統領は，ドッド＝フランク法に署名をして同法は成立した。その中で格付会社への規制の強化が図られた。特に基本的なスタンスとしては，金融取引におけるゲートキーパーとして，信用格付

---

[35] http://www.sec.gov/divisions/marketreg/ratingagency.htm
[36] SEC, '*Summery Report of Issues Idetified in the Comission Staff's Examination of Select Credit Rating Agencies (July 2008)*' p2-3. http://www.sec.gov/news/studies/2008/craexamination070808.pdf.

機関の業務は基本的に商業であり，監査人，証券アナリスト及び投資銀行に適用されるのと同様の監督及び賠償責任を負担すべきである，とする[37]。格付会社への規制をみると，大幅に規制が強化され，格付が誤っていた場合，行政罰を与えたり，民事責任を問う仕組みを検討するなどこれまでの規制と趣旨が大きく異なっているように見えるため，以下ドッド＝フランク法の基本的な方針を検討する[38]。

　ドッド＝フランク法は，「第9章　投資家保護及び証券規制への改善」の中に，第c款　信用格付機関規制の改善（Subtitle C‐Improvements to re Regulation of Credit Rating Agencies）を規定している。すなわち，格付機関（rating agency）は，全国的に認知された統計格付組織（nationally recognized statistical rating organization, NRSRO）として扱われたい場合には，「登録することができる」という任意的登録制自体は，ドッド＝フランク法でも維持されている。最終的な規制はSECが制定する規則に委任するが，実際にはドッド＝フランク法が詳細に個別に規定している。第c款の概要は以下の通りである。

　　第931条　　認識（Findings）
　　第932条　　NRSROへの規制，説明責任及び透明性の強化
　　第933条　　私的訴訟における心理状態
　　第934条　　法執行及び規制当局への参照情報
　　第935条　　格付の際に発行者以外の取得源からの情報の考慮
　　第936条　　信用格付分析に対する品質水準
　　第937条　　規制の時期
　　第938条　　普遍的な格付符号（symbols）
　　第939条　　制定法による格付の参照の削除

---

37) 証券アナリストへの規制については，山田剛志「証券アナリストへの法的規制——米国におけるサーベインス・オクスリー法以後の動きを中心に」『月刊資本市場』224号（2004年6月号）34頁以下参照。
38) 松尾直彦『Q&Aアメリカ金融改革法ドッド＝フランク法の全て』（2010年）286頁以下参照。

第939A条　格付への依存の再考

第939B条　公正なる情報開示原則免除の削除

第939C条　信用格付機関の独立性確保に関するSECの検討

第939D条　代替するビジネスモデルに関する連邦の責任ある機関の検討

第939E条　独立した職業的分析機関の創設に関する連邦の責任ある機関の検討

第939F条　付与された信用格付に関する検討及び規制

第939G条　規則436（G）項の適用

第939H条　議会の意識

　このように，アメリカ連邦政府は，信用格付機関の独立性に関する検討や代替ビジネスモデルの検討を公の機関（SEC）に指示しており，アメリカにおける信用格付機関の規制が大幅に強化されているが，それが端的に分かるのが同法931条であるので，以下参照する。

　同法931条は，議会は以下の点を認識した，と規定している。

(1)　信用格付機関が資本形成，投資者の信頼，およびアメリカ経済の効率的な発展にとってシステム上重要になってきたので，信用格付の制度上の重要性，信用格付に対して個人投資家，機関投資家，および金融規制当局が寄せる信頼に鑑みて，NRSROを含む信用格付機関の行動および成果は，国益（national public interest）の問題といえる。

(2)　NRSROを含む信用格付機関は，デット市場における重要な「ゲートキーパー」の役割を果たすのであり，その役割は，エクイティ市場において証券の質を評価するアナリスト，企業の財務諸表を審査する監査人の役割に類似するものである。その役割は，同様の水準での公共の監視と説明責任を正当化する。

(3)　信用格付機関は，他の金融ゲートキーパーがするのと同様に，顧客のために評価的分析的サービスを提供するので，信用格付機関の活動は，基本的に商業の性質を有するものであり，そのために監査人，証券アナリスト，および投資銀行に適用されるのと同様の責任基準・監視基準が

課せられる。

(4) 一定の活動，とくにアドバイスを与えているストラクチャード金融商品のアレンジャーに対し当該商品の潜在的な格付をする場合に，信用格付機関は利益相反の問題に直面し，当該利益相反は，注意深く監視されるべきで，従って，SEC に明確な権限を与えるために立法で明示的に処理されるべきである。

(5) 最近の金融危機において，ストラクチャード金融商品の格付が不正確であったことが明らかになった。当該不正確性は，金融機関および投資家のリスク管理の失敗に大きく影響を与え，さらに今回は，アメリカおよび世界経済の健全性に悪影響を与えた。このような不正確性は，必然的に信用格付機関の役割に関する説明責任を増大させる。

また2006年信用格付会社改革法の下では，NRSRO に対する私的訴訟権が生じないとされていたが，ドッドフランク法933条は，当該規定を改正し，信用格付会社の言明について，エンフォースメント及び制裁金に関する規定が適用され，セーフハーバーの適用はないと規定された。さらに933条(b)項は，1934年証券取引所法21D 条で規定されている原告が被告の心理状態を強く推認させる事実を明示して申立をしなければならないという原則に反して原告の立証を容易にして，原告は信用格付会社が自らの信用リスク評価方法により依拠される事実要素についての格付対象証券の合理的調査，または能力のある他の情報源からの要素に対する合理的確認を故意または重過失で行わなかったと強く推認させる特定の事実を申し立てれば十分とされる。このように民事責任に関し，信用格付会社の責任が非常に重くなったといい得る。

また信用格付機関が参照する情報について，各 NRSRO は発行者・引受人以外の情報源からの情報が信頼でき，格付付与に対し潜在的に不可欠と思われる場合には，当該情報を参照しなければならないとした（ドッド＝フランク法935条）。さらにドッド＝フランク法936条は，NRSRO の信用格付を行う従業員の資質等に関する基準を SEC に定めることを命じている。同時に

ドッド＝フランク法938条により，信用格付の表示する記号の意味を明確に定義・開示するための書面による方針等を義務づける規則の策定をSECがノーアクションレターに命じた。ドッド＝フランク法939条は，格付の公的利用の見直しについて規定しているが，特に939E条は，NRSROにより雇用される格付アナリストのための独立専門組織の創設等について，更なる調査及び報告を要求している。

つまり信用格付機関はこれまで「言論の自由」の下で遵守されてきたが，元々は収益を上げることが目的の株式会社であり，証券アナリスト，監査人，投資銀行と同様の民事責任を負い，監督を受けて当然である，というのがアメリカ政府の基本的姿勢である。証券化商品への格付低下が金融危機の引き金になったのは事実であり，責任も負わせるべきだという主張である。これは単に議会が政治的態度を表明したというだけでなく，格付が誤っていたことを理由に行政処分を下せるように読める条文や，信用格付機関がSECrule10b-5の責任を負うことを前提として，責任追及を容易にする条文が置かれているようにみえる。

③　民事責任をめぐる判例法の動向

近年アメリカでは信用格付をめぐり多くの訴訟が提起されているが，2011年11月12日ソーンバーグ証券事件では，ニューメキシコ州連邦裁判所において[39]，ブロウニング（Browning）判事による278頁もの「意見」が出された。本件は，サブプライムローンを証券化したソーンバーグモーゲージ証券を購入した投資家らによる集団訴訟であり，被告の中には投資銀行，ローンユーザーの他，有価証券の公売に関連して格付を付与した信用格付機関が含まれていた。原告は，有価証券の公売に関連して用意された書類は，正確に証券の元となる不動産の現状について情報公開をしていいなかったと主張した。本件は当初2009年3月に提訴され，被告らは棄却の申し出をしたがブロウニ

---

39) Genesee County Emples. Ret. Sys. v. Thornburg Mortg. Secs. Trust 2006-3, 2011 U.S. Dist. LEXIS 133462 (D.N.M. Nov. 12, 2011) *P96, 599*

ング判事はその申出を一部認めたが，一部棄却した。信用格付機関に関しては，重大な虚偽の説明または不作為に関し，原告はマックグローヒル及びS&Pレーティングサービスに対しては，十分な主張をしたと認めたが，フィッチ，フィッチレーティング，ムーディーズコーポレーションまたはムーディーズインヴェスターサービスにはこれらの主張は認められなかった。

　その際重要な判示としては，アメリカ憲法第一修正に基づく信用格付機関による反論は，格付が限定された投資家間内など私的なものである限りにおいて，訴訟を棄却するものではない，とした点である。ブロウニング判事は，広告の自由における公益は，機関投資家のような選択されたグループにだけ与えられる文書における信用格付制度とは異なる，と判示した。

　しかし一方[40]格付は，仮に証券に向けられた格付がその元々の価値を不完全にしか予測していなくとも，信用格付は客観的な事実ではなく，信用格付機関が用いている分析モデルと要素に基づきそれぞれの機関が信じている意見の陳述（statement of opinion）にすぎず，格付当時格付機関が当該格付が正しいと主張してない限りは，訴訟の対象とはならないと判示する判決もある。

　このように近時のアメリカにおける信用格付をめぐる判例の動向からすると，信用格付が客観的なデータと主張して付与されていない限りは民事責任は生じないというのが従来の判例の動向といえるが，他方機関投資家のような一群にのみ向けられる格付は，言論の自由により保護される意見ではなく，合衆国憲法第一修正による主張は成り立たないという判示は重要な意味を持つこととなろう。

---

40) Plumbers' & Pipefitters' Local #562 Supplemental Plan & Trust v. J.P. Morgan Acceptance Corp., 2012 U.S. Dist. LEXIS 24106 (E.D.N.Y. Feb. 23, 2012).

Ⅳ. 格付会社への規制と今後の証券市場

　問題の所在で検討したようにサブプライム問題で市場が混乱した原因の一つに，急激な格付低下の問題が指摘されている。すなわち，2007年7月にスタンダードアンドプアーズは，209案件のRMBSを格下げした。また同日ムーディーズは，2006年に格付けされたRMBSのうち，451トランシェを格下げした。その後格下げが立て続けに起こり，市場の混乱をもたらしたのは記憶に新しい。そのような背景もあり，アメリカ及び欧州は金融再規制に積極的であり，信用格付機関にもその形態（ビジネスモデル）自体を検討する等，格付会社に対する不信感は想像以上に強い[41]。以下本稿の締めくくりとして，格付会社に対する民事責任及び包括的なルックバックレビューを義務づけるべきか，検討することで今後の格付会社への規制を検討したい。

1. 民事責任

　格付会社が付与した格付が実体を反映していなかったとして，社債等購入者が格付会社に対して，損害賠償責任を追求できるだろうか。
　名古屋高判平成17年6月29日[42]は，本件は，被控訴人A株式会社（以下「被控訴人A」という。）から，株式会社Bの社債（第26回無担保社債額面200万円（以下「本件社債」という。）発行及び同債券についての被控訴人株式会社C（以下「被控訴人C」という。）による格付け（Aマイナス）の紹介を受けて，本件社債を購入した控訴人が，被控訴人らに対し，本件社債の償還期限前に株式会社Bについて会社更生手続が開始されたことによって損失を被ったのは，被控訴人Cの株式会社Bの債務償還能力に関する格付判

---

[41] この点アメリカ系の格付会社はもともと民間企業であるが，わが国の格付会社は，設立から官庁大きな関与があったことが指摘される（江川由紀雄『サブプライム問題の教訓　証券化と格付の精神』（商事法務，2007年）92頁以下。
[42] 名古屋高判平成17年6月29日平成17年（ネ）第296号 TKC28101485

定及び被控訴人Ａの目論見書への記載事項等が不適切であったこと等によるものであるとして、被控訴人Ｃに対しては、民法709条及び同715条に基づき、被控訴人Ａに対しては、証券取引法（以下「法」という。）17条又は民法709条及び同715条に基づき、〔１〕本件社債購入額200万円と控訴人が5回にわたり受けるはずであった利金合計10万円の合計210万円と、更生計画に基づく償還額61万2120円との差額（損失）148万7880円、〔２〕慰謝料100万円、並びに〔１〕及び〔２〕に対する本件社債の償還期限である平成16年1月28日から支払済みまで民法所定の年５分の割合による遅延損害金の支払を求めた事案である。名古屋高裁は、「また、本来、一般投資家は、自らの責任と判断において、当該債券に係る投資判断を行うのであって、格付機関による格付けは、上記のとおり格付機関の意見の表明に過ぎず、投資判断の一つの参考資料として提供されるものに過ぎないものである。

しかし、格付機関の格付けは、信用リスク等に関する専門的な意見として、市場に対して実質的に大きな影響力を有するものであり、その意味で当該企業にとっても、また投資家にとっても重大な影響を与えるものであり、また特に一般投資家にとっては、自らの情報量や知識、判断力の欠如を補完する専門的知見としての意味を有するものとして、これを信頼することになるのであるから、格付機関は、信義則上、誠実公正に格付けを行うべき義務を有している。それ故、格付機関が、上記誠実公正に格付けを行う義務に反して恣意的ないし不公正な格付けを行った場合や、当該格付けの評価の前提となる事実に重大な誤認がある場合、判断の過程に一見明らかな矛盾や不合理が認められる場合等、およそ結果としての格付け（判断）が合理的な意味を有するものとは認められないような場合（傍線筆者）には、格付機関は、これによって生じた損害を賠償すべき義務を負うと解するのが相当である。」と判示して格付会社の責任を否定したが、格付会社が恣意的不公正な格付を行った場合や格付の前提となった事実に重大な誤認があったり、判断の過程に一見明かな矛盾や不合理が認められる場合には、損害賠償責任が認められる可能性を指摘したものといえる[43]。

この場合，格付会社が負っている義務内容について，会計監査人と異なり，誠実に行動する義務はあるが，「間違ったことは，いってはいけない」という義務はないという見解がある[44]。この点で，控訴人が立証すべきは，格付が誤っていたことではなくて，格付会社が誠実に行動する義務を怠っていたことであり，それは格付会社が恣意的不公正な格付を行った場合や格付の前提となった事実に重大な誤認があったり，判断の過程に一見明かな矛盾や不合理が認められる場合に義務違反が認められるものと理解すべきだろう。さらにその義務違反と，損害の間の因果関係が立証されて初めて，一般不法行為が成立し，損害賠償責任が発生するといえる。この点で，格付会社の責任と会計監査人のような「正しいことをいわなければならない」という義務と異なる。この点は，格付会社と発行体との委任契約に基づく善管注意義務と会社法429条2項のような虚偽の記載または記録をしない義務とでは，前提が異なる。

　また本件は，対象の金融商品は単純な社債であるが，複雑な証券化商品と社債とでは，リスクの評価の手法が異なり，それは前掲わが国法制度（業府令295条3項1号イ～ニ）でも，法定されている。しかしその点は，格付会社の注意義務または誠実行動義務に影響を与えるわけではなく，社債であっても発行体企業への収益力等の評価には，困難が伴うし，格付という結果からすると，対象に関する問題は損害賠償責任に対してはそれほど大きな影響を与えないのではないか。

　同時に，格付が依頼格付か勝手格付かで，その法的責任に関し差異が生じるか否かに関しては，種々の意見がある[45]。基本的には，誠実に行動する中身として，勝手格付において，格付会社は一般投資家ひいては国民全体に，直接の法的責任を負うには，前提となる義務の存否の根拠は弱いと思われる。他方依頼格付の場合には，格付を与える格付会社内の手続き自体は同じとし

---

43) 同旨，森下哲朗「格付とのつきあい方」金融・商事判例1308号1頁。
44) 金融証券取引法研究会研究記録第36号「格付会社への規制」（日本証券経済研究所，2012年）38頁参照。藤田教授の見解である。

ても、発行体が発行する当該金融商品がどのような投資家に販売されるか、また当該格付が明らかに事実と異なる場合には損害が発生することは、格付会社も理解しうるだろう。前提となる事実を見落としたなど格付の前提となる事実に重大な過誤があった場合などは、当該過失と損害の間には因果関係あると理解しうるだろう。

一方アメリカ判例法の検討でもみてきたとおり、アメリカ法でも現行法によれば前掲プルンパース事件では、「信用格付は客観的な事実ではなく、信用格付機関が用いている分析モデルと要素に基づきそれぞれの機関が信じている意見の陳述（statement of opinion）にすぎない」としたが、ソーンバーグトラスト事件では「格付が私的なものである限りにおいて、訴訟を棄却するものではない」と意見を述べており、格付が私募のような限定された投資家間でのみ知りうるものだった場合には、私的な意見であるという主張は成り立たない可能性が有ると指摘する。

つまり資産証券化商品に対する機関投資家に向けられた格付が急激な格付低下や格付対象会社が破綻したような場合、格付会社が故意または重過失により、明らかに矛盾するような格付を付与して、機関投資家が投資を決定した（但しこの場合には機関投資家にも過失相殺は認められよう）場合には、当該格付は単なる意見表明ではなく、損害との間に因果関係が認められ、損害賠償責任を負う可能性が有ると理解できるだろう。

有価証券届出書等に虚偽記載があった場合、金商法21条の2等において、重要な事項に虚偽記載があり、または記載すべき重要な事項もしくは誤解を生じさせないために必要な重要な記載が欠けているときは、これらの書類の提出者（発行者）は、これらの書類が流通している間に市場で取得したもの

45）同34頁以下によると、野村證券永井役員によると、格付の実務上依頼格付であろうが、勝手格付であろうが、格付会社の体制自体はそれほど大きな差異はなく、発行会社がフィーを支払っているか否かで法的責任を分けるべきか疑問である、とされる。黒沼教授によるとむしろ勝手格付の場合には、名誉毀損的な不法行為であり、依頼格付と比べその要件は異なるべきである。しかしその格付自体が、虚偽の前提に基づいているとか、当事者間で詐欺に当たるような場合には禁止されるのは当然である、と述べる。

に対して，上記虚偽記載により生じた損害の賠償をしなければならない旨規定する。この場合発行者等が負う責任は，無過失責任であり，損害額が推定され，周知のように近時相次いだ有価証券届出書等の虚偽記載に基づいて，同条による損害賠償が認められている。一方，格付会社による格付が誤っていたか，意図的に虚偽の格付が付与されて，その結果投資家が重大な損害を被った場合，現行法上は民法上の不法行為による救済が考えられるが，格付会社の過失，損害額，そして投資家の損害との因果関係の要件を全て投資家側が立証することは困難である。もし民事責任を問うことが被害者救済に必要であれば，まず金商法に登録された信用格付会社に対して，正しい格付を付与しなければならない義務を課し，さらに信用格付会社に対して，前掲金商法21条の2のような特別規定を設けることが考えられる。しかしこのような規定が妥当だろうか。

2．ルックバックレビュー

　欧州議会の議論では，義務的なアナリストのローテーションルールを設ける提案がなされているが，その場合適切な品質を持つ格付が維持できるか，格付会社から反論がなされていた。その際アナリストの変更に際して，現行法でもルックバックレビューが義務づけられているが，アナリスト等の交代に関係なく，急激な格付の変更に関し，事後的に「なぜ格付を急激に見直さざるをえなかったのか」，一定以上の変更（たとえば数週間に3段階以上の変更）がある場合に，その基礎的事情の変化を記したルックバックレビューを格付会社に，自ら公表する義務を課すべきだろうか。恐らく格付会社によるルックバックレビューは，格付の制度を向上させるためには極めて有効ではないかと思われる。

　しかし前述したように，投資家にとって民事責任を問いやすく制度改正し，さらに格付変更に対し事後的にルックバックレビューを法定化すると，格付会社の過失も容易に認定され，民事責任が認められやすくなるが妥当だろうか。

この場合，はたして格付会社はそのような大きな民事責任を負担できるだろうか。その結果わが国には，格付会社の登録がなくなるか，ひいては民間の格付会社がいなくなってしまう可能性もあるだろう。この場合，アメリカでこれから検討されるように，格付会社のビジネスモデルそのものも再検討する余地があろう。この場合，私企業という面を協調すると表現の自由が制限されるし，登録を抹消すれば，勝手格付は意見の表明であり，例えば大手格付会社の現地法人の一つで，登録を抹消し，勝手格付を格下げすることは，上記の責任を問われることはないだろうが妥当だろうか。

3．非依頼格付（勝手格付）と格付方針への規制

　問題の所在で指摘したように，欧州の財政危機において，アメリカ系の格付会社が国債の格付けを低下させたことが，財政危機を助長したとして，格付会社への規制が強化されていることは，繰り返し述べてきたが，ここで厳密に議論するためには，欧州危機で批判の対象となっている格付は，非依頼格付（勝手格付）である点である。

　従来非依頼格付については，格付先から依頼を受けないで行う格付と認識されており，格付先の事前の了解に関しては，日本格付研究所に関しては，事前承認を取るとされているが，その他の格付会社は明文でそのような記載は格付方針等には記載されていない。

　また非依頼格付である旨の記載に関しては，格付リリースにその旨記載するか，日系2社はopやpといった記号を格付に付している。しかしS&Pは，発行額100億円以上の債券に関し，発行体からの依頼がなくとも格付を付与し，この場合には非依頼格付と認識しないとしている[46]。前述した財政危機において，国債の格付けが下がる場合には，格付会社は当該発行体（国）に対し，事前に通知し，反論の機会を確保するように議論されている。国債へ

46）黒沢義孝『格付会社の研究』（2007年）86頁以下。
〔本研究は，科研費基盤研究C「格付会社への法的規制に関する比較法的考察」研究課題番号：24530097の研究成果の一つである。〕

の格付低下などが市場に与える影響を考慮すると，少なくとも登録をしている格付会社は，事前通知義務また反論もまた併記するような義務を負わせるような法的規制はあり得るだろう。

　また格付方針の変更に対する当局の承認については，欧州規則の改定で議論されている。これがさらに規制が強化されて，個別の格付変更または格付そのものについて，当局の検査が入るとすると，規制の下における誠実に行動する義務の元での自由な意見表明という原則は成り立たなくなってしまうだろう。

店頭デリバティブ取引に関する若干の問題

神 田 秀 樹

I. はじめに

　本稿は，店頭デリバティブに関する法的諸問題のうち，3つの問題を取り上げて論じる。第1は，金融商品取引法における投資家のいわゆるプロとアマの線引き，第2は，店頭デリバティブ取引における担保提供，第3は，金融商品取引法における業者の分別管理規制である。なお，本稿は，筆者の別稿（神田秀樹「ホールセール取引」金融法務事情1951号56頁以下（平成24年），神田秀樹「デリバティブ取引における国債の担保提供」『金融商品取引法判例百選』86事件（平成25年））と重複する内容を含んでいることをあらかじめおことわりしておく。

II. 金融商品取引法における投資家のプロ・アマ区分

　金融商品取引法は，特定投資家（同法2条31項）という概念を使って，業者の行為規制の適用を柔構造化し，特定投資家以外の投資家（以下「一般投資家」と呼ぶ）に適用される金融商品取引業者の行為規制の多くについて，特定投資家に対する関係では適用除外としている（詳細は，松尾直彦＝松本圭介編著『実務論点　金融商品取引法』180頁以下（平成20年）参照）。ところが，デリバティブ取引については，このような一般的な「プロ・アマ」区分とは異なり，別の区分が用いられている。

　すなわち，次の者を相手方として行う有価証券関連店頭デリバティブ取引

以外の店頭デリバティブ取引（およびその媒介，取次ぎまたは代理）は，そもそも金融商品取引業に該当しないこととされている（金融商品取引法2条8項，金融商品取引法施行令1条の8の6第1項2号，金融商品取引法第二条に規定する定義に関する内閣府令15条）。①第一種金融商品取引業者または登録金融機関，②適格機関投資家，③外国の法令上①または②に相当する者，④資本金の額が10億円以上の株式会社，⑤金融庁長官が指定する者（一定の要件があるが省略する）。

このように特定投資家と異なる線引きをし，しかも，そのような者（以下「デリバティブ・プロ」と呼ぶ）を相手方とする有価証券関連店頭デリバティブ取引以外の店頭デリバティブ取引については（行為規制の適用除外ではなく）そもそも金融商品取引業に該当しないとしている理由はどこにあるのであろうか（もっとも，ここで述べるデリバティブ・プロを相手方とする有価証券関連店頭デリバティブ取引以外の店頭デリバティブ取引のほかにも，金融商品取引業から「個別」に除外される行為がそれなりに存在する。松尾＝松本・前掲42頁以下参照）。

この点については，これらの取引は投資目的というよりもリスク管理等の目的で行われる場合もあり，とくに上記のようなデリバティブ・プロが取引当事者となる場合にはリスク管理能力を備えた者どうしで行われる取引であり投資者保護の必要性も乏しいため，金融先物取引に関する専門的知識・経験を有すると認められる者として内閣府令に定める者等を顧客とする店頭金融先物取引について金融先物取引業には含まれないとしていた金融先物取引法（金商法の施行時（平成19年9月30日）に廃止）の規定（金融先物取引法2条11項2号・12項，金融先物取引法施行規則1条）をも参考として適用除外とされたと説明されている（松尾＝松本・前掲44頁，金融庁「コメントの概要及びコメントに対する金融庁の考え方」（平成19年7月31日）51頁）。また，そもそも金融商品取引業の定義からの除外をするものなので，その対象となる者の範囲が特定投資家と異なることには合理性があると述べられている（金融庁・前掲48頁）。

しかし，実質論としては，有価証券関連店頭デリバティブ取引以外の店頭デリバティブ取引には投資者保護の必要性が乏しいといえるかどうか，疑問の余地がある。

要するに，金融先物取引法の金融商品取引法への引越しに際してその当時の金融先物取引法の規制を（原則として）引き継いだということにすぎないのではないかと思われる。この点に関連して，デリバティブ・プロの要件として上述したうちの資本金10億円基準は金融先物取引法の3千万円基準を大幅に引き上げたもので，「幅広い金融商品・取引を対象として投資者保護の徹底を図るという金融商品取引法の趣旨にかんがみ，また，昨今の一部銀行における不適正事例等もふまえ，真に支障がないと認められる範囲に限定」した趣旨であると説明されている（松尾＝松本・前掲45頁，金融庁・前掲48頁）。しかし，まさしく「幅広い金融商品・取引を対象として投資者保護の徹底を図るという金融商品取引法の趣旨」からすれば，デリバティブ・プロを相手方とする店頭デリバティブ取引について，しかも有価証券関連店頭デリバティブ取引以外の店頭デリバティブ取引についてだけ，金融商品取引業から一律除外するというやり方は，再考されるべきではなかろうかと思われる。

III. 担保提供

リーマン・ショック以降のデリバティブ取引の重要な課題の一つとして，契約の改善という課題がある。そこで，この課題に関連して，まさにリーマン社の破綻との関係でデリバティブ取引における国債の担保提供が争われた裁判例である東京高判平成22年10月27日金融商事判例1360号53頁を取り上げて考えてみたい。

1．裁判例の概要

この事件の概要は次の通りである。すなわち，平成18年12月27日，日本の

金融機関であるＸ（原告・控訴人）はＹ（リーマン・ブラザーズ証券株式会社。被告・被控訴人）との間で，国際スワップ・デリバティブズ協会（ISDA）のマスター契約書式（1992年版と思われる）を使用した基本契約（以下「本件マスター契約」という）を締結し，平成19年２月からデリバティブ取引を開始した。平成19年９月５日，ＸはＹとの間で，本件マスター契約に付随する契約であり，本件マスター契約に基づいて行うデリバティブ取引から発生する相手方の信用リスクを軽減し，デリバティブ取引の有担保化を可能とするクレジット・サポート・アネックス契約（これもISDAが作成した契約書式（1995年版と思われる）を使用した契約）（以下「本件CSA契約」という）を締結し，これに基づいて，同年11月16日，ＸはＹに額面20億円分の国債を交付した。ところが，Ｙの親会社である米国のリーマン社が米国において平成20年９月15日（日本時間では翌16日）に破綻し（米国連邦破産法のチャプター11の手続を申し立てた），ＸＹ間のデリバティブ契約は本件マスター契約の条項に基づいて期限前終了した。なお，同日，Ｙについて民事再生手続開始の申立てがされ，同月19日に開始決定がされた。

　そこで，Ｘは，Ｙに対して，取戻権（民事再生法52条１項）を理由として余剰担保部分（ＸがＹに負う債務の額を超える額に相当する部分）の国債の返還を求めた（正確には，国債の償還があったため，Ｘは，ＸがＹに差し入れていた上記国債について取戻権が認められることを前提として，償還された上記国債の償還金等について取戻権を有するか，または償還金等相当額の返還請求権が共益債権に該当すると主張して，償還金等約12億円強および遅延損害金の支払を求めた。金融商事判例1360号58～59頁参照）。

　第１審（東京地判平成21年11月25日金融商事判例1360号58頁）は，Ｘの取戻権を否定し，次のように述べて，Ｘの訴えを却下した。

　「本件CSA契約上，Ｙが返還義務を負うのは，本件国債のみに限られず，本件国債と同一の発行体，種類，発行回期，満期，利率及び元本金額の国債を含むということができ〔，〕……，本件CSA契約〔の〕……規定をもって，ＸがＹに対して本件余剰部分の返還請求をしたことにより，Ｘに本件余剰

部分の所有権が帰属することにはならない。」

「本件CSA契約においても消費貸借形式が採用され，それに基づき本件国債が貸し渡されたことにより本件国債の所有権はYに移転し……，Yは，本件国債又はこれと同種の国債の返還義務を負うにすぎないのであるから……，本件CSA契約が相殺の担保的機能によりデリバティブ取引の有担保化を図るものであるとしても，それはあくまでも経済的意味でのものにすぎず，譲渡担保と同視できる法的な意味での担保権の設定であるとまではいい難い。

また，本件国債の所有権がXに復帰すべきものとされていたとすれば，原告が本件余剰部分の取戻権を行使できることにはなるけれども，その場合には，本件CSA契約において消費貸借形式を採ることによって，権利者であるYがこれを更に自己の所有物として自由に利用・処分することを可能とすることと矛盾する。」

「日本法におけるCSA契約について記載する国際スワップデリバティブズ協会作成の「User's Guide to the 1995 ISDA Credit Support Annex」において，消費貸借形式の場合には，義務者は，権利者が債務不履行に陥った場合には債務を超過する資産の返還を求める債権的権利（obligation-right）のみを有し，一般債権者に優先して受け戻す一般的権利を有するものではないと記載されていることからすれば，消費貸借形式を採用した場合には質権形式を採用した場合と異なり，取戻権が認められないものとの説明がされているといえ，CSA契約において消費貸借形式を選択することにより，権利者が義務者から貸し渡された保有貸付担保物を利用・処分することができ，破産，会社更生等の場合に義務者が一般に制限なく相殺権を行使することが可能であるという長所がある一方，本件のような場合に取戻権が認められないという短所があるという点で質権形式とは異なっていることが明らかにされているといえる。」

Xは，控訴し，控訴審において若干の補足的主張をした。

控訴審判決は，控訴を棄却。控訴審判旨は，第1審判決をすべて引用した

うえで，控訴審におけるＸの補足的主張について，次のように述べた。

「確かに，本件CSA契約に基づく本件国債の差し入れは，デリバティブ取引から生じる取引相手方の信用リスクを軽減するというデリバティブ取引の有担保化を目的とするものであることから，担保的機能を有することは明らかである。しかし，本件CSA契約……において，当該……担保物が証券の場合，権利者は，その選択により，同価値の現金を返還することができると規定されており，これからすると，上記担保的機能を譲渡担保と同様のあるいは類似の性質を有するものとまで認めることはできない。また，会計処理上，消費貸借契約の形式を採っている場合においても，本件国債をＸの資産として計上すべきことが求められているが，それは，貸手は，返還期日に貸し付けた有価証券と同一種類の有価証券の返還を受ける権利を有しているので，貸付期間中の現物の自由処分権はないものの，返還を受けた後は貸手にとって当該有価証券を保有していた場合と同一の結果となるから，保有していた有価証券の評価方法を継続適用するのが妥当であるという理由である……。そうすると，会計処理上，本件国債がＸの資産として計上されるとしても，そのことから直ちに本件国債の所有権がＸにあるなどとはいえないし，また，本件国債の差し入れが譲渡担保であると認めることもできない。」

「〔証拠〕によれば，本件国債が振り替えられたＹの自己口Ｉの口座は，Ｘが差し入れた20億円を下回ることなく推移したものの，同口座における……利付国債……の移動が頻繁に行われて増減を繰り返していることが認められる。そして，自己口Ｉには，Ｙの名称，Ｙの有する国債の銘柄，銘柄ごとの金額が記録されるにすぎないことを考慮すると，同口座において，Ｘが差し入れた本件国債が特定されたまま，すなわち混同することなくＹによって分別管理されていたと認めることはできない。」

「確かに，Ｘが本件国債をＹの自己口Ｉに差し入れてから同口座において20億円以上の残高で推移していたが，自己口Ｉにおいても国債の移動はされていたのであるから，Ｙにおいて本件国債20億円を固定し再利用をしない意

思であったとまで認めることはできない。したがって，Yにおいて，Xが差し入れた本件国債につき再利用できない質権や譲渡担保権に基づく担保物であるとの認識を有していたと認めることはできない。」

2．検討

本件では，日本の中規模の銀行であるXがリーマン社という大手の投資銀行の子会社を相手としてデリバティブ取引をし，国債をいわば担保として差し入れたところ相手方のほうが破綻したという事例であって，気の毒な面がある。しかし，第1審および控訴審判旨が述べているように，ISDA作成の「User's Guide to the 1995 ISDA Credit Support Annex」において，消費貸借形式の場合には，義務者は権利者が債務不履行に陥った場合には債務を超過する資産の返還を求める債権的権利のみを有し，一般債権者に優先して受け戻す一般的権利を有するものではないと記載され，消費貸借形式を採用した場合には，質権形式を採用した場合と異なり，取戻権が認められないものとの説明がされていることもあり，本件CSA契約の解釈としては，裁判所の結論はやむをえないものであったと思われる（ただし，竹内康二『倒産実体法の契約処理』190頁以下（平成23年）参照）。そして，本件の教訓としては，実務的には，カウンターパーティリスクの管理としては，余剰が生じないように管理すべきであるということになる（仲田信平＝内田信也＝山本俊之「ISDA CSAに関する高裁判決と実務へのインプリケーション」西村あさひ法律事務所・金融ニューズレター（平成23年4月），島田邦雄＝御厨景子「デリバティブ取引に伴い担保として差し入れた国債にかかわる余剰担保分の民事再生法上の扱い」銀行法務21 735号80頁（平成23年）参照）。

しかし，契約の解釈という点を超えて，本件を機に考えさせられる点は多い（なお，以下では，適用される法は日本法であることを前提とする）。第1に，そもそも，デリバティブ取引の私法上の形式として，本件ではなぜ消費貸借形式が選択されたかである（質権方式もISDAの書式上は用意されているが，一般には消費貸借形式が使われるのが通常の実務であるようである）

（この点に関する経緯については，坂本哲也「デリバティブ取引の有担保化における法的問題――日本国債を用いる場合の法律構成を中心に」金融研究14巻2号135頁以下（平成7年），加藤和成＝菅原雅晴＝田中輝夫＝道垣内弘人＝道垣内正人＝和仁亮裕「担保付デリバティブ取引をめぐる法的視座――一括清算法を踏まえて」金融法務事情1531号11頁以下（平成10年）参照）。

第2に，社債，株式等の振替に関する法律（以下「振替法」と略す）に基づく振替証券について，日本法のもとで，どのような場合に譲渡担保が可能かということである。振替証券についても，質入れと並んで譲渡担保ということが制度上予定されている（振替法151条2項1号参照。この規定は振替株式の譲渡担保を前提とする規定であるとされており，振替国債や振替社債についても譲渡担保が可能であると解される）（株券等の保管及び振替に関する法律（平成21年1月5日廃止）のもとでの制度について，前田庸『新版注釈会社法』第4巻345頁～347頁（昭和61年）参照。この制度が振替法にも引き継がれているものと解される。尾崎輝宏＝吉田修「社債，株式等の振替に関する法律の概要」別冊商事法務286号179頁～180頁（平成17年）参照）。しかし，「種類物について譲渡担保は可能か」と問われると，答えは簡単ではなさそうである（山田誠一「種類物を用いた担保――担保の多様化についての一視点」金融研究21巻4号203頁以下（平成14年）参照）。

第3に，本件のような事例で「金融機関等が行う特定金融取引の一括清算に関する法律」（以下「一括清算法」と略す）は適用されないのか。本件での国債の提供は一括清算法の適用対象になるように思われる（一括清算法2条1項，金融機関等が行う特定金融取引の一括清算に関する法律施行規則1条参照）（和仁亮裕「一括清算に関する覚書」新堂幸司先生古稀祝賀『民事訴訟法理論の新たな構築（下巻）』801頁以下（平成13年）参照）。これが適用されるとすると，再生手続との関係でいえば，一括清算法にいう一括清算が行われた場合の残額債権は再生債権となる（一括清算法3条）。また，一括清算法の適用がなくても，民事再生法51条（破産法58条を準用）が適用されれば，その場合も同様である。本件で裁判所はこれらの規定の適用を問題

としていないようであるが，本件はこれらの規定を適用して解決すべき事例ではなかったかと思われる。

　第4に，しかし，いずれにせよ，本件についての裁判所の結論は正しいというか，やむをえなかったと思われる。より一般的にいえば，担保取引（担保物権を設定する取引。以下同じ）といわゆるネッティング（この概念はここでは一括清算法による一括清算および破産法58条等による処理や相殺約定による処理を含む意味で用いる）とは代替的なカウンターパーティ・リスクの管理方法である。ネッティングを選択すれば担保取引とはならず，担保取引を選択すればネッティングの対象とはならないということではないかと考えられる。

IV. 分別管理

　上記で紹介した裁判例の事案とも関連するが，デリバティブ取引において契約の当事者が相手方当事者から受け取った資産（ここでは「預かり資産」と呼ぶ）について分別管理義務を負うことと，その資産を使用することとは両立しないか（両立しえないか）という問題があるように思われる。

　預かり資産の使用については，2つ問題がある（なお，預かった者による資産の使用についてはそもそも預けた者の同意が必要であるというべきものと考えられるが（金融商品取引法43条の4第1項参照），この点には立ち入らず，以下ではそのような同意はあったものとする）。第1は，預かった当事者がそれを使用して（すなわち譲渡等をして）後日同種同量のものを預けた当事者に返却するような合意となっている場合，上記で紹介した判例の考え方によると，譲渡担保は成立する余地がなさそうである。しかし，そう解しなければならない実質的な理由はどこにあるのであろうか。

　第2に，預かった当事者がそれを使用して（すなわち譲渡等をして）後日同種同量のものを預けた当事者に返却するような合意となっている場合，金融商品取引法における分別管理義務との関係で分別管理をしていないことと

なるのであろうか（なお，分別管理義務という場合，私法上の分別管理義務も問題となるが，ここでは金融商品取引法のもとでの分別管理義務について述べる）。このように言うと，分別管理している資産でも使用等により変動することはありうる，というかそういうことが可能であるので，何か変なことを言っているように思われるかもしれないが，次に述べるように，現在の金融商品取引法の規制では，分別管理している資産は使用不可とされているように条文上読める。この点についても，そういう規制としなければならない実質的な理由はどこにあるのであろうか。

金融商品取引法では，有価証券関連デリバティブ取引（金融商品取引法28条8項6号参照）（厳密には「有価証券関連デリバティブ取引等」（同法33条3項参照））については同法43条の2において，それ以外のデリバティブ取引については同法43条の3において，それぞれ金融商品取引業者に分別管理義務を課している（同法43条の2では「分別して管理」，同法43条の3では「区分して管理」という文言が使われているが，ここでは立ち入らない）。なお，この分別管理義務は，特定投資家との関係でも適用除外とはならない（同法45条参照）。そして，金融商品取引法は，分別管理の対象となる資産が有価証券の場合と金銭の場合とで分別管理の方法を区別して規定している。以下，主として有価証券関連デリバティブ取引の場合について述べる。

まず第1に，有価証券関連デリバティブ取引において顧客の計算において金融商品取引業者が占有する有価証券および金融商品取引業者が顧客から預託を受けた有価証券は，分別管理することが義務づけられるが（金融商品取引法43条の2第1項），例外として，契約により金融商品取引業者が消費できる有価証券は分別管理を要しないとされている（金融商品取引法43条の2第1項2号）（なお，分別管理の方法は金融商品取引業等に関する内閣府令（以下「業府令」と略す）136条で定められている）。

第2に，有価証券関連デリバティブ取引について，顧客の計算に属する金銭および金融商品取引業者が顧客から預託を受けた金銭も，原則として分別管理が必要である（金融商品取引法43条の2第2項）（分別管理の方法につ

いては、業府令138条〜143条の3参照)。しかし、金銭については、契約により金融商品取引業者が消費できるものは分別管理を要しないという例外は認められていない。

そこで、上記にいう「契約により金融商品取引業者が消費できる有価証券」の意味が何かということが問題となるが、先に述べたような消費貸借形式の場合がこれに該当すると考えられる。そうだとすれば、分別管理と「消費」とは両立しないと金融商品取引法は考えていることとなる。しかも、有価証券と異なり、金銭については「消費不可」「つねに分別管理」を要求していると金融商品取引法の条文は読める。そうだとすれば、消費貸借形式での(有価証券関連)デリバティブ取引において預かった金銭はどのような場合であっても「消費」することができないということとなる。それでよいのであろうか。

原理的には、分別管理と消費とは両立する。たとえば、分別管理している有価証券を売却し対価として金銭を取得したような場合には、それまで分別管理の対象であった有価証券が金銭になるだけのことである。金銭が分別管理の対象となっており、それを使用して有価証券を取得した場合も同様である。

以上に述べたこと以外についても、有価証券関連デリバティブ取引の場合とそれ以外のデリバティブ取引の場合とを区別して規制していることが妥当か、そしてまた、上記で述べたことの繰り返しになるが、デリバティブ・プロを相手方とする店頭デリバティブ取引(有価証券関連店頭デリバティブ取引を除く)をそもそも金融商品取引業から除外し分別管理などの行為規制を何も課さないこととしていることが妥当かといった問題がある。

V. むすびに代えて

店頭デリバティブ取引については、本稿で取り上げた問題以外の問題を含めてさまざまな問題が存在し、なお検討を要する問題が少なくないように見

受けられる。今後，これらの諸問題について引き続き幅広い観点から検討が行われることが期待される。

利益相反管理体制整備義務と情報遮断

神作裕之

I. はじめに

　平成20年改正金商法により，金融商品取引業者の利益相反管理体制整備義務が導入された。金融商品取引業者の業務範囲の拡大や新たな金融商品・サービスの開発・発展等により，顧客はそれによるメリットを受ける一方で，業者と顧客，および顧客間の利益相反のリスクが高まっている。金融商品取引業者が金融グループに組み込まれている場合には，グループ・レベルにおいても利益相反が生じる。利益相反管理体制整備義務の導入の沿革やアメリカの状況に鑑みるならば，利益相反管理体制の整備に際しては，顧客に関する未公開重要情報の取扱いが重要であることは明らかである。そうであるからこそ，利益相反管理体制の整備に際しては，情報遮断いわゆる（チャイニーズ）ウォールの構築と運用が有効な対策となり得るのである。

　他方，情報遮断については，その有用性とともにさまざまな問題点や論点が指摘されている。本稿は，利益相反管理体制整備義務がそもそもどのような法的根拠に基づいて認められ，その具体的措置の一環としての情報遮断がどのように構築され運用されることが期待されているのか，さらに，情報遮断が監督法上および民事法上どのような論点を生じさせるのかについて，アメリカの状況を参考に論じることを目的とする。

II. 利益相反管理体制整備義務の導入

1. 見直しの背景－弊害防止措置の導入

　平成4年に制定されたいわゆる金融制度改革法により，業態別子会社方式による銀行と証券の相互参入が解禁されたことを契機に，利益相反による弊害の防止や銀行等の優越的地位の濫用の防止等を目的として，銀行・証券間のファイアー・ウォール規制すなわち顧客に関する未公開情報の授受や役職員の兼職の禁止等が導入された。

　法律のタイトルを金融商品取引法と改めた平成18年の証券取引法改正により，従前の証券業務，投資顧問業務，投資一任業務および投資信託委託業務・投資法人資産運用業務がすべて金融商品取引業として規制されることとなった。このことを踏まえ，証取法，証券投資顧問業法，投信法における従来の弊害防止措置等に関する規定を参考に，金融商品取引業者またはその役員・使用人が複数の種別の金融商品取引業務を行う場合と，金融商品取引業およびその付随業務以外の業務を行う場合のそれぞれについて弊害是正措置等を定めるとともに（金商法44条・44条の2），親法人等または子法人等が関与する行為および引受人の信用供与を制限する旨の規定が整備された（44条の3・44条の4）。弊害防止措置に係るこれらの規制は，公正な競争の確保，経営の健全性・独立性の確保を目的とするとともに，利益相反規制という観点から設けられたものである。

2. ファイアー・ウォール規制の見直し

(イ)　平成20年改正による緩和

　平成20年改正金商法により，ファイアー・ウォール規制と利益相反管理体制の結び付きは，一層明らかになった。すなわち，平成19年12月18日に公表された「金融審議会金融分科会第一部会報告～我が国金融・資本市場の競争

力強化に向けて～」は，ファイアー・ウォール規制が，①金融グループとしての総合的なサービス提供の障害となり，利用者の利便性をかえって損なっている，②金融グループとして要求される統合的リスク管理やコンプライアンスの障害となっているなどの弊害を有するとして，利益相反による弊害や優越的地位の濫用の防止等につき一定の措置を講じた上でそれを見直すべきことを提言した。その結果，次の3点について規制緩和がなされた。

(i) 法人顧客のオプトアウト制度の導入と情報の適正管理

平成20年改正前金商法は，「非公開情報」については[1]，個人顧客であるか法人顧客であるかを問わず，証券会社等または親子法人等が当該法人顧客の非公開情報を当該親子法人等または証券会社等に提供することを原則として禁止し，書面による同意がある場合その他法定の例外事由に該当する場合に限り，禁止を解除していた（平成20年改正前金商法44条の3第1項4号，金商業旧153条7号）。

平成20年改正により，法人顧客に対し停止を求める機会を適切に提供している場合には，当該法人顧客が停止を求めるまでの間，当該非公開情報の提供について当該法人顧客がそれについて書面による同意をしているものとみなす旨の例外規定が追加された（金商業153条2項）。法人情報についてのオ

---

[1]「非公開情報」とは，発行者である会社の運営・業務・財産に関する公表されていない重要な情報であって顧客の投資判断に影響を及ぼすと認められるもの，または自己・親法人等・子法人等の役員・使用人が職務上知り得た顧客の有価証券の売買その他の取引等に係る注文の動向その他の特別の情報をいう（金商業1条4項12号）。なお，金商法は，上場会社等の運営・業務・財産に関する公表されていない重要な情報であって顧客の投資判断に影響を及ぼすと認められるもの，および公開買付けの実施・中止の決定に係る公表されていない情報を「法人関係情報」と定義し（金商業1条4項14号），その適切な管理を義務付けるとともに（金商法40条2号，金商業123条1項5号），それを利用した取引およびそれを提供して行う勧誘を禁止している（金商法38条7号，金商業117条1項14号・16号）。法人関係情報に係る金商法上の規制は，内部者取引に対する未然防止規制であるとともに，それを利用した不公正取引一般を禁止するものであるとされる（荻野昭一「証券取引法改正を踏まえた証券取引等監視委員会の検査方針」商事法務1710号63頁）。法人関係情報を利用した取引や勧誘の中には利益相反に該当する行為も含まれ得ることから，法人関係情報規制は利益相反規制と交錯する。日本証券業協会の自主規制である「協会員における法人関係情報の管理態勢の整備に関する規則」は，法人関係部門や法人関係情報が記載された書類等の他の部門からの物理的隔離，それが記載された電子ファイルへのアクセス権限の設定等の管理がなされるべきことを定めている（同6条）。

プトアウト制度の導入である。法人情報については，①欧米においては特段の規制がなされていない，②情報共有がより多様で質の高い金融サービスの提供につながるのであれば顧客にもメリットがある，③同意書面の提出手続には顧客側の法人サイドにおいても社内稟議等の手間がかかるため必ずしも常に徴求できるわけではない等の批判に応えたものである。もっとも，自己の情報の共有を望まない法人も存在し得るため，法人顧客に対しオプトアウトの機会を提供するものとされた。

さらに，内部管理に関する業務については，内部管理部門から営業部門に非公開情報が漏洩しない措置が的確に講じられている場合には，弊害防止措置の適用除外の承認を得ることなく法人情報であれ個人情報であれ，顧客の同意を得ずに非公開情報をグループ間企業で共有することが認められることになった（金商業153条1項7号リ・9号）。そのため，例えば組織上は営業部門として位置付けられている支店に帰属するコンプライアンス等の内部管理業務担当者や証券会社等・親会社等の内部管理部門責任者の兼務が可能になった。「内部管理に関する業務」とは，①法令遵守管理，②損失の危険の管理，③内部監査および内部検査，④財務，⑤経理ならびに⑥税務に関する業務と定義されていた（平成26年改正前金商業153条3項）。

また，親子法人等から取得した顧客に関する非公開情報を金融商品取引契約の締結の勧誘に利用する場合には，有価証券関連業を行う第一種金融商品取引業者は従前どおり親子法人等の顧客の同意を得る必要があるのに対し，第二種金融商品取引業者および投資運用業者は同意を取得する必要がなくなった（金商業153条1項8号）。このように，グループ間企業における非公開情報の共有・利用は，様々なレベルで促進が図られることになった。

(ⅱ) 役職員の兼職禁止の緩和

証券会社や銀行等に利益相反管理体制の整備を求めることに伴い（(3)参照），役員の兼職については禁止が撤廃され届出制に改められた（金商31条の4第1項・2項）。有価証券関連業務を営む第一種金融商品取引業者がグループ会社との間で発行者等に係る非公開情報を授受することは原則禁止さ

れるが（金商業153条1項7号），証券会社の役職員がグループ会社の役職員を兼職している場合において，証券会社の役職員が非公開情報を受領すると直ちに兼職先のグループ会社が当該情報を受領することになると解されるわけではないと整理されている[2]。

また，内部管理に関する業務の職員の兼職が可能になったことは，(i)に述べた。

(iii) 主幹事引受制限の緩和

証券会社がグループ法人の発行する有価証券の引受主幹事会社になることは原則として禁止されている（金商業153条1項4号）。しかし，引受業務に関する十分な経験を有すること，資本関係において独立性が認められること，役員等において独立性が認められること等を要件として，例外が認められることとなった（同号ニ）。

(ロ) 平成26年金商業等府令改正による見直し

平成26年金商業等府令改正により，ファイアー・ウォール規制が一段と緩和された。すなわち第1に，外国法人については，当該顧客が所在する国の法令上非公開情報の授受が禁止されていないときは，電磁的記録による同意の意思表示または非公開情報の提供に関し当該顧客が締結している契約の内容および当該国の商慣習に照らして当該顧客の同意があると合理的に認められるときは，当該顧客の書面による同意を得たものとみなされることとなった（金商業153条1項7号イ）。第2に，情報授受の制限の例外とされていた「内部管理に関する業務」の範囲が「内部の管理及び運営に関する業務」へと拡張された（同条同項同号リ）。その上で，「内部管理及び運営に関する業務」として，新たに，子法人等の経営管理に関する業務と有価証券の売買，デリバティブ取引その他の取引に係る決済およびこれに関連する業務が追加

---

2) 金融庁「平成20年金融商品取引法等の一部改正のうち，ファイアーウォール規制の見直し及び利益相反管理体制の構築等に係る政令案・内閣府令案等に対するパブリックコメントの結果等について－パブリックコメントの概要及びコメントに対する金融庁の考え方」27頁。<http://www.fsa.go.jp/news/20/syouken/20090120-1/00.pdf>

された（金商業153条3項7号・8号）。

3．利益相反管理体制整備義務の導入

　金商法36条2項は，特定金融商品取引業者等は，当該業者またはその親子金融機関等が行う取引に伴い，当該業者またはその子金融機関等が行う金融商品関連業務に係る「顧客の利益が不当に害されることのないよう」，当該業務に関する情報を適正に管理し，かつ，当該業務の実施状況を適切に監督するための体制の整備その他必要な措置を，内閣府令の定めに従い講じなければならないと規定する。2.(イ)に述べた平成20年改正によるファイアー・ウォール規制の緩和により，顧客が不利益を被り，あるいは業者の健全性が損なわれることがないように，金融商品取引業者に対して，利益相反管理体制の整備義務を課すこととしたものである。利益相反の発現の蓋然性やその深度は，金融商品取引業者により様ざまであるため，画一的な規制をするのではなく，各業者が自ら利益相反管理体制を構築・運営し，市場等の評価に委ねつつ，グッド・プラクティスとしてその手法が改善・発展していくことが期待されているのである[3]。

　なお，「特定金融商品取引業者等」とは，有価証券関連業を行う第一種金融商品取引業者および登録金融機関である（金商法36条3項，金商令15条の27）。利益相反管理体制整備義務の主体が「特定金融商品取引業者等」に限定された理由は，これらの金融機関が行う金融業務について利益相反が生じる場面が相対的に多く，その業容等からして適切な体制整備の必要性の程度が一般的に高いからである。保護されるべき顧客は，「当該特定金融商品取引業者等又はその子金融機関等が行う金融商品関連業務」に係る顧客に限定されており，親金融機関等の金融商品関連業務の顧客は含まれない。その理由は，親会社とその顧客との取引まで特定金融商品取引業者等にコントロールさせることは困難と考えられたためである。

---

3) 神作裕之「改正金商法における利益相反管理体制」ジュリスト1390号（2009年）62～70頁参照。

金融商品取引業等に関する内閣府令は，内閣府令で定める利益相反管理上の措置として，当該業者またはそのグループ金融機関等が行う取引に伴い当該業者またはその子金融機関等の顧客の利益が不当に害されるおそれのある取引（以下，「対象取引」という。金商業70条の3第3項）を適切な方法により特定するための体制（同条1項1号），および，当該顧客の保護を適正に確保するための体制を整備し（同項2号），これらの措置の実施の方針を策定しその概要を公表すべきものと定める（同項3号）。さらに，利益相反管理体制の下で実施した対象取引の特定および講じた措置について記録を作成し5年間保存することが求められる（同条1項4号・2項）。記録作成保存義務に基づき作成された文書は，監督当局による事後的な検証等の資料として重要な意義を有する[4]。

利益相反管理のための具体的な措置としては，①対象取引を行う部門と当該顧客との取引を行う部門の分離，②対象取引・当該顧客との取引条件・方法の変更または当該取引の中止，③顧客の利益が不当に害されるおそれがあることについての顧客への適切な開示が具体例として挙げられている（金商業70条の3第1項2号イ～ニ）。さらに，③の開示を十分に行った上で「その他の方法」として④顧客から同意を得ることが考えられる。本稿は，上記①の措置に含まれる情報遮断を検討の対象とする。監督指針では，管理方法の1つとして「部門の分離による管理を行う場合には，当該部門間で厳格な情報遮断措置（システム上のアクセス制限や物理上の遮断措置）が講じられているか」どうかがポイントであると指摘されている[5]。

2．に述べた経緯から明らかなように，金商法上の利益相反管理体制整備義務は，顧客に関する情報が顧客の意に反して利用され，あるいは，そのよ

---

[4] 利益相反の程度や対応策を検討するに当たり，①取引の性格（顧客の利益擁護義務が発生する取引かどうか），②顧客と金融機関の関係，③顧客の属性，および④顧客における当該取引の重要性・影響度を考慮する必要があるとされる（西村あさひ法律事務所編『金融レギュレーション』（商事法務，2009年）36頁以下参照）。
[5] 金融庁「金融商品取引業者等向けの総合的な監督指針（平成26年4月）」Ⅳ-1-3(3)①イ参照。
<http://www.fsa.go.jp/common/law/guide/kinyushohin/index.html>

うな情報が顧客に不利益に利用されることのないよう,利益相反の状況を認識・同定し,それを適切に管理するために課されたものである。したがって,情報遮断であるウォールの構築と運用が利益相反管理体制整備の典型的な手法とされるのは,論理的な帰結といえる[6]。

もっとも,ウォールには,大きな限界があることを認識する必要がある。たとえば,ある情報が経営者にとって知るべき情報であれば,当該情報は経営トップ等に集約されグループ全体として管理されなければならない。その限りにおいて,情報遮断措置は,知る必要があるときはウォールを超えて伝達がなされるニード・トゥー・ノウ(need-to-know)原則に服すると考えられる。完全な情報遮断がなされることは不可能であるし,望ましくもないのである。したがって,ウォールは,利益相反管理のための措置の1つにすぎず,これのみで利益相反管理体制が完結する類のものではない。

一般に,利益相反に対する主要な規制スタイルとして,①禁止モデル,②一般的義務モデルおよび③手続モデルがあるが[7],利益相反管理体制整備義務は,監督法として③を採用したものといえよう。手続モデルによる利益相反の管理においては,利益相反管理統括者や部署の設置等により,営業部門から独立して一元的に利益相反が管理されなければならないという点が重要である。というのは,利益相反の管理を行う場合には,証券会社やグループ全体の利益を図るという営業上の誘因が強く働く可能性が高いからである。したがって,組織上の措置を講ずることにより,実質的には,利害関係のない独立した部門や担当者による意思決定を確保することが肝要なのである。

他方,利益相反の実態を正確に認識し的確な判断を下すためには,現場の知識や情報が必要となる。しかも,利害関係のない独立した部門や担当者といっても,究極的には,組織の内部者である以上,実質的には利益相反の問

---

[6] 業法上の利益相反管理体制全般については,渡邊雅之『利益相反管理体制構築の実務-新しい情報共有規制と兼職規制』(商事法務,2009年)参照。

[7] Samuel Issacharoff, Legal Responses to Conflicts of Interest, in Don Moore etc ed., Conflicts of Interest, Cambridge University Press, 189, 192-202 (2005).

題を回避できないとも考えられる。このことは，ウォールや組織上の独立性確保の限界を示唆する。

Ⅲ．利益相反管理体制整備義務の法的根拠・位置付け

1．金商法36条2項と44条以下の規定の関係

　金商法は，36条1項において，金融商品取引業者等に対し，顧客に対する誠実公正義務を課し，同条2項において，利益相反管理体制整備義務を定める。また，金商法は，44条以下において，利益相反に関連する具体的・個別的な規定を有する。そこで，利益相反管理体制整備義務が，金商法36条1項の規定および44条以下の規定とどのような関係に立つかが問題となる。

　金商法36条2項は，同条1項に定める誠実公正義務から導かれるものであるとすると，同条2項に置かれている意義は良く理解できる[8]。利益相反管理体制整備義務は，一般的な誠実公正義務の具体的な発現であると解されることになろう。もっとも，内容的には，利益相反管理体制整備義務は，業法上の注意義務の具体化であるとも考えられる[9]。ちなみに，銀行法においても，銀行に対し利益相反管理体制整備義務が課されているが，銀行の誠実公正義務は規定されていない[10]。

　沿革的には，利益相反管理体制整備義務はむしろ金商法44条以下の利益相

---

[8] 誠実公正義務は，信認義務と部分的に重なり得る。受認者（フィデューシャリー）の概念と金融取引におけるその適用範囲・法的効果などについての包括的な研究として，日本銀行金融研究所「金融取引におけるフィデューシャリーに関する法律問題研究会」報告書（2010年7月）参照。<http://www.imes.boj.or.jp/research/papers/japanese/kk29-4-9.pdf>

[9] もっとも，わが国の金商法においては，金融商品取引業者に対しその業務全般につき善管注意義務を課す明文の一般規定は存在せず，有価証券等管理業務など特定の業務について善管注意義務を課す規定が置かれている（金商法43条等参照）。

[10] 筆者の銀行法上の利益相反管理体制整備義務の理解については，神作裕之「金融業務における利益相反－業法上の行為規範と民事法上の規律－」金融法務事情1927号（2011年）36～44頁を参照いただけたら幸いである。

反の弊害防止措置等と密接な関係がある。第１に，利益相反管理体制整備義務はプリンシプルベース・アプローチによる規制であるのに対し，弊害防止措置等はルールベース・アプローチに基づく具体的・個別的な規制である点に違いがある。他方，第２に，金商法44条以下の弊害是正措置等の規定の中には，利益相反管理体制とりわけ情報遮断とリンクして機能することを前提とした，あるいはそれに関連した規定がある。例えば金融商品取引業者の親法人等・子法人等が関与する行為の制限に関して言えば，親法人等・子法人等に対して借入金に係る債務を有する者が発行する一定の有価証券の引受人となる場合であって，当該有価証券に係る手取金が当該債務の弁済に充てられることを知っているときは，その旨を顧客に説明することなく当該有価証券を売却し，または登録金融機関・金融商品仲介業者にその旨を説明することなく当該有価証券の売買の媒介，募集・売出しの取扱いもしくは私募の取扱いまたは特定投資家向け売付け勧誘等の取扱いを行わせてはならない（金商法44条の３第１項４号，金商業153条１項３号）。この規制は，当該有価証券に係る手取金が親法人等・子法人等に対する債務の弁済に充てられていることを知っているかどうかをまず問題にし，知っている場合には顧客や登録金融機関等にその旨を説明することにより当該取扱いの禁止は解除されるというものである。

翻って，金商法36条２項は，そもそも「顧客の利益が不当に害されることのないよう」体制を整備することを求めており，文言上は利益相反規制とぴったり対象が一致しているわけではない。そこで，以下，金商法36条１項および２項の沿革にさかのぼり，利益相反管理体制整備義務の法的根拠について検討する。

２．金商法36条１項の誠実公正義務

金商法36条１項の「誠実公正義務」は，どのような経緯で金商法に定められたのであろうか。同条同項は，平成３年６月，証券取引審議会不公正取引特別部会が，IOSCOが定めている当時の７つの行動規範原則のうち法令等

に根拠を置くことがふさわしいものについてはできるだけ法令に明示的に規定することが適切であると提言したことを受けて、翌平成4年の改正証取法によって上記7つの原則のうちの1つである誠実公平の原則（honesty and fairness）を誠実公正義務として明記したことに由来する[11]。

　誠実公正義務については、利用者保護、顧客保護のルールの徹底を図る観点から横断的に明示された金融商品取引業者のコアとなるルールであり、各種の行為規制の根源となる概念であるという説明もある。そうだとすると、金商法36条1項の定める誠実公正義務は、私法上の利益相反規制や忠実義務とは、そもそも最初から相当に異なった概念であるといえよう。金商法における利用者保護の徹底を図るという観点から課された各種行為規制の源となる概念であり、業者規制の根拠を示していると理解できる。

　なお、IOSCOは、2010年6月に行動規範原則を改訂し[12]、利益相反に関する原則は行動規範原則の第8において次のように定められている。すなわち、「規制当局は、利益相反及びインセンティブのねじれにつき、それを回避し、除去し、開示し、その他の方法によって管理することを確保するよう努めなければならない。」1990年に7つの行動規範原則が採択された当初は、利益相反については第6原則において定められていたが、そこでは「証券会社は、利益相反の回避につとめなければならず、回避できないときは、顧客を公正に取り扱うよう確保しなければならない」と規定されていた。現行版の行動規範原則は、利益相反とともにインセンティブのねじれについて言及している。このように、誠実公正義務を日本法が導入するきっかけとなったIOSCOの行動規範原則において、利益相反に関する原則が明示されている点には、留意すべきであろう。

　学説には、金商法36条1項に定める誠実公正義務には市場の健全性の確保という観点が入っているという指摘がある[13]。もし、誠実公正義務が、単な

---

11) 新設時は旧証券取引法49条の2であったが、その後の改正で旧証券取引法33条に移動した。
12) 金融危機の教訓を生かすために、システミック・リスク原則が新たに追加され、8項目となった。

る利用者保護，顧客保護の通則的・原理的な規定であるだけではなく，市場の健全性の確保をも目的とするものであるとすると，同義務は，神田教授の提唱されたルールの3分類すなわち業者ルール，市場ルールおよび民事ルールのうち，業者ルールだけでなく市場ルールの要素も取り入れたものということになると思われる[14]。このような理解は，利益相反管理体制整備義務のあり方は，顧客に提供されるサービスや顧客との取引がどのような市場で行われているのかを考慮すべきであるという考え方と整合的である。

3．利益相反管理体制整備義務の法的位置付け

金商法36条2項において，利益相反管理体制整備義務が導入された経緯に鑑みるならば（3．参照），金商法44条以下の弊害防止措置等に関する規制緩和とセットになっていたのであるから，同義務が44条以下の規定と密接な関係にあることは明らかである。

では，本稿のテーマである情報遮断すなわちウォールの設置は，金商法44条以下の規定から導かれるのであろうか。金融商品取引業者等またはその役員・使用人が複数の種別の金融商品取引業務を行う場合の禁止行為に係る金商法44条の規定は，当該金融商品取引業者等において，個々の業務毎に担当部署を分け，部署間においてすべての情報を遮断することまで求めているわけではないと説明されている[15]。したがって，ウォールの設置が金商法44条から当然に導かれるわけではない。

そうだとすると，利益相反管理体制整備義務は，金商法上どのように位置付けられ，さらに顧客に対する民事法上の注意義務や忠実義務とどのような

---

13) 神崎＝志谷＝川口474頁。
14) 神田秀樹「いわゆる受託者責任について—金融サービス法への構想」財務省財務総合政策研究所フィナンシャル・レビュー56号（2001年）98頁以下参照。<http://www.mof.go.jp/pri/publication/financial_review/fr_list3/r56/r_56_098_110.pdf>
15) 金融庁「コメントの概要及びコメントに対する金融庁の考え方」449頁1番および2番のコメントに対する回答参照（平成19年7月31日）。<http://www.fsa.go.jp/news/19/syouken/20070731-7/00.pdf>

関係に立つのであろうか。

　以下では，利益相反管理体制と情報遮断を中心とする顧客情報の取扱いという観点から，この分野において実務的にも理論的にも日本より豊富な経験と蓄積のあるアメリカ法を取り上げて，日本法への示唆を得たい[16]。

Ⅳ．アメリカにおける証券業者の利益相反規制と情報遮断（ウォール）

1．証券業者の利益相反規制－投資顧問とブローカー・ディーラー

　アメリカにおいては投資顧問（investment adviser）とブローカー・ディーラー（broker-dealer）が，異なる業法に基づき別々に規制されている。投資顧問は，投資顧問法（Investment Advisers Act of 1940）により受認者（fiduciary）であることは明白である[17]。連邦法上の受認者であることに基づき，投資顧問は，利益相反に係る重要事項を完全に開示する義務を負い，自己勘定または他の顧客勘定との間で行う取引について所定の規制に服することになるが，それに尽きるわけではない[18]。

　これに対し，ブローカー・ディーラーは，一般的には連邦証券法上の受認

---

16) 利益相反に係る民事法上の規律については，本稿では，扱わない。商品先物取引業者の利益相反規制に基づく説明義務等について判示した平成21年7月16日民集63巻6号1280頁等参照。また，公法上の業務規制，行政指導および自主規制機関の定める自主規制により証券会社に課される適合性の原則について，証券会社の担当者が，顧客の意向と実情に反して，明らかに過大な危険を伴う取引を積極的に勧誘するなど，適合性の原則から著しく逸脱した証券取引の勧誘をしてこれを行わせたときは，当該行為は不法行為法上も違法となると解するのが相当であるとするのが判例法理である（最判平成17年7月14日民集59巻6号1323頁）。顧客にとって合理性および必要性がなく，またはそれらが乏しい取引を勧誘した場合には，そのような勧誘は，誠実公正義務に著しく違反するものとして不法行為法上も違法であると判示した横浜地判平成21年3月25日証券取引被害判例セレクト35巻1頁参照。

17) SEC v. Capital Gains Research Bureau, Inc., 375 U.S. 180, 194 (1963); Staff of the SEC, Study on Investment Advisers and Broker-Dealers - As Required by Section 913 of the Dodd-Frank Wall Street Reform and Consumer Protection Act- ("SEC Staff Report"), at 22 (January 2011).

18) SEC Staff Report, supra note 17, at 22-27.

者でないと解されている。アメリカにおいては，受認者であることに疑いの余地はない投資顧問と，一般的には受認者でないとされるブローカー・ディーラーとでは，利益相反規制は，当然のことながら同一ではない。たとえば，利益相反に係る完全な開示が要求されるのかどうか，利益相反について開示する時点はいつかなどの点において，投資顧問の方が厳しい規制に服する[19]。

もっとも，ブローカー・ディーラーも，受認者に該当するとされ，連邦証券法上の信認義務（fiduciary duty）を負い，利益相反規制に服する場合がある[20]。ブローカー・ディーラーのブローカー業務に着目すれば，取次業者は顧客のエージェントであるため，民事法上は信認関係に基づき信認義務を負うことになる。ところが，ブローカーであってもほとんど裁量的判断の余地がなく，単に執行だけを行っているにすぎない場合もあり，そもそもディーラーとして行動することもあるため，ブローカー・ディーラーが連邦証券法上の受認者であるとは一般的にはいえない。証券業者が，顧客との間で自らが売買契約の当事者となる場合すなわちディーラーとして立ち現れる場合には，連邦証券法上の受認者であるとはいえないからである。以上から，ブローカー・ディーラーは，連邦証券法上は一般的には受認者に該当しないと解されてきた。

しかしながら，一定の要件を満たす場合には，ブローカー・ディーラーが連邦証券法上の受認者とされる。どのような条件が備われば，ブローカー・ディーラーが受認者となり得るかについては，判例の集積とそれを踏まえた様々な議論がある。

例えば，この分野のスタンダードな文献を著わされたポーザー教授によると，ブローカー・ディーラーが受認者になるかどうかは，次の5つの要素を総合的に考慮して判断されるという[21]。すなわち第1に，顧客の口座につい

---

19) Id. at 102-109.
20) Id. at 8-11, 54-55.
21) Norman S. Poser, Broker-Dealer Law and Regulation, Aspen Law & Business, §2.02~§2.02 [D], at 2-16~2-35, 3d. ed. (2000).

て業者が裁量的権限を有しているか、または何らかの形で支配（control）を及ぼしているか。第2に、委託した取引のリスクが大きく当該取引の仕組みが複雑であるか。第3に、顧客の属性。第4に、業者が助言を行っているのか、それとも顧客は別の第三者から助言を受けて、当該業者に対しては発注しているだけか。第5に、顧客の業者に対する信頼が実際にどの程度のものか。

　ボストン大学のフランケル教授は、ブローカーは、次の4つを根拠に受認者であるという[22]。すなわち、第1に、顧客から委託された資金を高いモラルを持って管理・運営することが求められていること。第2に、委託者のために取引を執行する者であること。第3に、売買の対象である証券に関する助言や推奨がなされることがあり、それに対する信頼が存在すること。第4に、当事者から委託された情報を利用していること。この議論からすれば、ブローカー・ディーラーが法的には単なる証券の売買の当事者すなわちディーラーとして立ち現れる場合でも、前述した受認者となるべき実質的根拠が備われば、受認者に該当し得るものと推察される[23]。

　判例もまた、顧客口座について裁量権をもっている場合[24]、顧客口座について裁量権は否定されているものの事実上支配を及ぼしていた場合[25]、顧客との間に信頼関係が存在する場合[26]などに、ブローカー・ディーラーを受認者と認定している。

---

[22] Tamar Frankel, Fiduciary Law, Oxford University Press, at 45–46 (2010). 同書の邦訳として、溜箭将之監訳・三菱 UFJ 信託銀行 Fiduciary Law 研究会訳『フィデューシャリー「託される人」の法理論』（弘文堂、2014年）がある。
[23] 証券業者が無料で助言を行う場合には、1940年投資顧問法は適用されない。ところが、無償で投資助言やファイナンシャル・プランニングをしながら、取引を実行する際に手数料を収受している場合や、助言した取引から手数料をとりつつ無償で助言サービスを提供するとうたっているような場合など、実務ではブローカー・ディーラーと投資顧問の関係が複雑に交錯している場合も少なくないようである（Frankel, supra note 22, at 47–48）。
[24] U.S. v. Skelly, 442 F.3d 94, 98 (2d Cir. 2006).
[25] Leib v. Merrill Lynch, Pierce, Fenner & Smith, Inc., 461 F. Supp. 951, 953–954 (E.D. Mich. 1978), aff'd, 647 F.2d 165 (6th Cir. 1981).
[26] United States v. Szur, 289 F.3d 200, 211 (2d Cir. 2002); Mid America Fed. Savings & Loan Ass'n v. Shearson/American Express Inc., 886 F.2d 1249, at 1257 (10th Cir. 1989).

2．ドッド・フランク法による利益相反規制の見直し

　2010年に成立したドッド・フランク法は，サブプライム・ローン問題を契機に発生しリーマン・ショックで頂点に達した，2007年から2009年にかけて発生した，金融危機は，利益相反への適切な対応を欠いていたことを一因とするという反省の下，とくにデリバティブ取引や格付機関に対する規制の分野で，利益相反規制を導入し，ボルカー・ルールにより，投資銀行が自己勘定で行う取引を禁止することとした[27]。ドッド・フランク法の制定に際して，ブローカー・ディーラーを受認者とするかどうかが大問題となった。2009年から2010年にかけて，証券業界は，ブローカー・ディーラーを受認者として位置付けるのではなく，したがって受認者に係る法に基づく利益相反規制の適用を受けないことを明確にして欲しいという主張を展開した[28]。そのような主張の根拠は，ブローカー・ディーラーはすでに十分にSECの監督及び自主規制の適用を受けているから，それだけで必要かつ十分であるというものであった[29]。たしかに，SECの規制に服している上に，州のコモンロー上，受認者の信認義務に違反したとしてその責任を重ねて追及される可能性があるという懸念には理解できる点がある。このような二重の責任追及を嫌って，業界は，SECの監督と自主規制に服しているのであるから[30]，それに加えその適用関係につき前述したような不安定性がある受認者としての法の適用を受けるのは回避したいと考えたのであろう。

---

27) Dodd-Frank Wall Street Reform and Consumer Protection Act, Pub. L. No. 111-203, 124 Stat. 1621 (2010) [12 U.S.C. §1851].
28) Frankel, supra note 22, at 46-47.
29) 具体的には，連邦証券取引所法78a条から78nn条までの規定および自主規制機関（通常はFINRA）のルールの適用を受けることをいう（Securities Exchange Act of 1934, 15 U.S.C. §§78a-78nn (2006))。なお，アメリカでは，ブローカー・ディーラーは，自主規制機関のメンバーになることを強制されている（Exchange Act Section 15(b)(8), Exchange Act Rule 15b9-1）。
30) もっとも，取引所や自主規制機関による自主規制は，自己が営む事業と自主規制機能との境界が曖昧になり，とくに競合する者のパフォーマンスに影響を与える地位にいる者が当該事業と自主規制・監督の双方に関与するときには，それ自体が利益相反となることに注意を要する。

ドット・フランク法913条(g)項は，SEC に対し，すべてのブローカー，ディーラーおよび投資顧問がリーテール顧客に対し証券に係る個別の投資助言を行う場合について，監督法を含む現行法制の規範の有効性について精査した上で，これらの規範の間にギャップ，不足または重複がある場合には，顧客の最善の利益のために行動するという「統一的な信認義務（uniform fiduciary duty）」に則り，重大な利益相反を開示し顧客の同意を得るものとするよう規則を定める権限を付与した。この改正により，ブローカー・ディーラーは，彼らを信頼した顧客の助言者またはファイナンシャル・プランナーとして受認者となる可能性が開かれたわけであるが，他方，必ずしもつねに受認者になるわけではないことも明らかになった[31]。こうしてドッド・フランク法は，証券業者の利益相反に係る規則の制定を SEC に授権するにとどめ，同法によりこの問題に決着がついたわけではない[32]。

ブローカー・ディーラーは，顧客の代理人としてブローカレッジ業務をする一方，顧客に対し本人としてディーリングを行い，トレーダーとして顧客に流動性を提供し特定の証券については市場を創設する。これらの複合的な機能は，経済的には意味のあることであるが，業者と顧客の関係は，契約上の関係と信認法上の関係が交錯することになり，かつ，実際に深刻な利益相反の状況が出現した場合には，むつかしい法律問題を惹起し得る[33]。たとえば，ブローカーは，自己の利益になる特定の証券を取引するよう誘引するために，助言またはファイナンシャル・プランニングであると思わせながら，その実態はセールス・トーク，または「フリー・ランチ」を行っている可能性がある。しかし，これらの利益相反は，ブローカーに言わせれば，自分は独立の契約者であって，顧客と契約の相手方として対峙する一方当事者にすぎないということになる[34]。

---

31) Investment Advisory Act of 1940, §201(a)(11), 15 U.S.C. §80b-2(a)(11).
32) Frankel, supra note 22, at 47.
33) *Id.* at 47.
34) *Id.* at 47.

監督当局である SEC は，とくにリーテール顧客にとっては，ブローカー・ディーラーが受認者として顧客のために取引しているのか，それとも純粋に契約の一当事者として立ち現れているにすぎないのか，必ずしも判然とせず，そのこと自体が一般投資者に混乱をもたらしているとして問題視する立場を鮮明にしている[35]。たとえば，投資顧問が投資助言をすれば，彼らが受認者であることには異論がなく，当然に信認義務を負い利益相反規制に服することになる。それに対し，ブローカー・ディーラーが同様の助言や推奨を行っても，利益相反規制に服するかどうかは，上述したように必ずしも定かでない。他方，顧客とりわけ必ずしも洗練されていないリーテール投資家にとっては，ブローカー・ディーラーが受認者であると期待し，あるいはそのような信頼を置くことが不合理とはいえない。実際に，ブローカー・ディーラーが一時的または継続的に助言や推奨を行うことも少なくなく，投資顧問との境界は曖昧になっており，リーテール投資家を保護する必要性は大きいと考えられる。

　2011年の SEC のスタッフ・レポートは，重大な利益相反を排除し，または少なくとも開示する義務をブローカー・ディーラーが負うべきことを明言するとともに，リーテール投資家に利益相反の本質がわかるように十分な事実を提供すべく明確かつ特定された開示をしなければならないものとすることを勧告した[36]。次いで SEC は，2013年に発出したリリースにおいて，投資顧問に係る利益相反規制とブローカー・ディーラーに係る利益相反規制を統合する方向性が望ましいという立場を明確にした[37]。そして，自主規制機関も SEC の考え方に呼応する形で，ブローカー・ディーラーについて，新規のリーテール顧客に対し手数料および自己が提供するすべての種類のサービスを開示するとともに，これらのサービスに関連する利益相反の可能性に

---

35) SEC, Duties of Brokers, Dealers, and Investment Advisers ("SEC Release"), [Release No. 34-69013; IA-3558; File No. 4-606] 78 Fed. Reg. 14848, at 14849 (Mar. 7, 2013).
36) SEC Staff Report, supra note 17, at 112-118.
37) SEC Release, supra note 35, at 14849-14850.

ついて認識すべきことを義務付ける旨の提案をしているところである[38]。

3．看板理論

アメリカにおけるブローカー・ディーラーの責任のもう1つの大きな根拠として「看板理論（shingle theory）」が挙げられる。看板理論とは信認義務とは別の根拠・考え方に基づくものである。すなわち、ブローカー・ディーラーであるという看板を掲げた以上は、顧客に対し、専門家として公正に取引することを黙示的に表示したものであるという理論である[39]。要するに、証券会社はその看板を掲げることによって自己が公衆に対して公正に取引することを表示したものとみなされるのである。このような看板理論は、元来はコモンロー上の「表示責任（holding out）」の法理から発展してきたものであり、契約法上の責任とされる[40]。

例えば、市場価格に照らして相当でない価格で取引をすることは、このような黙示の表示に違反した取引であり、したがって顧客に対する詐欺になる[41]。すなわち、看板理論は、連邦証券諸法上の一般詐欺規定が規制する、ブローカー・ディーラーの故意によらない不実表示、ないしは開示の省略を規制するに際しても適用される。このような帰結をもたらす基礎的な理論として、看板理論は SEC と判例によって展開されてきた。

---

38) FINRA, Regulatory Notice 10-54 (Oct. 2010).<http://www.finra.org/web/groups/industry/@ip/@reg/@notice/documents/notices/p122361.pdf>本提案に対するパブコメ手続が終了し、その結果は FINRA のウェブサイトに公開されている。
39) SEC Staff Report, supra note 17, at 51.「看板理論」については、山下友信「証券会社の投資勧誘」河本一郎先生還暦記念『証券取引法大系』（商事法務研究会、1986年）321〜323頁、鴻常夫＝北沢正啓編修『英米商事法辞典［新版］』（商事法務、1998年）869頁【森田章】参照。
40) Frankel, supra note 22, footnote 184 at 47.
41) Louis Loss/Joel Seligman, Securities Regulation, 3d. ed., Vol. Ⅷ Revised, at 3814 (2004). そのような行為は、ルール10b-5にも違反する（Grandon v. Merrill Lynch & Co., 147 F.3d 184, 189-90 (2d Cir. 1998)）。

4．誠実公正義務

アメリカにおいてもブローカー・ディーラーは，一定の要件の下で受認者とされ，信認関係に基づく利益相反規制に服することがあるが，それといわば併存する形で看板理論が存在し，看板理論により証券業者はプロとして顧客を公正に取り扱う義務を負う。わが国の金商法36条1項に定める誠実公正義務の淵源であると考えられるこの義務は，アメリカ法の下では，信認義務だけから導かれているわけではなく，看板理論といわば融合した連邦証券法上の義務と位置付けられている[42]。

5．証券取引所法10条(b)項およびルール10b-5

証券業者が利益相反に係る行為規制に違反した場合の責任追及に関しては，証券取引所法10条(b)項およびルール10b-5がとりわけ重要である。看板理論または信認義務に基づく開示義務違反がルール10b-5に反するときは，顧客は，業者の「悪意（scienter）」の立証に成功すれば，私的訴権を基礎付けることができ，また，監督当局は，ルール10b-5違反に基づく制裁を発動することができる[43]。ルール10b-5は，投資者保護という観点からも業者に対する行為規範のエンフォースメントの確保という観点からも重要である。

証券業者のある部門が入手した未公開重要情報を使用して，投資判断や事業上の判断を行うことは，ルール10b-5の違反になる[44]。利益相反規制との関係では，利益相反の開示をしなかったことがルール10b-5に違反し，私的訴権を成立させる例も少なくない[45]。たとえば，顧客が発注した証券の公開市場における最良の価格を開示せずに，証券会社が自己売買により当該証券

---

[42] SEC Staff Report, supra note 17, at 51-42；FINRA Rule 2010.
[43] SEC Staff Report, supra note 17, at 61 and 133.
[44] Donald C. Langevoort, Rereading Cady, Roberts : The Ideology and Practice of Insider Trading Regulation, 99 COLUM. L. REV. 1319, at 1332-35 (1999).
[45] SEC Staff Report, supra note 17, at 45.

を売買した事業において，当該証券業者は受認者であるとして，連邦証券法上の詐欺禁止規定違反を認めるのが判例である[46]。判旨は，「同時に投資助言とブローカー・ディーラーの役割を果たす者は」受認者であるとも述べており，看板理論に基づく誠実公正義務とブローカー・ディーラーの受認者性を併せて考慮した上で，ルール10b-5を適用し，投資顧問とブローカー・ディーラーの機能が輻輳化している状況に対応しようとしているように見える[47]。

原告である顧客は証券業者がルール10b-5に違反した事実および原告に生じた侵害と当該違反の事実との間の因果関係ならびに業者の悪意を証明すれば同ルールに基づいて訴えを提起することが可能になる。これに対し，前述した連邦証券法上の信認義務による場合には，その違反だけでルール10b-5に基づく訴権が基礎付けられるわけではない[48]。他方，州のコモンロー上の信認関係の存在，信認義務の違反および損害を立証できれば，信認法に基づく救済を受けることができる。たとえば，投資顧問であると表示しブローカーであることを開示しなかったブローカーは，それ自体で不実表示を行ったとされる[49]。

このように，看板理論や不実開示に基づく行為がルール10b-5に該当するならば，SECもエンフォースメントを求めることができ，顧客もまた連邦証券法に基づいて損害賠償を請求できる。金融業監督機構（Financial Industry Regulatory Authority；FINRA）のルールは，顧客を公平かつ自らがプロであることを認識して取り扱うべき旨を定めている。この行為規範は，「看板理論」を自主規制化したものであるが，この違反がただちにすべてルール10b-5に基づく私的訴権を基礎付けるわけではなく，そのために

---

[46] リーディングケースとされる，Hughes v. SEC, 174 F.2d 969 (D.C.Cir. 1949)参照。
[47] Id. at 975.
[48] 信認義務違反があっても，ルール10b-5の違反となる不実表示や不開示が認められなければ，私的訴権は認められない（Santa Fe Indus., Inc. v. Green, 430 U.S. 462 (1977)）。ルール10b-5上の詐欺に該当するためには開示義務違反が必要であると解されていることにつき，萬澤陽子『アメリカのインサイダー取引と法』（弘文堂，2011年）152-156頁参照。
[49] Frankel, supra note 22, at 48.

は，証券の売買に関連して「詐欺 (fraud)」がなされる必要がある。他方，ルール10b-5に基づく救済が得られない場合であっても，信認義務違反を主張立証することにより州のコモンローに基づく救済を求めることができるという関係にあることは，前述したとおりである[50]。

6．利益相反の状況が生じる局面

具体的に，証券業者のどのような行為が利益相反状況を生じさせるのであろうか。利益相反行為の典型例として，①引受部門が引受けをした株式の売れ残りの株式を自己が管理する口座に販売する，②自己が管理する口座にある不要な証券につき，当該証券に有利なレポートを発行させ，または仲介部門に当該証券を顧客に推奨するよう圧力をかける，③関連会社が投資顧問をつとめるミューチュアル・ファンドを販売するためにブローカーに対し特別のインセンティブを賦与する，④マーケット・メーカーがポジションをもっている証券についてリーテール仲介部門やポートフォリオ管理部門に圧力をかける，⑤大口顧客または優良顧客に対する情報提供や推奨を他の顧客に先がけて行い，また，より良い価格で注文を執行する，⑥顧客口座でチャーニング（多数回売買）を行う，⑦処分したい証券等につき，特別の報酬をブローカーに支払って推奨してもらう，⑧自己取引部門が，調査部門が有利なレポートを発行しそうな証券を予め購入するフロント・ランニングを行う，⑨引受部門が引き受けた新規発行証券を購入するようにファンド運用部門に圧力をかける，⑩投資銀行部門が公開買付けの局面でファンド運用部門に一方を支援するよう圧力をかける，⑪投資銀行部門または引受部門のメンバーが未公開情報を利用して取引を行う，⑫投資銀行部門のメンバーが顧客である他の会社の取締役を兼任している場合に，未公開情報に基づき取引をし，もしくはそれを漏えいする，⑬引受部門が発行者である顧客のために不当に高い価格で公募価額を設定し，もしくは反対に購入者を利するために不当に低

---

50) Hazen, Ch.14.15, at 450.

い価格を設定する。⑭投資銀行部門がリサーチ部門の証券アナリストに投資銀行部門の顧客に有利なレポートを書くようにプレッシャーをかけるといった例が良く知られている。また，金融コングロマリットに商業銀行が含まれている場合には，⑮リーテール部門または投資顧問部門に対し当該商業銀行の証券を推奨するようにプレッシャーをかけ，またはそれに不利な意見を書かないように説得する。⑯投資銀行部門が敵対的買収者に助言する一方，商業銀行が標的会社に融資をする。⑰商業銀行がグループ会社である当該証券会社の運用ファンドが証券を有している投資先の法人顧客に関する未公開情報を取得すること，などが利益相反行為の具体例として挙げられる[51]。

　証券業者およびその従業員は，つねにこれらの誘惑に屈するわけではない。それどころか，顧客のためのみならず業界自身のためにも問題を発生させないような措置を講じる十分な理由をもっている[52]。利益相反によって害されることをおそれ，リーテール顧客は，直接市場に参加しない傾向をもつようになったとされ，機関投資家の証券業者に対する信頼も失われてきたとされる。ハーバード・ビジネス・スクールのハイエス教授は，議会の公聴会で次のように述べた[53]。すなわち，「アメリカの証券業者が自己勘定の投資に注力してきたことは，証券業者自身と伝統的な法人顧客や機関投資家との間に心配や疑念を呼び起こす利益相反問題を惹起することになった。…こうして惹起された利益相反は避けがたいものであり，…私の印象によれば，多くの顧客はこれらの利益相反を理解できないものと感じ，証券業者が変質した役割を続ける限り，顧客は自らを守るためのアレンジメントを行わなければならないということになろう。」

　SECは，利益相反が生じる局面として，次の場合をとくに問題視している。第1は，報酬関係である。たとえば新商品やリスクの高い商品を推奨し，ま

---

51) Poser, supra note 21, §1.02[A], at 1-22～1-24.
52) 以下の記述につき，Poser, supra note 21, §1-26参照。
53) Condition of the Securities Industry : Hearing before the Subcomm. On Securities of the Sen. Comm. on Banking, Housing, and Urban Affairs, 101st Cong., 2d Sess., S.Hrg. 101-904, at 119 and 132 (March. 6, 1990).

たは販売する際に，証券業者やその代理人にたとえば顧客サービス手数料（client servicing fees）のような形で報酬が与えられるような設計がなされており，しかもそれが開示されていないとすると，リーテール顧客との間に重大な利益相反が生じる[54]。第2は，ポートフォリオ管理に係る利益相反である。投資顧問が，複数の顧客のために口座を管理しており，一方の口座はパフォーマンスに応じた報酬体系となっており，他方の口座はそうでないときは，経済的なインセンティブや個人的な関係などから，投資機会の配分において，ある顧客を他の顧客よりも有利に扱うという，顧客間の利益相反が生じる[55]。第3に，投資顧問と証券業者との間に親子会社関係のような所有関係等がある場合は，投資顧問が関係者である証券業者に発注する等のインセンティブが生じる[56]。第4に，証券を譲渡する者の代理人が，当該証券の発行者等の実質所有者であったり，その関係人であったりするときは，インセンティブの衝突が生じる[57]。第5に，とくに競争が厳しい分野において，流動性が低いポジションの評価に際し，高く評価することにより顧客を誘引しようとするインセンティブが生じる[58]。

7．証券取引所法における利益相反規制

(イ) プリンシプルベース・アプローチによる利益相反規制

証券業者の活動をつぶさに監督するには非常に大きなコストがかかるので，監督当局は，利益相反については証券業者に相当の自由度を認めた上で，顧客を不公正に害することを禁じてきたとされる[59]。すなわち，証券業者の利益相反規制としては，プリンシプルベース・アプローチが重要な意味を

---

[54] SEC Office of Compliance Inspections and Examinations, National Examination Program Examination Priorities for 2013, at 4 (February 21, 2013) <http://www.sec.gov/about/offices/ocie/national-examination-program-priorities-2013.pdf>
[55] *Id.* at 4.
[56] *Id.* at 5.
[57] *Id.* at 11.
[58] *Id.* at 4.
[59] Poser, supra note 21, §1.02, 1–20.

もってきたのである。プリンシプルベース・アプローチの規定として重要な規定は，1934年証券取引所法15条(c)項である。同条同項は，証券業者に対し，証券の売買に関連して，重要な事実について虚偽の表示をし，誤解を招く表示の省略がなされること，および，詐欺的または操作的な行為および実務を広く禁じている。すなわち，同法15条(c)項は，操作，偽計その他の詐欺的な手段や偽計により，証券の売買を誘引し，または誘引しようとすることを禁じている。FINRAのルール2010によれば，証券業者は，「事業を遂行するに際し，商業的な名誉の最高水準を遵守し，公正かつ衡平な取引の原則に従わねばならない」と定める[60]。さらに，同ルール2020は，証券取引所法15条(c)項と同様の行為を禁止する。

　(ロ)　ルールベース・アプローチによる利益相反規制

　他方，FINRAとSECは，開示を命じ，端的に禁止すべき利益相反に関わる行為を個別・具体的に定めている。ルールベース・アプローチによる利益相反規制も充実している。

　開示を要求される事項としては，次のものがある。第1に，証券業者がある証券に対し支配，関係もしくは利益をもっているか，または，当該証券の発行者に対し支配，関係もしくは利益をもっている場合は，顧客に対しその旨を書面で開示しなければならない[61]。第2に，機関投資家以外の顧客との間で，マーケット・メーカーが証券の販売の注文を受けた後に，他の証券業者または顧客から当該証券を買付け，異なる価格で当該顧客にそれを売却するような自己勘定における取引（「ネット・ベースの取引」）を行うときは，顧客との間でネット・ベースの取引を行うに際し，顧客にその旨を開示し，書面による同意を得なければならない[62]。第3に，証券業者が，ある証券の発行者を支配し，それに支配され，またはそれと共に共同支配下にあるときは，当該証券について顧客と取引を開始する前にその旨を顧客に開示しなけ

---

60) FINRA Rule 2010, Standards of Commercial Honor and Principles of Trade.
61) 1934年証券取引所法ルール15c1-5および15c1-6。
62) FINRA Rule 2124.

ればならない[63]。第4に，証券業者がある証券の分売に参加し，またはその他の金融上の利害関係があるときは，顧客に対し当該証券に係る取引につき，その旨を書面により開示しなければならない[64]。第5に，証券業者は，最新の貸借対照表を顧客の要求により開示しなければならない[65]。また，後述するように，例外的に利益相反関係にある証券を公募することの禁止が解除される場合があるが，その際の要件の1つが，当該利益相反に係る重要事項説明書を開示することである。

禁止される行為としては，次の行為がある。第1に，証券業者およびその利害関係者は，IPOにおいて当該証券業者またはその利害関係者が利害関係を有している口座の計算で，当該証券を購入してはならない[66]。第2に，証券の分売に参加している引受人，証券業者，発行者およびその他の者は，所定の禁止期間の間は募集株式の売買を行ってはならない[67]。第3に，証券業者は，調査レポートから得た未公開情報に基づいてある証券に係るデリバティブ取引上または当該証券上のポジションを変更してはならない[68]。第4に，証券業者のアナリストと投資銀行との間で行われる活動や関係は規制され，また，アナリストが自己の関与する株式について自己の計算で取引を行うことは禁止される[69]。第5に，証券業者は，別の会社の従業員に対し年間で100ドルに相当する価値のあるものを与えることは，当該従業員の使用者の事業との関係に基づいて当該出捐がなされるときは，禁止される[70]。第6に，証券業者は，当該証券業者に対してなされた，または当該証券業者に向けられた取次委託に基づくサービスの提供に係るアレンジメントに基づいて，手数料収入を得るために，ある投資会社の株式（ファンド）の販売を有

---

63) FINRA Rule 2262.
64) FINRA Rule 2269.
65) FINRA Rule 2261.
66) FINRA Rule 5130.
67) SEC Regulation M, FINRA Rule 5190.
68) FINRA Rule 5280.
69) NASD Rule 2711 and NYSE Rule 472.
70) FINRA Rule 3220.

利に扱ってはならない[71]。第7に，証券業者は，顧客から借り入れをし，または顧客に対して貸付けをすることは，原則として，禁止される[72]。第8に，顧客の注文に先立ち当該証券会社の自己勘定で取引を行ってはならない[73]。第9に，事業体の公募にFINRAの会員が関与する場合において，①会員の発行する証券であるとき，②発行者が会員もしくは会員の利害関係者を支配し，それらに支配され，またはそれらと共に共同支配下にあるとき，③引受手数料を除く公募に係る純調達額の少なくとも5％に相当する額を，会員，その関係者および利害関係者が発行者に対して行った貸付け等の返済または回収にあてようとしているとき，④公募または公募に際し行われる取引の結果，会員が発行者の関係者になる場合など，詳細かつ具体的に「利益相反」が発現する場合を明定した上で，「利益相反」が存在するときは，当該会員は，原則として当該証券を裁量権を有する口座に対して販売してはならないものとされる[74]。

8．情報遮断（ウォール）

(イ) 法律上の根拠

1988年11月,「内部者取引及び証券詐欺防止法[75]」が制定され，同法により証券取引所法に15条(f)項が新設された。同条同項は，ドッド・フランク法により15条(g)項に繰り下げられた。現行の証券取引所法15条(g)項によれば，登録証券業者は，当該証券業者およびその関係者が証券法上の規定に違反して未公開重要情報を濫用することを防止するために，その事業の性質に鑑み合理的に設計された方針および手続を書面において定め，維持し，かつ実施

---

71) NASD Rule 2830(k).
72) FINRA Rule 3240.
73) FINRA Rule 5320. ただし，機関投資家の口座については，適切な開示がなされる場合は，禁止は解除される。
74) FINRA Rule 5121(c). 口座保有者の事前の特定された書面による承諾がある場合は，禁止は解除される。
75) Insider Trading and Securities Fraud Enforcement Act of 1988.

しなければならない[76]。同様の義務は，投資顧問法204A条において投資顧問業者に対しても課されている。ここで問題とされている未公開重要情報の濫用の典型例は，内部者取引である。しかし，それ以外にも，利益相反行為たとえば未公開重要情報を利用した調査レポートの発行なども未公開重要情報の濫用に該当し得る。

そして，実務においては，情報遮断すなわち（チャイニーズ・）ウォールの設置と運営が，当該規制に対処するための有力な方策であるとされてきた[77]。そこで，以下では，顧客情報の取扱いとウォールという観点から，アメリカの監督規制を概観する。

そもそも，未公開重要情報は，証券業者のどの部門において発生し，または保有されている可能性が高いのであろうか。証券業者は，投資助言，オリジネーション，与信取引その他の顧客からの信認義務や守秘義務を生じさせる可能性のある事業の遂行により，顧客やマーケット・イベントに係る未公開情報を取得する可能性がある。2011年にSECのスタッフが公表した報告書は，そのような未公開重要情報を日常的に取得する可能性がある証券業者の部門は，戦略的活動や財務管理上の問題に対する助言を行うために会社の内部者と日常的に議論を交している部門，すなわち，投資銀行部門，資金調達に携わる資本市場部門，シンジケート部門，デリバティブ販売部門，貸株やプライム・ブローカレッジ部門などであると指摘する[78]。そして，コントロール部門や利益相反をチェックするコンプライス部門において，第二次的に，伝達された未公開重要情報が集積されることになる[79]。証券業者および

---

76) アメリカ証券取引所法15条(g)項および同条同項に基づくチャイニーズ・ウォールについての研究として，小林史治・萬澤陽子「『法人関係情報』の適用及び範囲－アメリカ合衆国における法制度との比較を通じた一考察－（上）（下）」証券経済研究76号（2011年12月）27～39頁，77号（2012年3月）135頁～153頁とくに77号136～143頁参照。

77) Poser, supra note 21, §1.02[B], at 1-30.

78) SEC, Staff Summary Report on Examinations of Information Barriers : Broker-Dealer Practices under Section 15(g) of the Securities Exchange Act of 1934 ("Staff Summary Report"), at 9-17 (September 27, 2012).

79) *Id.* at 17.

その役職員は自己の利益を図るためにそのような未公開重要情報を濫用して,取引において不当な利益を図り,または当該情報を用いた調査レポートを発行するなどして利益を得るおそれがある。証券取引所法15条(g)項による「方針および手続」は,このような未公開重要情報を用いた利益相反行為をも防止するものでなければならない。

(ロ) 監督法上の規制の手法と実務における対応——情報遮断（ウォール）

(i) 情報遮断の沿革と法的根拠

ウォールとは,「企業により創設される,ある部門・関係者が保有するある種の情報が他の部門・関係者に伝達されることを防止するための内部的なルールおよび手続の総称」と定義される[80]。ウォールとは,未公開重要情報を入手する業務部門から投資助言や証券売買などを行う部門に情報が伝達されることを防止するために設けられる情報障壁である。アメリカでは,投資銀行部門,貸付部門,引受部門やシンジケーション部門など未公開重要情報に日常的にアクセスしている部門を「プライベート部門（private-side）」,それ以外の投資助言や証券売買の部門を「パブリック部門（public-side）」と呼ぶことが多いようであるが[81],ウォールは,プライベート部門に属する各部門間,およびプライベート部門とパブリック部門の間に設置されることになる。

そもそもウォールは,内部者取引を防止するために創設されたものであった。もっとも,アメリカにおいては,内部者取引は基本的には信認義務に違反する行為として理解されている点に留意する必要がある。SECが,1968年に,メリル・リンチに対し,内部情報の伝達に対するエンフォースメントのための和解案の中でウォールの設置を要求したのがその嚆矢であるとされ

---

80) SEC Division of Market Regulation, Report: Broker Dealer Policies and Procedures Designed to Segment the Flow and Prevent the Misuse of Material Nonpublic Information, Mar. 1990, at 2-3.
81) Staff Summary Report, supra note 78, at 17-18. なお,このレポートにおいては,チャイニーズ・ウォールという言葉は用いられておらず,たんにウォール（wall）または情報隔壁（information barriers）と呼ばれている。

る[82]。このケースは,ダグラス社の予想収益が大幅に減少するという財務報告の修正情報を,同社の転換型劣後債の幹事引受業者に指定されていたメリル・リンチ社の引受部門のトップが取得したところ,当該情報が意図的に機関投資家と取引をしていた売買部門に伝達され,ダグラス社が公表する前の3日間に当該機関投資家がダグラス社株式を大量に売却および空売りしたという事案であった[83]。SECは,機密情報が開示されないようにより強く未公開重要情報を保護するための内部的手続を定め,それを実施・遵守すること,および,当該内部的手続においては商業貸付け・引受業務と信認関係の生じる業務との間でコミュニケーションをとることを,上級業務執行者や法務部門に属する者などを除き,原則として禁止することを求めたのである[84]。

SECは,1990年になると,ウォールの実効性を確保するために,その最低基準を定め[85],NASDとニューヨーク証券取引所(NYSE)は,翌1991年,当該最低要件に準じた「チャイニーズ・ウォールの方針及び手続に関する覚書」を公表した[86]。なお,ウォールの方針および手続についてSECが自らルールを定めることをせず,自主規制機関に委ねつつ,SECは当該自主規制機関の定める自主規制を監視することとしたのは,そうすることによりウォールの進化が促されるというベスト・プラクティスの考え方を採用したことによる[87]。

2011年に公表されたドッド・フランク法913条(g)項によるSECのスタッ

---

82) Poser, supra note 21, §1.02[B], at 1-26~1-27.
83) In re Merill Lynch, Pierce, Ferner & Smith, Inc., 43 S.E.C. 933, at 935 (1968).
84) Id. at 93. SECによる同事件およびその後のウォールに係るSECのエンフォースメントについては,Stanislav Dolgopolov, Insider Trading, Chinese Walls, and Brokerage Commissions: The Origins of Modern Regulation of Information Flows in Securities Markets, 4 J.L. Econ. & Pol'y 311 (2007), at 345-349参照。
85) SEC Division of Market Regulation, supra note 80, at 20-23.
86) NASD/NYSE, Joint Memo on Chinese Wall Policies and Procedures (1991). <http://finra.complinet.com/en/display/display_main.html?rbid.=2403&element_id=1182&print=1>
87) SEC Division of Market Regulation, supra note 80, in Executive Summary.

フ・レポートを経て、2012年、SEC は、情報障壁について、証券取引所法15条(g)項に基づく「方針および手続」の検査に関するスタッフ・サマリー・レポートを公表した[88]。SEC スタッフ・サマリー・レポートは、後述するように、利益相反管理と情報障壁との関係についてかなり言及している。

(ハ) 実態

ウォールは、複数のサービスを提供する証券業者や、信託部門を擁し証券業者と同様の問題を抱える商業銀行に急速に普及していった。実務では、①未公開重要情報の不適切な伝達の禁止についての従業員への啓もう、②従業員の取引禁止、③物理的障壁の設置、④投資銀行部門の情報へのアクセス制限、および⑤自己勘定取引部門における取引制限を含む一連の手続が設けられるのが通常であった[89]。

ウォールがどのように構築され、運用されているかは、証券業者の規模や構造によって大きく異なる[90]。通常、貸付部門などのプライベート部門と証券売買部門などのパブリック部門との間に物理的および機能的な障壁を設けることにより構築される。社内的には、当該情報障壁の目的と基本的な規定の概要を説明したポリシー・ステイトメントを配布する。それに従って取引や業務が行われているかどうかを独立したコンプライアンス部門が監視する。情報遮断に係る措置の管理・運用責任は、今や多くの証券業者において、コンプライアンス部門に統合され集中されている[91]。この部局は、実務では、コントロール室またはコントロール・グループと呼ばれている。

機密情報を含むコンピュータへのアクセスを制限する。その他にも複数の部門の間で委員会を共有することを制限する一方、事故が生じた場合のコミュニケーションのプロトコルを樹立しておく。もっとも、上級役員など、ウォールを超えることが許される者が存在しなければならない。オン・ザ・

---

88) それぞれ前掲注 (17) および前掲注 (78) に掲げたレポート参照。
89) Loss/Seligman, supra note 41, at 3641-3643.
90) 本文の以下の記述は、もっぱら、Staff Summary Report, supra note 78, at 8-42に基づく。
91) Id. at 8.

ウォールと呼ばれるが，この場合，その者は，得られた情報を頭の中で二分して管理しつつ行動するという難局に立ち向かわねばならないことになる[92]。

　典型的なウォールにおいては，重要な未公開情報に当たるかどうか，監視リストに掲載するかどうかを審査するために，主としてプライベート部門からコントロール室に情報が集められる。

　2012年にSECが公表したスタッフ・サマリー・レポートでは，「コンフリクツ（Conflicts）」という言葉を，「ブローカー・ディーラーが行う取引に関して当該ブローカー・ディーラーの利益とその顧客の利益とが相反するような利益相反を監視する責任を負う部門」と定義した上で[93]，情報障壁により「コンフリクツ」に係るシステムを構築し，コントロール室において利益相反をチェックすることを求めている[94]。具体的には，パブリック部門の従業員や投資銀行部門以外のプライベート部門の従業員がウォールを超えてM&A取引のチームに参加する場合にはコンフリクツ部門がチェックを行い投資銀行部門はそれを信頼して行為すること[95]，法人顧客の取引に関する情報をコンフリクツ部門に伝達すること[96]，コンフリクツ部門自身がウォールにより隔離されるべきこと[97]，M&A取引のような重大な取引に係る交渉が始まるまえにコンフリクツ部門のチェックを受けること[98]，プライベート部門等の情報システムにログインする従業員はコンフリクツ部門の許可を得ること[99]など，1990年のSECのレポートに比較すると，2012年のスタッフ・サマリー・レポートにおいては，利益相反問題への対処とウォールの関わり

---

92) Steven R. Hunsicker, Conflicts of Interest, Economic Distortions, and the Separation of Trust and Commercial Banking Functions, 50 S. CAL. L. REV. 611, 643–644 (1977).
93) Staff Summary Report, supra note 78, at 44.
94) *Id.* at 19–20.
95) *Id.* at 26.
96) *Id.* at 26.
97) *Id.* at 28.
98) *Id.* at 34.
99) *Id.* at 29.

に関する記述が大幅に増加している。

　SECのスタッフ・サマリー・レポートは，多くのブローカー・ディーラーが，利益相反行為の管理のために，コンピュータ・システムに情報を入力することによりコントロール室に情報を自動的に伝達するシステムを開発していると指摘する[100]。その上で，プライベート部門に複数のグループが存在するときは，その間の利益相反について考慮することなく，記録に止めるなどコントロールをせずに情報を自由に共有する場合には，上述した証券取引所法15条(g)項に違反するおそれがあると警告する[101]。利益相反に係る管理に際しては，次の3点がポイントになると述べる[102]。第1に，未公開重要情報を有する部門相互間，またはプライベート部門とパブリック部門の間で未公開重要情報を伝達する際には，記録にとどめないインフォーマルな方法によらないこと。第2に，ウォールを超えて上級執行者等が未公開重要情報を知ることになる場合には，必要性を検証する監視システムに服させること。第3に，正当な事業目的のために未公開重要情報の伝達を記録に止めるフォーマルな方法で伝達を受けた後も，どのような取引がなされたかを追跡検証する仕組みが備わっていること。

　ここで，1つの法人格ないしグループで金融業・証券業を営む場合において，複数の部門間で生じ得る利益相反の取扱いについて言及する。アメリカでは，受認者が信認義務を負っている資産と取引するときに受認者としての帽子をかぶっているのであれば，受認者は複数の帽子をかぶる権利を有するとされる[103]。利益相反の地位に立ち，こちらを立たせればあちらが立たずという状況にある場合であっても，受認者としての地位にある者がその地位

---

100) Id. at 19.
101) *Id*. at 51.
102) *Id*. at 6-7.
103) Pegram v. Herdrich, 530 U.S. 211 (2000). 本件は，ERISA上の信認義務が問題となった事案であるが，判旨は，退職年金プランの運用者は，当該プランに対する受認者としての責任の範囲外で行為するときは，当該プランの利益に反することも許されるのに対し，当該プランに対する行為については受認者の「帽子をかぶらなければならない」とする有名な判示をした（*Id*. at 225-226）。

に基づいて受益者に係る意思決定を行う際に,他の利害関係から独立して判断するのであれば,信認義務には違反するものではないという考え方を前提とする[104]。もっとも,このテーゼは,理論上は言うに易いが実務上は適用するのは容易でない。それゆえ,異なる機能を果たす場合すなわち異なる帽子をかぶるときは,利益相反の問題を縮減するために,ウォールが重要な役割を果たしているのである[105]。

(二) ウォールの限界

ところが,ウォールの実効性に対しては,懐疑的意見が強い。たとえば,アメリカでもっとも定評のある証券規制の体系書の著者であるロス教授とセリグマン教授は,証券業界の関係者の大多数の思いは,ウォールの有効性を信じる人は妖精の存在を信じる人であるというものであると指摘した上で,そのもろさを,築くのに10世紀を要したが突破するのは一瞬であるとしてチャイニーズ・ウォールの喩えがふさわしいとする[106]。また,著名なジャーナリストであるクリストルは,証券業者の仲介業務と投資銀行業務の間には不可避的・恒常的に利益相反が生じることを指摘し,それぞれの業務の顧客に対する責任が交叉するとして,対策として両部門の間にウォールが立てられることがあるが,当該ウォールがつねに機能するためには,執行部は超人的な美徳をもった人物でなければならないと指摘する[107]。

情報伝達の誘惑が余りにも大きいことだけでなく,ウォールにより従業員の協働が許されないとすれば,共に考える機会などシナジーを生み出す機会

---

104) なお,この考え方は,信認義務の典型である信託関係における受託者の義務について,受託者は,受認者の地位に基づき当該信認関係における受益者のために意思決定を行うとき,すべての情報を収集し,それに基づき判断しなければならないというテーゼが,ルール10b-5による「開示せよ,さもなければ取引を差し控えよ」という規範の確立によって否定されたことに通底するとされる(Leo Herzel/Dale E. Colling, The Chinese Wall and Conflict of Interest in Banks, 34 Bus. Law. 73, at 76-79 (1978))。
105) Jeffrey Bingham, Scaling Chinese Walls: Insights From Aftra v. JPMorgan Chase, 4 William & Mary Bus. L. Rev. 767, at 787 (2013).
106) Loss/Seligman, supra note 41, at 3652.
107) Irving Kristol, How to Restructure Wall Street, Wall St. J., Nov. 1, 1991, at A14, col.4.

や，コストを節減することができなくなるおそれもある[108]。むしろ，未公開情報の共有こそが望ましいとされる[109]。さらにウォールの有効性は，情報の漏えいを防止するルールと手続の実効性の確保に依存するところ，それは非常に困難であり監視のコストも高い。たとえ，厳格にエンフォースできたとしても，ウォールを超えて当該企業の複数の部門を監視する者の存在が必要となる[110]。中小の証券業者で複数の機能を同一人が営んでいる場合も同様であって，ヒトの頭の中にウォールを立てなければならないことになり，実際上それは困難である。

　ウォールが利益相反規制との関係で果たす機能についていえば，ウォールは，多様なサービスを提供する証券業者が，顧客に対し不可分の忠誠（undivided loyalty）を履行することを不可能ではないにせよ困難にする。有名なケースとして，A社のはしけが台風により大破した事実をY証券会社の法人部門が入手したがそれを取次業務を営む部門に伝達しなかったため，取次部門は依然としてA社の株式を推奨し続けたという事案がある（Slade事件）[111]。A社の株式をY社の推奨に応じて購入した顧客が，Y社が当該情報を受領した以降はルール10b-5に基づき，Y社には当該株式を推奨しない義務があったのにそれに違反したとして訴えを提起したところ，Y社は，ウォールの設置を抗弁として主張した。前述したように，アメリカにおいては，1934年証券取引所法15条(g)項により，証券業者は，未公開重要情報の利用を防止するための方針および手続を定め，維持し，かつ実施しなければならないとされている。そして，ここにいう方針および手続とは，ウォールの設置を意味していると解されてきた（(8)(イ)参照）。ウォールには，一定の法的根拠があるのである。

---

108) Poser, supra note 21, §1.02[B], at 1-27.
109) Id. §1-27-28.
110) ウォールを超えて情報にアクセスすることについて，その必要性の検証と，許可する場合のコントロール強化の必要性は，こんにちにおいても監督当局によって強く意識されている。Staff Summary Report, supra note 78, at 18.
111) Slade v. Shearson, Hammill & Co., Fed. Sec. L. Rep. (CHH) ¶94,329, at 95,132 (S.D.N.Y.1974).

しかしながら、同判決は、Y社の抗弁を認めず、Y社は、自主的にリーテール顧客と法人顧客に対して負う信認義務が抵触する関係に入ったのであるから、一方に対する義務を無視しながら他方に対する義務だけを認めることはできないと判示した[112]。

SECは、本件事案に関するアミカス・キュリエの中で、義務の衝突の問題について、2つの原則が妥当すると述べた。第1は、未公開重要情報を市場で利用してはならないという原則、第2は、証券業者は顧客を公平に取り扱わなければならないという原則である。SECは、これらの2つの原則は証券業界の機能を害することなく両立可能であるとして、投資業務もしくは引受業務の過程で知った未公開重要情報に基づいて顧客に対し推奨を行ってはならないとしつつ、顧客に対するすべての推奨は「適切かつ合理的な基礎」を有しなければならないとした[113]。したがって、証券業者は、自己の知るところになった、または合理的に確実となった重要な情報に反する推奨をしてはならないこととなる。すなわち、この場面では、ウォールの設置だけでは不十分であり、当該証券業者が未公開重要情報を有している会社についてパブリック部門での推奨等を禁止する「禁止リスト（restricted list）」を備え、それを実施しなければならないことになる[114]。

アメリカでは、Slade事件以降、ウォールおよび禁止リストと監視リスト（取引は制限しないがコンプライアンス部門が監視する証券のリスト）の併用、または監視リストとウォールの併用がポピュラーとなった。なお、禁止リストのみならず監視リストが併用されるようになったのは、ある会社を禁止リストに載せてしまうとシグナリング効果が発生し、当該会社には株価に影響を与える未公開重要情報が発生していることが示されてしまうからである[115]。もっとも、監視リストに対しても、かえって未公開重要情報が多く

---

112) Poser, supra note 21, §1.02[B], at 1-28〜1-29.
113) Brief of Securities Exchange Commission as Amicus Curiae. なお、SECのアミカス・キュリエについては、前掲注（104）の文献81〜83頁において詳細に紹介されている。
114) Poser, supra note 21, §1.02[B], at 1-29.

の者に伝達され、ルール10b-5の違反が増加するおそれがあるといった批判や、コンプライアンス部門の判断を仰ぐことになるためコストがかさむという批判がある[116]。

　ルール10b-5の適用との関係上、証券業者のある部門が未公開重要情報を占有（possession）していることにより、取引や事業上の決定に際し当該情報を利用しているとの推定が働き、SECおよび原告ではなく、取引を行った証券業者が当該未公開情報の利用がないことを反証しなければならないとする判例がある[117]。ウォールには、このような推定を破る一定の法的効果が認められることが期待され、実務においては広く利用されてきた。また、SECから利用を義務付けられてきたという沿革も、そのような期待に拍車をかけている。しかし他方で、そのような法的効果が本当に生じるのかどうかが長く争われてきた。もっとも、ウォールの設置だけで、未公開重要情報の利用に基づく責任を免れようとしているわけではなく、実務においては、禁止リストや監視リストの作成により、ウォールの弊害を是正する努力がなされてきた。問題は、このような措置も含めたウォールの構築と運用で足りるのか、それとも、利益相反を惹起し得るサービスの提供自体を分離しなければならないかである[118]。

　禁止リスト、監視リストまたはそれらの併用のいずれであるかにかかわらず、ウォールにより実現した情報の区分化は、証券業者の機能の多様化に基

---

115) Christopher M. Gorman, Note, Are Chinese Walls the Best Solution to the Problem of Insider Trading and Conflicts of Interest in Broker-Dealers?, 9 Fordham J. Corp. & Fin. L. 475, at 494-495 (2004). その他にも、禁止リストの弊害として、証券業者が大規模になり多様な業務を展開していればいるほど、利益相反規制により禁止リストに登載される会社の数が増加し、当該証券業者が推奨できる会社の種類が減少し、サービスが低下することなどが指摘されている。
116) Steven R. Hunsicker, Conflicts of Interest, Economic Distortions, and the Separation of Trust and Commercial Banking Functions, 50 S. Cal. L. Rev. 611, 645 (1977); Herzel/Colling, supra note 104, at 87; Norman S. Poser, Conflicts of Interest within Securities Firms, 16 Brook. J. Int'l L. 111, at 118 (1990).
117) SEC v. Adler, 137 F.3d 1325, at 1336-38 (11th Cir. 1998).
118) Gorman, supra note 115, at 494-97.

づく利益相反を減少させるどころか増大させる。なぜなら，ウォールがなければ当該証券業者の顧客のために情報が使われるべきところ，ある部門の情報を遮断することにより，かえって顧客の期待に反する場合があるからである[119]。さらに，エージェントが知っている当該取引に関するすべての情報を開示しなければならないというエージェントの義務にも反することになる。たとえば，次の場合には，ウォールは顧客の正当な期待と合致しないとされる[120]。

① 投資顧問の顧客が，当該証券会社の利用し得るすべての関連情報に基づいて助言がなされるであろうと期待する場合

② 買収に関連して証券業者に助力を依頼した会社は，当該会社と対立する地位に立つ会社に対しては当該証券業者が助言を行ったりファイナンスをアレンジしたりしないであろうと期待する場合

③ 法人顧客は，証券業者の証券アナリストが，当該会社またはそれが発行する証券についてネガティブな情報を出して資金調達に困難を来すようなことはないだろうと期待する場合

④ 個人顧客は，証券業者が，自己の有する会社情報や市場に関する情報を当該証券会社のためではなく当該顧客の利益のために利用してくれるものと期待する場合

アメリカの判例を分析すると，ウォールの設置により，注意義務が緩和する傾向が認められ，忠実義務が注意義務と抵触する局面では，むしろ，SECおよび裁判所による制裁を伴う組織上・手続上のウォールの設置・運営を通じて，忠実義務が優先されていると指摘されている[121]。

---

119) Poser, supra note 21, §1.02[B], at 1-31.
120) Id. §1.02[B], at 1-32.
121) Arthur B. Laby, Resolving Conflicts of Duty in Fiduciary Relationships, 54 Am. U. L. Rev. 76 (2004-2005) 75, 139-141.

9. ウォールの私法上の効果

次に問題となるのが、証券業者は、一般法に基づき注意義務・忠実義務を負い、あるいは、業法上・市場法上の規制と結び付いた私法上の義務を負うところ、ウォールを設置し運用していることをセーフハーバーとして、免責を主張できるかどうかである[122]。しかし、この問題を積極的に論じた裁判例はほとんどない。前述したように、Slade 事件においては、ウォールの抗弁はしりぞけられ、SEC によって「禁止リスト」の併用が示唆された。では、「禁止リスト」さらには「監視リスト」を伴うウォールであれば、ルール 10b-5 違反に基づく私的訴権に対する有効な抗弁となり得るのであろうか。すなわち、被告である証券業者は、そのようなウォールの存在と運営を立証して、未公開重要事実を知らなかった、もしくは「害意」がなかったと主張し得るであろうか。

アメリカにおいては、今般の金融危機に端を発し、ウォールと注意義務の関係が争点となった訴訟が見受けられる[123]。以下では、JP モルガン・チェース事件を紹介する[124]。被告 JP モルガン・チェース（Y）は、資金繰りが苦しくなり支払不能に陥りそうであったシグマ・ファイナンス（A 社）との間でレポ取引を行った。A 社は、Y とのレポ取引により流動性を確保していた。なお、Y は、A 社とのレポ取引に基づきかなりの額の手数料を徴取し、

---

[122] 日本法につき、たとえば、森下教授は、「金融取引における利益相反という特殊な問題との関係では、望ましい実務上の対応についての監督法上のルールに従っていれば、原則として私法上も責任を問われないということになろうし、それが望ましい」とされる（森下哲朗「M&A 取引における投資銀行の責任」江頭憲治郎先生還暦記念・企業法の理論（下巻）170頁（商事法務、2007年）。

[123] 本文で紹介する JP モルガン・チェース事件の他に、Nelson v. Craig-Hallum, Inc., Fed. Sec. L. Rep. ¶94,500 (D. Minn. 1989) がある。同判決は、ウォールに係る方針を書面化していなかった被告である証券業者がウォールの抗弁を主張した事案において、業者がそのようなウォールを信頼して良いとの法的権威が示されておらず、書かれざる当該方針が本当に施行されていたのかどうかについて重要な事実認定がなされていない本件では、禁止リストを伴えばウォールの抗弁が成立するのか等、抗弁が認められるための要件に係る議論はいまだ未成熟であるとして、被告側からの略式判決の申立てを棄却した。

[124] Bd. of Trs. of Aftra Ret. Fund v. JPMorgan Chase Bank, 806 F. Supp. 2d 662 (S.D.N.Y. 2011).

また、当該レポ取引に係る担保取引により、A社が破たんしたとしても利益を得る見込みが高かった。Yは、A社とのレポ取引をプライベート部門である商業貸付部門で行っていた。他方、原告アフトラ退職基金（X）は、Yとの間に資産運用契約を締結し、証券貸借の担保である金銭をYの運用指図に基づきA社のMTN（ミディアム・ターム・ノート）に投資していた。当該MTNは、担保付きでありトリプルAの格付けを取得していたが、A社は特定の資産を自己の証券貸借の貸手に移転する権利を留保していたため、A社が破たんした場合には当該MTNの保有者は当該資産にはかかっていくことができないものとされていた。A社の倒産に伴い、Xは、A社のMTNに投資した金額のほぼすべてを失った。なお、Yの経営陣は、A社には破たんのリスクがあること、および、Xの資産をA社のMTNに投資運用するに相互に協力関係にあり、ともにパブリック部門にしている資産運用部門と証券貸付部門をプライベート部門から独立して行為させたままA社が破たんすればYの利益になることを認識していた。もっとも、A社のMTNを保有し続けるように指示したなど、資産運用部門の判断に対してYが影響力を行使した事実は認定されていない。

　Xは、A社の破たんのリスク等に関する情報を伝達せずA社のMTNに運用させながら、商業貸付部門ではA社に対する融資をレポ取引によって拡大したYは、信認義務に違反したとしてその責任を追及した[125]。

　Xの主張は、大要次のとおりである。Yは、A社との間のレポ取引に基づき担保を徴求したが、これにより、Xが有するA社のMTNに基づく権利よりもYのA社資産に対する権利が優先することになった。YがXの犠牲においてA社に対してより有利な優先権をもつことになったわけであるから、この行為は忠実義務違反に該当する。これに対し、Yは、パブリック部門とプライベート部門との間にはウォールを設けており、したがって、忠実義務違反をもたらす利益相反を回避していたと主張した。いわゆる

---

125) 本判決に関するノートとして、前掲注（105）の文献参照。

「ウォールの抗弁（wall defense）」を主張したのである。

　判旨は，Xの請求を棄却したが，その理由は，YはXの資産運用者としての資格に基づき受認者として行動していたものの，レポ取引の貸手としてはA社に対する関係では受認者の地位についていたわけではなかったというものであった。すなわち，YはA社に対し本件レポ取引を行った時点において，または，YがA社の資産を捕取する法的効果をもつデフォルト通知をA社に発したとき，Yは，それをXの受認者としての地位に基づいて行ったわけではなかったと判示した。こうして，判旨は，ウォールと利益相反の問題について踏み込むことなく，そもそもYは，問題となった行為について受認者の帽子をかぶって行為したものではなく，受認者でなかったのであるから利益相反の問題は発生しないという入口の議論でXを敗訴させた。

　そして，傍論であると思われるが，判旨は，結論の妥当性を説明するために，ウォールの存在と，利益相反が生じ得る複数の業務を同一の業者が営むことが立法政策上認められていることを指摘している[126]。たしかに，受認者の帽子をかぶらずに行動したものであるという議論は，ウォールの存在を前提としていると考えられる。ウォールの設置により，その目的通りに機能してパブリック部門とプライベート部門との間に情報の伝達がなかったとの推定が働くとしたら，Yは，たとえXの受認者として行動していることを前提にしても，信認義務違反はないとされる可能性が生じる。しかしながら，ウォールを設置してもそれを乗り越えて伝達できる情報があり，また，場合によってはそうしなければならないことも確かである。この問題については，Yは，受認者としての地位から離れて行為するときは，受認者として意思決定をする際に取得した知識を利用しないようにするための工夫を凝らす必要があるのではないかという問題があるが，判旨は，そこまで論じていない。

---

[126] Bd. of Trs. of Aftra Ret. Fund v. JPMorgan Chase Bank, at 688–692.

V. 結び

　利益相反管理体制整備義務は，日米の沿革および趣旨に照らしても，顧客の重要な未公開情報の取扱いが主要な問題であることは明らかであり，情報の遮断と管理が利益相反管理の中心となるのは論理必然である。その法的根拠は，必ずしも明確でないが，顧客に対し信認的な地位につくことがあり得ることを前提として業者としての健全かつ公正な業務遂行をなすべき業法上の義務から導かれるものと思われる。

　日米を比較すると，アメリカでは，内部者取引も利益相反行為もルール10b-5に違反し，それを防止するための「方針および手続」を定めることが証券取引所法15条(g)項により要請されている。この措置こそがウォールもしくは情報遮断であると解されている。したがって，同一の「方針および手続」で内部者取引と利益相反の防止に取り組むことになる。これに対し，日本は，内部者取引の禁止と利益相反行為が法的に異なる根拠に基づくものと考えられているものと思われる。しかし，日本でも，法人関係情報の管理義務は，その目的とするところは，アメリカ法における理解と同様に，内部者取引の防止に限られず利益相反行為のコントロールも含まれると解するのが監督官庁の理解である。

　また，アメリカにおいては，上述した「方針および手続」は，取引所および金融業監督機構の自主規制をベースとしながら監督官庁が間接的にコントロールしており，ソフトローの形をとりながらも，法とソフトローをしっかり結び付けている。実際に，SECは，近時，ウォールのあり方についての大幅な見直しを行い，そこでは利益相反防止の観点がいたるところで強調されている。

　他方，アメリカにおいても，ウォールが証券業者の民事責任に法的効果を及ぼし得るか，とりわけ「ウォールの抗弁」を主張し得るかについては，少なくとも現状では判例は否定的であり，学説の議論も分かれている。しかし，

どちらかといえば消極的な見解が多いと思われる。もっとも，実務・判例は，ある業者が複数の証券・金融業務を営む場合，受認者としての立場から離れて行動することを認めている。これは，ウォールの存在とその実効性を前提とした議論であると思われる。

　ウォールの限界については，経営陣やコンプライアンス・法務部門等，一定の役員・従業員はウォールの上に立つことがあり，またそのことが必要とされる場合があること，実効性の確保が容易ではないことなど，多くの指摘がなされている。2012年に公表されたSECのスタッフ・サマリー・レポートでは，実務におけるウォールの実態調査を前提に，とくに，ウォールをまたいで情報に接する場合の必要性の吟味と，その者のその後の行動についての記録とコントロールに焦点があてられており，ウォールの弱点を改善する努力が積み重ねられている。そのような利益相反管理体制のあり方が実務に定着するのであれば，ウォールの抗弁について事実上の推定機能が認められる余地があるように思われる。

---

*　本研究は，平成26年度科学研究費助成事業（科学研究費補助金）基盤研究(A)「経済活動における違法行為に対する制裁手段の在り方に関する総合的研究」（課題番号24243012）の成果の一部である。

法人関係情報に関する規制
―内部者取引規制との比較検討を中心に―

川　口　恭　弘

Ⅰ．はじめに

　金商法は，166条および167条において，内部者取引を規制している。内部者取引規制は，会社関係者，公開買付者等関係者などを名宛人とするものである。金融商品取引業者等が，これらの名宛人に該当する場合，内部者取引規制に服する。

　さらに，金融商品取引業者等には，「法人関係情報」に関する規制が定められている。後述するように，金融商品取引業者等は，「法人関係情報」の適切な管理が求められ，「法人関係情報」を提供した勧誘や「法人関係情報」を利用した自己売買が禁止される。「法人関係情報」に関するこれらの規制は，一般的に，広義の内部者取引規制，または不公正取引規制の一つと位置付けされている。

　このような法令上の規制に加えて，「法人関係情報」に関する規制は，自主規制によっても行われている。非公開情報を利用した不公正な取引を予防するには，情報の管理が不可欠である。このような情報の管理は，法令が一律に強制するといった性格のものではなく，実務に即した対応が求められる。この点で，「法人関係情報」の管理態勢の在り方は，特に，自主規制に適したものと考えられる。

　本稿は，内部者取引規制との対比を中心に，「法人関係情報」に関する規制について若干の検討を行うものである[1)2)]。

II.「法人関係情報」の意義

「法人関係情報」の定義は，金商業等府令1条4項14号に規定されている。そこでは，「法第163条第1項に規定する上場会社等の運営，業務又は財産に関する公表されていない重要な情報であって顧客の投資判断に影響を及ぼすと認められるもの並びに法第27条の2第1項に規定する公開買付け（同項本文の規定の適用を受ける場合に限る。），これに準ずる株券等（同項に規定する株券等をいう。）の買集め及び法第27条の22の2第1項に規定する公開買付け（同項本文の規定の適用を受ける場合に限る。）の実施又は中止の決定（法第167条第2項ただし書に規定する基準に該当するものを除く。）に係る公表されていない情報をいう」と定められている。

1.「公表」の概念

上記のように，「法人関係情報」は，「公表」されていない情報である。そのため，まず，ここにいう「公表」の概念が問題となる。「法人関係情報」に関する「公表」の定義は存在しない。他方で，内部者取引規制では，「公表」の定義が定められている（法166条4項）。そこでは，①多数の者の知り得る状態に置く措置として政令で定める措置がとられたこと，または②開示書類

---

1) 内部者取引規制と比べて，「法人関係情報」に関する論稿は多くない。この問題についての先駆的な業績として，小林史治＝萬澤陽子「『法人関係情報』の範囲及び管理—アメリカ合衆国における法制度との比較を通じた一考察—（上下）」証券経済研究75号27頁以下・76号27頁以下がある。このほか，川東憲治「『重要事実』だけでない金商業者が注意すべき『法人関係情報』規制」ビジネス法務2008年10月号51頁以下，梅澤拓「インサイダー取引防止態勢に関する一考察—UK FSA Market Watch 等を題材として—」金融法務事情1852号15頁以下，最近のものとして，山本悠「金融商品取引業者等の法人関係情報管理に係る実務上の論点」金融法務事情1988号6頁以下がある。
2) 本稿は，金融商品取引法研究会での報告および議論（同研究会・研究記録第44号「法人関係情報」（日本証券経済研究所））をもとにするものである。同研究会では，日本証券業協会常務執行役の平田公一氏による報告もなされている。同氏の報告は，法人関係情報の管理体制に関して，近年，日本証券業協会が行った規則等の改正を詳細に紹介するものである。本稿では，その内容の一部についても取り上げることにしたい。いうまでもなく，文責は著者にある。

(法25条1項に規定する書類)にこれらが記載されている場合において、当該書類が公衆の縦覧に供されたことと規定されている。①について、政令では、(i)上場会社等もしくは当該上場会社等の子会社を代表すべき取締役もしくは執行役、もしくは当該取締役もしくは執行役から重要事実等を公開することを委任された者等が、重要事実等を2以上の報道機関に対して公開し、かつ、当該公開された重要事実等の周知のために必要な期間(12時間)が経過したこと、(ii)上場会社等が、その発行する有価証券を上場する各金融商品取引所の規則で定めるところにより、重要事実等を当該金融商品取引所に通知し、かつ、当該通知された重要事実等が、内閣府令で定めるところにより、当該金融商品取引所において日本語で公衆の縦覧に供されたことが公表に当たるとしている(金商令30条)[3]。

　内部者取引規制では、重要事実等が「公表」されれば、規制が解除される。これは、重要事実の「公表」によって、情報が投資家に等しく周知され、取引の公正性が確保されると考えるためである。「法人関係情報」の規制が、同様に、情報の非対称性を問題とするものであることを考えれば、少なくとも、内部者取引規制における「公表」措置がとらえた場合、「法人関係情報」の「公表」があったと考えて差し支えないと思われる。

　ところで、いわゆる「公表」がないまま、ある事実が「公知の事実」になってしまうことがある。新聞によるリーク記事の掲載などがその典型例である。また、発行会社が自らのウエッブ・サイトで情報を公開するときにも同様である。このような場合にも、引き続き、内部者取引規制を継続すべきかが問題となる。この点について、情報が「公知」となった以上、内部者取引を禁止する理由は存在しないとも考えられる。しかし、内部者取引規制における「公表」は、法の定める方式に限定されると解されてきた。これは、公表概

---

[3] このほか、上場会社等であって、その発行する有価証券がすべて特定投資家向け有価証券である者などについては、その発行する有価証券を上場する各金融商品取引所の規則で定めるところにより、重要事実等を当該金融商品取引所に通知し、かつ、通知された事実が、内閣府令で定めるところにより、当該金融商品取引所において英語で公衆の縦覧に供されたことが規定されている(金商令30条1項3号)。

念は，具体的な有価証券の取引が犯罪として処罰される行為であるか否かを決する重要な基準であることから，これを法令で明確に規定することが人権保障の観点から不可欠であるという理由による[4]。かかる立場によれば，法が定める方法による「公表」がなされていない以上，内部者による売買は依然として禁止されると考えざるを得ない[5]。

「法人関係情報」についても，同様の問題が生じ得る。もっとも，内部者取引規制と異なり，「法人関係情報」の定義における「公表」については，明確な定義は定められていない。そのため，たとえば，新聞によるリーク記事の掲載などがあった場合，「公表」があったと考える余地が残されている。内部者取引規制における「公表」の概念の拡張解釈が認められないのは刑事罰の適用の可能性があるためであった。「法人関係情報」については，管理の不備やそれを利用した取引等は違法行為となるものの，それは行政処分の対象にとどまることに注意が必要である。

さらに，「法人関係情報」は，「公表」されていない重要な情報であって「顧客の投資判断に影響を及ぼすと認められるもの」と定義されている。したがって，仮に「公表」の概念を狭く解するとしても，情報が公知のものとなれば，それは，「顧客の投資判断に影響を及ぼすもの」とは認められない情報となり，「法人関係情報」の定義から外れる場合もあるのではないかと思われる[6][7][8]。

4）横畠裕介・逐条解説インサイダー取引規制と罰則（商事法務研究会，1989年）133頁。
5）東京地判平成25年6月28日判例時報2203号135頁では，新聞報道で事業統合に関する記事が掲載された後に，当事会社の株式を買付けた事例で，金商法上の「公表」があったかどうか（売買が合法であるか）が争われた。同判決は，記事の内容は，当事会社が発表したというものではなく，情報源が判然としないものであり，また，会社は，その直後に，同記事は会社が発表したものではなく，事業再編を決定した事実はないという旨の適時開示を行っているなどの事実から，新聞報道によって重要事実等が公表されたとは言えないとした（本判決では，その後に，事業統合に関する会社側からの適時開示がなされた時点で公表があったとしている）。本判決については，松井秀征「インサイダー取引規制における重要事実の『公表』の意義」商事法務2018号4頁参照。

2．内容

(1)　「重要事実」（包括条項）との比較

　わが国の内部者取引規制は，会社関係者は，業務等に関する「重要事実」をその職務に関して知ったとき，当該重要事実の公表がなされた後でなければ，それに関する売買等を行うことができないと定めている（金商法166条1項）。ここにいう「重要事実」は限定列挙されている（金商法166条2項）。

6）「法人関係情報」を規制する趣旨が，内部者取引もしくは情報の非対称性を利用した不当な取引の予防を超えるものであれば（たとえば，営業秘密の保持等），その部分について，「公表」の概念を別に検討する余地がある（金融商品取引法研究会・前掲注(1)31頁（神作発言））。もっとも，金商法上は，顧客情報の保護としては，別に「非公開情報」という概念を定めている（金商業等府令1条2項12号）。「非公開情報」は，①発行者である会社の運営，業務もしくは財産に関する公表されていない重要な情報であって顧客の投資判断に影響を及ぼすと認められるもの，または②自己もしくはその親法人等もしくは子法人等の役員もしくは使用人が職務上知り得た顧客の有価証券の売買その他の取引等に係る注文の動向その他の特別の情報と規定されている。①は，上場会社に限られない点のほか，「法人関係情報」の前半部分の定義を同じである。もっとも，②は「法人関係情報」とは異なるものが規定されている。「非公開情報」については，金融商品取引業者と親法人等・子法人等の間の授受の規制，それを利用した勧誘の規制という場面で適用される（金商業等府令153条7号・8号）。かかる規制は情報源の利益の保護である。そのため，発行者や顧客などが同意をした場合は規制の適用が解除される旨が定められている。以上のことから，「法人関係情報」と「非公開情報」は，その意義は別異に解するべきと考えられる。（金融商品取引法研究会・前掲注(2)31頁（川口発言））。

7）後述するように，日本証券業協会は，「協会員における法人関係情報の管理態勢の整備に関する規則」を定めている。同協会は，同規則のガイドラインとして，「『協会員における法人関係情報の管理態勢の整備に関する規則』に関する考え方」（「考え方」）を公表している。その中で，①発行体等が当該情報について開示書類等により公表された場合，②発行体等から当該情報に係る案件の中止の決定についての連絡を受けた場合，「法人関係情報」が消滅するとしている（規則4条に関する「考え方」5．法人関係情報の消滅又は抹消手続きに関する事項）。たとえば，「募集株式の発行」の決定は，内部者取引規制における「重要事実」であり，「法人関係情報」でもある。会社の業務執行を決定する機関が「募集株式の発行」の決定を行い，それを公表した場合で，その後，何等の事情で発行の中止が決定された場合，決定の中止が公表されれば，内部者取引規制は解除される。「法人関係情報」についても同様に消滅すると考えられる。当該中止の決定の公表がなされる前に，金融商品取引業者等が中止の決定の連絡を受けた場合，②によれば，「法人関係情報」が消滅することになる。もっとも，公表がなされない限り，「重要事実」であることは解除されず，内部者取引規制は継続することになる。そのため，「重要事実」と「法人関係情報」が重なる場合，「重要事実」の公表があった場合に限り，「法人関係情報」についても消滅すると考えるべきである。金融商品取引法研究会・前掲注(2)34頁（川口発言に対する平田発言参照）。

もっとも，そこでは，包括条項が規定されている。すなわち，「当該上場会社等の運営，業務又は財産の状況に関する重要な事実であって，投資者の投資判断に著しい影響を及ぼすもの」（金商法166条2項4号）が「重要事実」となる。子会社情報についても，包括条項が存在する（金商法166条2項8号）。

「重要事実」と「法人関係情報」とは，「上場会社等の運営，業務又は財産に関する」「重要な情報」であるという点で共通している。もっとも，「顧客の投資判断に影響を及ぼす」という部分で，「重要事実」では「著しい」という用語があるものの，「法人関係情報」ではこのような形容詞がない。以上のことから，文言上は，「法人関係情報」のほうが，その範囲は広いと言える。

つぎに，「重要事実」は「事実」であるのに対して，「法人関係情報」は「情報」である。「事実」は「情報」であることには異論はない。他方で，「事実」以外にも「情報」があり得る。したがって，この点でも，「法人関係情報」のほうが「重要事実」よりも広い概念といえる。たとえば，「募集株式の発行の決定」は，決定事実としての重要事実である（金商法166条2項1号イ）。さらに，それが決定事実となる前に，募集株式の発行に関する情報が「法人関係情報」となり，「法人関係情報」としての規制が前倒しで適用されることが考えられる。

もっとも，現実問題として，両者でどれほどの違いがあるのか疑問もある。たとえば，前述のような「募集株式の発行の決定」という「事実」と「募集株式の発行を検討している」という「情報」に大きな差異が存在するであろうか。内部者取引規制における決定事実になるためには，「業務執行を決定

8）バンクAIG証券東京支店に関する行政処分の事例で，当該東京支店が大量保有報告書の変更報告書を提出したことをもって「公表」と認めた事例がある。この事例については，小林＝萬澤・前掲注(1)（上）37頁（注19）参照。
　なお，山本・前掲注（1）11頁は，決定事実について，実施が予定されていた時期から相応の期間が経過してもその内容が実現されない場合などにおいて，法人関係情報が「顧客の投資判断に影響を及ぼすと認められるもの」でなくなったと考えられるとする。

する機関」が決定することを要する。ここにいう機関の意義は、会社法上の決定機関のみならず、「実質的に会社の意思決定と同視されるような意思決定を行うことのできる機関であれば足りる」とするのが判例である（最判平成11年6月10日判時1679号11頁）。しかも、同じ判例によれば、その事実が「確実に実行されることの予測が成り立つことは要しない」。さらに、決定事実に関する条文は、「…行うことについての決定」とされている。したがって、これまでも、株式の発行自体の決定のみならず、株式の発行に向けた作業を会社の業務として行う旨を決定したこと、その実施に向けての調査や準備を行う決定もこれに含まれると解されてきた[9]。以上のことを総合して、相当に幅広い概念である「決定」の意義のもとでは、文言上は、「事実」と「情報」とで差があるとしても、条文の適用においては、それほど大きな差は存在しないように思われる[10]。

（2） 子会社情報

内部者取引規制における「重要事実」には子会社情報も含まれる（金商法166条2項5号以下参照）[11]。これに対して、「法人関係情報」では子会社に関するものは存在しない。この点で、「重要事実」と比較して「法人関係情報」のほうが狭いと言える。

もっとも、「法人関係情報」について、「上場会社等の運営、業務又は財産に関する重要な情報」のなかに、子会社情報を含めるという解釈も考えられる。しかし、金商法という同一の法律のもとで、「重要事実」について、「子会社情報」をあえて別建てで規定していることから考えると、このような解

---

9) この点の議論については、川口恭弘「インサイダー取引規制(2)―業務執行を決定する機関」金融商品法判例百選121頁参照。
10) 実際の処分例として、三菱UFJに対する行政処分で、「A社がB社の発行済み株式の5％以上の買付けを検討している」旨の公表されていない情報を「法人関係情報」として、それに基づく自己売買を違法としたものがある。
11) 決定事実、発生事実、決算情報および包括条項が、会社の重要事実に準じる形で規定されている。

釈は困難なように思われる[12]。子会社情報を「重要事実」に加える法改正は平成10年に行われた。これは，独占禁止法で純粋持株会社が解禁されたことなどにより，親会社の株式取引において，子会社の情報が重要になったことに対応するものであった。子会社情報の重要性に鑑みれば，本来であれば，この時点で，「法人関係情報」についても，同様の改正がなされるべきであった[13]。

（3） 「法人関係情報」が「重要事実」と異なる意義（必然性）

前述のように，一般的には，「法人関係情報」が「重要事実」より広い概念であると解されている。この点で，法は，なぜ，「重要事実」とは別に，「法人関係情報」という概念を定め，それを「重要事実」より広いものとして規制しているのかが問題となる。

後述するように，「法人関係情報」については，厳格な管理態勢の整備が求められ，それを利用した売買およびそれを提供した勧誘が禁止される。

まず，厳格な管理態勢の整備については，「法人関係情報」の規制が内部者取引を予防するという観点からのものであるとすれば，「重要事実」の管理を行えば足りるとも考えられる。さらに，「法人関係情報」を利用した売買の禁止については，「重要事実」を利用した売買には内部者取引規制が適用されることに留意が必要である。そのため，この規制の意義は，「重要事実」に該当しない「法人関係情報」の利用を禁止することにある。そこでは，自己売買を行っても内部者取引違反に問われない状況で，なぜ，法人関係情報を利用した売買が禁止されるのかが問題となる。加えて，「法人関係情報」

---

12) 小林＝萬澤・前掲注(1)38頁注(27)。なお，同論文では，上場会社等の子会社や企業集団にかかる重要事実が法人関係情報から除外されるべきとするのではなく，内部者取引の未然防止というそもそもの内閣府令制定の趣旨から，子会社や企業集団の重要事実に該当するものも，金融商品取引業者等として適切に管理すべきとしている。
13) 金融商品取引法研究会・前掲注(2)6頁（川口報告），42頁（前田発言）。なお，日本証券業協会の「法人関係情報管理規程」では，同規程による法人関係情報を金商法上のものと同一のものとした上で（同規程2条1項），子会社に関する重要情報を同規程にいう「法人関係情報」に含めるものとしている（同規程・別表Ⅱ.上場会社等の子会社に係る重要情報）。

を提供した勧誘については、顧客は内部者取引でない限り、このような情報をもとに取引を行ったとしても罰せられない。そうであれば、なぜ、「法人関係情報」を提供した形での勧誘が金融商品取引業者等に禁止されるのかが問題となる。

これらの点については、「法人関係情報」の規制は、金融商品取引業者等に限り、内部者取引規制よりも広い範囲で、情報の非対称性を利用した不公正取引を規制するために定められていると考えられる。

「重要事実」であれ「法人関係情報」であれ、その保有者と非保有者では、情報の非対称性が存在する。「重要事実」は、投資判断に「著しい」影響を及ぼすものであることから、投資者の間の不公平は顕著である。そのため、内部者取引規制に違反した場合には、業者に限らず違反者に刑事罰が適用される。他方で、「法人関係情報」を利用した取引は[14]、刑事罰を科すほどのものではないものの、情報の非対称性を利用した不公正な取引であることには変わりはない。そこで、市場の仲介者で、市場の健全性を維持する上で重要な役割を担っている金融商品取引業者等を対象として、より厳しい規制を課すものと解することができるように思われる[15]。

このような立場については、「法人関係情報」の定義は包括条項のみであり、規制を受ける金融商品取引業者等にとって、違反の予見可能性に欠けるのと

---

[14] 正確には、「法人関係情報」のうち、「重要事実」に該当しない情報を利用した取引というべきである。

[15] 金融庁は規則改正に関するパブリックコメント（平成19年7月31日）のなかで「法人関係情報の提供による勧誘の禁止規定」について「市場の公正性を確保する観点から、金融商品取引業者等が取り扱う有価証券関連の取引に係る行為規制として刑事罰の対象となるインサイダー取引規制よりも幅広い取引を規制対象とするものです。」と述べている。さらに、荻野昭一「証券取引法改正を踏まえた証券取引等監視委員会の検査方針」商事法務1710号63頁は、「情報を利用した不公正な取引は、相場操縦と並び市場の公正性阻外要因の重大な行為であり、法人関係情報の適正な管理は、インサイダー取引を始めとする情報を利用した不公正取引に対し、証券会社自ら行うことができる最大の未然防止策であると考えられる。」と述べている。このようなコメントや論稿は、本文記載の立場と整合的なものと思われる。なお、小林＝萬澤・前掲注(1)（下）145頁は、刑事罰や課徴金納付命令の対象となる内部者取引にまで至らない行為を金融商品取引業者等に対してのみ禁止することは過剰規制になるとして、「法人関係情報」の規制を別異に定めることを批判する。

の批判も考えられるところである[16]。もっとも,「重要事実」の定義においても「包括条項」が存在し,予見可能性に欠けるとの指摘は,内部者取引規制にも当てはまるものである[17]。

なお,これまでの内部者取引規制では,「重要事実」の伝達行為自体は禁止の対象とされてこなかった[18]。この点で,「法人関係情報」を提供した勧誘の禁止は,内部者取引の予防という点で内部者取引規制を補完する重要な意義を有していた。もっとも,平成25年の法改正で,会社関係者等による「重要事実」の伝達も規制の対象とされることになった[19]。この点で,上記の観点からの「法人関係情報」の規制の意義は,以前と比較して薄れている。

3.軽微基準

「重要事実」と「法人関係情報」の相違点について,軽微基準の有無が指摘されることがある[20]。すなわち,「重要事実」には軽微基準があるものの,「法人関係情報」には軽微基準がない。もっとも,「重要事実」に軽微基準があるのは,決定事実や発生事実といった個別列挙の事実である。「法人関係情報」にはこのような個別の情報は列挙されていない。「法人関係情報」のような包括的な規定に軽微基準を置くことできないのは当然である。

「法人関係情報」についての「軽微基準」が問題となり得る場合としてつぎのものが考えられる。たとえば,「重要事実」の一つとして,「募集株式の発行の決定」が規定されている(金商法166条2項1号イ)。これには軽微基

---

16) 金融商品取引法研究会・前掲注(2)29頁(近藤発言)。
17) 金融商品取引法研究会・前掲注(2)29頁(川口発言)。小林=萬澤・前掲注(1)(下)145頁は,「重要事実」より「広い」とされる「法人関係情報」については,さらにその不明確さが問題になり得るとする。
18) 「重要事実」の伝達を受けた者(情報受領者)は内部者取引規制の対象となる(金商法166条3項参照)。
19) 上場会社等の会社関係者は,他人に対して,重要事実の公表前に,有価証券の売買等をさせることにより当該他人に利益を得させ,または当該他人に損失の発生を回避させる目的をもって,当該重要事実を伝達し,または当該売買等をすることを勧めることが禁止されることとなった(金商法167条の2)。
20) 小林=萬澤・前掲注(1)(上)32頁。

準が定められている[21]。この軽微基準に該当する場合,「重要事実」には当たらないものの,その場合に「法人関係情報」にも該当しなくなるのかが問題である。

「法人関係情報」であっても,投資判断に及ぼす影響が軽微なものであれば,規制の必要性が乏しく,適用除外を認める余地はあるように思われる。また,「法人関係情報」の定義の後半部分では,公開買付けの実施や中止が含まれているところ,この部分については,「軽微基準」の適用がすでに認められている[22]。以上のことから,「法人関係情報」の前半部分(上場会社等の運営,業務または財産に関する公表されていない重要な情報であって顧客の投資判断に影響を及ぼすと認められるもの)についても,投資判断に影響を及ぼすことが軽微なものを想定することは可能であると思われる。もっとも,「重要事実」と「法人関係情報」の軽微基準が同一であるべきかについては議論の余地がある。「重要事実」が投資判断に「著しい影響を与える」ものであり,「法人関係情報」が投資判断に「影響を与えるもの」であることからすれば,その適用が除かれる基準は異なり得ると考えられる[23]。

---

21) 会社の発行する株式もしくはその処分する自己株式を引き受ける者の募集または募集新株予約権を引き受ける者の募集の払込金額の総額が1億円未満であると見込まれる場合などが軽微基準として定められている(有価証券取引府令49条1号)。
22) 公開買付け,これに準ずる株券等の買集めおよび自己株式についての公開買付けの実施または中止の決定に係る公表されていない情報が「法人関係情報」と規定されている(金商業等府令1条14号)。そこでは,「法第167条第2項ただし書きに規定する基準に該当するものを除く」とされている。金商法167条2項ただし書きは,投資者の投資判断に及ぼす影響が軽微なものとして内閣府令で定める基準(軽微基準)に該当するものを規制の対象外と規定している。
23) したがって,上記の例では,「募集株式の発行の決定」が「重要事実」に該当しない金額のものであったとしても,「法人関係情報」に該当することがあり得る。なお,日本証券業協会の法人関係管理規程「別表」には,「軽微基準等により,個別具体的には,投資判断に影響を及ぼす可能性のない事象があると考えられます。」とされている。

III. 「法人関係情報」に関する規制

1. 情報の管理体制の整備

(1) 管理体制の整備義務

　金融商品取引業者等は，業務の運営の状況が公益に反し，または投資者の保護に支障を生じるおそれがあるものとして内閣府令で定める状況に該当することのないように，その業務を営まなければならない（金商法40条2号）。内閣府令では，「その取り扱う法人関係情報に関する管理又は顧客の有価証券の売買その他の取引等に関する管理につい法人関係情報にかかる不公正な取引の防止を図るために必要かつ適切な措置を講じないと認められる状況」が規定されている（金商業等府令123条1項5号）。以上のことから，金融商品取引業者等は，「法人関係情報」の適切な管理を行うことが法令上の義務として課せられ，これに違反した場合には，行政処分の対象となる（金商法52条1項6号）。

　ところで，金融商品取引業者等が株式会社である場合，会社法上，内部統制システムの構築に関する義務を負うことがある[24]。取締役が構築すべき内部統制は，取締役の職務が「法令」などに適合することを確保するためのものである。金融商品取引業者等の「法人関係情報」の管理体制の整備は，金融商品取引法令に規定されるものである。したがって，「法人関係情報」の管理体制は，金融商品取引業者等の内部統制システムの一部としても整備が

---

24) 取締役会は，取締役の職務の遂行が法令および定款に適合することを確保するための体制その他株式会社の業務の適正を確保するために必要なものとして法務省令で定める体制の整備を行う必要がある（会社法362条4項6号）。大会社である取締役会設置会社においては，取締役会はこれらの事項を決定しなければならない（会社法362条5項）。このような法令上の義務を負わない会社であっても，内部統制構築義務は，取締役の善管注意義務（会社法330条，民法644条）から導かれることから，内部統制を構築せず，これにより会社に損害が発生した場合，取締役は会社に対して損害賠償責任を負う（会社法847条1項）。

義務づけられるものと考えられる。

　日本証券業協会は,「法人関係情報」の管理について, その規則(協会員における法人関係情報の管理態勢の整備に関する規則)を規定している。そこでは,「法人関係情報」の管理に関し, その情報を利用した不公正取引が行われないように, 社内規則の制定[25],「法人関係情報」を取得した際の手続き,「法人関係情報」の管理の方法[26], 管理体制の定期的な検査等のモニタリングの必要性などが要求されている。「社内規則」に関しては,「法人関係情報管理規程」および「法人関係情報管理規程(社内規程モデル)」が詳細を定めている。以上のことから, 金融商品取引業者等の「法人関係情報」の管理体制は, 日本証券業協会の作成した規則等に準じた形で構築されるものと考えられる[27]。日本証券業協会は, 設立に際して, 金商法上の認可を受け, いわゆる現場主義から, 実態に即した規制を行うことを委ねられた自主規制機関である。そのため, 日本証券業協会の規則に従った形での情報管理態勢を構築している場合, その部分に限っては, 会社法上の内部統制システムの構築義務を果たしていると評価してよいように思われる。

(2)　「関連情報」の管理

　日本証券業協会は,「法人関係情報」の管理態勢の整備について,「『協会

---

[25] つぎに掲げる事項について規定した社内規則の制定が必要とされている(規則4条)。①法人関係情報を取得した手続きに関する事項, ②法人関係情報を取得した者等における情報管理手続きに関する事項, ③管理部門の明確化およびその情報管理手続きに関する事項, ④法人関係情報の伝達手続きに関する事項, ⑤法人関係情報の消滅または抹消手続きに関する事項, ⑥禁止行為に関する事項, ⑦その他協会員が必要と認める事項。

[26] ①協会員は, 法人関係部門について, 他の部門から物理的に隔離する等, 当該法人関係情報が業務上不必要な部門に伝わらないよう管理しなければならない, ②協会員は, 法人関係情報が記載された書類および法人関係情報になり得るような情報を記載した書類について, 他の部門から隔離して管理する等, 法人関係情報が業務上不必要な部門に伝わらないように管理しなければならない, ③協会員は, 法人関係情報が記載された電子ファイルおよび法人関係情報になり得るような情報を記載した電子ファイルについて, 容易に閲覧できない方法をとる等, 法人関係情報が業務上不必要な部門に伝わらないよう管理しなければならない(規則6条)。

[27] これに違反した場合, 日本証券業協会による処分がなされることとなる(金商法68条の2)。

員における法人関係情報の管理態勢の整備に関する規則』についての考え方」（以下，「考え方」という）を公表している[28]。これは，公募増資に関する内部者取引事件を背景に，法人関係情報の管理の在り方について抜本的に見直す必要があるとの指摘を受けて，策定されたものである[29]。規制の見直しに当たって，規則については，一定の有効な枠組みを規定しており，規則の運用が問題であったとの認識から，規則の改訂ではなく，これについての運用方針を定めるガイドラインとして「考え方」が取りまとめられた[30]。

規則では，「法人関係情報」の定義は，金商法上のものと同一のものとされている（規則2条1号）。ここで注目されることは，法令上の「法人関係情報」には該当しないものの，将来，「法人関係情報」となる蓋然性の高いと考えられる情報（「高蓋然性情報」）の管理の必要性が明示されていることである（規則2条に関する「考え方」1．法人関係情報）[31]。さらに，他の情報と相まって法人関係情報となり得る情報（「示唆情報等」）に関しても，規制の対象とされている（規則2条に関する「考え方」1．法人関係情報）[32]。「関連情報」（「高蓋然性情報」および「示唆情報等」と合わせて「関連情報」と定義される）の管理体制の整備の要請は，これらの情報について

---

[28] 平成25年に規則8条が改正され，「本協会は，協会員におけるこの規則の運用等に関する事項について，「『協会員における法人関係情報の管理態勢の整備に関する規則』に関する考え方」において定めるものとする」と規定された。

[29] 金融商品取引法研究会・前掲注(2)15頁（平田報告）。

[30] 金融商品取引法研究会・前掲注(2)18頁（平田報告）。

[31] たとえば，具体的方法の決定には至っていないもの，一定の時間や規模が想定される資本調達ニーズに関する情報等が挙げられている。

[32] 「考え方」では，たとえば，つぎのようなものが「示唆情報等」に該当すると考えられるとしている。①法人関係情報を取得していることを示唆する情報（示唆情報）（たとえば，増資案件が存在することを直接的にほのめかす場合に限らず，管理部門が，所定の手続きに則って，アナリストに対してアナリスト・レポートの公表を制限する旨を伝達する場合や営業部門によるブロック取引の事前承認に対して法人関係情報の存在を理由に取引不可とされている旨を伝達する場合の当該情報等も示唆情報等になり得ると考えられるとされている），②いわゆる「ノンネーム」での増資等の情報（たとえば，法人関係情報を取得している場合において，銘柄名は伝達しないものの，業種，増資の時期，増資の規模等の一部または全部について伝達することにより法人関係情報の存在を推知し得る場合における当該情報なども示唆情報等になり得ると考えられるとしている）。

は「法人関係情報」の管理規制が及ばないとして,金融商品取引業者等の担当者等が,その十分な管理を怠ったことを教訓にするものである。

「考え方」は,法人関係情報の管理に関する「規則」についてのものである。「示唆情報等」は,「法人関係情報」としての管理が求められる[33]。これに対して,「高蓋然性情報」は,「法人関係情報」よりも広い概念である。「考え方」が「法人関係情報」に関する規則についてのものであることから,「高蓋然性情報」といった「法人関係情報」の範囲を超えた情報の管理にまで踏み込んでいる点について異論がある[34]。

2．法人関係情報を提供した勧誘の禁止

金融商品取引業者等は,「法人関係情報」を提供した勧誘が禁止される(金商法38条7号,金商業等府令117条1項14号)。そこで提供が禁止される情報は「発行者の法人関係情報」とされている。したがって,金融商品取引業者等は,発行者以外の情報であれば提供が許されるということになる。既述のように,「法人関係情報」の定義では,「公開買付けの実施または中止に係る公表されてない情報」が含まれる。そこで,たとえば,AがBに公開買付けを行うという情報を入手した金融商品取引業者等が,公開買付け開始前に,この情報を顧客に提供し,B株式の購入を勧誘することが規制の対象外になるのではないかという問題が生じる。

この点については,AがBに公開買付を行うという情報は,Aが決定し

---

[33]「示唆情報等」は,「法人関係情報に該当するわけではないものの,他の情報と相まって法人関係情報となり得る情報」と定義されている。金融商品取引法研究会・前掲注(1)27頁(平田発言)では,「パーツ・パーツを集めれば法人関係情報だし,実際は相手方にはパーツを一つで説明するわけではないわけですから,法人関係情報として管理すべき対象にしてもおかしくはないと考えたわけです」と説明されている。

[34] 金融商品取引法研究会・前掲注(2)4頁以下(松尾発言)。この点について,同28頁(平田発言)は,「考え方」は,「法人関係情報」の管理を求めるもので,必ずしも,それを超えた情報を管理することを求めるものではない旨の説明がなされている(「それを超えて管理するのであればこういうことも考えられるので,そういうところも注意して管理してくださいとお願いしているところであります」。)

た事実ではあるものの，Ｂについての情報ということができれば，この情報は，発行者（すなわちＢ）の「法人関係情報」ということになる。したがって，金融商品取引業者等は，Ｂ株式の買付けの勧誘はできないことになる。他方で，このような情報は，あくまでＡの情報であり，Ｂの情報ではないということであれば，勧誘は禁止されないことになる[35]。

　ただし，「法人関係情報」の規制として，金融商品取引業者等による勧誘が禁止されないとしても，公開買付けの実施の事実は，金商法167条の規制の適用を受けることに留意が必要である。すなわち，このような事実を提供された顧客がＢ株式の売買を行えば情報受領者として刑事罰が科せられる。金融商品取引業者等がこのような事実を提供して勧誘した場合，教唆・幇助犯として罰せられる可能性もある[36]。さらに，金融商品取引業者等は，顧客の有価証券の売買その他の取引等が167条に違反することまたは違反するおそれがあることを知りながら，有価証券の売買その他の取引等の受託等をする行為が禁止されている（金商法38条7号，金商業等府令117条13号）。以上のことから，このような行為が野放しにされることは考えにくい。

　なお，前述のように，平成25年の金商法の改正で，情報の伝達行為が禁止の対象にされた。公開買付け等事実の伝達についても同様である（金商法167条の2第1項）。したがって，公開買付けの実施やその中止といった情報を提供した形での勧誘を行えば，金融商品取引業者等は，公開買付け等事実の伝達者として罰せられることになる点にも留意が必要である。

3．法人関係情報を利用した自己売買の禁止

　金融商品取引業者等は，「法人関係情報」を利用して自己売買を行うことが禁止される（金商法38条7号，金商業等府令117条1項16号）。前述の「法

35）「法人関係情報」の定義が，上場会社等の「運営，業務または財産」と規定されていることから，大株主による株式の売却や公開買付けの実施といった市場情報は，これに含まれないのではないかという見解が述べられている。金融商品取引法研究会・前掲注(2)39頁（中村・川口発言）。
36）川東・前掲注(1)54頁。

人関係情報」を提供した勧誘の禁止規定と異なり，ここでは，「発行者の法人関係情報」という制限はない。他方で，適用を受ける業者の範囲が限定され，有価証券関連業を行う第一種金融商品取引業者に限られる[37]。

金融商品取引業者等は，「法人関係情報に基づいて」取引等を行うことが禁止される（情報の利用を要件とする）。これに対して，内部者取引規制では，「重要事実」を知ったときに，その利用の有無にかかわらず，取引が禁止される（情報の利用を要件としない）。情報を知っただけで取引が禁止されると，業者としてのディーリング業務が著しく制限されることとなる。そのため，適正な範囲で規制を行うため，情報の利用要件を定めたのではないかと考えられる。

4．適用除外取引

ところで，内部者取引規制では，その規制の適用が除外される取引が規定されている（金商法166条6項）。「法人関係情報」の規制については，このような適用除外規定はない。

内部者取引規制における適用除外取引としては，たとえば，株式の割当てを受ける権利を有する者が当該権利の行使によって株券を取得する場合，新株予約権者が予約権の行使によって株券を取得する場合などが規定されている（金商法166条6項1号・2号）。「法人関係情報」に関する規制は，「法人関係情報」を顧客に提供し勧誘する行為または当該情報を利用して自己売買を行うことを禁止するものである。したがって，上記のような顧客の事情による適用除外を認める必然性は見当たらない。

もっとも，内部者取引規制の適用除外として，社債券の売買等が規定されている（金商法166条6項6号）。そこでは，会社の解散，破産手続開始・再生手続開始または更生手続開始の申立て，手形・小切手の不渡り・手形交換

---

37) これは，銀行などの金融機関が政策投資やクレジット・デリバティブ・スワップを行うことが可能になるようにするためのものと説明され，証券取引法上の時代から，証券会社に適用が限定されていたものである。

所による取引停止処分といった情報（デフォルト情報）でない限り，「重要事実」を知った場合でも，社債券の売買は禁止されない（金商法166条6項6号，有価証券取引府令58条）。しかし，「法人関係情報」にはこのような適用除外規定が存在しないため，金融商品取引業者等が，社債の発行会社のデフォルト情報以外の「法人関係情報」を入手した場合でも，それを投資者に提供して勧誘する行為またはそれを利用した自己売買を行うことはできないということになりそうである。

　金融商品取引業者等は，内部者取引規制においては，内部者として重要事実（デフォルト情報を除く）を知ったとしても，社債券の売買は禁止されない。他方で，それが同時に法人関係情報に当たる場合，それを使った売買等が禁止されることになる。このような規制の違いを，金融商品取引業者等が市場の仲介者という社会的使命を理由にすることは適切ではない。会社の役員や従業員といった，典型的な内部者が行っても違反とならないような行為を，金融商品取引業者等が禁止される理由を見出すことは難しいように思われる。

　他方で，内部者取引規制で社債券の売買が適用除外とされているのは，デフォルト情報以外の「重要事実」が社債券の投資者の投資判断に影響を及ぼすことが小さいためと考えられる。そうであれば，このような情報は，「法人関係情報」の定義である「投資判断に影響を及ぼすと認められるもの」にも該当せず，それを利用した勧誘や自己売買を行ったとしても，「法人関係情報」の規制が及ばない可能性が高い。

損失補てん禁止原則の廃止について

青 木 浩 子

(お断り：研究会報告はSMBC日興証券からのオブザーバーである松本譲治氏他の方々と協同して行いましたが，本稿は筆者単独で執筆したものであり，文責は筆者にあります)

I．本稿で検討しようとすること

「損失補てん禁止原則の廃止」というテーマは，夕刊紙の見出しと同じく実現するか心許ないものだが，案外に実用(解釈)にも結びつきそうな内容なので取り上げた。わかりにくい内容なので，冒頭に記述の方針と結論とを述べておきたい。なお，1992年に荒井達夫氏が損失補填禁止理由としていわれるところを網羅の上で批判するエッセイ[1]を，1995年に黒沼悦郎教授が損失補填禁止立法を詳細に批判する論文[2]を発表されてはいるが，その時点と今日とを比べると，損失補てん禁止規制の実害が顕在化したという差異がある(以下のII)ので，再度検討する意義はあろう。

さて，損失補てん禁止に係る規制は，いわゆる第一次証券不祥事(損失補てん)を契機として平成3年証取法改正により導入されたもので，いわゆる第二次証券不祥事(飛ばし，総会屋への利益供与)を機とする要件強化の上で今日に至っている。

損失補てんを原則禁止するという立法政策は，英米にその例を見ない[3]と

---

1) 荒井達夫「損失保証・損失補填禁止の保護法益」法学セミナー450号52頁(1992)。
2) 黒沼悦郎「損失補填の禁止」(『証券市場の機能と不公正取引の禁止』所収(2002，初出1995))。

いうほか，国内の法律学者あるいは経済学者からの評判は必ずしも良くない。加えて，損失補てん禁止が社会的に望ましい制度ないし行為の障害となる例が少なくとも2件出ている（①損失補てん禁止原則が和解や金融 ADR の利用の障害となる，②元本割れが機能上想定されていない金融商品（MRF など）が不測の事態により元本割れした場合に補てんできるか）。一般論としていえば，金融庁が顧客損失の一部ないし全部を業者に負担させる形で救済したいときに，損失補てん禁止原則が妨げとなりかねないわけである。

「どうしてこんな海外先例もない大風呂敷の立法をしたのか」と，立法理由について金融庁に近い筋による記述を参照しても，さほど明快な理解が得られない一方，理由ないし目的の主軸が時代と争点とに応じて「だまし船」のように変化するようだということがわかってきた（Ⅲ1．）。そこで，立法当事の時代背景を知るため，国会会議録を検索して，損失補てん禁止立法前後の討論を鳥瞰した（Ⅲ2．−3．）ところ，今にない当時の事情がうかがわれた。今はない当時固有の条件の主要なものとして，①固定手数料制度，②証券業免許制度，③コンプライアンス意識の乏しさ（今もあるという反論もあるが，程度が違うということである）があり，さらに④バブル崩壊時の投資家不満のはけ口が強く求められたこと，を加えてもよさそうである。

このような事情を踏まえると，もし金融庁が行政主導的な紛争解決（顧客救済を含む）を今後進めようとするのであれば，損失補てん禁止を原則とすることを廃止し，主要な場合にピンポイントで規制するというように原則例外を改めるのが妥当でないかという考えが本稿執筆の動機となっている。

以下では，以上の要約での順序とは異なり，まず損失補てん禁止原則が障害となった実例を紹介し（Ⅱ），ついで立法理由について，まず本研究会で議論されたところを紹介（Ⅲ1．正確には損失補てんではなく特別利益の提

3）現在の米国の状況について後注40，また改正当時の米国の状況については後注38および39ならびに関連する本文参照。現在の英国について，本稿筆者は直接に示す法令を見出し得なかったほか，特別利益提供についてであるが後注28金商法研究会レポート37頁の藤本拓資コメントも fair treatment of customers という一般原則の適用可能性を示唆するに留まる。

供についてであるが，内容的に共通するところが多い）の上，平成3年の同禁止原則立法時および以降の国会における質疑応答を立案当時の理由と背景とを知るために概観する。さらに異なる視野からの示唆がないかを確認するため，学説を概観する（Ⅳ）。

Ⅱ．最近の実務要請

1．損失補てん禁止原則は和解や金融ADR利用の障害となる

(1)　「損失補てん禁止が業者に賠償を請求する者との和解や金融ADR利用の障害となる」ということは，金融ADR（裁判外紛争解決制度）に関わる機会がなければ極めて理解しにくかろうと思われる。典型的な「障害」とは，長くはなるが次のようなものである。

(2)　損失補てん禁止原則により，金融商品に係る損失を賠償することは原則として禁止される。そこで禁止原則導入前には珍しくなかった顧客・業者間での裁判外和解が難しくなり，顧客は，銀行との関係も徹底的に悪化させる訴訟を提起するか請求を諦めるかの二択に追い込まれる。とくに平成22年の金融ADR開始前は深刻な問題であったようであり，同原則が商品先物にも及ぼされた平成9年前後には，顧客側弁護士が国会その他の場で反対活動を展開している[4]。

(3)　補てん禁止の例外[5]としていわゆる「事故（業者またはその役員・使用人の違法または不当な行為で，業者と当該顧客との争いの原因となるものとして内閣府令（金商業等府令118条[6]）で定めるもの）」がある場合の適用除外（金商法39条3項）があるところ，この「事故」にあたるには（顧客が信託の計算として行っていた場合（法39条1項1号）を除き）金融当

---

[4]　津谷裕貴「損失補填禁止を乗り越え，不招請勧誘禁止実現へ」先物取引被害研究28巻21頁（2007），同「損失補填規定の対策，検査マニュアルの活用」先物取引被害研究29巻25頁（2007）（弁護士仲介の示談についても事故確認不要とせよという立法論）。

局の確認を受けるか，内閣府令（金商業等府令119条1項）で定める場合であることを要する（法39条3項但書）。この内閣府令で定める場合には，確定判決のほか，裁判上の和解や民事調停，仲裁，所定の機関によるあっせんや要するに金融ADRによる和解を得た場合（実は通常の和解もここに含まれるが，弁護士または司法書士の関与が要求されるほか，和解による支払い額は1,000万円を上回れない。そこで，少し高額な投資損失案件について訴訟は避けたい場合，従来ならば和解によったところ，もっぱら金融ADRを用いることとなる）が含まれる。もっとも(8)で後述するように，金融ADRを経ることは「事故」にあたる必要条件でも十分条件でもなく，あくまで「事故」の認定を基礎付ける一事由である（法文上は「確認を要しない場合」）。

(4) 以上から，「昔はともかく現在では，金融ADRを経由すれば損失補てん禁止規制の適用除外があるのだから，損失補てん禁止原則に悩むことはない」とするのが正論であり，以下に縷々述べる内容は「業者が勝手に作った問題であり，少なくとも業者には補てん禁止は障害とならない」と切捨てるべき事柄かもしれない。もっともこれでは顧客が救われないので，迂遠ではあるが，金融ADRの運用に遡ってやや詳しく説明する。

(5) 金融ADRにおけるあっせんのあり方について。

まず法規上の制度骨格について。証券に係る紛争で通常用いられるのは

---

5) なお，形式的には損失保証・損失補てんに該当するようであるが，その目的を欠く場合には禁止対象とならない。意思の有無は客観的行為・状況を踏まえて判断され，たとえば正当な事業再生支援目的があれば，損失補てん等目的が否定される場合もあるとされる。松尾直彦・金融商品取引法（3版 2014）415頁。この理解が寛容に発動されるならば業者が萎縮することもなかろうが，実際には本文中のMMFのような例ですら適用の有無が定かでないという状態にある。

6) 令118条は要するに法令違反行為で顧客に損失を及ぼしたものを一般にカバーする（同条1号ホ）ほか，金融商品取引業者については同条1号のイからニにより①注文内容の確認のないまま執行すること，②証券種類・取引条件・商品価格やリスク程度につき顧客を誤認させるような勧誘をすること，③事務処理上の過失，④電子情報処理組織異常による注文執行過誤，の行為をカバーしている。府令文言自体からはこれらの行為が違法不当である必然性はないようにも思われるが，金商法39条3項括弧書きにおける「事故」の定義からも，「『事故』ならば違法不当である（違法不当でない『事故』はない）」ことは解釈上否定し難いであろう。

証券・金融商品あっせん相談センター FINMAC である。苦情手続きによる解決では満足しない投資家による申し立てによりあっせん手続が開始し（業者は手続応諾義務（法156条の44第2項2号），説明協力義務（同3号）を負う），あっせん委員（もっぱら弁護士）の主宰の下，あっせん打ち切りとならなければあっせん委員による和解案が提示され，顧客・業者の双方が合意すれば（なお特別調停案であれば業者は受諾義務を負う（同5号）が，全銀協や FINMAC では少なくとも近時まで例がないようである）同案に従った和解が締結される。

次に制度運用の実態について。金融 ADR 開始から数年しかたっておらず，重要な利用条件の変更等による制度激変の可能性も否定できないが，全国銀行協会（全銀協）[7]のあっせん事例の圧倒的多数を占める中小企業向けヘッジ目的の金利・為替スワップ販売（スワップ事件）を例にとれば，次のような傾向がみられる。

①あっせん委員による紛争の事情聴取回数は原則1回に限られるため，証拠調べが必要となる争点ではなく，書面審査で決着がつきやすい争点を元にあっせん案が提示されやすい（そのため，裁判なら救済され得る事案が ADR のパターンにはまらないため救われないこともあるし，逆に裁判なら請求棄却されそうな事案が ADR の救済パターンにはまれば救われることもある）[8]。

②和解の結論も，訴訟ではあり得ない手法や内容のものとなることがあ

---

[7] 筆者が最近研究したからというほか，FINMAC の公開情報は抽象的すぎて分析困難という事情もある。
[8] 青木浩子「中小企業向けスワップ事件の金融 ADR における扱いについて」法律時報85巻10号67頁，71頁（2013）に述べたように，為替スワップの例では「ヘッジ不適正」や「ヘッジニーズなし」（いずれも客観的事実として書類審査に向く）を申立て趣旨とするものが多い一方，「説明不十分で締結された」（訴訟であれば多い適合性原則違反や説明義務違反）を理由とするものは少ない。

たとえば顧客に取引にあたり重過失があるがスワップ契約が客観的にヘッジ不適正なものである場合，もし訴訟で説明義務違反を争点として争えば顧客が敗訴するであろうが，金融 ADR でヘッジ不適正の点を衝けば（過失の点までは審理対象とならないまま）救済対象となる可能性はあろう。

る[9]。上の①とあわせると，あっせんという制度は，「帯に短し襷に長し」的な，つまり救済が特定の事案に対して過重または過少となる場合を出してしまう可能性があるとはいえ，顧客・業者間の決定的な対立をきたすことなく短期安価かつ帰結について予見可能性の高い状態で[10]紛争の実質的な解決を図ることに向いた制度といえよう。

　ところで，和解の結論やそれに至る典型的な争点（和解相場とする）がいかに形成されるかであるが，紛争が業界通有的でかつ多数発生するもの（スワップ事件はまさにそうであった）の場合は特に，業界コンセンサスに基づく和解相場を，業者あるいはあっせん委員が示唆・採用されていたと筆者は推測している（そうでないと，あれだけ多数の案件の内容が近似するとは考え難い。その背景には監督官庁の意向が働いていたと更に推測される[11]が，とりあえず業界内コンセンサスありという次元に推測をとどめる）。そしてスワップ事件における和解相場は業者側にそれなりに厳しいものであった[12]。にもかかわらず，「（当方にもこれらの点に問題はあっ

---

9) 青木浩子「中小企業向けスワップ事件－金融ADRと訴訟とではどちらが得か」消費者法ニュース97号216頁（2013）に述べたように，スワップ事件におけるADR和解内容の場合，「銀行が既払分を返還しない一方，未払分に代わる解約清算金は一部ないし全部負担（顧客から見れば既払い分はそのまま，今後の支払いは一部ないし全部を免除）」というパターンが多かったが，この解決は理由を示さねばならない判決ではまず導けまい（負担額のみに着目すれば，顧客側の過失相殺により同様の結論に達することは可能であろうが）。
10) スワップ事件の限りであるが，裁判体の個性が強く，同じ事案でも結論が大きくぶれている裁判にくらべて，金融ADRの重要な長所として，結果の予見可能性が高い（こういう案件であればADRなら何割くらい回収できるといった予想が立ちやすい）ことがあげられると筆者は思う。金融紛争の高度化につれて，裁判所では対応しきれない（しようとしても裁判体毎に理由判断が大きくぶれ，当事者は判決確定まで苦労する）現状があると考えるのであればなおさらADRでの処理が望まれよう。もちろんこれは他のよくいわれるメリット（紛争解決が短期間で収束する，金融専門家が関わる）に重複する。
11) 日本のスワップ事件収拾成功の鍵は金融ADRにおける処理と相場の変化（2013年にはいってからの円安株高）とに求められると筆者は考えている。ちなみに英国FSAは最後のご奉公で販売銀行を厳しい行政監督下においた上で顧客に賠償させていった（現状の緻密なレポートInterest rate hedging products http://www.fca.org.uk/consumers/financial-services-products/banking/interest-rate-hedging-products を機会があれば紹介したいと思う）。販売問題の深刻さが英国ではわが国をはるかに上回っていた（しかも司法救済は現状において薄い（訴訟してもなかなか勝てない））ことを勘案しても，英国における処理は峻烈である。

た等を認めた上で）譲る準備がある」と業者が和解に積極的な姿勢を示すケースが筆者の見る限りでは目立った（逆に業者が和解相場に不満で不調を重ねれば，それなりのレピュテーションリスク（業者名は公開されないが，目立てば業界評判になる）を負ったと思われる）。

(6) このように，金融ADRが機能するには，業界側の積極的な姿勢の下で「あっせん案」が形成・受諾されることが肝要である。問題は，その肝心の業者とくに銀行が金融ADRに対して消極的であることを示す記述が見受けられることである[13]。そして，それらの事案を通覧するに，業者が消極的な最大の理由は，金融ADRの対象となった案件は（損失補てん禁止原則を適用除外される）「事故」であり，したがって「違法不当」なのであり[14]，案件に携わった関係者の評価に響く（が，それは好ましくないので，あっせん案を受諾しない）ということにあるように推測される。実際，「役員責任を問われたくないから，破綻に瀕してもなお公的資金注入を受けいれない」という，さらに深刻な類似例が金融危機時にあった[15]。そのミニ版という見立てが正しいならば，簡単には改まるまい。顧客側からは改めようがなく，また，あっせん委員も特別調停案を課すという荒業に出ない限りはあっせん案不受諾に対して手の打ちようがない。金融庁や金融取引等監視委員会も業者のあっせん不受諾自体を責めることはできないので，当該業者を丁寧に検査監督するにとどまろうが，これは顧客の救済に直結しない。

---

12) これは関係者によって評価が分かれるであろうし，また，和解パターンにあてはまらない場合は提訴に意味があると筆者も思うが，全体としていえば，スワップ事件は金融ADRの最初かつ本格的な利用ということもあってか，銀行業界側の譲歩が積極的になされたように思う（情報不足で定量的な実証分析はなしえていない）。前注8の文献も参照いただきたい。

13) 例，座談会・金融ADRの現在　金融法務事情1946号6頁，21頁（2012）（金井発言）。
なお金融ADRを擁護してしかるべき利害関係にある顧客からの不満は，期待が過大すぎたところから生まれる感情的なもののように思われる（いやなら訴訟すればよいのだし，仮によく理解せず利用したとしても時間や費用のロスは限定的である。個別案件で遺憾な和解案が存在する可能性は否定しないが，ここでは現状の和解相場について考えている）。

14) 前注5参照。

15) 飯村慎一「公的資金注入と銀行経営について」資本市場クォータリー1999年春2頁。

(7) 金融ADRの機能に重要な業界側の積極関与を「損失補てん禁止原則」が阻んでいるとして，そういう理由から禁止原則廃止という妥協をしてよいか（「それは自分で問題を作っているのであり，ADR手続とは別途（概念の相対性）行内評価をすればいい」「業界の『常識（世間の非常識）』には屈せない」というのが筋論であろう）という正論があるかもしれない。

また，たとえ禁止原則が廃止され違法不当問題がクリアされても（粗い手続きの上で業者に不利目の結果を受諾し，経済負担を負うのは面白くないとして）ADRに非協力的であり続けることも考えられなくもない[16]。仮にそうならば，ADRが不機能であることを背景に裁判所で暴れるほうが長期的には良い解決と考える顧客（実際には代理人）もいるかもしれない。

筆者は金融庁，証券取引等監視委員会との協同の下に金融ADRが機能するのが文明的なあり方だと思うので，もともと問題のある「損失補てん禁止原則」を廃止するのが大局判断としては妥当と思うが，それを求める業界理由には（上述の推測が正しいとすれば）失望する。

(8) 石塚智教「損失補填等禁止規制と金融ADR」金法1960号72頁（2012）（金融庁監督局出向経験者）は「業者自身が『事故』の存在を容認しないにもかかわらず和解に応じて損害を賠償することの可否[17]」という命題につき，①「事故」が存在しなければ，金融ADRを経ても適用除外とならない（同74頁）[18)19)]，②金融ADRでは必ずしも詳細な事実認定が行われるとは限ら

---

16) 前注11の英国の例では，もし銀行界がFSAの指図に恭順しなければ，政治的に強い攻撃を受け，FSA指導下での解決結果よりもはるかにダメージを受けていたと思われる。そういう判断を業界理性としてできればよいが，本文中に述べたように公的資金注入の件ではそういう判断がなされないまま，結局は行政側が妥協している。
17) 同論文注12は「金融ADR手続きによる和解が成立した場合に金融機関が内部的に事故を認定するべきか否かの本文の結論は，」としているが，こちらが本命の主題のように思われる。
18) 形式的には規定は金融ADRを経れば「事故」要件を充足するとしておらず，また実質論としても金融ADRを損失補てんの隠れ蓑とする例もある（「あっせんに係る留意事項」http://www.finmac.or.jp/kujou/pdf/ryuui-jikou.pdf）ので①は妥当な理解であろう。
19) 平成3年立法時における客観的には事故にあたる事実がないが和解がされてしまった場合の業者刑事責任に関する法務省の見解について後注44および関連する本文を参照。

ず，あっせん案提示の際に違法・不当行為（事故）であるかが明確にされないこともある（同77－78頁）[20]，③脱法目的等がない限り，業者は，社内で事故がなかったと整理した場合であっても，金融 ADR で和解に応じて損失補てんすることは可能である（同78頁。理由は，事故の存否についてはあっせん当事者間で見解がわかれ得，また，あっせん手続自体が事故があることの容認を前提としていないと考えられるから）とする。

以上の整理で業者が納得し，金融 ADR の運用に積極的となるならば結構だが，筆者には①がある以上，適法に損失補てんできるのは業者に「違法不正」があることは動かないように思えるので，石塚論文の意図は理解できるが，理由にすっきりしないものが残る[21]。

2．元本保証と一般に了解されている金融商品（MRF など）が不測の事態により元本割れした場合に補てんできるか

(1) 先の 1. のあっせん等への影響の件に比べると，こちらは明瞭である。

「新聞の盲点　金融審・投信 WG 最終報告書で『MMF 損失補填許容』の意外感」金融財政事情63巻44号6頁（2012）は，投資信託・投資法人法制の見直しによるワーキンググループの報告書案に「MMF と MRF の損失補てん規定の適用除外」が盛り込まれる見通しであることを報じている。同案は MMF 規制を強化する国際的な流れに逆行するもので，その点に意外感があると評されている。

---

[20] 同論文脚注11にもあるように，金融機関が法的に損害賠償義務を負わない場合でも和解案が提示されることもあろう。ただ，それは事実論であり，法的推論上に持ち出すのは不適切でないか。
[21] 筆者自身は「不当」要件を活用してはどうかと思う。「業者責任は法的にも（違法）道義的にも（不当）ない」と筆者が思う紛争例（損をしたから怒鳴り込むとか，本人が完全に理解して投機取引をしているなど）は絶無ではない（そしてそういう場合には業者は和解を拒めばよいと思う）が，一般論として言えば，不当ですらない事案はまれでないか。さらに，スワップ事件のような業界通有の問題では，「ヘッジニーズの乏しい中小企業に，高利潤の派生商品を，業者全体が重点をおいて販売した」という時点で，たとえ違法でなくとも（したがって訴訟しても業者が負けるとは限らない）すくなくとも不当であったといえよう。かような業界通有の問題の場合には，当該取引に関わった社内関係者の処遇に結び付けない（会社ぐるみの姿勢が不当であり，特定者が問題なのではない）と整理してはどうかと思う。

(2) 同記事によると，損失補てん規定適用除外が求められる背景は次のようなものである。

　マネーマーケットファンド MMF やマネーリザーブファンド MRF は信用力の高い短期の公社債を投資対象とする投資信託で，証券口座の入出金に応じて売買される（顧客は現金代わりに公社債を保有する）。そのような機能から基準価額が1口1円に固定されている。投資対象の性格上，元本割れの可能性はあるが，システム設計上はそのことを想定していないので，仮に元本割れした場合に顧客は MMF・MRF の速やかな払い戻しを得られなくなる。これを避けるには毀損した資産の買い取りにより基準価額1円を確保するのが簡明だが，これは形式的には損失補てんにあたるので，適用除外とすることが求められるというものである。

(3) 同記事後のワーキンググループにおける企画官解説[22]によると，損失補てん禁止の理由の主なものとしては①業者の中立性・公平性を損ない投資家間の不公平感を招く，②安易な投資判断を助長し，市場の価格形成機能阻害が問題となる，があるところ，MRF 等への資金支援であれば，特定の投資家への利益供与でないので意味も性質も異なる。

(4) 上のワーキンググループ終了の後，報告書が完成し[23]，平成25年4月16日に2013年改正金商法案として国会提出（同6月19日公布），MRF 損失補てんの適用除外については2014年中に施行の予定である（法42条の2第6号かっこ書きで「禁止行為」から除外）。

3．小括

上の1．および2．の機能的に重要とはいえ僅か2例のみからであるが，損失補てんの必要性が感じられ肯定されやすいのは，業者にとってうまみの

---

22) http://www.fsa.go.jp/singi/singi_kinyu/toushi/gijiroku/20121207.html. なお，前注5の松尾417頁以下に補てんの効力に関連しての裁判例の紹介がある。
23) 投資信託・投資法人法制の見直しに関するワーキング・グループ最終報告（2012）http://www.fsa.go.jp/singi/singi_kinyu/tosin/20121212-1/01.pdf の7頁。

少ない顧客（取引額も一人毎での業者収益も，法人や富裕層に比べて小さい。マス顧客ないしゴミ顧客と自嘲されることもある）の場合のようであり（金融 ADR 利用者は現状ではたまたま中小企業が多いが，本来は小型の個人投資家の利用が想定されている。MRF や MMF は富裕層や法人も無論利用するが，そうでない者も用いる），さらに利益をうける者が匿名の集団であり，補てん利益が均霑する場合には容認されやすいのであろう。

　規制の対象はそれ以外の大企業・富裕層の利益を図る補てんということであろう。もっとも，証券売買委託注文手数料の設定が自由化し，それ以外のサービスの個別化も進んでいる現状において，大企業・富裕層への損失補てんであることが明らかな扱い（特金運用損失について予約権売買を通じ補てんを図るなど）をしたい場合は限られそうである[24]。

　もともと大企業・富裕層を経済的に優遇してはならない理由はない。同じ取引で他顧客よりも優遇することや特別利益供与にあたる形での利益供与を行うことは違法だが，それ以外の場合について，規制産業とはいえ厳密な形式的平等を強いる根拠はあるまい[25]。もちろん不平等が嵩じて末端顧客向けサービスが劣化すれば（手数料目当てで適合していない商品を強圧的に販売する等）確かに問題であるが，それはもはや顧客間公平の問題ではないのではないか。

　次章で見るように，損失補てん禁止原則の根拠の主軸は，優遇されざる顧客の不公平感の解消に移りつつあるようである。だが，損失補てんや特別利益供与のように法令で定められた場合を除き，業者の判断で特定の顧客を経済的に優遇するのは自由という前提にもかかわらず，中立性や公正性といった抽象的根拠を理由に損失補てん禁止を原則とすることは，政策として適切だろうか[26][27]。

---

[24] 金融庁「行政処分事例集」（平25年末現在）上も5件しか見出せず，それらは先物取引ほかいかにも不審な取引を行っていたか，EB債のような商品を押し込む過程で補填を約束する等の事情がある。

[25] 望ましいプラクティスではあっても，その徹底した遂行を監督庁が強制できることではあるまい。

III. 立法理由ないし立案過程

1. 特別利益提供に係る理解

(1) 損失補てん禁止規制の沿革を会議録から辿る前に，筆者が2011年7月に日本証券経済研究所・金融商品取引法研究会で行った報告「顧客との個別の取引条件における特別の利益提供に関する問題」に対する参加者やオブザーバーからのコメント等をまず紹介したい。規制理由が多元的かつ流動的であることをよく示すからである。なお，損失補てん禁止との主要な違いとして，市場価格形成機能に関連した理由づけがされないということがある[28]が，その他の理由は共通する。

(2) 筆者は上の報告で特別利益提供（金商業等府令117条1項3号）の規定目的として①顧客が安易に取引し，保証をめぐって顧客・業者間で紛争が

---

26) 後注28の金商法研究会レポート9頁の松尾直彦コメントは「特定の顧客B社にだけ（たとえば）手数料を無料とするならば，合理的な説明が必要」とする。多くの論者は中立性や公正性自体を好ましいとし，悪質な事例（平成3年前後の特金損失補てんや平成9年前後の補てん原資創出のための粉飾，あるいは反社勢力の要求に屈しての利益供与）を不適切と考えることは同じであろう。問題は限界事例でどうかであろう。損失補てん禁止が原則とされると，抵触しそうな取引（たとえば，重要な取引先だが偶々縁故者である場合，優遇の根拠について邪推されやすい）は自粛しようという過度の抑止効果が働くおそれをどのように考えるかにより，原則禁止とすることの評価が異なってくるのではないか。筆者は，極端に悪質な事例は生じ難い（あるいはピンポイントでの対応が適当）と思う一方，自粛の傾向が強い（あらかじめ規定化していなければ例外扱いを避ける等。後注28金商法研究会レポート18頁の中村コメント参照）ように思うので，損失補てんを原則禁止とすることの政策的妥当性について懐疑的である。なお後注28金商法研究会レポートの藤田コメントの13頁以下は，規制目的を競争関係の公平とするなら，ダンピング行為といった極端なものでない限りは問題ないのでないかという感想を示す。

27) 後注28の金商法研究会レポート39頁の金井仁雄コメントは，リーマン債デフォルトの際に販売会社の道義的責任という理由から，債券カストディアンとしての立場を使って米国手続に全顧客のノミニーとして参加した例を紹介するが，このように，業者が一部顧客に対して法的責任がないにもかかわらず援助する場合（そして常識的には賞賛こそされ，非難はされない場合）もある。

28) 日本証券経済研究所金融商品取引法研究会「顧客との個別の取引条件における特別の利益提供に関する問題」(2011)（金商法研究会レポート）8頁の前田雅弘コメントは，特別利益提供は損失補てんにくらべ，市場の価格形成機能に影響を与えるところまでいかず，悪性がそれほど強くなく，制裁も行政処分に留まるとする。

生じやすくなる，②業者の財務不健全性を来たす，の2点を紹介した。これらは岸田雅雄編著・注釈金融商品取引法（2009）の329頁以下の金融庁職員が最近執筆した記述なので，金融庁による解釈運用（パブコメや検査監督など）との整合性が高いと考えられたものである。

(3) 上の紹介の後に共同報告者である SMBC 日興証券の松本譲治法務部長から実例を元に具体例とやや抽象化した命題とを提示し，特別利益提供に該当するか否かについて出席者見解を照会した際に，金融庁オブザーバーから上の①および②は鈴木竹雄＝河本一郎「証券取引法（新版）」（1984）を参照したものであるというコメントが得られた[29]。

また金融庁 OB からは，上の②の理由は推測だが昭和40年代の山一證券破綻危機のものであり現時点でも果たして通用するか疑問があること，少なくとも平成19年7月31日付けの金融庁パブコメ回答[30]の趣旨はむしろ河本一郎＝関要監修「逐条解説証券取引法」（新訂2002）（本稿筆者，監督官庁見解に近く実務家が信頼する注釈書だが2008年の三訂版で更新が停止している。執筆者は監修者ほか弁護士，証券会社社員からなる）を参照している[31]というコメントを得た。この河本＝関の記述（初出は同書初版（1995）頁[32]）は「特別の利益とは，証券業における公正な競争として許容される範囲を超えた利益をいう。したがって，社会通念上通常のサービスと認められるものの提供は差し支えない」というものである[33]。これはたしかに①や②とは異なり，「許容されざる不公正な競争であること。許容されるか否かの少なくとも一つの判断基準は社会通念」，要するに「社

---

29) 前注28の金商法研究会レポート10頁以下の藤本拓資コメント。鈴木＝河本の320頁がそれであるが，損失保証に係る319頁における記述の理由もほぼ同じである。
30) 「コメントの概要及びコメントに対する金融庁の考え方」http://www.fsa.go.jp/news/19/syouken/20070731-7/00.pdf（平成19年7月31日）634−635頁。
31) 前注28の金商法研究会レポート9頁の松尾直彦コメント。
32) この③の理由は実は後注50の神田論文（1991）に既に出ている。つまり損失補てん禁止が立法された1991年の時点で①②に並んで③の理由が言われてはいたのだが，鈴木＝河本にはるか以前から記述されていた理由①②が文献上は優勢を保ち続けた一方，監督実務では③が強く支持されるに至っている，ということのように思われる。

会通念等に照らし不公正(以下,理由③とする)」を理由とするものと解され,良くいえば常識的,悪くいえば監督機関の裁量の幅が広く業者が萎縮しそうなものとなっている。

(4) 上の金融庁オブザーバーおよびOBの沿革に関するコメントの各々は明瞭だが,多数の目的ないし理由(ならびにその原典。整理すると,①②の古典的理由は鈴木=河本,③の理由は河本=関が起源である)が研究会上で解明されていく反面,上の松本部長が提示した具体例や命題について,特別利益目的ありとされるか否かについては,報告記録にもあるように簡単には結論が出ないことがわかった。難しい理由は,藤田教授の指摘どおり各理由の法益が異なり,しかも対象が明確でない(②が財務健全性目的であることは明らかだが,①が顧客保護,③が他業者保護(競争法的目的)か[34]については疑義が残る。とくに③の「公正性」について明確な了解が成立していない[35])ため,判断が迷走しやすくなっていることに求められよう[36]。

(5) 本稿作成のため当時記録を読み返すと,発言内容の水準の高さに改めて感心すると同時に,これは難しすぎて業者が萎縮して当然という印象を受ける。実際,筆者は上の③の理由を正確に把握できていないまま発表しているが,現在の特別利益提供(おそらくは損失補てんにおいても)におい

---

[33] 河本一郎=関要監修「逐条解説証券取引法」(3訂 2009)561頁。前注29の鈴木=河本は損失保証と特別利益提供とについてほぼ同じ記述であるが,河本=関574頁は損失補てんにつき同561頁の特別利益提供とは異なる理由(証券会社の①市場での価格形成機能保持義務,②仲介者としての中立性・公正性。このうち②は本文中の③に近いと思われる。要するに,河本=関において,特別利益提供についても損失補てんについても「中立性・公正性」が理由として挙げられるようになったと見られよう)を挙げている。

[34] 前注28金商法研究会レポート30頁以下の神田秀樹コメントにあるように,免許制の銀行・保険と登録制の証券会社とでは競争に関する原理が異なり,同一に論じることは不用意とも考えられる。

[35] 前注28金商法研究会レポート14頁松尾コメントは③は競争法的な発想のものではないとし,同15頁藤田コメントにより本文中の①②とは異なる理由であることを確認されているが,それ以上立ち入られていない。

[36] 「罰則を置くならまず保護法益をつめるべし」とする龍田節教授の懸念(「座談会 損失補塡に関する法的諸問題」商事法務1263号24頁)が的中したといえる。

て重視されるのはまさにこの理由なのであるから，筆者が業者であればとうに処分対象となっていても不思議はない。

　日興証券が提出した設例（上の記録の付録として収録されている）は抽象度の高いものが多く（これに限らず，銀行等の金融機関が出す設例はそういうものが多く，意地の悪い見方をすれば言質をとろうとしているように見える），そのような設例に対し監督側は見解を示すことに慎重とならざるを得まい。ただ，官民による解明が進みにくい根底には，そもそも禁止規定の一般性が高すぎるということはないか。

(6)　立法目的が古典的なそれ，すなわち①顧客が安易に取引し，保証をめぐって顧客・業者間で紛争が生じやすくなる（筆者の推測であるが，損失補てん規制が導入されたいわゆる第一次証券不祥事の際に反社会的勢力その他に証券会社が屈する例が今日とは比べ物にならないほど目立ったことを反映しての理由かと思われる），②業者の財務不健全性を来たす（昭和四十年の金融危機時はもちろんだが，上の第一次証券不祥事の際にも山一證券が補てん負担も一つの理由となって破綻しており，市場暴落後の補てんが財務に深刻な影響を及ぼすという意識が強かったと推測される），から理由③「公正性・中立性」に推移しつつある（実際，理由①②が機能する環境は限られてきているように思われる）ようだが，③の内容や根拠については不明が残っているということ自体をどう考えるか。

　肯定的にとらえれば，法の発展的形成とか英米法に関連してよくいわれる「フィクション」であるといった評価も可能であろう。ただ，行政処分や刑事罰（損失補てんの場合）があることを思えば，理由が「だまし船」のように変わり，規制される側は大変だという評価もありそうである。

2．国会会議録

(1)　概観

　損失補てん禁止原則規定が証券取引法に導入されたのは，平成3年10月法律第96号によってであり（当時の法50条の2（平成4年6月法律第87号によ

り条文番号が繰り下がって50条の3となった)。損失保証についてはすでに法50条があった[37])，以降，改正(とくに平成10年6月法律第107号により法42条の2に移動した)を重ねた上，平成18年6月14日法律第65号(平成19年9月30日施行)によって現在の金商法39条に至っている。損失補てん禁止原則規定の目的ないし理由について関連する内容を第121回国会会議録から拾ってみた(「損失補てん」かつ「証券会社」で検索)。

(2) 平成3年前後

国会で「損失補てん」が取り上げられた早い例として平成3年7月4日の参議院決算委員会閉10号における四大証券の損失補てん先リストの開示要求があり，これ以降，開示要求は重ねて行われることになる。この要求に対して証券局業務課長が損失補てんは法令上，禁止されていないとの認識を直ちに明確にしている。また，英米には法令上，損失補てんを規制する例はないと説明された(筆者注，当時のニューヨーク証券取引所規則あるいは全米証券業協会の自主規則では保証が禁止されていた[38)39)]。今日のFINRA規則は事前損失保証は禁止するが，事後的損失補てんは基本的に禁じていない[40)])ことを説明している。損失保証禁止規定はあるが，補てん禁止規定がなかった理由としては，多様で規定しにくかったことが挙げ

---

37) これも監督上の処分はあるが罰則を伴わないもので，昭和40年の証取法改正における免許制導入と同時に，外務員が顧客注文を受けるため損失保証を約束しておこなう勧誘を(長期的に財務不健全とし，また損失保証をめぐり顧客との紛争を招くので)防ぐために設けられた。河本一郎「損失補填防止を法的にどう考えるか」エコノミスト1991年8月27日号19頁。
38) Alan L. Beller＝寺井庸雅「アメリカにおける証券会社の『損失保証・補填』に対する法規制」商事法務1258号66頁(1991)は，差別待遇それ自体は米国では違法とされないとしつつ，日本の損失補填禁止に機能的に相当し得る米国法令として，①(不公正取引)損失保証が投資無リスク等の誤解を生じる説明にあたれば不公正取引防止の一般規定である規則10b-5違反，②(虚偽の開示)財務内容の報告と記帳，あるいは自己資本規制の関連での偶発債務認識についての不正があれば相当の法令違反，③会社法上の役員責任規定との抵触，④法令違反の支払につき経費処理した場合は連邦税法違反，を指摘する。実際，米国証券取引委員会が日本の四大証券ニューヨーク子会社が米国顧客に補てんしていないかにつき資料を要求したことが国会で指摘されている(第121回参予算委員会3号(平3.8.27))。おそらくこの調査に関連して，補てん目的と推測される取引記録が証券取引所法17(a)&(e)および規則17a-3，17a-5に違反するとして山一證券アメリカ法人が処分されている。http://www.sec.gov/news/digest/1993/dig022693.pdf. 仮に日本で損失補てん禁止原則を廃止する場合，このような弊害規制を活用していく必要があろう。

られている[41]。

　当時の大蔵省証券局長によると，平成元年11月に表面化した損失補てん行為は，八十年代に問題となり通達対象とされた例と比べ，証券会社ぐるみで行っていたこと，また，補てん方法が現金でなく証券等の売買差益を利用しており，全体として市場を乱す程度が深刻であった（平成元年末には営業特金（証券会社に事実上投資一任するタイプの事業会社むけ有価証券投資目的金銭信託契約）の適正化と損失補てんを慎むべきこととを通達で行政指導している）。しかし（損失保証と異なり損失補てんは）法律違反ではないと解されていたところ，橋本国務大臣に罰則を伴う法律の制定を求められた[42]。

　最終的に橋本国務大臣の「大口法人顧客等に対する損失補てんは免許会社としての規範に反し，一般投資家の市場に対する信頼を損なった」「損失補てんの温床となった取引一任勘定を禁止する」という説明の上で法案が提出された（121回臨時国会で可決）[43]。同法案に対する質疑として，罪刑法定主義の観点からこの書きぶり（「証券事故」定義を省令に，また「損失補てん」定義を自主規則に委ねること）でよいかが質問され，省令委任

---

[39] 前注 Beller＝寺井によると当時の NASD Manual ¶2169, NYSE Rule 352. 規制理由は業者が顧客に損失保証するから何もリスクがないと信じさせるような詐欺的行為の禁止とされる。現行の FINRA 規則と同様，事後損失補てんではなく事前損失保証を禁止するものと思われるが，ただ川口恭弘「米国における不正防止体制」法律のひろば44巻11号39頁，44頁（1991）が紹介する審決例には，事後補てんに該ると思われるケースがないわけではない。

[40] 現在の FINRA 規則中に損失補てんの禁止の規定を見出しえなかったが，事前の損失保証の禁止およびそれに関連して損失補てんの許容については規定がある。FINRA Manual 2150（b）［保証禁止］会員またはその構成員は，取引に関連して，または，顧客口座に生じた損失の保証をしてはならない。その注．02は大要以下のように規定する。規則は，会員（構成員は含まない。理由は個人的な不法行為の隠蔽につながるからとされる）が顧客の取引損失を賠償（reimburse）できる。ただし該当する報告義務（たとえば和解なら和解に必要な FINRA への報告。これは金融庁への事故届より負担が軽いものと推測される）を負う。過失による過誤修正のために行う補てんもできる。

[41] 第121回衆証券及び金融問題に関する委員会6号（平3.8.31）。

[42] 「九〇年代金融制度改革の立役者に聞く－松野允彦氏証券史談」証券レビュー52巻3号104頁 http://www.jsri.or.jp/publish/review/pdf/5203/03.pdf.

[43] 第121回衆本会議10号（平3.9.20）。

に問題がないこと,また自主規則はあくまでガイドラインとするのであり,定義となるものではないことが説明された。

また,裁判所が損失保証があると認める場合には和解や民事調停ができないのかという質問には,法務省法務大臣官房参事官および刑事局刑事課長が大要「民事調停法13条により公序良俗違反等があれば和解が進められない建前だが,にもかかわらず客観的には事故にあたらない事実につき和解がなされてしまった場合については,業者の刑事責任を問われ得る」と回答している[44]。

(3) 上の改正後,いわゆる第二次証券不祥事事件が発生し,その際に正面から損失補てんができなくなった分,現先取引その他の粉飾的な手法で引き続き補てんが行われているのではないかがしばしば問題とされた。

そのほか,平成18年に商品先物取引法改正で商品先物取引に損失補てん禁止原則が及ぼそうとされたときに,業者が裁判外での話し合いに応じなくなることを懸念して弁護士出身の複数の議員が強く反対した[45]。結局,同改正では先物規制が強化される一方,損失補てん禁止が商品先物取引にも及ぼされた。当時はまだ金融ADRが開始していなかったので,救済手段が訴訟(あるいは消費者生活センターでのあっせん手続き)に限られるという弊害は現在より深刻であったと推測される。

3.小括

バブル崩壊直後頃まで(旧世界)と,今日(新世界)とでは,規制環境という観点からは別世界といってよいのであろう。公平中立な業者のいる良い市場という理想から現実を遠ざける要因として,旧世界では,証券業免許制・固定手数料制・官民の馴れ合い(不透明な行政指導,反社勢力との関係維持等に見られるコンプライアンス意識の欠乏)の下,バブル崩壊後の大口

---

44) 第123回衆大蔵委員会6号(平4.3.4)。
45) 第164回衆財務金融委員会12号(平18.4.21)など。前注4の文献も参照。

顧客対応として営業特金の損失補てんが行われた。このような状況の下では鈴木＝河本「証券取引法」の①安易な取引を誘発し，業者顧客関係が不適切となる，②業者財務基盤の危険，という理由がまさに妥当した。バブル崩壊による投資損失不満の捌け口となる攻撃対象が求められ，営業特金補てん憎しの意識が，取引一任勘定と損失補てんのセット禁止という荒業につながったように思われる。

　その後，免許制・固定手数料制が廃止され，証券業界に競争原理が強くはたらき，官民の馴れ合いも省庁再編等で一変したことから[46]，新世界では，業者が大口顧客に大がかりな補てんや特別利益を提供するとは考えにくい条件が揃ってきている（少なくとも②が深刻な問題となるとは思えず（そもそも財務健全性は自己資本規制その他の財務規制を通じて図るのが本来であろう），①についても，たとえば反社問題ならば反社問題として対応すべきと考えられる）。「市場の価格形成機能への影響[47]」という，損失補てんにあって特別利益提供にはない理由についてはⅣの学説検討に譲りたい（今日の多数説はこの理由を主な根拠として損失補てん原則禁止を支持するようであるが，とくに事後補てんについては影響は間接的であり，因果の証明は不可能であろう）。

---

46) 後注53の座談会21頁の竹居照芳発言によると大蔵関係者も固定手数料というゆがみの下でマーケットの力関係が機能してキックバックが行われている（マーケットメカニズムが貫徹している）のであり，損失補てんは悪いことではないという内々の感想をもっていたようである（もっとも法人補てんの主眼は法人業務の受注確保とも思われるし，経済合理的にというよりは行き当たりばったりに決めていたとも推測されるので，上の『貫徹』は割り引いて考える必要があるかもしれない）。

47) これも荒井達夫「損失保証・損失補填禁止の保護法益」法学セミナー450号52頁，53頁（1992）によると更に①投資リスクの判断を通じての証券市場の価格形成を歪めるものである（反論，そのような投資がなされる場合は限られ，少なくとも損失補てんでは問題とならない（補てんの遂行過程にその問題がある可能性はあるが）），②大口顧客にしか見えないコストの明示を欠いた不透明な行為である（反論，経済学的に正論だが，利回り保証つき一任勘定を否定する理由とはならない），③証券市場の資源配分を歪める（反論，これは経済学の常識的用語と異なり，実態は単なる利益移転である），等に細分される。立法論として荒井氏は平成3年の改正には反対し，むしろ平成3年前規定を緩和，すなわち，損失保証禁止規定につき適用除外の場合（保証条件を明示した場合等）を設けよとする（この考えは前注40の現在の米国の到達点に近いと思われる）。同56頁。

それでは新世界では損失補てんや経済的利益提供が絶無かといえばそうでもなく，だからこそ規制目的をずらしながらも同原則が維持されてきたようにも思われる。新世界の課題は「業者は金融取引に参入した個人投資家（投資能力において業者よりも劣位にある）を社会通念に照らし公正中立に扱わねばならない」という関＝河本の理由③によく表されている。もっともこれは市場崩壊や業者破綻に直面した旧世界から見れば贅沢とも思われる悩みであり，遂行にあたり損失補てんを原則禁止せねばならないほどの切実な事情は最早ないように思われる（ちなみに原則禁止を究極の横並び，主に中小証券会社の救済のための護送船団方式だとする見立ては，破綻が相次いだ当時はともかく，今日ではさすがに邪推でないか）。

翻って原則禁止とすることの弊害は現実化しつつあり，金融 ADR が円滑に進まないこともだが，MRF 補てんやリーマン債回収サービスの例（脚注27）にあったように，弱小顧客にきめ細かいサービスを行なおうとするときに損失補てん禁止原則が邪魔になるとなればなおさらである。

損失補てん禁止を原則とせずピンポイントで弊害に対応可能かについては米国の例（脚注 3，38～40 参照）が参考となる。日本と米国とでは，原則例外のとり方が違うだけ（米国では損失補てんを原則禁止はしないが，補てんに伴い違法があればもちろん規制するほか，損失保証についてはリスク説明不適切について自主規則で規制している）という見方も可能かもしれない。

Ⅳ．学説

最後に学説の状況を概観したい。何が通説か実務標準かもわかりにくい状態が続いている中，考えられる論点がほぼ出尽くしているようであるという意味で示唆に富む。

1．法律学者の学説

(1)　実務で斟酌される説との違い

　損失補てんについては前出の鈴木＝河本（前注33に述べたように，特別利益提供の場合とまったく同じ理由①②を損失保証禁止（当時，損失補てんは規制されていない）の理由とする），あるいは河本＝関（特別利益提供の場合の理由③。中立性・公正性を保持し，市場への信頼を損なわせない）のほか，市場の価格形成機能を保持する責務を理由とする考え方が目立つ。鈴木＝河本および河本＝関がオーソリティ（特に権威あるとされる見解）であるといえようが，さらに法律学者の学説一般にまで目を広げると，色々と考えがあるということがわかる。

　前出のように，オーソリティでさえ，規制の理由とするところや法益の考え方を複数挙げ，各考え方の背景や相互関係について不明がある[48]。学説ではそれが更に極端になった観がある。しかも平成３年秋の国会で損失補てん禁止規定がおかれてからとの解釈論と，禁止規定が設けられるかも不明な時点での立法論とが混在している。

(2)　平成３年頃の学説概況

　ともあれ，おおよそ平成３年頃における，禁止に積極的な立場から消極的な立場までの目立つ論者として，以下が挙げられる。

① 規制派。上村達男教授の商事法務1991年７月発表の論文は，損失補てんについて，罰則規定を設けるべきとする。なお，たとえ規定がなくとも，当時の証取法の解釈として補てんを罰し得ると主張する（また私法上の効力も無効とすべきとする）。損失補てんを規制すべき理由（法益）を国民経済（資源配分歪曲の反公共性）に求める[49]。

---

[48] ちなみに最判平成15年４月18日民集57巻４号366頁の判示は，オーソリティのあげる理由すべてを羅列するものとなっている。
[49] 上村達男「損失保証・損失補填の法律問題」商事法務1257号９頁（1991）。

② 中間派。規制派のように法改正なく罰則を伴う規制をせよという立場も、逆に、規制反対派のように損失補てん原則禁止の立法自体に反対する立場もとらず、損失補てん禁止立法をすることには基本的に賛成する（少なくとも積極的に反対はしない）論者であるが、単なる折衷にとどまらない内容の見解が示されている。

中でも規制に肯定的と思われるのが神田秀樹教授で、公正性、市場への信頼維持という、前出の河本＝関が損失補てんにつき挙げる理由（「価格形成機能の保持」という理由は挙げられていない（要するに前出の③の理由に近いものを挙げている）が、特に排除する意図はないと思われる）に酷似する見解を規制理由ないし法益としつつも（前後関係を見れば神田論文が河本＝関に先行している）、補てん禁止だけでは足りず、補填の行われる背景となった日本市場の特異性（さらにいえば「文化」）の改革が必要であるという認識を示している[50]。

河本一郎教授の場合、当時すでに規制されていた損失保証の解釈論としてその悪性が限定的であることから私法上の効力は有効とし、また関連した役員の責任を問うべきでないという見解を示す（裁判例[51]は河本説よりも厳し目である）。立法論としては、損失補てんを悪習として刑事罰を伴う立法をすることに賛成している[52]。そのほか、論文による見解は見出せなかったが、江頭憲治郎教授は座談会で立法政策として損失補てんを禁止することに懐疑的な見解を示し、とくに「自己責任原則によらない安易な投資が市場を歪曲する」という命題の脆弱さを批判している（規制反対派とは言い難いが、中間派とするのは不適切かもしれな

---

50) 神田秀樹・損失補填問題の本質は何かエコノミスト1991年8月27日号23頁。損失補てんが非難されるべき理由として①大口顧客のみ補填され著しく不公平である（社会的なコンセンサスで判断する）、②そのような補填が行われるような証券市場は健全性を失い市場への信頼が壊滅するおそれがある（投信年金の競争が不十分であり、個人の参入が望ましい）を挙げる。
51) 最高裁判決が3件出ており事案の相違から整合的な理解は難しいが、平成3年改正前の損失保証の私法的効力を認めることには消極的なほか、証取法以外の罰則規定適用の例もある。松尾直彦・金融商品取引法（3版 2014）417頁から418頁。
52) 河本一郎・損失補填防止を法的にどう考えるかエコノミスト1991年8月27日号19頁。

③　規制反対派。荒井達夫氏は①規制派の上村教授の見解はもちろん，中間派の穏健な立法理由や解釈帰結も徹底的に否定し，結論として，損失補てん禁止を追加することは不要であり，さらに，すでに存する損失保証禁止についても，容認すべき場合を明記すべきという解釈論・立法論を唱える[54]。ちなみにこれは現在の米国の規制状況（前注40）に最も近くなる。

黒沼教授は法学者の中では損失補てん禁止の政策的妥当性について最も批判的であるが，中立性・公正性の維持という規制目的は肯定するので，たとえば荒井主張と比較すれば損失補てん原則禁止批判としての徹底さを欠く[55]。

(3)　諸説の位置づけ

以上から，学説は，損失補てん規制にかなり懐疑的むしろ消極的ですらあるといえよう。

オーソリティたる河本＝関の規制目的ないし法益に関する記述は，神田説（公正中立，市場への信頼）とおそらくは[56]上村説の一部（市場価格形成機能維持）を併記しており，前出の特別利益提供の場合と同様，補てん禁止原

---

[53] 座談会「損失補填問題と証券取引法」ジュリスト989号20頁（1991）（立法政策として，損失保証はたしかに自己責任や価格形成機能の問題があるが，事後的な損失補てんについては補てんが得られるかが確実ではなく自己責任，価格形成上も刑事罰をもって罰するほどでなくはないか）。
[54] 前注1の52頁以下。
[55] 黒沼悦郎「損失補填の禁止」（『証券市場の機能と不公正取引の禁止』所収（2002，初出1995））はすでに成立した損失補てん禁止規定の根拠の一つである中立性・公正性を結論としては肯定する（同183頁。もう一つの理由である市場価格形成機能については，事後的なら問題とならず，また事前でも実際的でない，あるいは平成3年まで損失保証につきそういう理由をとっていなかったことを理由に反対している）ので，結論としては損失補てん禁止を支持するようでもあるが，罰則をもって損失補てん禁止する立法政策は不適切とする。また，すでに法規で禁止されていた損失保証は不当勧誘（限定的にだが157条）の問題として処理すべきとする。
[56] 価格形成という理由はあまりに一般的なので何が初出かの判断は困難だが，早い例として，たとえば前注53の座談会20頁（神崎克郎発言。自己責任原則に反することとセットとして問題であるとする）がある。

則規定の目的ないし法益を現実に合わせて変えてゆきやすいものとなっている。

　留意すべきは，①の上村論文は，発表以降の国会の動きを予言するかのような論文であり，疑いなく強烈な印象を残したものの，オーソリティへの取り込みは限定的であるということである（国民経済にさかのぼっての規制目的や法益に係る見解の多くは採用されていない。平成３年前法の解釈や私法的効力の問題についても同様）。他方，上村教授とは逆の立場の江頭，黒沼といった論者の（少なくとも筆者には）説得力ある主張（政策判断として損失補てん禁止に反対する主張）が今日まで一貫（前出のように平成18年前後に商品先物に関連して損失補てん禁止規制の排斥が試みられるような事例があったにもかかわらず）して省みられていない。損失補てん禁止規制解釈の指針の本流は，関＝河本ないし神田説に求められると整理して大過なかろう[57]。

２．法律学の外からの見解

（１）　経済学者による本格的な研究が限られることなど

　損失補てん禁止という政策は，統計・ゲーム理論その他，いかにも経済学者が参戦しそうな切り口を持つが，筆者が「損失補てん（補填）」で論文検索した限りはその数は限られ，インパクトも強くないように思われる（座談会に著名な学者が参加して，なぜ原則として禁止ではなく原則としては適法とし，問題があれば保証付き一任勘定といった所定の形式を踏ませることで対応できないのかといった指摘をする例が見られるほか，本節末に紹介する論文がある）。

　そこでまず，経済学からの見解というよりはむしろ，法律学者が法律論にかまけすぎ基礎的立法事実の把握ができていない（要するに常識に欠ける）

57）この問題に関するおそらく唯一のモノグラフ「仲介者としての中立性・公正性」芝園子「証券取引における『公正』と『損失補てん等の禁止』(3)」名古屋大学法政論集180号364頁（1999）はこの理由が改正後，行政では重視されているようだと指摘している。

という批判を主とする，平成3年改正時の荒井達夫氏の見解を紹介する。

（2） 荒井達夫氏の見解

荒井達夫氏（参議院常任委員会調査官で，政策法務とくに立法における経済学的思考の必要性に関心ありという）は立法直後に雑誌・経済セミナー[58]にエッセーを投稿しており，内容は，①特定の法律学者の所論の不適切等の指摘，②法律学者全体に見られる（立法時の）議論のやり方の拙劣さの批判，③立法論（政策判断として基本的に保証補てんは禁止せず，むしろ現行の保証の禁止を緩和せよという内容で，日本の現行規制と原則例外がいわば逆であり，米国の現在の規制状態に近いと考えられる。すでに前節(2)の規制反対派として紹介したのでここでの検討から割愛する）から成り立っている。法律家あるいいはエコノミストとしての主張というよりは，常識論あるいは論争方法論といえよう。

①については，前述のように法律学者といっても規制派から規制反対派まで幅広く分布するところ，荒井氏が問題とする多くは上村達男教授の言説である。たしかに「資金（ママ）配分の歪曲」をキャピタルゲイン・ロスの問題とするといった誤用例の指摘自体はそのとおりであるが，法律家の通弊というよりは個性の問題のように思える。ここでの教訓は，法律学以外の基礎概念を不用意に使うと一挙に信用を失い，誤用と直接関係ない法律論まで否定されかねないということであろう。法的構成の難易さ（ことさらに高等な形式論をとる）を煙幕に，価値判断や事実の把握の不足を糊塗しているという不信感を外部に与えるという指摘も個性によるところ大とは思うが，多くの法律家が留意してよい指摘であろう。

②はより深刻な問題で，座談会において法律家と経済学者との議論が噛み合わないのは「行為が行われる原因・経済効果等について検討したうえで，規制が必要というのであればどのような規制が適切なのか，法的規制という

---

58) 荒井達夫「法律家に求められる経済学の理解」経済セミナー451号41頁（1992）。

のであれば現行法で対応できるのか,法改正が必要なのか等を考えるというのが正しい議論の進め方」なのに,それをしない[59]というものである。もっともこれは個々の法律家の非力ばかりでなく,影響力の強い会議や出版媒体ほど議論の大勢は自ずから決まっており,正面から対立する意見は残り難いという現実によるところが大きい(更に根底には,法律学は保守的な性格・手法のものであり,その限界や弊害がある(実際,規制目的や法益について整理するつもりも可能性も実はないようにすら思われる)一方,少数者が考える目的や手法を革命的に導入し,計画経済のように失敗するおそれは低いというメリットがある)からのようにも思われる。

(3) その他

比較的最近,法学者(裁判官および公害等調整委員会事務局審査官の経験があり環境法専門)と経済学者(応用計量経済学専門)との協同研究である六車明=牧厚志「損失保証・損失補填-法学と経済学との融合」慶応大学法学研究85巻1号124頁(2012)が発表された。この論文は明確な主張を論証するというスタイルのものではなく,損失保証・補てん問題に関連する主要な経済事実を淡々と紹介していく論文であるが,全体としては,①損失補てんは望ましくないが,各法の目的の違いや国際基準も念頭におきながら,具体的な問題(たとえば保証約束の私法的効力)につき判断すべきである,②判例における「社会的認識」の程度はまちまちである,③「金融商品にはリスクがあるという常識に反する保証・補てんの禁止」を規制目的とすべきである(財務健全性や市場機能といった理由は蛇足である)と主張するもののようである[60]。同論文には(新聞記事等を除き)引用文献は特にない。

---

59) 前注58の43頁。

V. まとめに代えて

　バブル崩壊直後の第一次損失補てん事件から20年以上経った。その間，海外は当然だが日本でも金融界はその規模も規制も桁違いに発達しており，背景には活発な新陳代謝があるということを，本稿執筆の機会に当時の会議録を通読しながら痛感した。

　今日，米国内の政治的要求の塊のようなパッケージ法（SOX法，ドッドフランク法，JOBS法には，とっくに実現されて然るべき内容，本質的な改革内容，これはいかがかと思われる内容，が混在している）の日本への導入が続いているが，機能的合理性を検証の上，果敢に取捨選択することが不可欠な時代に来ているのでないか。損失補てん禁止原則は，そういった「断捨離」の「捨」の練習台として，適切なもののように思う。

60）この論文は①1990年から2000年における投資一任契約件数減少に関連して，損失保証・損失補填が裁判になった例は少なく，和解による解決が多数あったはず（38頁）とするが，損失補てん立法後は適法に裁判外和解することは困難でないか，②海外市場に関する記述（39頁から40頁）であるが，本稿で述べたように欧米では損失補てんを原則として禁止するわけでなく，個人投資家の株式市場直接参加割合は日本と米国あるいは英国（英国はもともとファンドや保険による間接保有比率が高い）とで接近している，③昭和40年代の損失保証を問題とする意識はその後20年間，社会一般に十分に存在し，証券業界では何をやっていけないかの認識が形成されていた（27－28頁）という認識には賛同しにくい等，基礎的な点で筆者と認識の多くを異とするので，論評を控えたい。

金商法第 6 章の不公正取引規制の体系

松 尾 直 彦

I. はじめに

　金融商品取引法（以下「金商法」ないし単に「法」という。）は，その法律番号が未だに昭和23年法律第25号であることに示されるように，筆者が金融庁における立案担当者として従事した平成18年金融商品取引法制整備（平成18年法律第65号及び第66号。以下「平成18年金商法制整備」という。）によって，その題名が従前の昭和23年制定の証券取引法（以下「証取法」という。）から変更されたものの，その体系は証取法の体系を引き継いでいる。この点は，その後の金商法の改正（平成20年改正・21年改正・22年改正・23年改正・24年改正・25年改正・26年改正）を通じても変わらない。

　筆者は，平成18年金商法制整備の立案に際しては，当初，平成17年制定の会社法のように，新法が望ましいとも考えたが，平成18年通常国会における法案提出という時間的制約から，新法は現実的な選択肢とはならなかった経緯がある[1]。このような経緯からすると，筆者の責務として，金商法全体の体系のあり方を論じるべきであろうが[2]，明らかに力不足であるので，本稿では，（やはり明らかに力不足であるが）金商法第 6 章の不公正取引規制の体系に絞って，論じることとする[3]。

---

1) 松尾直彦「金融商品取引法制の制定過程における主要論点と今後の課題〔II〕」商事法務1824号22頁（2008年）。
2) 黒沼悦郎「金融商品取引法の将来像」上村達男編著『企業法制の現状と課題』（日本評論社，2009）215頁参照。

II. 現行の不公正取引規制の体系

1. 不公正取引規制の沿革

　金商法第6章における現行の不公正取引規制の沿革及び推移を整理すると，【表1】及び【表2】に示されるとおりである。

　主な沿革・推移をみると，第1に，戦前の取引所法（明治26年法律第5号）に係る大正3年改正により追加された規定が，昭和22年証取法（昭和22年法律第22号）を経て，昭和23年証取法に引き継がれた諸規定である（法158条，167条の3，168条1項）。

　第2に，米国1934年証券取引所法を参考にして昭和23年証取法に盛り込まれた多くの規定である（法157条，159条〜162条，163条〜165条，168条2項・3項）。

　第3に，昭和25年証取法改正及び昭和29年証取法改正により追加された諸規定である（法168条〜171条）。

　第4に，昭和63年証取法改正により追加されたインサイダー取引規制に関連する諸規定である（法163条，166条，167条）。

　第5に，平成4年証取法改正（いわゆる公正確保法（平成4年法律第73号））により，従前から証取法に定められていた不公正取引規制に係る諸規定が証取法第6章「有価証券の取引等に関する規制」にまとめられたものである。

---

3) 本稿は，筆者の日本証券経済研究所金融商品取引法研究会における報告「金商法第6章の不公正取引規制の体系」に基づくものである（金融商品取引法研究会研究記録第37号（2012）。以下「金商法研究会記録」という。）。研究会において諸先生方から貴重なコメントをいただいたことにこの場を借りて御礼申し上げたい。研究会では，金商法の不公正取引規制を広く捉えると，開示規制や金融商品取引業者等の行為規制なども含まれるとのご指摘をいただいており（中東正文教授及び中村聡弁護士（金商法研究会記録26頁〜29頁）），そのとおりであるが，本稿では金商法第6章の不公正取引規制に限定して論じていることをお断りしたい。また，同報告の概要について，松尾直彦「不公正取引規制の施行5年の軌跡と展望」ジュリスト1444号41頁（2012）に記していることも，お断りしたい。

【表1】金商法不公正取引規定(第6章)の沿革(未定稿)

金商法規定	主な沿革
157条	米国1934年証券取引所法10条(b)項
158条	取引所法(明治26年制定)32条ノ4(大正3年追加)
159条	米国1934年法9条(a)項
160条	米国1934年法9条(e)項(当時)
161条	米国1934年法15条(c)項・SEC規則15c1-7(?)
161条の2	
162条	米国1934年法10条(a)項
162条の2	米国1934年法SEC規則10b-18
163条	米国1934年法16条(a)項
164条	米国1934年法16条(b)項
165条	米国1934年法16条(c)項
165条の2	米国1934年法16条(a)項(b)項
166条	(米国1934年法10条(b)項)
167条	(米国1934年法14条(e)項)
167条の2	
167条の3	取引所法(明治26年制定)26条ノ2(大正3年追加)
168条	(1項)取引所法(明治26年制定)32条ノ3(大正3年追加) (2項)米国1933年証券法12条(a)項(2)号(?)
169条	米国1933年法17条(b)項
170条	米国ニューヨーク州ブルー・スカイ・ロー(?)
171条	米国ニューヨーク州ブルー・スカイ・ロー(?)
171条の2	

〔参考文献〕岸田雅雄=森田章=近藤光男編『神崎克郎先生還暦記念・逐条・証券取引法—判例と学説』(商事法務研究会,1999)
　　　　　黒沼悦郎『アメリカ証券取引法[第2版]』(弘文堂,2004)
　　　　　神田秀樹・黒沼悦郎・松尾直彦編著『金融商品取引法コンメンタール4』(商事法務,2011)
　　　　　証券取引法研究会インベストメント22巻2号

[表2] 金商法(証取法)不公正取引規定(第6章)の推移

金商法	22年証取法	23年証取法	25年改正	28年改正	29年改正	63年改正	4年改正 (公正確保法)	9年改正	10年改正	13年改正	18年改正	23年改正	25年改正
157条		58条					157条						
158条	86条1号	197条1号					158条						
159条		125条					159条		全部改正				
160条		126条					160条						
161条		127条					161条						
161条の2		49条・50条		50条削除				161条の2					
162条		133条					162条						
162条の2					削除					162条の2			
163条		188条				188条	163条						
164条		189条					164条						
165条		190条					165条						
165条の2											165条の2		
166条						190条の2	166条						
167条						190条の3	167条						
167条の2							87条の2		167条の2				167条の2
167条の3	85条	191条											167条の3
168条	87条 9号・10号	200条 5号~8号					168条						
169条							169条						
170条					191条の3		170条						
171条					191条の4		171条						
171条の2			191条の2									171条の2	

第6に，その後の証取法改正により追加された諸規定である。平成9年改正（法161条の2），平成13年改正（法162条の2），平成18年改正（法165条の2），平成23年改正（法171条の2）及び平成25年改正（法167条の2）である。

2．本稿の整理

筆者は，森本滋教授の論稿[4]を参考にして，金商法第6章における現行の不公正取引規制の体系について，適用対象主体，適用対象取引及び適用対象市場（発行市場と流通市場）を踏まえて，体系的に整理されていると捉えている[5]。

第1に，「何人」に対して「有価証券の売買その他の取引又はデリバティブ取引等」について広く適用される一般的な禁止規定が定められている。発行市場と流通市場の両方が対象である。具体的には，不正行為の禁止（法157条）及び風説流布・偽計・暴行脅迫の禁止（法158条）が定められている。

第2に，流通市場を対象とする規制として，相場操縦行為等の禁止に関連する諸規制・措置が定められている。具体的には，「何人」に対する規制・措置として，相場操縦行為等の禁止（法159条）及び相場操縦行為等による損害賠償責任の特例（法160条）が定められている。また，上場等株券の発行者に対する規制として，自己取引の規制（法162条の2）が定められている。

第3に，流通市場を対象とする規制として，投機的行為の制限に関連する諸規制が定められている。具体的には，金融商品取引業者等などの自己計算・過当数量取引の制限（法161条），金融商品取引業者等の信用取引等の規制（法161条の2），「何人」に対する空売り・逆指値注文の規制（法162条）及び上場会社等の役員等の禁止行為（法165条）である。

4）森本滋「不公正取引の規制」商事1294号10頁（1992）。
5）松尾直彦『金融商品取引法〔第3版〕』（商事法務，2013）517頁・518頁。

第4に，流通市場を対象とする規制として，インサイダー取引規制に関連する諸規制が定められている。具体的には，上場会社等の役員・主要株主などの売買報告書提出義務及び短期売買利益返還義務（法163条，164条，165条の2），上場会社等の役員等の禁止行為（法165条）及びインサイダー取引の禁止（法166条，167条，167条の2）である[6]。上場会社等の役員等の禁止行為（法165条）には，インサイダー取引規制の未然防止の趣旨もある。

第5に，不特定多数の投資者に対して虚偽又は誤解を生じさせる情報を表示するなどにより投資者の投資判断が歪められることを防止するための「何人」に対する諸規制が定められている。発行市場と流通市場の両方が対象である。具体的には，虚偽の相場の公示等の禁止（法168条），対価を受けて行う新聞等への意見表示の制限（法169条），有利買付け等の表示の禁止（法170条）及び一定の配当等の表示の禁止（法171条）が定められている。

第6に，平成23年金商法改正により，無登録業者による未公開有価証券の売付け等を原則として無効とする民事効規定（法171条の2）が新設されている。

3．主な学説上の整理

金商法第6章における現行の不公正取引規制の体系に係る主な学説上の整理をみると，第1に，神崎克郎＝志谷匡史＝川口恭弘『金融商品取引法』（青林書院，2012。以下「神崎・志谷・川口」という。）では，①詐欺的行為の禁止として，一般規定（法157条1号）並びに表示規制として不実表示の禁

---

[6] 平成24年金商法改正法（平成24年法律第86号）では，金商法166条1項に規制する「売買等」に合併・分割による承継（合併・分割により承継させ又は承継すること）が追加されることにより，インサイダー取引規制は，厳密には発行市場に対する規制の趣旨も一部含まれるものとなっている。この点に関連して，金融審議会インサイダー取引規制に関するワーキング・グループ「企業のグループ化に対応したインサイダー取引規制の見直しについて」（平成23年12月15日）9頁では，「なお，当ワーキング・グループでは，組織再編の局面に限定してその特性等に着目した検討を行ったものであり，組織再編以外も含め，一般に新株発行と自己株式の交付に係るインサイダー取引規制の適用関係をどのように整理するかについては，その性質や利用実態の異動，他の規制との関係等を踏まえながら引き続き検討されるべき課題である。」とされている。

止（法157条2号）及び詐欺的表示の禁止（168条〜171条），②内部者取引規制として，内部者取引規制（法166条，167条）及び内部者取引の未然防止規制（法163条〜165条の2），③相場操縦規制として，表示・偽装取引・現実取引・相場操縦の禁止（法159条1項・2項，160条）並びに風説流布・偽計・暴行脅迫の禁止（法158条），安定操作規制（法159条3項）並びに空売り規制等（162条）と整理されている。

第2に，近藤光男・吉原和志・黒沼悦郎『金融商品取引法入門〔第3版〕』（商事法務，2013。以下「近藤・吉原・黒沼」という。）では，①内部者取引規制として，内部者取引規制（法166条，167条）及び短期売買差益返還（163条，164条，165条の2），②相場操縦規制として，相場操縦規制（法159条1項・2項，160条），その他の相場操縦規制（162条の2，157条，158条），安定操作規制（法159条3項）及び空売り規制（法162条1項1号），並びに③一般規定として，法157条及びその他の詐欺的行為の禁止（法168条，169条）と整理されている。

第3に，山下友信／神田秀樹『金融商品取引法概説』（有斐閣，2010。以下「山下・神田」という。）[7]では，①インサイダー取引規制として，禁止行為（法166条，167条）及び未然防止規制（法163条〜165条の2），②相場操縦行為等の禁止として，相場操縦規制（法159条1項・2項，160条），安定操作規制（法159条3項）及び相場操縦に用いられうる取引の規制（162条の2，162条），並びに③その他の不公正取引規制として，不正行為の禁止（法157条），風説流布・偽計・暴行脅迫の禁止（法158条）及びその他（法161条，168条〜171条）と整理されている。

第4に，川村正幸編『金融商品取引法（第5版）』（中央経済社，2014。以下「川村」という。）では，①不公正取引等の禁止として，不正行為禁止（法157条），風説流布・偽計・暴行脅迫の禁止（法158条）及びその他の不公正取引規制（法161条〜162条の2，167条の2〜171条の2），②相場操縦規制

7）同書第3章「不公正取引の規制」の執筆者は，松井秀征教授及び後藤元准教授である。

（法159条，160条），並びに③内部者取引規制（法166条，167条，第167条の2，163条〜165条）と整理されている。

4．学説上の整理まとめ

現行の不公正取引規制の体系に係る学説上の整理をまとめると，【表3】に示されるとおりである。

第1に，いずれの整理も，不公正取引規制について，①インサイダー取引規制，②相場操縦規制，及び③詐欺的行為の禁止又はその他不公正取引規制という3つの類型に区分している点で共通している。私見が投機的行為の制限に関連する諸規制を別の分類としていることについては，それ自体が独自の類型になるのではなく。投機的行為の制限に関連する諸規定の各目的に照らして分類するべきと指摘されている[8]。

第2に，インサイダー取引規制という類型に区分される規制の範囲については，すべて共通している。ただし，上場会社等の役員等の禁止行為（法165条）については，インサイダー取引規制を補完する規定として理解するのではなく，当該行為が当該上場会社等の発行に係る有価証券の価格を低下させる効果を有し，ひいてはその資金調達能力を阻害する結果を招く可能性が高いという，特別背任的形態の不当な行為を規制する趣旨で設けられた規定であると理解する見解もみられる[9]。また，役員・主要株主のように発行会社の意思決定を行う立場にある者がこの種の行為によって利益をあげうる可能性があると，発行会社の株主（全体）からみて極めて望ましくないインセンティブを生ぜしめるため，通常の内部者取引とは別に特に禁止している

---

[8] 黒沼悦郎教授及び藤田友敬教授の指摘である（金商法研究会記録20頁・21頁）。
[9] 神田秀樹監修・野村證券株式会社法務部・川村和夫編著『注解証券取引法』（有斐閣，1997）1189頁。これに対して，川村620頁では，「やましさ・後ろめたさが法的にどのように説明できるか。自己が利益を得る点に着目すれば役員等の忠実義務が推論されそうだが，主要株主の会社に対する忠実義務を想定するのは，少なくとも日本法では容易でない。また役員が利益を得ても会社に損失が生ずるわけではない以上，会社との間に利益相反を認定するのも日本法では難しかろう。目的と手段の不整合のゆえに条文の基本的性格が見えづらいのは，164条と同様である。」と指摘されている。

[表3] 金商法の不公正取引規定（第6章）の学説上の整理（未定稿）

条	神崎・志谷・川口	近藤・吉原・黒沼	山下・神田	川村	松尾
157条	詐欺的行為禁止	詐欺的行為の禁止	その他不公正取引規制	不公正取引等禁止	一般的禁止規定
158条	相場操縦規制				
159条		相場操縦規制	相場操縦規制	相場操縦規制	相場操縦等禁止
160条					
161条			その他不公正取引規制	不公正取引等禁止	投機的行為制限
161条の2					
162条	相場操縦規制	相場操縦規制	相場操縦規制		相場操縦等禁止
162条の2					
163条					
164条					
165条					
165条の2	内部者取引規制	内部者取引規制	インサイダー取引規制	内部者取引規制	インサイダー取引規制
166条					
167条					
167条の2					
167条の3					
168条	詐欺的行為禁止	詐欺的行為の禁止	その他不公正取引規制	不公正取引等禁止	情報表示規制
169条					
170条					
171条					
171条の2					民事効

とする見解もみられる[10]。さらに，私見では，インサイダー取引規制の未然防止規制と投機的行為の制限の両方の趣旨があると整理される。

第3に，相場操縦規制の範囲については，整理が分かれている。例えば，神崎・志谷・川口及び近藤・吉原・黒沼では，風説流布・偽計・暴行脅迫の禁止（法158条）及び空売り等の規制（法162条）が相場操縦規制として整理されているが，他の見解ではこれらの規制について相場操縦規制としては整理されていない。

第4に，金融商品取引業者に対する規制である自己計算取引等の制限（法161条）及び信用取引等の規制（法161条の2），無免許市場における取引禁止（法167条の3）や無登録業者による未公開有価証券の売付け等の民事効（法171条の2）については，必ずしも整理が明らかではないように思われる。ただし，川村では，これらはすべて，その他の不公正取引規制として整理されており，自己計算取引等の制限（法161条）は市場秩序を害すると認められるものを制限するのが目的であり，無免許市場における取引禁止（法167条の2）は適正な監督の及ばない市場での取引により価格形成が歪められることを防ぐのが目的であると整理されている[11][12]。

第5に，近藤・吉原・黒沼では「損失補てんの禁止」が，山下・神田では「損失補てんその他の金融商品取引業者による不公正取引の禁止」が，それぞれ不公正取引規制の一環として位置づけられていることが特徴的である。

---

10) 藤田友敬「未公開情報を利用した株式取引と法」岩原紳作＝神田秀樹編著『竹内昭夫先生追悼論文集・商事法の展望―新しい企業法を求めて』（商事法務研究会，1998）606頁。ただし，藤田教授は，165条がインサイダー取引規制でないと言っている趣旨ではないと指摘されている（金商法研究会記録21頁）。
11) 川村583頁・585頁。
12) 岸田雅雄監修『注釈金融商品取引法【第3巻】行為規制』（金融財政事情研究会，2010）177頁～180頁［行澤一夫］では，無免許市場における取引禁止（法167条の2）について，平成10年以前には，①取引所への取引集中の確保，②取引所への行政規制・監督の確保のために，当時の証取法87条の2において市場類似施設の禁止を設けていたが，平成16年証取法改正により取引所集中原則が完全に撤廃された後は，類似市場創設禁止ということの意味が失われ，むしろ証券市場に対する監督行政の実効性を担保するという②の意義に絞られたことを端的に示すものであるとされている。

Ⅲ．不公正取引規制の体系のあり方

1．不公正取引規定の体系上の課題

　金商法における不公正取引規定には，以下のようないくつかの課題があり，現行の体系は分かりにくいものになっているように思われる。

　第1に，異なる沿革の諸規定が設けられていることから，規制内容の部分的な重複がみられることである。例えば，虚偽等表示による財産取得禁止（法157条2号），虚偽相場利用禁止（同条3号），有価証券売買等についての虚偽等表示禁止（法159条2項3号）や虚偽相場公示等禁止（法168条）の間には，部分的な重複がみられる。また，風説流布禁止（法158条）と変動操作に関する情報流布禁止（159条2項2号）の間にも，部分的な重複がみられる[13]。さらに，風説流布禁止（法158条）と虚偽相場公示等禁止（法168条）の間にも，部分的な重複がみられる[14]。

　第2に，法157条が一般的・包括的な不正行為禁止規定であるが，構成要件が不明確であるとの批判があり，実際にはほとんど適用されていない。従前から，風説流布禁止（法158条）を広く解する場合，一般的な不公正取引禁止規定である法157条（特に同条1号）と重複することになると指摘されていた[15]。近時は法158条の偽計の禁止が包括的な不公正取引禁止規定としての役割を果たしつつあり[16]，法159条を含め，これらの規定の関係を整理する必要があると指摘されている[17][18][19]。158条は，偽計禁止も風説流布禁

---

13) 近藤・吉原・黒沼340頁参照。
14) 神田秀樹・黒沼悦郎・松尾直彦編著『金融商品取引法コンメンタール4―不公正取引規制・課徴金・罰則』（商事法務，2011）19頁［近藤光男］参照。
15) 黒沼悦郎「判批　証券取引法上の風説の流布」商事法務1557号27頁（2000）。
16) 武井一浩＝石井輝久「日本版10b－5としての金商法158条〔上〕〔中〕〔下〕」商事1904号16頁，1905号44頁，1906号104頁（2010）及び黒沼悦郎『金融商品取引法入門〈第5版〉』（日本経済新聞出版社，2013）168頁。

止も，虚偽の手段が用いられている事案について摘発されており，実務的に活用しやすいのであろうと思われる。

第3に，金商法のエンフォースメント（法の実現）として適用事例がみられず，ほとんど死文化している規定が多く存在する。具体的には，不正行為禁止（法157条），変動操作に関する情報流布禁止（法159条2項2号），有価証券売買等についての虚偽等表示（同項3号）[20]，金融商品取引業者の自己計算取引等制限（法161条），逆指値取引規制（法162条1項2号），上場会社等の役員等の禁止行為（法165条），無免許市場における取引禁止（法167条の2）及び一連の情報表示規制（法168条～171条）である。

---

17) 黒沼・前掲注2) 222頁。また，川村583頁では，「158条は旧取引法の規定に沿革を有し，159条はアメリカ法を参考に導入されたという，沿革の違いが存するのみで，158条と159条を分けて規制する合理性がほとんど考えられないとすれば，二つの条文を統一的・一体的に理解することも検討に値しよう。」とされている。笠原武朗「判批　証券取引法158条の風説の流布の罪に当たるとされた事例」ジュリスト1152号175頁（1999）及び荒谷裕子「風説の流布をめぐる法的問題の考察──不正取引規制再考のための序説」小出篤ほか編『前田重行先生古稀記念　企業法・金融法の新潮流』357頁（商事法務，2013）も同旨である。

18) 法157条が非組織的な流通市場を想定するのに対し，法158条は発行市場を念頭に置き，法159条は組織化された取引所市場あるいはこれに準ずる店頭市場を主たる規制対象とすると解して，法157条～159条の適用対象の重複を回避する見解がみられる（神田監修・前掲注9) 1136頁）が，一般的には支持されていない（岸田監修・前掲注12) 3頁・4頁［久保田安彦］）。

19) 法157条は包括規定であり，個別的に不公正取引を規制する規定とも重なる部分が認められるところ，法157条の機能と個別規定の機能との棲み分けを考えると，個別規定にも該当するけれども，より悪質性が高い行為を観念的競合として重く処罰するもの，個別規定に具体化されていないけれども，具体化されている類型の行為と同程度の悪質性を持っている不正行為を処罰するもの，個別規定に具体化されてはいないけれども，具体化されている類型の行為のうち，相対的にみると悪質性が低い行為と同程度の悪質性を有するような不正行為を処罰するものとに整理することが可能である（太田洋「村上ファンド事件の検討──大量買集めに関するインサイダー取引規制と金商法157条1号の適用可能性──」金融商品取引法研究会編『金融商品取引法制の現代的課題』（日本証券経済研究所，2010）296頁～299頁）として，法157条について，広く不正行為を包括的に禁止する一般規定として，また新たなタイプの不正な取引を規制するものとして理解することができる（神田ほか・前掲注14) 11頁・12頁［近藤光男］）。

20) 法157条及び159条2項2号・3号違反については，課徴金納付命令の対象にもされていない。法157条違反の課徴金対象化の論点については，「我が国における課徴金制度は，課徴金の対象となる違反行為を明確にした上で，金額の算定方法を法定している。また，相場操縦，風説の流布・偽計が既に課徴金の対象となっており，その活用がまずは重要である。これらの点を踏まえると，金融商品取引法157条違反を課徴金の対象とすることについては，なお慎重な検討が必要と考えられる。」と説明されている（金融審議会金融分科会第一部会法制ワーキング・グループ報告「課徴金制度のあり方について」（平成19年12月18日）5頁）。

金商法第6章の不公正取引規制の体系　　　*271*

【表4】主要国・地域の不公正取引規制(1)

英国金融サービス市場法 (Financial Services and Markets Act of 2000)	ドイツ有価証券取引法
●インサイダー取引（insider dealing）（118条(2)項） ●インサイド情報の不適切開示（improper disclosure of inside information）（118条(3)項） ●情報の不当利用（misuse of information）（118条(4)項） ●相場操縦取引（manipulating transactions）（118条(5)項） ●操作的手段（manipulating devices）（偽計）（118条(6)項） ●風説流布（dissemination）（118条(7)項） ●誤解を生じさせる行為（misleading behavior）（118条(8)項(a)） ●歪める行為（distortion）（118条(8)項(b)） ●法定適用除外（statutory exemptions）（119条(1)項・(2)項(b), 120条(1)項） 　・自己株式取得プログラム（buy-back programme） 　・安定操作（stabilization） 　・テイクオーバー・コードの特定明示規定に従った行為	●内部者取引の禁止（14条） ●発行者による内部者情報の報告・公表（15条） ●発行者の業務執行担当者による取引の報告・公表（15a条） ●発行者による内部者名簿の作成（15b条） ●証券業者の記録業務（16条） ●BaFinの職務従事者が行う取引の監視（16a条） ●BaFinによる接続記録保存請求（16b条） ●市場操作の禁止（20a条） 　・不実・誤解表示等の禁止 　・虚偽・誤解のシグナル等の禁止 　・その他詐欺的行為の禁止 ●内部者情報を遅滞なく公表しなかったことによる発行者の損害賠償（37b条） ●不実の内部者情報を公表したことによる発行者の損害賠償（37c条）
（注）The Code of Market Conduct of the FSA Handbook	（出典）日本証券経済研究所「新外国証券関係法全集」（2009）

2．主要国・地域の不公正取引規制の体系

昭和23年証取法の参考にされた米国証券法制以外の主要国・地域（イギリ

【表4】 主要国・地域の不公正取引規制(2)

EU市場濫用指令 (Directive on insider dealing and market manipulation (market abuse))	香港証券先物令 (Securities and Futures Ordinance)
●インサイダー取引（2条，4条） ●インサイド情報の開示（3条(a)，4条） ●インサイダー取引の誘引（3条(b)，4条） ●相場操縦（5条） ●発行者によるインサイド情報開示（6条1項～3項） ●発行者の経営責任者による当局への取引通知（6条4項） ●リサーチ・投資戦略推奨者による情報公正表示・利益相反開示（6条5項） ●公的機関による統計情報の公正透明公表（6条8項） ●取引アレンジ専門家（投資会社・信用機関）によるインサイダー取引・相場操縦の疑いの通知（6条9項） ●加盟国・ECB・中銀等による金融・為替・公的債務管理政策への不適用（7条） ●自己株式取得プログラム・安定操作への不適用（8条）	●インサイダー取引（insider dealing）（270条） ・会社関係者（同条(1)項(a)） ・公開買付関係者（同条(1)項(b)） ・情報伝達者（同条(1)項(c)(d)） ・情報受領者（同条(1)項(e)(f)） ・香港外取引助言者・情報伝達者（同条(2)項） ●インサイダー取引による市場不正行為の否定（271条～273条） ●虚偽取引（false trading）（274条） ●価格操作（price rigging）（275条） ●禁止取引に関する情報開示（disclosure of information about prohibited transactions）（276条） ●取引誘引虚偽・誤解情報の開示（disclosure of false or misleading information inducting transactions）（277条） ●株式市場相縦（stock market manipulation）（278条） ●会社役員の義務（duty of officers of corporations）（279条） ●市場不正行為の民事責任（civil liability for market misconduct）（281条） ●市場不正行為への非該当行為（282条）

ス・ドイツ・EU（欧州連合）・香港）の不公正取引規制の体系は，【表4】に示されるとおりである。総じて，不公正取引規制の柱として，インサイダー取引関連の規制（いずれも情報伝達者の行為の規制が含まれている[21]）及び相場操縦の禁止が定められ，これらに加えて詐欺的行為の禁止が定められている。一方，米国1934年証券取引所法10条(b)項や金商法157条1号のような包括的な不正行為規定は定められていないように思われる。

具体的には，第1に，イギリスの2000年金融サービス・市場法（Financial Services and Markets Act of 2000）では，①インサイダー取引（insider dealing）関連の規制，②相場操縦取引（manipulating transactions）の禁止，③操作的手段（manipulating devices（偽計））の禁止及び風説流布（dissemination）の禁止，並びに④誤解を生じさせ（misleading behavior）及び歪める行為（distortion）の禁止などが定められている。

第2に，ドイツの有価証券取引法では，①インサイダー取引関連の規制及び②市場操作の禁止がその柱として定められている。そして，②の市場操作の禁止として，不実・誤解表示等の禁止，虚偽・誤解シグナル等の禁止及びその他詐欺的行為の禁止が定められている[22]。

第3に，EUの市場濫用指令（Directive on Insider Dealing and Market Manipulation（Market Abuse））では，①インサイダー取引関連の規制及び②相場操縦の禁止がその柱として定められている。

第4に，香港の証券先物令（Securities and Futures Ordinance）では，①インサイダー取引関連の規制，②相場操縦関連の規制（価格操作及び株式市場操縦），並びに③詐欺的取引（虚偽取引及び虚偽・誤解情報開示）が定められている。

---

21) 例えば，イギリスの2000年金融サービス・市場法では，インサイド情報の不適切開示（improper misuse of inside information）が禁止されている。
22) 神作裕之教授によると，ドイツの不公正取引規制は基本的にはEU指令に基づき国内法されたものであり，市場濫用規制については，市場濫用指令により，市場の機能を確保する観点から，インサイダー取引規制と市場操作規制の2つの柱からなっている（金商法研究会記録29頁・30頁）。

3．不公正取引規制の体系上の整理の原則

以上を踏まえて，立法論として，金商法の不公正取引規制の体系を整理するに当たっての前提として，整理の原則を示すこととする。

第1に，金商法の目的は投資者保護及び資本市場の健全性の確保であり，金融商品取引業者等の行為規制についても，不公正取引規制の性質を有するものが含まれていることを考慮すると，金商法第6章の不公正取引規制については，金融商品取引業者等でない「何人」に対する規制として純化することが適当であると考えられる。

第2に，現行の体系をできるだけ活かす観点から，主要国・地域（特にイギリス）の不公正取引規制の体系を参考にしつつ整理すると，不公正取引規制の類型として，①一般的な不正行為禁止規定，②相場操縦関連の規制，③インサイダー取引関連の規制，④詐欺的行為の規制，及び⑤その他の規制に区分することが適当であると考えられる。

第3に，各類型の中でも，一般的な規制から具体的な規制の順序で規定することが適当であると考えられる。

4．不公正取引規制の体系上の整理の試案

上記の原則を踏まえて，金商法第6章の不公正取引規制の体系を多少とも整理する試案を提示してみると，以下のとおりである。

第1に，一般的な不正行為禁止規定として，157条1号及び158条を規定する[23]。

第2に，相場操縦関連の規制を規定する。投機的行為の制限に係る規定も相場操縦関連の規制として整理する。165条は，インサイダー取引関連の規

---

23) 黒沼教授は，法158条について，沿革的には相場操縦の禁止から始まり，昭和22年証取法制定のときに，より一般的な規定になったものであり，一般的な不公正取引の禁止規定の側面と相場操縦行為の禁止のための規制の側面があり，前者の側面は157条といっしょにすればよく，後者は不要ではないかと指摘されている（金商法研究会記録19頁）。

制としてではなく，投機的行為の制限に係る規定として整理する。具体的には，157条3号，159条，160条，162条，162条の2及び165条が相場操縦関連の規制として位置づけられる。

第3に，161条及び161条の2は，金融商品取引業者等などの行為規制として，金商法第3章（金融商品取引業者等）に位置づける。

第4に，インサイダー取引関連の規制として，163条，164条，165条の2，166条，167条及び167条の2を規定する。

第5に，詐欺的行為関連の規制として，157条2号，168条，169条，170条及び171条を規定する。

第6に，その他として，167条の3及び171条の2を規定する。これらは，他の規制を担保することに資する機能を有する規制として整理できる。具体的には，167条の2は金融商品取引所の規制監督の担保に資する規制，171条の2は金融商品取引業の登録義務の担保に資する規制[24]として，それぞれ整理できる。

もちろん，現行の規定内容をそのままにして並べ替えることには限界があり，本来は規定内容の整理が必要となる[25]。このような観点からは，例えば，虚偽性を基本的内容とする規制は，相場操縦関連の規制を含め，157条1号の一般的な不正行為禁止規定の具体化を図る詐欺的行為関連の規制として，規定内容を整理して，現行の内容の重複を解消することが望ましいかもしれない。具体的には，虚偽等表示による財産取得禁止（法157条2号），虚偽相場利用禁止（同条3号），変動操作に関する情報流布禁止（159条2項2号），有価証券売買等についての虚偽等表示禁止（同項3号）や虚偽相場公示等禁止（法168条）である。ただし，規定内容の整理に当たっては，現実的・機能的に規制の欠缺が生じないようにする観点から，慎重な検討が必要であ

---

24) 法171条の2の本来の趣旨は，立案担当者により，その行為を行う者が無登録業者に該当することを根拠として暴利行為であると推定するものであると説明されている（古澤知之＝藤本拓資ほか『逐条解説 2011年金融商品取引法改正』（商事法務，2011）206頁）。

25) 藤田教授の指摘である（金商法研究会記録20頁）。

る。

Ⅳ. おわりに

　本稿では，未熟な研究にとどまることを承知の上であえて，現行の金商法第6章の不公正取引規制の体系のあり方を論じ，体系上の整理の試案を提示してみた。本稿が，金商法の不公正取引規制の体系のあり方に関する議論の契機となることを期待したい。

相場操縦の規制

藤　田　友　敬

I. はじめに

　近時，課徴金事例を含めると，相場操縦の規制の摘発が増えてきている[1]。問題となる事件は，仕手筋が株価をつり上げる等といった古典的なタイプもあるが，それ以外に，デイトレーダーによる見せ玉取引といった新手の手口のものもある。さらに狭義の相場操縦（金商法159条）のケースに限定せず，相場の変動を悪用する不公正取引全体を問題とするなら，たとえば偽計・脅迫等によって相場変動をはかるケース，箱企業を使った偽計による不正ファイナンスといった事件も報告されている。さらには，平成23年の金商法施行令改正によって公募増資時の空売り規制に関する規制（施行令26条の6）が加えられたが，この規制も相場操縦と密接に関連する。

　このように相場操縦の規制について問題とされる事例が増加している場合に，2つの方向で検討が考えられる。第1には，新手の相場操縦の手口や最近の摘発事例を参考に，現行法の実務上の問題点について具体的に検討するというものである。第2は，金融商品取引市場の価格形成に人為的に介入するような行為の規制について，あらためて考え方を整理し，立法論を含めた規制のあり方を再検討してみるというものである。157条から159条の規定の重複については，これまでも指摘されてきた[2]。また新たな行為について

---

[1] 近時の動向については，渋谷卓司「近時の相場操縦規制運用実務の分析」商事法務1976号40頁（2012年）。より新しい動向については証券取引等監視委員会のウェブサイト（http://www.fsa.go.jp/sesc/）の報道・広報のページ参照。

157条, 158条の適用の可能性が検討される際には[3], これらの規定の相互関係があらためて問われるようになるであろう。もとより具体的な規定と一般的な包括規定が併存すること自体が間違っているわけではないが, 金融商品市場を操作する行為のうちどの範囲を具体的な相場操縦規制の方で拾い出すか, そしてその手法として現在の159条は成功しているのかということは考える必要がある。157条以下の不公正取引の体系を整理しようとするなら, 相場操縦規制のコアになる部分についての考え方をはっきりさせるということは避けて通れない。

現行法の相場操縦規制の性格を考えるための素材として, 本稿では, 特にEU市場濫用指令に着目することにしたい。わが国の相場操縦規制は, アメリカ法の影響のもとに作られたため, 従来アメリカ法が参照されるのが常であった。EU指令は日本法やその母法であるアメリカ法とは大きく異なったアプローチにより相場操縦をとらえている。EU指令をそのまま日本法に取り込むことが望ましいというわけではないが, 日本やアメリカの規制の仕方が決して自明なものではないということ, そしてそこにどういう特徴と問題点があるのかということを示すという意味で検討に値するのである。

以下では, まず現行法の構造を確認し (Ⅱ), 母法であるアメリカ1934年証券法 (Ⅲ), EU市場濫用指令 (Ⅳ) について簡単に紹介した上で, 相場操縦規制の考え方と規制の仕方について, 若干の考察を行うこととする (Ⅴ)。

---

2) たとえば川村正幸編『金融商品取引法 (第3版)』(中央経済社, 2010年) 544-545頁〔品谷篤哉〕。

3) 近時158条が適用される例が増えており, 同条がわが国における一般的な詐欺禁止規定の機能を果たしつつあると見るものもある (武井一浩=石井輝久「日本版10b-5としての金商法158条———健全な資本市場および公正なM&A実務形成に向けて (上) (中) (下)」商事法務1904号16頁, 1905号44頁, 1906号104頁 (2010年)。また太田洋「村上ファンド事件の検討———大量買集めに関するインサイダー取引規制と金商法157条1号の適用可能性———」金融商品取引法研究会編『金融商品取引法制の現代的課題』(公益財団法人日本証券経済研究所, 2010年) 267頁, 特に295頁以下は, 157条1号で拾いうる行為を検討する。金商法159条の相場操縦の規定で拾えないものの受け皿としてどこまで157条, 158条が利用可能かという問題意識もあろうが, そもそも金融商品市場を操作するような行為のうち, 159条がどういうものを取り上げているのか, こぼれ落ちるものがあるとすれば現在の159条の切り方それ自体が適切なのかといった疑問を引き起こす面もある。

Ⅱ．金商法159条の構造

最初に金商法159条の内容を確認しよう。

1．金商法159条1項

金商法159条第1項は，①仮装売買（1号～3号），②馴合売買（4号～8号）および③ ①②の委託・受託（9号）を規制する。これらの取引が正常な取引と区別できず外観上取引高が増加すると，誤解した投資家が取引に誘引され，そのような投資家の取引によりさらに価格形成が歪められることが規制の理由である。仮装売買・馴合売買等が規制対象となるためには，「取引が繁盛に行われていると他人に誤解させる等これらの取引の状況に関し他人に誤解を生じさせる目的」が要求されているが，同条2項とは異なり，有価証券売買等を誘引する目的は不要である。

（2）金商法159条2項1号

次に金商法159条2項1号は，現実売買による相場操縦を規制する。すなわち，①有価証券の売買または市場・店頭デリバティブ取引を誘引する目的をもって，②(a)有価証券売買等が繁盛であると誤解させるべき一連の有価証券売買等又はその申込み，委託等若しくは受託等，又は(b)相場を変動させるべき一連の有価証券売買等又はその申込み，委託等若しくは受託等を禁止する。

たとえ大量の株式を売買することによって株価が大きく変動するとしても，そのような行為が禁止されるわけではない。そして違法な相場操縦とそうではない売買の区別は，現行法上は，有価証券売買等の取引を誘引する目的の有無によってなされることになる[4]。誘引目的の意味および位置付けに

4）神崎克郎『証券取引の法理』（商事法務研究会，1987年）551-552頁。

ついては，過去さまざまな議論があったが，協同飼料事件上告審決定（最決平成6年7月20日刑集48巻5号201頁）は，「人為的な操作を加えて相場を変動させるにもかかわらず，投資者にその相場が自然の需給関係により形成されるものであると誤認させて有価証券市場における有価証券の売買取引に誘い込む目的」とする。同判決によれば，規制対象の行為は「相場を変動させる可能性のある売買取引等」であり，大量に株式を売買する場合にはこれに該当しうるが，たとえ自分の取引の結果として相場が変動することを認識していたとしても，それだけでは誘引目的の要件を満たさず，当然に禁止されるわけではないことになる。

（3）金商法159条2項2号・3号

金商法159条2項2号，3号は，相場操縦に関する情報の流布表示，虚偽あるいは誤解を生じさせる表示によって行われる相場操縦を禁止する。規制対象はいずれも取引行為ではなく表示である。その意味では投資家に対する詐欺禁止の規定に似ている面もあるが，不当な表示によって人為的に相場が形成される危険を防止することを目的としている点で，単に情報や表示を信じた投資家を保護するといった性格のものではない。そしてこれらについても誘因目的が要求されている。

（4）その他

金商法159条以外に，157条，158条の適用関係も問題となりうる。とりわけ158条では，相場の変動を図る目的での風説の流布，偽計，暴行・脅迫を規定しており，相場操縦行為もカバーされる可能性がある。

Ⅲ. 1934年証券取引所法

次に，金商法の母法とされるアメリカ法を参照の内容を確認しておこう[5]。

1. 1934年証券取引所法9条(a)

　金商法159条は，アメリカの1934年証券取引所法9条(a)を，ほぼ忠実に引き継いでおり，同項は159条1項，2項にほぼそのまま対応する条文になっている[6]。すなわち金商法159条と同じく，①証券の売買が活発に行われて

5）アメリカにおける相場操縦規制については，今川嘉文『相場操縦規制の法理』（信山社，2001）（第2～4章），加賀譲治『有価証券相場操縦規制論』（成文堂，2002年）第2章，黒沼悦郎『アメリカ証券取引法（第2版）』（弘文堂，2004年）95頁以下，近藤光男「相場操縦規制」『現代企業立法の軌跡と展望』（商事法務研究会，1995）393頁以下参照。

6）参考までに，証券取引所法9条(a)項を以下に掲げる。

「第9条　証券の相場操縦の禁止

　(a)いかなる者も，直接または間接を問わず，郵便，州際通商の方法もしくは手段または国法証券取引所の施設を利用して次の各号に掲げる行為を行うことは違法である。国法証券取引所の会員も次の各号に掲げる行為を行うことは違法である。

　(1)国法証券取引所に登録されている証券の売買が活発に行われているとの虚偽もしくは誤解を生じさせる外観を作出しまたは当該証券の市場に関し虚偽もしくは誤解を生じさせる外観を作出する目的をもって，次に掲げる行為を行うこと。

　　(A) 当該証券の実質的な所有権になんらの変更を伴わない取引を行うこと，

　　(B) おおむね同一の量，同一の時，同一の価格において，同一のもしくは異なる当事者によりまたは当該当事者のために，当該証券の売付注文が行われていることまたは行われることをあらかじめ承知のうえ当該証券の買付注文を行うこと，または

　　(C) おおむね同一の量，同一の時，同一の価格において，同一のもしくは異なる当事者によりまたは当該当事者のために，当該証券の買付注文が行われていることまたは行われることをあらかじめ承知のうえ当該証券の売付注文を行うこと。

　(2)他人による売買を誘引する目的で，単独でまたは他人と共同して，国法証券取引所に登録されている証券のまたは（グラム・リーチ・ブライリー法206B条に定義される）当該証券に関する証券を原資産とするスワップ契約に関連した，実際上もしくは外観上活発な取引を作出しまたは当該証券の価格を騰貴もしくは下落させるような一連の取引を行うこと。

　(3)ディーラー，ブローカーまたはその他の者が証券または（グラム・リーチ・ブライリー法第206B条に定義される）当該証券に関する証券を原資産とするスワップ契約の売付もしくは売付の申込または買付もしくは買付の申込を行うに際し，国法証券取引所に登録されている証券または（グラム・リーチ・ブライリー法第206B条に定義される）当該証券に関する証券を原資産とするスワップ契約の価格が将来騰貴しもしくは下落するかまたはそのような可能性がある旨の情報を通常の業務過程において流布しまたは広めることにより，当該証券の売買を誘引すること。

　(4)ディーラー，ブローカーまたはその他の者が証券または（グラム・リーチ・ブライリー法第206B条に定義される）当該証券に関する証券を原資産とするスワップ契約の売付もしくは売付の申込または買付もしくは買付の申込を行うに際し，国法証券取引所に登録されている証券または（グラム・リーチ・ブライリー法第206B条に定義される）当該証券に関する証券を原資産とするスワップ契約の売買を誘引する目的で，その時においてその状況に照らし，重要事項に関し

いるとの虚偽もしくは誤解を生じさせる外観を作出しまたは当該証券の市場に関し虚偽もしくは誤解を生じさせる外観を作出する目的をもって仮装売買・馴合売買を行うこと（9条(a)(1))，②他人による売買を誘引する目的で実際上もしくは外観上活発な取引を作出しまたは当該証券の価格を騰貴もしくは下落させるような一連の取引を行うこと（9条(a)(2)）及び③誘引目的のある市場操作のため当該証券の価格が将来騰貴しもしくは下落するかまたはそのような可能性がある旨の情報を流布する行為，または虚偽または誤解を生じさせるような表示を行うこと（(9条(a)(3)(4)）を禁じる。

2．1934年証券取引所法10条(b)

しかし注意しなくてはならないのは，アメリカにおける相場操縦規制は，9条(a)のみならず，不公正取引の一般条項である10条(b)によっても規律されており，現在ではむしろ10条(b)による規制の方が多いとも言われているということである。同条がよく用いられる原因の一つは，9条の適用が上場証券に限定されていることにあるとされるが，それ以外の点でも要件の違いがあるかもしれない。10条(b)は「相場操縦的または欺瞞的な術策を用いること」を禁止しているが，9条(a)で要求される要件を満たしていなくても10条(b)の適用はありうるか，特に10条(b)で訴える場合に誘因目的が必要とされるかが問題となる[7]。誘引目的は不要で，株価操作をしたという事実の立証があれ

て虚偽または誤解を生じさせるような表示を行い，かつその表示が虚偽もしくは誤解を生じさせるようなものであることを知っておりまたは知るに足りる十分な根拠をもっていたこと。
　(5)証券または（グラム・リーチ・ブライリー法第206B条に定義される）当該証券に関する証券を原資産とするスワップ契約の売付もしくは売付の申込または買付もしくは買付の申込を行うディーラー，ブローカーまたはその他の者から直接または間接を問わず報酬を受けて，国法証券取引所に登録されている証券またはグラム・リーチ・ブライリー法第206B条に定義される）当該証券に関する証券を原資産とするスワップ契約の価格を騰貴させまたは下落させる目的で1名または2名以上の者が行う市場操作のため当譲証券の価格が将来騰貴しまたは下落するかまたはそのような可能性がある旨の情報を流布しもしくは広めることにより当該証券の売買を誘引すること。」

[7] この問題については，黒沼悦郎『証券市場の機能と不公正取引の規制』（有斐閣，2002年）152－154頁，今川・前掲注(5)88－89頁，近藤光男「不公正な証券取引に関する一考察」『現代企業と有価証券の法理』（有斐閣，1994年）184－186頁。

ばよいとするものがあるが[8]、そのような解釈に留保を示したり[9]、誘引目的を認定したりして有罪とする判決もある[10]。

3. まとめ

アメリカの相場操縦規制では、日本法の159条に相当する証券取引所法9条(a)によって記載されている部分と、そこからはみ出る可能性のある部分がある。日本法のもとで、相場操縦と言えば金商法159条の解釈論を緻密に展開することに議論が集中してきたことと対照的である。もっともアメリカにおいて証券取引所法9条の誘引目的に解釈がどの程度厳格になされ、同法10条(b)が現実にそれをどれだけ緩和しているかははっきりしない面がある。そしてさらに根本的には、このような相場操縦の定義や規制枠組みが理論的にどのように説明されるのかについて、依然十分な解明がなされていないように思われる[11]。

Ⅳ. EU市場濫用指令

1. 市場濫用指令

EUは、日本やアメリカの規制とは異なったアプローチをとる[12]。EUは2003年に市場濫用指令を採択した[13]。同指令は、内部者取引と広い意味での相場操縦（市場濫用（market abuse）と呼ぶ）を規律する[14]。その後、2014年4月、EU理事会は、市場濫用指令の改正案[15]及び市場濫用規則[16]を採択

---

8) U.S v. Charnay, 537 F.2d 341（9th Cir. 1976）〔抽象論として誘引目的を不要とする〕。
9) U.S v. Muhheren, 938 F.2d 354（2d Cir. 1991）〔抽象論として誘引目的を不要とする解釈をとることに慎重な姿勢を示す〕。
10) U.S. v. Scop, 940 F.2d 1004（7th Cir. 1991）
11) アメリカにおける議論について、黒沼・前掲注(7)151頁以下参照。
12) EU市場濫用指令に関する文献として、久保寛展「欧州市場濫用指令の動向について」福岡大学法学論叢48巻3・4号313頁（2004年）参照。

した。改正後のEU指令は，EUレベルでの刑事罰の導入，規制対象の拡張，ベンチマークの不正操作の規制といった内容を含むが[17]，本稿で問題とする相場操縦規制の基本的な考え方に関する限り，2003年の指令との間で大きな違いはない。

2．相場操縦の定義

市場濫用指令5条2項は相場操縦を次のように定義する[18]。
「本指令において，相場操縦（market manipulation）とは，次に掲げるものをいう。
(a) 次に掲げる取引，取引注文その他の行為をすること。
　(i) 金融商品あるいは関連する現物商品取引契約の供給，需要若しくは価格について虚偽若しくは誤解を招くシグナルを与えるもの，又は，
　(ii) 1あるいは複数の金融商品あるいは関連する現物商品取引契約の価格を異常若しくは人為的な水準にくぎ付けにするもの。
　　ただし，当該取引，取引注文をした者の行為の理由が正当なものであり，かつ，それらの取引・取引注文が，行われた場所において許容

---

13) DIRECTIVE 2003/6/EC OF THE EUROPEAN PARLIAMENT AND OF THE COUNCIL of 28 January 2003. この指令の解釈について，欧州委員会が出した「内部情報の定義及び公表並びに相場操縦に関する欧州議会及び理事会指令（2003/124/EC）の実施にかかる2003年12月22日の委員会指令」（COMMISSION DIRECTIVE 2003/124/EC of 22 December 2003 implementing Directive 2003/6/EC of the European Parliament and of the Council as regards the definition and public disclosure of inside information and the definition of market manipulation）がある。
14) 同指令における相場操縦規制の概要について，芳賀良「相場操縦規制と株式会社の内部統制――欧州における規制に関する若干の考察」横浜国際経済法学21巻3号109頁（2013年）参照。
15) DIRECTIVE 2014/57/EU OF THE EUROPEAN PARLIAMENT AND OF THE COUNCIL of 16 April 2014 on criminal sanctions for market abuse (market abuse directive)
16) REGULATION (EU) No 596/2014 OF THE EUROPEAN PARLIAMENT AND OF THE COUNCIL of 16 April 2014 on market abuse (market abuse regulation) and repealing Directive 2003/6/EC of the European Parliament and of the Council and Commission Directives 2003/124/EC, 2003/125/EC and 2004/72/EC.
17) 紹介として，松尾理志「Cityの窓から（第4回）インサイダー取引・相場操縦に対し，欧州で新規制が導入」資本市場346号74頁（2014年）参照。
18) なお市場濫用規則12条参照。

された市場慣行に合致している場合は，このかぎりではない。

(b) 1あるいは複数の金融商品あるいは関連する現物商品取引契約の価格に影響を与える，仮装的な技巧，又は他の形態の偽計若しくは計略を用いた取引，取引注文その他の行動・行為をすること。

(c) インターネットを含む媒体又はその他の方法により，金融商品あるいは現物商品取引契約の供給，需要若しくは価格について虚偽又は誤解を招くシグナルを与える，若しくは1つあるいは現物商品取引契約の価格を異常若しくは人為的な水準にくぎ付けにする情報を流布すること。ただし，情報の配布から自己又は第三者に利得又は利益を得る場合に限る。

(d) 虚偽又は誤解を招く情報の発信もしくは虚偽又は誤解を招く入力その他指標（benchmark）の計算を操作する行為[19]」

3．規制の特徴

日本法（さらにはアメリカ法）とEU指令の相場操縦の捉え方にかなり大きな違いがある。いろいろ違いはあるが，理論的に重要な特徴は次の諸点である。

（1）現実売買のよる相場操縦

日本法は，取引を誘引する目的で，有価証券売買等が繁盛であると誤解させるべき一連の有価証券売買等又はその申込み，委託等若しくは受託等，又は相場を変動させるべき一連の有価証券売買等又はその申込み，委託等若しくは受託等を禁止する。「有価証券の売買等を誘引する目的」をメルクマールとして相場操縦の成立範囲を画する[20]。

---

[19] 2014年指令によって新たに追加された。2012年に発覚したLIBORの不正操作疑惑を受けた対応である。
[20] なおアメリカ証券取引所法14条(e)も，基本的に似たつくりであるが，10条(b)を通じた規制が広がりつつあることについてはⅢ．2参照。

EU指令5条2項(a)は，金融商品等の供給，需要若しくは価格について虚偽若しくは誤解を招くシグナルを与える取引，取引注文その他の行為あるいは価格を異常若しくは人為的な水準にくぎ付けにする取引，取引注文その他の行為が相場操縦にあたるとした上で，ただし書で，そのような行為の理由が正当なものであり，容認された市場慣行に従っていることを免責事由とする。

（2）仮装売買・馴合売買等

仮装売買・馴合売買等については，日本法は「取引が繁盛に行われていると他人に誤解させる等これらの取引の状況に関し他人に誤解を生じさせる目的」を要求するが，「有価証券の売買等を誘引する目的」は要求しない。EU指令は，仮装売買・馴合売買等についても現実売買と同様の枠組みで，金融商品等の供給，需要若しくは価格に関する虚偽若しくは誤解を招くシグナルを与える取引，取引注文その他の行為を相場操縦とした上で，正当な理由によるものであり，容認された市場慣行に従っていることを免責事由とするようである[21]。

（3）情報発信による市場濫用

第3に，日本法は相場操縦に関する情報の流布表示，虚偽あるいは誤解を生じさせる表示によって行われる相場操縦を禁止するが，これらについては現実売買による相場操縦と同様に誘因目的が要求される。EU指令の場合は，情報発信による市場濫用については，金融商品等の供給，需要若しくは価格について虚偽又は誤解を招くシグナルを与えるあるいは価格を異常若しくは人為的な水準にくぎ付けにする情報の流布であることが要件である。日本法

---

[21] 仮装売買・馴合売買はEU指令5条2項(b)ではなく，EU指令5条2項(a)によってカバーされていると考えるようである。指令5条2項(a)(b)に対応する規則12条(a)(b)の解釈指標である規則附則（Annex I）を見ると，仮装売買・馴合売買に類する行為は，規則12条(a)に関連して言及されている（Annex I A (c)-(e)参照）。

のような誘因目的は要求されないが、そのような流布によって直接・間接に利益を得ることが要求される。

V. 若干の検討

1. 総説

以上、非常に簡単にではあるが、相場操縦をめぐる3カ国の特徴をみた。まず相場操縦の定義それ自体について、EU指令は日本法・アメリカ法とは非常に性格が異なる[22]。特に重要なのは、現物売買に関する規制である。以下では、これらの点についてさらに検討することにしよう。

2. 現実売買の規制

(1) 総説

日本法・アメリカ法とEU指令では、相場操縦の捉え方が大きく異なる。まず現実売買については、規制される対象が相場に大きく影響を与える行為のうちの一部に限られることはいずれの国でも同じである。すでに説明した通り、日本法やアメリカ法は、投資家を誘引する意図で行ったか否かという誘引目的の有無で規制対象を画するのに対して、EU指令は「行為の理由が正当であること」、「当該規制市場の容認された市場慣行に従っていること」という例外を通じて適切な結論を導こうとする。規制対象となるべき行為の切り分けの手法としていずれが適切なのであろうか。まずいくつかの例を通じて、誘引目的を決め手に切り分ける手法の限界を考えたい。

---

22) EMILIOS AVGOULEAS, THE MECHANICS AND REGULATION OF MARKET ABUSE: A LEGAL AND ECONOMIC ANALYSIS (Oxford University Press, 2005), p.107以下は、相場操縦の定義の仕方として、(1) effect based approach(相場への影響に着目した定義)、(2) intent based approach(行為者の目的に着目したアプローチ)、(3) (1)(2)の組み合わせという形で整理・分類する。これによると、EUは(1)、日本法やアメリカ法は(3)ということになる。(2)の例は、市場濫用指令以前のイギリス2000年金融市場法の規制があるという。

（2）誘引目的：相場操縦行為の限界を画する概念としての有用性

まず次の3つの例を考えよう。

【例1】投資ファンドAがB社の株式を高騰させた上で，高値で売り抜けるべく，市場で大量に買い付けた。Aの買付行為が始まると，一部投資家がこれに便乗し株価が高騰した。A社は高値で売り抜け，その後の相場は下落した。

【例2】A社は，B社と提携を模索し，市場で大量に株式を買い集め始めた。Aの買付行為が始まると同社の株価は急騰し，一部投資家がこれに便乗したために株価はさらに上昇した。最終的に提携は成立せずB社株式の価格は急落した。

【例3】A社は，B社あるいはその関係者に後に高値で引き取らせることを前提に，B社の株式を大量に買い付けた。Aの買付行為が始まると，一部投資家がこれに便乗し株価が高騰した。

EU指令だと，これらの例における株価を急騰させる行為が，「金融商品の価格を異常若しくは人為的な水準にもたらす」ものと評価されればすべて1条2項(a)柱書に該当し，行為者の側で「行為の理由が正当であり，かつ，それらの取引又は取引注文が当該規制市場の容認された市場慣行に従っている」ことを立証して規制を免れることになる。「行為の理由が正当」であるか否かはいろいろ解釈の余地があるが，例1がこれに該当しないこと，逆に例2が該当することは異論がないであろう。例3のグリーンメイルは若干微妙であるが行為の理由が正当されないとされる可能性が高い[23]。なおこの点の評価についてはさらに後述する。

次に日本法のもとでの解決を見よう。判例による限り，例1～例3の行為は，いずれも変動取引に該当するため，誘因目的の有無が違法か否かの決め

---

23) Market Abuse Directive Instrument 2005, para.1.6.5参照（イギリス金融サービス機構（FSA）が公表した書類で，市場濫用指令をエンフォースする基準について，同機構の見解を例示的に示したもの）。

手となる。最高裁によれば，誘引目的とは，「人為的な操作を加えて相場を変動させるにもかかわらず，投資者にその相場が自然の需給関係により形成されるものであると誤認させて有価証券市場における有価証券の売買取引に誘い込む目的」ということである（前掲最決平成6年7月20日）。誘因目的といっても積極的に引き込むことを意図している必要はなく，操作された株価で投資家が市場取引をすることを認識していればよいとされており，誘因目的とは呼ばれるものの，人為的な操作を加えて相場を変動させることを意図しているかがポイントとなる。問題は，このような誘引目的によって，これらのケースの切り分けが適切できるかということである。例1が違法であり，例2が適法であるという結論に異論はないであろうが，両者の差は誘因目的の有無で説明できるか疑わしい[24]。また例3が相場操縦として規制されるべきであると考える場合[25]，例2との違いを誘引目的の差によって説明できるかどうかも疑わしい[26]。

---

[24] 現実には，例1のような目的で株価を操作する場合には，単に大量に買い付けるだけで，効果的に相場をつり上げるさまざまな手法を駆使するであろうし，例2のようなケースではそういう行動を伴わないであろう。そこから，判例のいう「人為的な操作を加えて相場を変動させるにもかかわらず」という要素の有無の違いにより，事実上結論の差を導くことができるかもしれない。しかし，仮に行っている行為自体が同じであったとした場合，例1と例2について説明しようとするなら，売り抜け目的の大量買い付けは人為的な操作ではないが，提携目的の大量買い付けは人為的な操作ではないといった説明をしなくてはならない。

[25] 下級審裁判例の中には，相対での株式の売却価格を引き上げる（東京地判平成5年5月19日判タ817号221頁，大阪地判平成18年7月19日（裁判所ウェブサイト掲載判例）），保有する株式の担保価値を高める（東京地判昭和56年判時1048号169頁，大阪地判平成18年）ために相場をつり上げる行為についても，誘引目的を認定するものがある。これらの行為が相場操縦に該当するなら，例2も同様であろう。

[26] なお現在のわが国の判例とは異なる内容の目的を要求することも考えられる。たとえば，Daniel R. Fischel and David J. Ross, Should the Law Prohibit "Manipulation" in Financial Markets?, 105 Harvard Law Review 503 (1991) は，現実売買による相場操縦の定義は行為者の意図によることにならざるを得ないということを述べた論文として，わが国でもよく引用されるが，そこでは規制されるべき「悪い意図の取引」を，①相場を一定の方向に動かす取引であって，②取引者は，自分の取引がなければ相場がそのような方向に動くとは思っておらず，③取引者が得る利益は，もっぱら彼が価格を動かすことができる能力に依存して得られるのであって，何か有益な情報を有していることによって得られるものではないものととらえ，自ら価格がそちらに動くべきだと思っている方向に動かす「良い意図の取引」と対比している。このような意味での「悪い意図」を要求するなら，上記の例1～例2について差を説明できないわけではない。

さらに2つの例を考えよう。

【例4】A社が公募増資を公表した。Bファンドはその直後から，貸株を受けてA社株式の空売りを行い，A社株式の価格が下落した。Bは下落した時価を前提に決定された払込価格で新株を取得し，借株を返却した。

【例5】A社は業績が悪く金融機関からの借り入れも，増資による資金調達も困難であった。そこでヘッジファンドBの働きかけに応じ，転換価格修正条項付の転換社債型新株予約権付社債（MSCB）を発行し，資金調達をした。Bファンドは，B社大株主から貸株を受け，空売りを続けることで，転換期間（新株予約権行使期間）におけるA社株価を大きく下落させた。Bファンドは，株価の下落に伴い転換価額下方修正条項によって引き下げられた転換価額でMSCBを株式に転換して転換した株式を返還した。

EUの市場濫用指令だと，この種の行為は「1つ以上の金融商品の価格を異常若しくは人為的な水準にもたらすもの」に該当し，例外事由は認められないから違法ということになりそうである。これに対して日本法の場合，いずれも「投資者にその相場が自然の需給関係により形成されるものであると誤認させて有価証券市場における有価証券の売買取引に誘い込む目的」があるかどうかは，かなり微妙である。例4，例5いずれにおいても，行為者の目的は，自己が低い値段で株式を引き受けたり，転換権を行使したりするということに尽きるからである[27]。もちろん空売りで低迷した株価で，あわてて投げ売りする投資家が出るかも知れず，そういう可能性さえ認識していれば誘因目的があると認定できる[28]という議論もできないわけではない。し

---

[27] ただし，前述のように相対での株式の売却価格を引き上げたり，保有する株式の担保価値を高めるために相場をつり上げたりする行為についても誘引目的を認定する下級審裁判例からすれば（前掲注25），例4，例5のケースで，引受価格・転換価格を下げる目的で相場に影響を与える行為についても誘引目的が認められるかもしれない。

[28] なお併存する目的の有無，併存する目的との間の主従関係などは犯罪の成否自体には直接関係がないとされているから（東京地判昭和56年12月7日判時1048号169頁），主たる目的が低い価格での株式の引受や転換権の行使であることは無関係となろう。

かし，そこまで緩やかに解釈してしまうと，果たして誘因目的が，違法な相場操縦を選別する機能を有効に果たしうるのか疑問がでてくることになる。このように誘引目的は，厳格に解すると必要な行為が処罰できなくなり，緩やかに解すると限定機能がうまく果たせないことになる[29]。

(3) 規制をめぐる2つの発想

EU市場濫用指令とわが国の規制では，そもそも背後にある規制根拠の捉え方も異なっている可能性がある。以下，相場操縦（とりわけ現実売買による相場操縦）の規制のあり方に関する2つの発想を対比してみよう。

一つの見方は，同じ行為をしても行為者の目的次第で，弊害の有無・程度が異なるという前提で，相場に影響を与える行為のうち一定の目的を持って行われるものだけを規制するという発想である。言うまでもなく日本法はこのような発想に立つ。このような発想で相場操縦規制を捉えることは，なぜ行為者の目的によって市場の資源配分機能に対する弊害の有無・程度の差が基礎付けられるのかという難問を提起し，その理論的説明に苦心することになる[30]。

もう一つの見方は，相場に影響を与える行為（EU指令の言葉で用いるなら，「供給，需要若しくは価格について虚偽若しくは誤解を招くシグナルを与える」行為や「価格を異常若しくは人為的な水準にくぎ付けにする若しくはくぎ付けにする」行為）がなされていれば，行為者の意図が何であろうと

---

29) なお例4，例5の行為は，平成23年の金商法施行令改正によって最近募集・売出しにかかる価格未決定期間における空売りの禁止という形で規制されるようになった（金商法施行令26条の6第1項）。相場操縦としては規制しないという整理もあり得るかもしれない。しかし，これらの行為の問題点は相場が人為的に作り出されていることにあるのであって，一般的な空売り規制とは本来やや筋が違う問題である。たとえば類似の規制として，アメリカのレギュレーションMルール105があるが，レギュレーションMは，過度の投機を抑制すると趣旨ではなく，相場操縦を行うことを動機付けられた者が行うであろう行為を定型的に禁止したものと理解されている。この種の行為を取り込むことが困難だとすれば，相場操縦の定義としては問題があるように思われる。
30) 黒沼・前掲注(7)は，取引圧力による操作と情報動機による操作を分け，誘引目的が前者を合法とし後者を規制する道具として機能するとして，資本市場への影響の差を説明する。

市場の資源配分機能の歪みというのは同じように生じると考えるものである。この発想からは，たとえば（2）で述べた例は，市場の資源配分機能を歪めるという弊害の大きさに何らかの違いはないことになる。しかし，例3のようなケースで，一時的な需給の乖離により価格が大きく変動するからといって，大量に株式を保有する者が市場を利用する機会を奪われると，株式を取得・保有することへの不当な制約になりかねない。そこで，このようにそれを認めることに何らかの価値がある（社会厚生を高める）行為については免責を認める（EU指令はその種の行為を「行為の理由が正当であり，かつ，それらの取引又は取引注文が当該規制市場の容認された市場慣行に従っている」ものと表現する）。これに対して，その他の例のような取引を認めることは社会厚生を増大させず，金融商品市場の資源配分機能の歪みという弊害だけが問題となるから，規制対象となるというわけである。つまり相場操縦として規制されるか否かは，金融商品市場の資源配分機能の歪みという弊害の有無・程度の差から導かれるのではなく，そのような取引を認めることが，別途何か価値を生み出すかという点によるという考え方である[31]。

　現実の運用においては大きな差は出てこないかも知れない。判例のいう誘引目的は，「人為的な操作を加えて相場を変動させるにもかかわらず，投資者にその相場が自然の需給関係により形成されるものであると誤認させて有価証券市場における有価証券の売買取引に誘い込む目的」であるが，「人為的な操作を加えて相場を変動させる」ことの認定を通じて，社会厚生を増大させるような行為が排除されるのであれば，各事案における具体的な結論はEU指令のもとでの解決と似たものとなるかもしれない[32]。しかし論理的には，同じ行為が行為者の目的によって弊害の有無・程度が変わるのはなぜかという問いが避けられない前者の枠組みよりも，後者の発想の方が規制根拠の説明としては分かりやすい。

---

31) EU指令が，相場操縦についてこのような捉え方をしていると明言する文献は発見できなかった。ただ現在の規制の条文構造は，以上のような発想と整合的であるように思われる。
32) 黒沼悦郎＝太田洋『論点体系　金融商品取引法2』（第一法規，2014年）390頁（松中学）。

(4) 仮装売買・馴合売買

Ⅳ．3．(2) で述べた通り，日本法が，仮装売買・馴合売買について現実売買とは別建てに規制し，仮装売買・馴合売買については誘引目的を要求しないのに対して，EU 市場濫用指令は，両者区別せず一本化して規律する。実際には，EU 指令においても，仮装売買・馴合売買について「行為の理由が正当であり，かつ，それらの取引又は取引注文が当該規制市場の容認された市場慣行に従っている」ことは稀であろうから，日本法と実際の規制範囲が異なってくることは少ないであろう。仮装売買・馴合売買についての規制の違いは，現実売買による相場操縦の規制の仕方が，そのまま反映した差と理解される。日本法は，現実売買については外観上正当な取引とは区別が付かず，誘引目的によって区別する反面，仮装売買・馴合売買は外観上も正当な取引と区別される以上，誘引目的は要求されないと考えるのであろう[33]。

3．表示による相場操縦

Ⅳ．3 (3) で述べた通り，表示あるいは情報発信を通じて相場操縦を行う行為をどういう枠組みで規律するか（取引行為による相場操縦との関係をどう整理するか）についても，EU 指令と日本法は仕組みが異なる。EU 指令は，基本的には，取引行為による相場操縦と同じ枠組みで規制する。例外の設定の仕方が異なるのは，情報の発信は取引・取引注文と異なり，「規制市場の容認された市場慣行に従っている」という基準が適当ではないことによるのであろう。その上で一般条項（日本法だと157条に相当する規定）が置かれている。

日本法は，159条2項2号，3号が現実売買と並べて表示による相場操縦を規定する。現実売買の場合と同様に誘引目的が要求される。これと別に，「有価証券等の相場の変動を図る目的をもつて，風説を流布し，偽計を用い，

---

[33] もっともあらゆる仮装取引・馴合取引が規制対象となるわけではなく，「取引の状況に関し他人に誤解を生じさせる目的」は要求される。
[34] 黒沼・前掲注(7)164頁参照。

又は暴行若しくは脅迫をしてはならない。」とする規制（158条）があり，こちらは誘引目的が要求されない。

　158条の規制と159条2項2号，3号の規制が十分整理されていないことは，これまでにも指摘がある。その際，最初に考えなくてはならないのは，不当な表示によって人為的に相場が形成される危険を防止することを目的とする規制と，情報や表示を信じた投資家を保護する規制を区別しなくてはならないかということである（EU指令は区別しない）。仮に区別するとした場合には，金商法158条には両者が混在しているので，それらを切り離した上で，相場を変動させるタイプの行動は159条2項と一本化すべきことになる。逆に，このような区別を撤廃し，相場操縦行為に限定せず，虚偽あるいは誤解を招く表示，風説の流布の規制の方に一本化するという方向性も考えられる[34]。

VI. むすび

　相場操縦をめぐっては，金商法159条に関して誘引目的と変動取引とどちらを重視するかといった枠組みが設定され華々しく議論されてきた。しかし，現行法の規制枠組みそれ自体について基本的なことを論じたものがあまり多くなかったように思われる。現行法の条文解釈の緻密な検討もさることながら，現行法とは若干距離をおいて，規制の本質について検討する必要もあるように思われる。とりわけ相場に影響を与える行為が多様化し，また一般条項である金商法157条，158条の適用可能性が現実化するようになると，一層そうである。もちろんEU市場濫用指令をそのまま立法論として採用することができるわけではないが，少なくとも現行法の規制枠組自体が自明なものではないことを教えてくれるという点では，これを検討することは非常に有益である。2014年に改訂された指令が各国でどのように運用されていくかということも踏まえて，わが国における規制のあり方についての具体的な提言については，今後の課題としたい。

ドッド＝フランク法における信用リスク保持ルールについて

黒 沼 悦 郎

I．はじめに

米国の連邦準備制度理事会（FRB），連邦預金保険公社（FDIC），通貨監督局（OCC），証券取引委員会（SEC），都市住宅開発省（HUD），連邦住宅金融庁（FHFA）の6つの政府機関は，2011年3月30日に，ドッド＝フランク法（Dodd＝Frank Act）941条を執行するための規則案を公表した[1]。この規則案はパブリックコメントに付され，400件以上の意見が寄せられた[2]。パブリックコメントの期限は一度，延長されたが，法の定める期限までに規則は制定されなかった。多数の反対コメントが寄せられたことを重くみて，SEC 等は，2013年8月28日に規則案の再提案を行い[3]，パブリックコメントを経て，今日に至っている。

この規則は信用リスク保持ルール（Credit Risk Retention Rule）と呼ばれ，ローン資産の証券化等の証券化実施者（securitizer）に，資産担保証券（Asset Backed Securities, ABS）の一部を保持させることにより，無責任な

---

[1] SEC, Credit Risk Retention, Proposed rule (Apr. 29, 2011) (thereinafter "Release 34-64148"). 6つの政府機関は，それぞれがリリースを発しているが，同内容なので，本稿では SEC のリリースに依拠する。

[2] コメントは，SEC のホームページ（http://www.sec.gov/comments/s7-14-11/s71411.shtml）で閲覧することができる。

[3] SEC, Credit Risk Retention, Proposed rule (Aug. 28, 2013) (thereinafter "Release 34-70277"). 6つの政府機関は，それぞれがリリースを発しているが，同内容なので，本稿では SEC のリリースに依拠する。

リスクの移転と過度の証券化を防止しようとするものである。後述のように、EU は、金融機関の自己資本規制の一環として、投資者の側に立った金融機関に、証券化実施者がリスク保持をしていない ABS への投資を制限しているが、証券化実施者自身は規制の対象としていない。また、日本ではこのような規制が立案されることはなかった。信用リスクの保持ルールは、証券化の仕組みそのものに規制を及ぼす点で理論的に興味深いだけでなく、リスク保持義務をどう強制し、脱法を防ぐのかという法技術的にも興味深い。そこで、本稿では、信用リスクの保持ルールに関する SEC らの当初提案、当初提案に対する主なパブリックコメント、および再提案の概要を紹介し、わが国における議論の参考に供することとする。

II. 概要

1. ドッド＝フランク法

ドッド＝フランク法941条(b)項によって追加された1934年証券取引所法 (Securities Exchange Act of 1934、以下、「取引所法」という) 15G 条は、FRB、FDIC、OCC（以上を「連邦銀行規制当局」という）、および SEC が、住宅用モーゲージ資産についてはこれらに加えて HUD および FHFA（以上の 6 機関を総称して、「当局」という）が、共同して、次の 2 つの規制を定めるよう求めている。

① 証券化実施者 (securitizer) が、資産担保証券 (ABS) の発行によって、第三者に移転し、または売却した資産の信用リスクの 5 ％の部分を保持することを証券化実施者に求める規制

② 取引所法15G 条の下で証券化実施者が保持することを求められる信用リスクを、直接または間接に、ヘッジその他の方法で移転することを禁じる規制。

取引所法15G 条は、一定の証券化取引をリスク保持義務から除外しており、

当局に対し，適用除外の制定権限を与えている。15G条自身も，ABSの担保となる資産が当局の定義する適格住宅モーゲージ（Qualified Residential Mortgage, QRM）に該当するときは，証券化実施者は信用リスク保持義務を負わないとしている。同条は，また，商業モーゲージ，商業ローン，および自動車ローンについて，それらが連邦銀行規制当局の定める引受基準を満たすときに，当局が証券化実施者に対し信用リスクの5％より低い基準の保持義務を認めるように定めている[4]。

2．信用リスク保持義務の趣旨

信用リスクの保持義務を課す趣旨については，ドッド＝フランク法の制定過程ですでに議論されているが，当初提案リリースは次のように述べている[5]。

適切に構築されれば，証券化は家計やビジネスに低いコストで信用を提供することができるが，インセンティブが適切に整序されず，組成プロセスで規律が働かないと，証券化は，投資者，消費者，金融機関に害をもたらし，金融システムを害する。金融危機の間，証券化は，そのプロセスに関与する様々な当事者間の情報問題およびインセンティブ問題に対してきわめて弱いことが判明した。

取引所法15G条は，証券化実施者に対し，原則として，証券化に係る資産の信用リスクについて経済的利益を保持することを要求することにより，証券化実施者に対し，証券化取引の基礎にある資産の質を監視し，確保するインセンティブを与え，もって，証券化実施者の利益を投資者の利益に一致させようとする。

---

[4] 取引所法15G条の内容については，松尾直彦『Q&Aアメリカ金融改革法－ドッド＝フランク法のすべて』290－295頁（金融財政事情研究会，2010年）も参照。
[5] Release 34-64148, at 13.

3．定義

信用リスクの保持義務ルールは，ドッド＝フランク法により追加された取引所法3条(a)項(77)号の定義する「資産担保証券」（ABS）の発行に係る証券化に適用される。同条項によると，「資産担保証券」とは，現金化の容易な金融資産（ローン，リース，モーゲージ，その他の担保付または無担保の売掛債権を含む）によって担保された，固定利率その他の利率の付された証券であって，証券の保有者の受ける支払いが，主として当該資産から生じるキャッシュフローに依存するものをいう。

取引所法15G条は，1933年証券法（Securities Act of 1933，以下「証券法」という）の下でSECに登録される証券と登録を免除される証券とを区別していない。当初提案リリースも，募集についてSECへの登録を行ったか否かに拘わらず，証券化実施者に信用リスクの保持義務を課している[6]。

ABS持分（ABS interest）とは，発行体（issuing entity）により発行されるあらゆる種類の持分または債務をいい，券面の有無を問わず，証券，債務，受益権，残余持分を含む（当初提案2条）。ただし，発行体の所有権を表示する株式，有限責任持分，組合持分，信託証書，その他同様の証書を含まず，また，発行体が保持する担保から得られるキャッシュフローに主として依存するのでない支払いに対する権利を含まない。

取引所法15G条(a)項(3)号によると証券化実施者は次のように定義される。(A) 資産担保証券の発行者，または (B) 資産を発行者に売却または移転することにより，直接または間接に（関係者を通じて行った者を含む），資産担保証券の取引を組織し，開始した者をいう。(B) はABSの公募に関する開示を定めるレギュレーションABの「スポンサー」の概念に実質的に等しい。そこで，規則案では，スポンサーを証券化実施者の定義に含め，レギュレーションABに倣ってスポンサーの定義を定めている。当局は，スポン

---

6) Release 34-64148, at 18.

サーが証券化取引の組成および資産の選択に果たす役割の重要性に鑑み，ABSのスポンサーにリスク保持義務を課すことが適当であると考えた[7]。

取引所法15G条(a)項(3)号は，発行者も証券化実施者に含まれるとする。連邦証券諸法上，発行者の意義は文脈によって異なる。連邦証券諸法上，ABS取引に関して用いられるとき，「発行者」とはABSの担保となる資産を発行体に移転した者（デポジター）を意味しているので，規則案では，デポジター（depositor）を証券化実施者に含め，デポジターの定義を置いている。それによると，デポジターとは，①証券化資産を受け入れ又は購入し，これを発行体に移転し又は売却した者，②スポンサーと発行体の間に資産の中間的な移転がない場合は，スポンサー，③証券化資産を発行体に直接，移転し又は売却した者が信託である場合には，証券化資産を受け入れ又は購入し，これを発行体に移転し又は売却した者をいう（図1参照）。

図1

| スポンサー（譲渡人） | → | 中間SPV（スポンサーが設立，デポジター） | → | 発行体 |

規則の当初案13条は，一定の要件を満たす場合に，スポンサーがそのリスク保持義務をオリジネーターに分担させることを認めている。オリジネーターとは，取引所法15G条が定義するのと同じく，信用の供与その他の方法により，ABSに担保を付与する金融資産を作り出し，当該資産を直接又は間接的に証券化実施者（すなわちスポンサーまたはデポジター）に売却した者をいう。ローン等を最初に作り出した者のみがオリジネーターとなる。

以上の定義規定について，再提案は，ほとんど変更を加えておらず，上記の範囲では変更はない。

4．リスク保持義務の要件

取引所法15G条は，証券化実施者に，適用除外に該当しない限り，ABS

---

[7] Release 34-64148, at 19.

の第三者への発行を通じて，証券化実施者が売却，移転した資産についての信用リスクの5％以上を保持する義務を規定するよう当局に求める。これに応じて，規則案はリスク保持義務の基本を定めている。

15G条と同様，規則の当初案では，スポンサーが，付保された貯蓄機関，銀行，その持株会社・子会社，登録ブローカー＝ディーラー，その他の連邦の監督に服する金融機関のいずれかであるかを問わず，リスク保持義務を課すことにしている。したがって，独立モーゲージ会社のように付保されていないノンバンクも保持義務を負う。また，当初案は，これとは別に，証券化取引について，状況により，スポンサーにプレミアム捕捉準備金勘定（後述，premium capture cash reserve account）を設定することを求めている。

再提案は，プレミアム捕捉準備金勘定を削除した点を除いて，当初の提案を維持している。

Ⅲ．リスク保持の方法

1．概説

提案リリースの説明によると，近年の研究によって信用リスクの保持方法にはいくつかの種類があることが明らかとなったという[8]。

①スポンサー等が，当該取引によって発行されるそれぞれのクラスの持分の一部を比例的に保持する「垂直」切り分け方式，②スポンサー等が，取引により発行される持分のうち，他のものに比べ最も劣後し，最初に損失を受けるポジション（損失第1順位ポジション，first-loss position）を保持する「水平」方式，③回転する資産によって担保の行われるマスタートラストを用いた証券化ストラクチャーにおいて，投資者の持分と同等の（pari passu）分離された持分を保持する「売主持分」（seller's interest）方式，④スポン

---

[8] Release 34-64148, at 24.

サーが資産のうち代表的なサンプルを保持する「代表的サンプル方式」。

たとえば，クレジット・カード・ローンの証券化では「売主持分」方式が用いられている。自動車ローンの証券化では，スポンサー（オリジネーター（貸主）の関係会社であることが多い）がローンの一部を保持する。商業モーゲージ担保証券（CMBS）の証券化では水平方式が採られている。歴史的には，どの方式を採用するかは，格付の要件，投資者の選好，会計的考慮，最初に保持した持分の流通市場の有無といった様々な要因により決定されてきた。

規則案では，証券化市場の多様性を考慮して複数の選択肢を用意している。しかし，いずれの方式でも実質的に5％のリスク保持が実現されなければならない。リスクヘッジ等による5％の保持要件の回避が禁止されること，および保持義務の履行方式がディスクロージャー（投資判断とモニタリングを目的とする）の対象となることに注意を要する。

2．垂直的リスク保持

規則の当初案4条は，垂直的リスク保持方式について規定する[9]。

スポンサーは，証券化取引において発行されたABS持分のどのクラスについても，その5％を保持することによって保持義務を履行することができる。それぞれのクラスについて保持すべき量は，少なくとも，額面（もしあれば），公正価値，および持分の数もしくはクラスのユニット数の5％なければならない。このように当初案は保持すべき量の計算方法を特定していなかったが，再提案では公正価値の5％に統一された（再提案2条，4条(b)項）。

垂直的リスク保持を選択したスポンサーは，ABSの売却の相当な期間前に潜在的な投資者に対し，または求めに応じてSECおよび適切な連邦銀行当局に，スポンサーが保持する予定の各クラスの持分の量，および規則に

---

9) Release 34-64148, at 26.

よって保持を求められる量について情報を提供しなければならない。また，スポンサーは，ABS持分の合計金額を決定する際に用いた前提と決定方法の開示を求められる。

垂直的リスク保持義務の当初提案に対しては，スポンサーがABSの担保となる資産の5％を保持している場合（スポンサーが資産の95％のみを発行体に譲渡する場合）も，ABSの5％を保持していると認めるべきであるとの全米法曹協会（American Bar Association, ABA）の意見[10]などがあった。

再提案は，スポンサーが，すべてのクラスの持分を保有する垂直的リスク保持に代えて，すべてのクラスに対して支払われる利息および返済元本の5％の権利を保有者に与えるような単一垂直証券（single vertical security）を保持することを認める[11]。垂直的リスク保持の実質が確保されれば足りるからである。

3．水平的リスク保持

(1) 当初提案

規則の当初提案は，スポンサーは，証券化取引において発行されたすべてのABSの持分の額面の少なくとも5％に相当する額の「適格水平残余持分」（eligible horizontal residual interest）を発行体に対して保持することによってリスク保持義務を履行することができるとしていた（5条）。

規則案は，適格水平残余持分が，損失第1順位ポジションとなり，その額面が，損失の吸収によるものを除いて，優先順位の高い持分よりも早く減少することのないよう確保するために，適格水平残余持分と認められる条件を設定している。

適格水平残余持分とは，①当該ABS持分の額面がゼロになるまで，証券化資産のすべての損失が割り当てられ，②元本と利息の双方の支払いについ

---

10) ABA, s71411-133, at 15.
11) Release 34-70277, at 45.

て最も劣後する請求権を持ち，かつ③発行体に対する他のABS持分のすべてについて支払いが行われるまで，元本に支払いを受けることができないABS持分と定義されている。ただし，適格水平残余持分は，関連する取引文書に従って，計画通りに行われる，証券化資産に基づく元本の支払いについて，現時点での比例的な割合の支払いを受けることができる（2条）。したがって，他のABS持分が残っている場合に，適格水平残余持分を有するスポンサーが証券化資産から元本の返済を受けることは，定義上，計画通りの支払いではないので，禁止される[12]。また，スポンサーは，基礎となる資産を売却して得た手取金から元本の返済を受けることも禁止される。もし，このような支払いが許されるとすれば，適格水平残余持分が損失を吸収する能力を損なうからである。

水平的リスク保持を行うスポンサーも，垂直的リスク保持の場合と同様の開示義務を負う。開示の対象には，どのような場合に適格持分が損失を割り当てられるのか，どのような場合に支払いを受けることができるのかといった重要な条件が含まれる。

（2）　5％の算定方法

水平的リスク保持義務の規定方法については，まず，全米法曹協会の次のような批判がある[13]。取引所法15G条(c)項(1)(B)(i)号は信用リスクの5％以上の保持を求めているのに，規則案は，ABS持分の額面の5％以上の保持を求めている。垂直的リスク保持の場合は，額面の5％以上を保持すれば信用リスクの5％以上の保持になるが，水平的リスク保持の場合は，状況によっては信用リスクの全部の保持になってしまう。したがって，水平的リスク保持は，実質的に信用リスクの5％以上に相当するように改正されるべきである。全米証券業金融市場協会（Securities Industry and Financial

---

[12] Release 34-64148, at 28.
[13] ABA, s71411-133, at 7.

Market Association, SIFMA）も，水平的リスク保持について，額面を基準として5％以上のリスクの保持を義務づけることは誤りであるとする[14]。このような批判を容れ，再提案では，額面を基準として5％を算定することを改め，GAAPに従う公正価値で5％以上の信用リスクの保持を義務づけることにした（再提案4条(b)項）[15]。

（3） EUの自己資本指令との比較

2009年に採択されたEUの自己資本指令122a条は，オリジネーター，スポンサーまたは当初の貸主が一定のリスク保持をしていると開示した場合に限って，信用機関は当該ABSに投資できるとする。122a条も，リスクの垂直的保持，水平的保持，オリジネーターの持分（売主持分に相当），無作為抽出商品の保持を認めている。具体的な保持方法については2010年公表のCEBS Guidelinesが規定している。これによると水平的保持は，①残余持分，劣後ノート，準備金勘定のほか，②発行体との間のトータルリターンスワップの締結などのシンセティックな方法，③購入価格の延払い，③過剰担保，④信用状，保証状の方法によることも認められている。

そこで，当局の当初提案が自己資本指令122a条と比較して，水平的リスク保持義務の履行手段を制限していることに対して批判がされている[16]。たとえば，リスク吸収の手段として過剰スプレッドや過剰担保が用いられているときは，それを適格水平残余持分と認めるべきである[17]，損失第1順位ポジションの保持だけでは5％に満たない場合には，第2順位のポジションを含めて5％を保持できるようにすべきである[18]，などと主張された。このうち後者の意見は再提案に採り入れられた[19]。

---

14) SIFMA, s71411-79, at 44.
15) Release 34-70277, at 43.
16) ABA, s71411-133, at 17.
17) ABA, s71411-133, at 19.
18) SIFMA, s71411-79, at 47.
19) Release 34-70277, at 43.

(4) 準備金勘定

　適格水平残余持分の保持に代えて，スポンサーは，全 ABS 持分の額面の5％に相当する額の準備金勘定（cash reserve account，スポンサーが信託を設定し，受託者が発行体のために保持する）を設定することが認められる（当初提案5条(b)項）。当初提案は，この準備金勘定が，損失第1順位部分の信用リスクと同額のリスクに晒されるように確保するための規定を置いている。たとえば，提案では，すべての ABS 持分の全額が支払われるか，発行体が解散するまで，水平的準備金勘定は，ABS 持分に対する支払いを満足させるために用いられなければならないと定めている。また，すべての ABS 持分の全額が支払われるか，発行体が解散するまで，準備金勘定は，2つの例外を除いて，引き出されてはならない。2つの例外とは，①計画に従った，スポンサーに対する元本の支払い，②認められた方法による水平的準備金勘定の運用から生ずる，スポンサーに対する利息の支払いである。準備金勘定の設定を選択したスポンサーも，持分保持の場合と同様の開示義務を負う。

　準備金勘定の設定による水平的リスク保持義務の履行は，再提案においても維持されている（4条(c)項）。

4．垂直的保持と水平的保持の組合せ

　スポンサーは，垂直的保持と水平的保持を組み合わせによってリスク保持義務を果たすことも認められる。当初提案では，このタイプはＬ字型リスク保持と呼ばれていた[20]。Ｌ字型リスク保持とは，① ABS 持分の各クラスの2.5％以上を保持し，かつ，②すべての ABS 持分（①により保持するものを除く）の額面の2.564％以上について，適格水平残余持分を保持するか，水平的準備金勘定を設定することをいう。

　このように垂直的保持と水平的保持の割合を1対1としたのは，いずれの

---

20) Release 34-64148, at 31.

保持部分も，投資者の利益とスポンサーの利益を一致させるよう十分なインセンティブをスポンサーに与えることができるようにするためであった[21]。この場合，スポンサーは垂直的保持と水平的保持の両者について開示義務を負う。

ところが，L字型リスク保持義務に対しては，垂直的保持と水平的保持を任意の割合で組合せ，合計で5％のリスク保持を達成することを認めるべきだとのコメントが多かった[22]。

そこで，SEC等は，再提案規則において，リスクの垂直的保持と水平的保持の任意の組合せを認めることとした[23]。

5．回転資産マスタートラストの特例

クレジット・カード勘定やディーラー・フロアプラン・ローン（自動車ディーラーが在庫を担保に行う借入れ）のように資産が回転するクレジットラインによって担保される証券化においては，信託が，単一の回転資産の集合によって担保されるABSのシリーズを複数発行する「回転マスタートラスト」が用いられている。この場合には，スポンサーは，早期の減価償却を引き起こすイベントが発生するまで，ABS持分を担保する売掛金に対する投資者の利益に連動するような持分（seller's interest）を保持することが多い。売主持分は，基礎資産の業績について，投資者の全てと利益を共通にするものであり，スポンサーに集合資産または売掛金の信用リスクをもたらす。そこで規則の当初提案は，回転資産マスタートラストのスポンサーに，売主持分の保持により信用リスク5％以上の保持義務を履行することを認めることにした（7条）。

「回転資産マスタートラスト」とは，マスタートラストであって，複数のシリーズのABSを発行するために設立されたものであり，そのすべてにつ

---

21) Release 34-64148, at 31.
22) Release 34-70277, at 42.
23) Release 34-70277, at 43.

いて，時間の経過によって構成物が変化する回転証券化資産の単一の集合によって担保が付されているものをいう（当初提案2条）。「売主持分」とは，①発行体により所有または保有されており，当該発行体が発行する他のABS持分を担保していない資産に対するABS持分であって，②取引文書で定められた早期減価償却イベントが発生するまでの間の，支払いおよび損失の配分について，当該発行者が発行する他のすべてのABS持分と連動し，かつ③社外にある証券化資産の元本の残高の変化に対して調整されるABS持分をいう（同上）。

これらの定義は，実務を反映させるために，再提案では次のように変更されている（再提案5条）。回転資産マスタートラストの定義は，「回転証券化資産」でない証券化資産によって担保が付されるものを含むものとされた。売主持分の定義は，上記の①の部分が，発行体が所有または保有している，特定のシリーズのABS持分を担保していない証券化資産およびサービシング資産（サービシング業務を確保するための資産）によって担保されているABS持分と変更され，②の部分が，すべてのABS持分との連動ではなく，個々のシリーズのABS持分との連動に変更された。

売主持分を選択するスポンサーは，一定の情報提供義務を負う。

6．代表的サンプル保持

(1) 当初提案

多くの重要な点において，発行体に移転した資産と同等の，ランダムに選択された資産の代表的サンプルの保持を認めるものである。この手法は，スポンサーの広い意味での資金調達のために行われ，ローンの純粋な流動化が目的ではない自動車ローンの証券化に用いられてきた。この手法では，スポンサーはABSに投資した投資者と同じリスクに晒されるので，信用リスク保持義務の手段として認めることにした[24]。

---

24) Release 34-64148, at 34.

代表的サンプルにおける資産の元本の未返済残高は，当初に証券化の対象とされた資産（代表的サンプルを含む）の元本の未返済残高の5％以上なければならない（当初提案8条）。
　サンプルが全体を反映するよう確保するために，規則案は次のような手続を定める。
　スポンサーが，1000以上の個別資産からなる集合を指定する。サンプルは，指定集合からランダムにサンプル（ローン）を選び出す。ただし，選出の際，当該資産の元本未返済残高は，指定集合のそれの5.264％以上を代表するものでなければならない。また，スポンサーは，統計的に有効な方法論を用いて，指定集合の資産の重要な特性について，サンプルのすべての量的な特性の中央値，および定性的な特性の割合（proportion of categorical characteristic）が，それぞれ指定集合の中央値および割合の95％の両側信頼区間にあることを確認しなければならない。このような検証がないと，サンプルにバイアスがかかってしまうからである。結果が達成できない場合は，サンプルを選び直すか，他のリスク保持方法を採る必要がある。
　加えて，スポンサーは，指定集合資産の重要な特性の特定，サンプルの選択方法，選択されたサンプルの検証方法について，独立した公認会計士事務所から手続同意報告書（agreed upon procedures report）を得なければならない。
　サンプルと証券化資産が異なる基準で管理されると両者の成績が異なってしまうため，規則案は，ABS持分が全部返済されるか，発行体が解散するまでの間に，証券化資産とサンプルの管理は同じサービサーにより，同じ契約上の基準によって行われなければならないとする。
　このほか，代表的サンプル保持を選択するスポンサーも一定の情報提供義務を負う。情報提供義務には，各分配期間の期末に，投資者に対し，サンプルの成績と証券化資産の成績の比較を提供することが含まれる。

(2) 提案の取下げ

代表的サンプル保持の選択肢については，サンプルの選択方法が難しい，集合資産の規模が大きすぎる，操作されやすい，開示要件が厳しい，手続同意報告書の効果が疑わしい等の批判が多く寄せられたという[25]。そこで，提案当局は，代表的サンプル保持の選択肢は費用に比べた効果が乏しいと考え，これを再提案から削除することにした[26]。

7. 資産担保コマーシャルペーパー導管の特則

(1) 当初提案

規則の当初提案9条は，導管が発行し，オリジネーターが一部を保有する資産担保コマーシャルペーパー（Asset Backed Commercial Paper，ABCP）について選択できるリスク保持方法を規定する。ABCPでは，オリジネーターがSPVを設立してこれにローンや売掛金を売却するが，SPVが発行する優先持分を導管（conduit）が取得し，劣後持分はオリジネーターが保持する（図2）。この導管が発行するコマーシャルペーパー（ABCP）について，スポンサーとなる銀行その他の規制された金融機関は，100％の流動性カバレッジを提供する。典型的には，導管が満期の到来したABCPの返済資力を有しないときにスポンサーが導管に資金を供与し，または導管から資産を購入する。

図2

---

25) Release 34-70277, at 82.
26) Release 34-70277, at 83.

規則は，特則が適用される要件，すなわち「適格ABCP導管」の定義を定める。その中には，スポンサーが100％の流動性カバレッジを提供すること等も含まれる。要件を満たす場合，オリジネーターがSPVについて水平的劣後持分を保持するときに，ABCPのスポンサーがリスク保持義務を果たしたことになる。この場合の規制回避禁止はオリジネーターに課される。スポンサーはオリジネーターが要件を充足するよう監視する義務を負い，違反を発見したときは投資者にその旨を通知しなければならない。

15G条は，当局がスポンサーではなくオリジネーターに信用リスクの保持義務を課し，その分だけスポンサーのリスク保持義務を軽減する権限を認めており，その際，考慮すべき事項を定めている。規則案はこれらの考慮要素に従うものである。

(2) 再提案

規則案に対するコメントには，スポンサーによる100％の流動性カバレッジもスポンサーのリスク保持として考慮すべきである，複数のオリジネーターから資産を受け入れる導管を「適格ABCP導管」の定義に含めるべきである等があった[27]。そこで再提案6条では，①適格ABCP導管におけるオリジネーターに，オリジネーター＝セラーの支配下にある関係者を加えて範囲を拡大する，②オリジネーターと導管との間に複数の中間SPVが入ることを認める，③中間SPVが導管以外の者にABSを売却することも認める，④オリジネーターのリスク保持の方式を水平的劣後持分の保持に限らず，他の標準的リスク保持方式（垂直的，または両者の組合せ）または回転資産マスタートラス方式でもよいこととするといった緩和策を採用した[28]。

他方，再提案は，SPVが流通市場で買い集めた資産を流動化するために導管を用いる場合に本条のリスク保持義務の特則を提供することは拒絶

---

27) Release 34-70277, at 90.
28) Release 34-70277, at 90-97.

し[29]，スポンサーによる100％の流動性カバレッジの要件，スポンサーのオリジネーターに対する監視義務の要件は堅持した[30]。

また，ABAからは，証券法3条(a)項(10)号は満期9か月以下の短期ノートを証券の定義から除外しているので，多くの資産担保コマーシャルペーパーは証券法3条(a)項(77)号にいう資産担保証券ではなく，したがって当局はスポンサーに対するリスク保持義務を規定する権限を欠くのではないかとの疑問が呈されていたが[31]，再提案リリースはこの点に触れていない。

8．商業用モーゲージ担保証券の特則

(1) 当初提案

取引所法15G条(c)項(1)(E)号は，商業用モーゲージ担保証券（Commercial Mortgage-Backed Security, CMBS）に関して，レギュレーションによって，購入第三者（third-party purchaser）による損失第1順位ポジションの保持を規定することができる旨を定める。この規定に基づいて，規則案は，商業用不動産ローンによって担保されたABSのスポンサーは，購入第三者が適格水平残余持分を取得する場合に，一定の要件の下で，信用リスク保持義務を果たしたことになる旨の規定を設ける（当初提案10条）。

このような損失第1順位ポジションの購入第三者への配分は，CMBSの取引では一般的な実務となっていた[32]。このような購入第三者はB部分買主（B-piece buyer）と呼ばれる。B部分買主は格付けの付されていない，または投資適格に達しない格付けの付されたCMBSのトランシェを，額面以下の価格で購入する。リスクを管理するため，B部分買主は，証券化の初期プロセスに関与し，集合資産のデュー・ディリジェンスを行う。審査の結果によっては，証券化前に特定のローンを除くようB部分買主が求めるこ

---

29) Release 34-70277, at 91.
30) Release 34-70277, at 98.
31) ABA, s71411-133, at 37.
32) Release 34-64148, at 43.

ともある。また，B部分買主は，CMBS取引を規律する集合化・サービシング契約（pooling and servicing agreement）において支配クラス（controlling class）に指定され，自らを特別サービサーと表示する。特別サービサーは，通常，債務不履行その他の不払い事由が生じたときにローンを管理する権限を有する。しかし，このような権限は，B部分買主と優先持分の所有者との間で利害衝突を引き起こす可能性がある。

　このような実務を考慮して，規則案は，購入第三者が必要な信用リスクを保持している場合に，6つの条件の下で，スポンサーのリスク保持義務に代える[33]。

① 購入第三者が，スポンサーが求められるのと同等の水平的残余持分を保持すること。
② 購入第三者が水平的残余持分の購入に当たって，証券化取引の関係者（スポンサー，デポジター，利害関係のないサービサーを含み，投資者となることのみを目的とする者を除く）から資金を得ていないこと。
③ 購入第三者が，CMBSの発行前に，引受基準，担保，集合を構成するそれぞれの商業ローンの期待キャッシュフロー等について審査を行うこと。
④ 購入第三者の投資者との利益相反を防止するため，購入第三者がスポンサー等の関係者でないこと，証券化取引に対する支配権を有しないこと（ただし，一定の条件の下で，サービシングに関する支配権を有することは認められる）。
⑤ 購入第三者が情報提供義務を負うこと。同時にスポンサーも一定の情報提供義務を負う。
⑥ 購入第三者には規制回避禁止が及ぶこと。

　購入第三者が条件を満たすことについてスポンサーが監視義務等を負うことは，資産担保コマーシャルペーパー導管の場合と同様である。

---

[33] Release 34-64148, at 44-46.

(2) 再提案

提案に対しては賛成のコメントが多く寄せられた。再提案では，購入第三者が複数であっても良い等の規則の小修整を行っているが，上記の6つの条件については変更していない（再提案7条）。ただし，購入第三者は，証券化の全期間を通じて信用リスクを保持していなければならないとしていた点については批判が強かった[34]。そこで再提案では，証券化取引の開始から5年経過後に，当初の購入第三者が他の者へ，あるいはスポンサーが購入第三者へ持分を譲渡することを認めることとしている（同条）。

規則の当初提案の11条，再提案の8条は，現在 FHFA の管理下にある Fannie Mae および Freddie Mac がスポンサーとなっている ABS についての特則であるが，紹介は省略する。

9．担保付ローン債務の特則

SEC の当初提案では，担保付ローン債務（Collateralized Loan Obligations, CLO）の証券化についての特則を置かず，スポンサーに当たる CLO マネージャーに信用リスクの保持義務を課していた。当初提案に対しては，第三者が組成し，ローンのオリジネーターと関係のない資産管理者が公開市場で買い付けた商業ローンの証券化である「公開市場 CLO」については，資産管理者が5％の信用リスク保持義務に耐えられず，市場から退出せざるを得ないといった批判が相次いだ[35]。公開市場 CLO の管理者は，取引所法15G 条の証券化実施者（securitizer）に当たらないという意見もあった。

これに対し再提案リリースは，公開市場 CLO の管理者は，CLO を選択してこれを CLO の発行者に購入させているので，証券化実施者に当たるという見解を維持しつつ，公開市場 CLO 向けの特則を提案した[36]。再提案は，公開市場 CLO の定義を定め，公開市場 CLO は，CLO によって購入された

---

34) Release 34-70277, at 126–128.
35) Release 34-70277, at 141.
36) Release 34-70277, at 143–145.

各ローンのリード・アレンジャーが，組成の際にローンの額面の5％以上を保持することによって，信用リスクの保持義務を履行することができるとする（9条）。

これとは別に，再提案リリースは，Tender Option Bonds（TOBs）と呼ばれる地方債の組み換え（repackaging）を信用リスク保持義務の対象から除外すべきだとするコメントに応じて，TOBsが適用除外とされるための要件を提案しているが（再提案10条），これについては紹介を省略する。

10．プレミアム捕捉準備金勘定

（1）当初提案

金融危機前の実務では，スポンサーは，プレミアム・トランシェ（利息だけのトランシェ）を売ることにより，証券化された資産から長期間に生じる過剰スプレッド（excess spread）を証券化の開始段階で現金化していた。この実務は，証券化資産から予期しない損失が生じた場合にスポンサーが受ける損失を緩和し，証券化の規模を拡大・複雑化し，アグレッシブな引受けを行うインセンティブをスポンサーに与えていた[37]。

過剰スプレッドに対応するリスク保持義務をスポンサーに課さないと，スポンサーは晒されるリスクを減らすことができてしまう。そこで規則の当初提案は，もしスポンサーが過剰スプレッドを現金化する証券化を行う場合に，そのプレミアム（当該トランシェの売却対価）を捕えて，当該金額を準備金勘定（プレミアム捕捉準備金勘定，Premium Capture Cash Reserve Account）に入れることを求めていた（12条）。

（2）提案の取下げ

当初提案に対しては，多様な反対論が寄せられた。5％のリスク保持に加えて「プレミアム」の信託を要求するのは，法的には，ドッド＝フランク法

---

[37] Release 34-64148, at 51-52.

の授権の範囲を超えており，経済的には，サブプライムローンの証券化を壊滅させるとの批判が多かった。また，プレミアムの捕捉が必要となるのは，当初提案が額面の5％のリスク保持を求めているからであるとの指摘もあった。

再提案リリースでは，批判的なコメントを受けて，また，リスク保持義務の測定に額面ではなく公正価値を用いるようにしたことも考慮して，プレミアム捕捉準備金勘定の提案を撤回することとした[38]。

11. オリジネーターへの配分

（1） 当初提案

取引所法15G条は，スポンサーの信用リスク保持義務の一部をオリジネーターに分担させることを認める権限を当局に付与している。当初提案の13条は，このリスクの配分基準を定める。

規則案は，垂直的リスク保持または水平的リスク保持を選択したスポンサーが，基礎資産の20％以上に寄与したオリジネーターにリスク保持義務を分担させることを認める。このときオリジネーターによって保持される信用リスクの額は，スポンサーが保持すべきリスクの額の20％以上でなければならないが，同時に，オリジネーターが売却した資産の未払い残高が全証券化資産の未払い残高に占める割合を超過してはならない。これらの要件は，証券化資産の質をオリジネーターが監視する十分なインセンティブが生じるように考慮された[39]。

（2） 再提案

当初提案には，多様なコメントが寄せられた。水平的リスク保持についてはオリジネーターの分担を認めることは理解できるが，垂直的保持および水

---

38) Release 34-70277, at 162.
39) Release 34-64148, at 56.

平的保持以外の方式についてもオリジネーターのリスク分担が認められるべきであるとするものがある一方[40]，垂直的リスク保持については全額をスポンサーが担うべきであるとするコメントもあった[41]。ABAが提出したコメントのなかだけでも，①スポンサーが資産を集めて証券化する場合，スポンサーはオリジネーターへのリスク保持義務の配分を望むはずであるところ，20％未満の寄与者に配分が認められないと，小規模なオリジネーターは証券化に参加できなくなり不都合である（資産を市場に売却することを望む小規模なオリジネーターは市場の質に関心を持っているから，寄与割合が小さくても監視のインセンティブがなくなるとはいえない），②オリジネーターが，自身が売却した資産以外ものを含めて全資産についての信用リスクの保持義務を負うとする点は，オリジネーターは他人の売却資産に対するコントロールがないから，問題である，③オリジネーターの法遵守状況をスポンサーに監視させるのは，不可能を強いるものであるといった多様な意見が含まれていた[42]。

しかし，再提案リリースは，スポンサーに水平的リスク保持と垂直的リスク保持の任意の組合せが認められたこと，負担すべきリスクの割合の計算が額面ベースから公正価値ベースに変更されたことが等に伴う技術的な変更のみを行った（再提案11条）。ABAのようなコメントに対しては，提案はオリジネーターに義務を課すものではなく，スポンサーのリスク保持義務の選択肢を増やすものにすぎないと反論している[43]。

---

40) Release 34-70277, at 165.
41) SIFMA Asset Management Group, s71411-80, at 7.
42) ABA, s71411-133, at 58-60.
43) Release 34-70277, at 164.

IV. ヘッジ取引およびファイナンスの制限

1. 当初提案

　取引所法15G条(a)項(1)(A)号は，リスク保持規制は，証券化実施者が，保持すべき信用リスクをヘッジその他の取引により他に移転することを禁止しなければならないとする。そこで当初提案は，スポンサーが保持すべき持分または資産をスポンサーの連結の範囲に含まれる関係者（連結関係者）以外の者に移転することを禁止していた（14条(a)項）。スポンサーまたは連結関係者が，スポンサーが保持すべき信用リスクにヘッジをかけることも禁止される（同条(b)項）。

　具体的には，スポンサーとその連結関係者は，①証券その他の金融商品の売買，（保険契約を含む）契約の締結，デリバティブその他のポジションの取得（以上を「証券の売買等」という）に対する支払いが，スポンサーが保持すべきABS持分，ABS，証券化資産，またはABS持分に担保を提供する特定の証券化資産（以上を「ABS持分等」という）の信用リスクに重要な点で関係し，②証券の売買等が，スポンサーのABS持分等の信用リスクを減少させる場合には，当該証券の売買等をしてはならない。

　特定のABS持分の信用リスクと重要な点で関係のないヘッジポジションをとることは禁止されない。たとえば，市場全体にかかる金利レート・為替レート・住宅価格の動向に対するヘッジ，資産担保証券の特定の広いカテゴリーの全体的価値の動向に対するヘッジは，禁止されない。他のスポンサーによって証券化された，同様の資産によって担保される証券に結び付いたヘッジも禁止されない。それに対し，リスク保持義務の対象となる特定の持分または資産を参照とするクレジット・デフォルト・スワップは禁止される[44]。

---

44) Release 34-64148, at 58–59.

規則案は，スポンサーの資産担保証券からのトランシェと他のスポンサーの資産担保証券からのトランシェをともに参照指標とする指標に対するヘッジの取扱いについて，詳細なルールを定めている。

スポンサーおよびその連結関係者が，信用リスク保持の対象となる持分や資産をその債務の担保に供することも，担保提供者へのフルリコース（担保不足分について提供者が債務を負う旨）が定められていない限り，禁止される。信用リスクの移転となるからである。

ABSの発行体は，たとえスポンサーの連結範囲に含まれていても，スポンサーの連結関係者とはみなされない（2条）。発行体の行うヘッジは投資者全体のためのヘッジであり，スポンサーのみのためのヘッジでないからである。ただし，発行体が行うヘッジ取引は，スポンサーが信用リスク保持のために保有するABS持分または資産をカバーすることはできない。たとえば，スポンサーが垂直的リスク保持を採用する場合，発行体はトランシェの95％をカバーする信用保険を購入することはできるが，それ以上をカバーさせることはできない。

2．再提案

当初提案に対しては，賛成のコメントが寄せられた。そこで再提案では大きな変更は加えられていない（再提案12条）。ただし，現行の会計基準を考慮して，リスクの移転が認められる相手をスポンサーの連結関係者から過半数所有関係者（majority-owned affiliate）に改め，他方，過半数所有関係者は当初よりスポンサーのリスク負担を分担できるとした。また，ヘッジ取引を禁止される対象は連結関係者に限られず，関係者（affiliate，その定義は2条）に拡大された。

V. 適格住宅モーゲージ

1. 概説

取引所法15G条(c)項(1)(C)(iii)号は、ABSを担保するすべての資産が適格住宅モーゲージ（Qualified Residential Mortgage, QRM）であるABSの発行については、リスク保持義務は適用されないとする。同法15G条(e)項(4)号は、歴史的なローンの成績データから債務不履行のリスクが低いと認められる引受け及び商品の特徴を考慮に入れて、当局がQRMを定義するよう定める。

15G条によると、QRMの定義はドッド＝フランク法によって改正された貸付真実法（Truth in Lending Act TILA）129C条(b)項(2)号の定める適格モーゲージ（QM）より広くなってはならないとされている。そこで、当局は、制定法のQMの基準を他の要件とともにQRMの要件に組み込むことにより、QRMの定義がQMの定義より広くならないようにした（当初提案15条(c)項）。QRMに該当するか否かはオリジネーション（貸付け）の際に判断される。

2. QRMの定義と要件

(1) 当初提案

当初提案によると、QRMとは、1から4ユニットの家族用財産（うち最低1ユニットは借主が居住するためのもの）を購入し、または借り換えるためのクローズドエンド型（追加貸付けのない）の第1順位担保権付ローンであって、建設費用ローン、ブリッジ・ローン、リバース・モーゲージ（借入債務が増えていくもの）、時間貸しプランでないものをいう（15条(c)項）。

信用リスク保持義務の適用除外を受けるためには、QRMに該当することのほか、証券化取引の締結の際に、モーゲージが効力を有していること（借主が30日以上の履行遅滞に陥っていないこと）、デポジターが、ABSを担保する資産の全てがQRMであることを確保する内部監督統制（internal supervisory control）が有効であることを保証すること，および次に述べる適格要件（①～④）を充たすことが必要である。適用除外を受ける手続要件については省略する。

借主の信用履歴は債務不履行を予想する上で最も重要な指標である。さまざまなクレジット・スコアが開発され，オリジネーターがローンの引受過程で用いている。しかし，クレジット・スコアは民間主体によって開発・維持されているものであり，重要な変更が行われる可能性もあるので，QRMの基準としては使えない[45]。規則案では，クレジット・スコアの代わりに，借主がモーゲージの資格があるかどうかの判断に使われる基準を用いている（当初提案15条(d)項(5)号）。

具体的には，①借主は，いかなる負債についても，現在30日以上の遅滞に陥っておらず，過去24か月間に60日以上の遅滞に陥ったことがない等の条件を満たすことが求められる。

借主が信用履歴の要件を満たしているかどうかは，オリジネーターが証明する。その手続，セーフハーバーについても規則案は規定している。

当初提案は，また，QRMの適用除外を受けるための次のような適格要件を定めていた（15条(d)項(6)号）。

② 借主の負債がその所得に対して占める割合（負債比率，Debt-To-Income Ratio）についての定め（同条(d)項(8)号）。月々の住宅関係返済額が総所得に占める割合が28％を超えてはならず，月々の総返済額が総所得に占める割合が36％を超えてはならない。

③ モーゲージ取引におけるローンが対価に対して占める割合（ローン比率，Loan-To-Value Ratio）についての定め（同条(d)項(9)号）。住宅購入の場合，ローン比率が80％を超えてはならない。

④ 住宅購入のためのモーゲージ取引について，頭金が購入対価の20％以上でなければならない等の頭金（down payment）規制（同条(d)項(19)号）。

---

45) Release 34-64148, at 70.

当初提案のリリースは,多くの慎重に引き受けられた住宅モーゲージローンはQRMの提案された要件を満たさないであろうと述べ,QRMの要件が厳格なことを認めていた。

(2) 再提案

当初提案に対しては,39名の上院議員が,彼らが立法時に,歴史的にみて安全なモーゲージ商品についてリスク保持義務の広い適用除外を認めることを意図したと説明するコメントを送った[46]。また,160名の下院議員は,モーゲージ保険を付けた頭金少額のローンをQRMに含めるようコメントを提出した[47]。もっとも,全米証券業金融市場協会はQRMの定義が狭すぎるとするのに対し[48],同協会の資産運用グループはQRMの狭い定義に賛成するなど[49],実務家の間でも意見が分かれていた。

QRMの定義・要件については,上記のものを含めて,多くの点について批判的なコメントが寄せられた。批判は,①QRMの要件が厳しいため,これを満たすことのできない多くのQRM市場にプライベート・セクターから資金を呼び戻すことができないおそれがあること,および②負債比率(DTI)の要件とローン比率(LTV)の要件は,中低所得者層が住宅ローンを利用することを著しく困難にすることに向けられた[50]。

これらの批判を受けて,また,当初提案の後に,貸付真実法上の適格モーゲージ(QR)の定義(同法129C条および下位規則)が定められたことを受けて,再提案は,QRMの定義をQRと一致・連動させることにした(再提案13条)[51]。これは最広義のQRMの定義を採用したことを意味する。貸付真実法上のQRは,借主が財務状況に相応しい条件で借り入れをすることを

---

46) Mary L. Landrieu, et al, s71411-40.
47) John Campbell, et al, s71411-45.
48) SIFMA, s71411-79, at 78.
49) SIFMA Asset Management Group, s71411-80, at 3.
50) Release 34-70277, at 253.
51) Release 34-70277, at 254.

確保するために定められたものであるが，再提案は，これを消費者を保護すると同時にローンのリスクを低下させるものと捉え直して，QRMの定義に取り入れたのである[52]。

この結果，QRMの上記の定義は，当初提案に比べて，購入した住宅，借換え，住宅持分，別荘を含むあらゆる住居によって担保されるクローズドエンド型のローン（劣後担保の付されたローンを含む）に適用されるように拡大される。

QRの定義・要件と一致させるため，再提案では，信用履歴の要件（（１）①，ただし，当該モーゲージについて30日以上の遅滞に陥っていないことは必要），およびローン比率の要件（（１）③）を削除した。負債比率の要件（（１）②）は，QRの要件と同じく43％に緩和される。頭金の要件（（１）④）も再提案から除外されており，QRの要件にこれに相当するものはないようである。

3．契約締結後に要件の不充足が発見された場合

契約締結後にQRMの要件の不充足が発見された場合について，当初提案は，①デポジターによる内部監督統制の有効性が保証されており，②スポンサーがQRMに該当しないローンを90日以内に買い戻し，③スポンサーが投資者に迅速に通知を行った場合には，QRMの適用除外は失われないと定めていた（15条(e)項）。再提案はこの条項を維持している（13条(c)項）。

VI．その他

1．５％のリスク保持義務の軽減

取引所法15G条は，連邦銀行当局が定める引受基準を満たす資産について，

---

52) Release 34-70277, at 255.

証券化実施者に5％未満の保持義務を課す権限を当局に与えている。同条は，リスク保持義務の軽減が認められる資産の種類の例として，住宅用モーゲージ，商業モーゲージ，商業ローン，自動車ローンを掲げている。規則の当初提案では，これら以外の種類の資産を挙げていない（住宅用モーゲージについてはQRMで対応済み）。

取引所15G条は，0％から5％までのリスク保持義務を認める。しかし，5％未満のリスク保持では証券化実施者に十分なインセンティブを与えることができないと考えて，当初提案では一律0％とし，それに相応しい引受基準を設定した[53]。対象は，適格商業ローン，商業モーゲージ，および自動車ローンである。引受基準はかなり保守的である。

当初提案の18条は商業ローンについて，19条は商業用不動産ローンについて，20条は自動車ローンについて，それぞれ定義を設け，それぞれがリスク保持義務を免除される引受基準を定めている。

再提案においても，いくつかの修正は加えられたが，保守的な引受基準は維持されている（15条～18条）。

2．一般的な適用除外権限

(1) 当初提案

取引所法15G条(c)項(1)(G)号および15G条(e)項は，特定のタイプのABSまたは証券化取引について，当局に適用除外権限を与えている。

これらを受けて規則の当初提案21条は，適用除外ABSおよび適用除外取引を定めている（再提案では19条）。本稿では，その大部分は説明を省略し，再証券化（reaccuritization）の取扱いについてのみ，以下で説明する。

当初提案において，再証券化は次の2つの要件をともに満たす場合に信用リスク保持義務の適用除外とされていた（21条(a)項(5)号）。
① 証券化取引により発行されたABSによって担保される証券化取引で

---

53) Release 34-64148, at 90.

あって，前者の証券化取引の信用リスクが保持されているか，信用リスクの保持義務が免除されていること。
② 単一種類の ABS 持分を発行するものであり，基礎資産が受け取る元利金の支払い（発行体の費用を控除）が証券の保有者にパススルーされること。

このような取引であれば信用リスクの配分を変更しないからである[54]。

（2） 再提案

再証券化の要件のうち②については，これを支持しないコメントが多かった[55]。

たとえば，全米証券業金融市場協会は，当局が「MBS の CDO」(mortgage-backed security collateralized debt obligation，モーゲージ担保証券によって担保された債務証書) 市場の濫用を警戒するのは理解できるが，MBS の CDO と典型的な再証券化を区別すべきであり，複数の種類の ABS が担保する証券の発行（再証券化）についても適用除外の対象とした上で，①ABS 自身が3以上の種類の証券から構成されているのでない限り，再証券化の対象資産は3種類以下の ABS しか含むことができないとする，②発行体はクレジット・デリバティブをしてはならないとする，③証券化取引の文書で定められた場合を除いて発行体は資産を処分できず，また追加的な取得をすることはできないとすることによって，MBS の CDO を適用除外から除外すれば足りるとする[56]。

このような批判にもかかわらず，再提案は，大筋において，当初提案の内容を維持している[57]。

---

54) Release 34-64148, at 106.
55) Release 34-70277, at 187.
56) SIFMA, s71411-79, at 72-74.
57) Release 34-70277, at 189.

3. 外国取引に対するセーフハーバールール

規則の当初提案は，次のすべての要件を満たす証券化取引には信用リスクの保持義務の規定は適用されないとしていた（22条）[58]。

① 証券化取引が証券法の下での登録を求められるものでないこと。
② 米国の市民に対してABS持分の全てのクラスの10％超が売却されていないこと。
③ 証券化取引のスポンサーも発行体も，(i)米国法に準拠して組織された者でないか，(ii)米国法に準拠して組織された主体の支店でないか，(iii)米国法以外に準拠して組織された主体の米国支店でないこと。
④ ABSを担保する資産の25％超が米国に居住するスポンサー，スポンサーの関係者，または発行体によって取得されていないこと。

当初提案に対しては賛成のコメントが多かったが，国境をまたぐ募集についてセーフハーバールールの相互承認制度を提案するものもあった[59]。再提案は，当初提案の主要な点を変更していない（20条）。相互承認制度の提案に対しては，リスク保持を要求される主体・証券化の枠組み，リスク移転の方法等が法域間で大きく異なることに鑑みると，現時点で相互承認制度を作ることは難しいだろうと回答している[60]。

Ⅶ. おわりに

本稿は，資産担保証券の信用リスクをスポンサー等の証券化実施者に保持させるという信用リスクの保持義務について，アメリカにおける検討状況を紹介した。信用リスクの保持義務は，資産担保証券の証券化実施者の利害を投資者のそれと一致させることにより，過度の証券化を防止しよう（引受条

---

58) Release 34-64148, at 110.
59) Release 34-70277, at 204.
60) Release 34-70277, at 206.

件を厳しくさせよう）とするものであり，金融危機の再発防止策としては優れたアイディアであると考えられる。

　ところが，これを実現する方法は，金融機関の投資対象を制限するというEU方式と，証券化実施者を直接規制するというアメリカ方式とに分かれている。このような違いは，2008年の世界的な金融危機において，アメリカの証券実施者が組成した証券化商品をEUの金融機関が購入していたという構図を反映したものといえるが，理論的にみて，いずれの方式が実効的であるかは，議論・検討の余地があるだろう。

　金融機関の規制は，あくまでも金融機関の投資の健全性を確保するための規制であって，健全な資産担保証券の市場の維持という目的からは間接的である。EUの金融機関はアメリカの資産担保証券に投資しなくてもよい（投資の健全性は確保される）が，それによって資産担保証券の市場が復活しないと，アメリカの低所得者が住宅金融を受けられないことになってしまう。

　これに対し，証券化実施者を直接，規制するというアメリカの方式は，規制の目的に対応したものといえる。本稿は，証券化実施者の規制がどのように行われうるか，その規制ははたしてうまくいくのかを知るために，アメリカにおける取組みを紹介した。本稿の紹介は，網羅的なものではなく，現段階では，信用リスクの保持義務規制が成功するかどうかも分からない。そこで，以下では，SEC等の提案，パブリックコメント，および再提案の研究を通して筆者が感じた疑問点を提示して，本稿の結びとしたい。

　第1は，信用リスク保持義務のエンフォースメントに関する疑問である。証券化実施者が証券化を行う条件を政府が直接的に規制する手法に比べ，証券化実施者のインセンティブを調整して結果を市場に委ねるという手法は優れている。しかし，信用リスクの5％の保持義務は，どうしてもルールが複雑になり，どのような保持方式を採っても，義務の履行状況をチェックすることが難しいように思われる。この点について，規則案では義務の不履行に対するエンフォースメントについて特別の手当てがされていない点が気になる。もちろん，SEC等の規則違反に対しては，従前から，行政処分，差止

訴訟，民事制裁金などのエンフォース手段がある。しかし，資産担保証券の組成が行われてからそれが償還されるまで，証券化実施者等が信用リスク保持義務に違反していないかどうかを当局が継続的に監視することは可能なのであろうか。

　第2に，パブリックコメントをみると，ある商品の証券化について信用リスク保持義務が課されると，当該商品の市場がおよそ成り立たなくなるから，適用除外にすべきであるといった議論が多い。実際に，SEC はパブリックコメントを受け入れて，適用除外の範囲を大幅に拡大した再提案を行っている。信用リスクの保持義務を課すと市場が成り立たないのであれば，そのルールは健全な市場を作るためのものではなく，適用対象市場を破壊するものでしかない。この点は，当局と実務家の認識の相違に過ぎないのかも知れないが，法律家である筆者としては，適用しても市場を健全化するのみであってこれを破壊することのないルールを構築し，そのルールを例外なく適用することが理想だと考えるのだが，どうであろうか。

米国JOBS法による証券規制の変革

中 村 　 聡

I．米国JOBS法制定の経緯と構成

 2012年4月5日に成立した「米国スタートアップ企業のジャンプスタートに関する法律（Jumpstart Our Business Startups Act）」は，英文の頭文字をとって「JOBS法（JOBS Act）」と呼ばれる。JOBS法の主たる目的は，小規模の成長企業が資本調達を容易に行うことができるように，米国証券規制の改革を行うことであった。

1．立法の経緯

 JOBS法立法の端緒は，2011年1月31日にオバマ大統領がStartup America Initiativeを公表したことである。そこでは，小規模成長企業が資本調達する可能性を高めるための改革が提言されていた。
 一方，連邦議会では，米国IPO市場の低迷についての議員の懸念を背景に，下院の監視・政府改革委員会の委員長であるイッサ氏が，証券取引委員会（「SEC」）の委員長であるシャピロ氏に宛てた書簡において，IPO市場の低迷への懸念が表明されていた[1]。
 図表1「米国のIPO件数」には，1991年から2011年までの米国におけるIPOの件数が示されている。これによれば，1991年から2000年までのIPO

---

1) Letter from Chairman Issa of House Committee on Oversight and Government Reform to Chairman Schapiro of SEC (March 22, 2011)

図表1　米国の IPO 件数

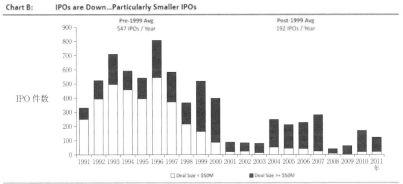

出典：IPO Task Force「Rebuilding the IPO On-Ramp」

図表2　各国の IPO 件数

Country	Percentage of IPOs $50 million or below		Total Number of IPOs 1995-2007
	1995-2001	2002-2007	
Singapore	92%	81%	438
Australia	84%	89%	1,339
Hong Kong	80%	59%	756
Canada	84%	78%	1,599
United Kingdom	75%	73%	1,676
Taiwan	68%	92%	461
China	98%	86%	1,109
United States	58%	26%	3,300
South Korea	90%	95%	923
Japan	82%	85%	1,934
Germany	64%	57%	581
India	86%	72%	291

Source：IPO offer price and number of IPOs from Bloomberg.
出典：SEC「Report to Congress on Decimalization」（July 2012）より抜粋

の件数に比べて，2001年以降，とくに2008年のリーマンショック（金融危機）以降のIPO件数が激減していることがわかる。

IPO件数の激減の原因とされたのは，以下のとおりである。第一は，SECが制定するルールをはじめとして証券規制が次第に複雑になっていくことである。第二は，サーベンス＝オクスリー法遵守に伴う費用負担である。第三は，ドッド＝フランク法のもとで進行していたSECのルール制定作業の結果，発行会社に規制の行方が不透明という不安が生じたことである。第四に，IPOにおける開示に関連して，クラス・アクション訴訟のリスクがあることである。さらに，全般的な規制，法律及び法令遵守の負担の増大である。

これらに対して，SECのシャピロ氏は逐一反論を行ったが，連邦議会は納得せず，議員らにより6法案が下院に提出され，審議されることとなった。

2．JOBS法の構成と主な内容

下院の審議が始まった後，2011年10月，IPOタスク・フォースから「Rebuilding the IPO On-Ramp」という提言がなされた。IPOタスク・フォースは，2011年3月に米国財務省が招集した小規模企業のための資本市場へのアクセスというコンファレンスに参加した，ベンチャーキャピタリスト，起業家，弁護士，学者，会計士，投資家，投資銀行家からなるグループである。このタスク・フォースによる政策提言は，高成長の新興企業による資本市場へのアクセスを改善することによって，米国の雇用創出の増大と経済全体の成長促進を図ることを目的としていた。

具体的には，企業規模に応じた規制という考え方により，新興成長企業に対して，成長途上段階（On-Ramp）における規制を提供することが提言された。すなわち，投資家保護の原則を維持しつつ，新興成長企業の法令遵守コストを削減するため，IPO時に年間総収入が10億ドル以下の会社に対して証券規制の完全な遵守が求められるまで5年間の猶予を与えることが提言された。

また，IPO前後を通じて，投資家に対する新興成長企業に関する情報の提

供を改善することが提言された。すなわち,投資家への情報提供と市場における新興成長企業の存在感の維持のために,リサーチ・レポートについて,利益相反の開示や投資銀行報酬参加の禁止などは維持しつつも,手続的規制を緩和することである。

IPOタスク・フォースによる提言も踏まえて,下院に提出された6法案は,JOBS法という形で一本化され,下院で可決された後,上院でなされたファンディング・ポータル業者の登録制の修正を下院が受け入れ,最終的に,オバマ大統領が2012年4月5日に署名して,JOBS法が成立した。

以下では,JOBS法の章ごとに,主要な改正内容を概観する。JOBS法の各条文の要旨については,別紙を参照されたい。

Ⅱ. 主要な改正内容

1．IPO 途上段階の規制

JOBS法第1章は,IPO途上段階(IPO On-Ramp)の規制として,新興成長企業(Emerging Growth Company)(「EGC」)について,最長IPO後5年間は,法令遵守のためのコストと負担が大きい証券規制の適用を除外することとした。

(1) EGC の定義

EGCは,JOBS法101条で,直前事業年度の年間総収益が10億ドル未満の発行会社と定義されている。そして,事業年度の期初に EGC であった発行会社は,年間総収益が10億ドルとなった事業年度の末日,IPOの5年後の応当日の事業年度の末日など,所定の日まで引き続きEGCとみなされる。したがって,他の事由に該当しない限り,IPO後5年間はEGCとして取り扱われ,IPO途上段階として規制緩和の恩恵を受けることができる。ただし,2011年12月8日以前に,効力発生済みの登録届出書に基づく普通株式の最初

の売付けを行った発行会社は、EGC の定義から除外される。

(2) 役員報酬に関する規制の緩和

EGC に対する具体的な規制緩和の一つ目は、JOBS法102条(a)による役員報酬に関する規制の緩和である。その一つは、ドッド＝フランク法により追加された役員報酬に係るガバナンス及び開示に関する規定[2]の適用除外である。もう一つは、レギュレーション S-K に定められている役員報酬の開示方法について、簡潔な方法を許容することである。

ドッド＝フランク法951条は、証券取引所法14A 条(a)及び(b)を追加し、役員報酬及びゴールデン・パラシュート報酬について、個別議案による株主承認を要求することとした。これは、英国で2002年に導入された Say-on-Pay の制度を参照して、役員報酬について株主による勧告的投票を義務づけるものである。JOBS法は、EGC について当該義務を免除することとした。

また、ドッド＝フランク法953条は、証券取引所法14条(i)を追加し、レギュレーション S-K アイテム402の改正を定めて、支払役員報酬と発行会社の業績の関係の開示や、従業員報酬と役員報酬の比率の開示を求める規制を導入した。JOBS法は、EGC をかかる開示義務からも免除することとした。

さらに、米国の公開企業は、一般に、レギュレーション S-K アイテム402によって、例えば、役員報酬に関する検討及び分析や、CEO、CFO 及びその他最も高額の報酬を得ている3名の役員報酬について、表形式などにより詳細な報告が求められるなど、相当詳細な役員報酬の開示義務を負っている。かかる開示負担を軽減するため、JOBS法は、EGC について、非関連者（non-affiliates）が保有する普通株式の時価総額が7,500万ドル未満である小規模発行会社に義務づけられるのと同等の、簡素な役員報酬の開示を行うことが認められた。

---

2) 松尾直彦「Q&A アメリカ金融改革法－ドッド＝フランク法のすべて」（きんざい2010）296頁以下、松尾直彦＝太田洋「公開会社の役員報酬ガバナンス―グローバルな潮流と今後の展望―」商事法務1903号20頁以下等参照

（3） 登録届出書に必要な監査済財務書類の年数の短縮

EGC に対する規制緩和の二つ目は，JOBS 法102条(b)によって，証券法7条(a)(2)が追加され，登録届出書に必要な監査済財務書類が2年度分に短縮されたことである。

EGC の IPO に係る登録届出書では，従来の3年度分ではなく，2年度分の監査済財務書類のみを提示すればよいこととなった。それに合わせて，IPO 後の通常の公募に提出される登録届出書における財務データ（selected financial data）では，EGC は IPO に関連して表示した監査済会計年度より前の会計年度に係るデータの表示を要しないこととなった。従来は，監査対象ではない期間の財務データについても，登録届出書で提示するため実務上検証作業が行われていたが，JOBS 法により，法令上はこれを省略することが可能となっている。

また，JOBS 法102条(b)は証券取引所法13条(a)を修正し，同法に基づく登録届出書その他の開示書類においても，EGC は，最初の登録届出書で表示した監査済会計年度より前の会計年度に係る財務データを表示する必要はないものとした。

さらに，レギュレーション S-K アイテム303による開示が求められている経営者による検討及び分析（MD&A）の対象年度についても，EGC は，開示済財務書類の会計年度に限定して検討を行えばよいとされている。

（4） 監査法人の内部統制監査の適用除外

EGC に対する規制緩和の三つ目は，監査法人の内部統制監査の免除である。

サーベンス＝オクスリー法（SOX 法）404条で導入された内部統制報告制度では，経営者による財務報告に係る内部統制の評価について，その会社の監査を行う登録会計事務所が認証し，報告する義務を負っているが，JOBS 法103条は，この SOX 法404条(b)を修正して，EGC を内部統制監査の対象会社から除外することとした。

その結果，EGC は，IPO 後も，EGC の定義を充足する限り，最も費用と負担がかかる内部統制監査の対象から除外され，人的・資金的に余裕がないベンチャー企業にとっては意義が大きい。

（5） 公開会社会計監督委員会の監査に関する一定のルールからの適用除外

JOBS 法104条は，EGC について，公開会社に一般に適用される公開会社会計監督委員会（PCAOB）の２つのルールを免除した。強制的な監査事務所ローテーションに関するルールと，監査及び発行会社の財務書類に関する追加情報を記載すべき監査報告書の補足事項に関するルールである。

（6） EGC に関する情報入手機会の拡充

以上の規制緩和に加えて，EGC への市場の認知度を上げるという観点から，EGC については，投資家がその情報を入手する機会を拡充するための改正がなされている。

（i） リサーチ・レポートの提供

第一は，リサーチ・レポートの公表・配布の促進のための措置である。JOBS 法改正前のリサーチ・レポートに関する規制は，大要，以下のとおりであった[3]。

IPO に関与する投資銀行は，IPO に先立ちリサーチ・レポートを公表することが禁止されており，また，IPO の幹事会社は，IPO 後40日間（その他の引受会社・ディーラーは25日間），リサーチ・レポートを公表することが禁止されていた。また，ロックアップ契約の終了前15日間に，IPO の幹事会社がリサーチ・レポートを公表することも禁止されていた。さらに，IPO の幹事会社は，IPO した公開会社について，通常の募集後10日間にリサーチ・レ

---

[3] セオドア・A・パラダイス＝杉山浩司「JOBS 法の成立による米国証券市場の新たな動き」商事法務1969号24頁参照

ポートを公表することも禁止されていた。そして、ロックアップ契約終了後の一定のリサーチ・レポートについても公表が禁止されていた。

このように、リサーチ・レポートについては、公表・配布の制限期間（quiet period）が設けられていたが、JOBS法105条は、EGCに関する情報入手機会を向上させるために、EGCについてのリサーチ・レポートのIPO前の公表・配布の解禁と、証券アナリストにかかわるコミュニケーションの改善という改正を行った。

なお、リサーチ・レポートは、文書、電子的方法又は口頭のコミュニケーションであって、発行会社の証券に係る情報、意見若しくは推奨、又は、証券若しくは発行会社の分析を含むものをいうと定義されている。

JOBS法105条(a)は、証券法2条(a)(3)のオファーに関する定義を修正し、証券法2条(a)(10)（prospectusの定義）及び5条(c)（登録義務）の適用上、普通株式の公募に関して、登録届出書を提出予定若しくは提出済みのEGC、又は登録届出書が効力発生したEGCについて、ブローカー・ディーラーがリサーチ・レポートを公表又は配布することは、当該ブローカー・ディーラーが登録公募に参加している場合であっても、オファーに該当しないとみなされることとなった。

その結果、EGCの行う公募前に、公募に参加する投資銀行がリサーチ・レポートを公表又は配布できることとなった。また、事後のリサーチ・レポートの公表又は配布も認められた。これらの規制緩和によって、EGCに関するリサーチ・レポートを通じて、投資家のEGCに対する情報へのアクセスの改善が期待されている。

かかる改正により、リサーチ・レポートをIPO前に公表又は配布することがオファーとしてガン・ジャンピングにあたるおそれは解消されたが、リサーチ・レポートの内容については引き続きルール10b-5に基づく不実開示に係る責任が伴うため、投資銀行がEGCについてリサーチ・レポートを公表ないし配布することを躊躇する要因となりうる。

(ii) 証券アナリストのコミュニケーション

JOBS法105条(b)により，証券取引所法15D条が改正され，SEC及び証券業協会は，EGCの普通株式のIPOに関して，次の内容のルール又はレギュレーションを採択し，又は維持してはならないとされた。

一つ目は，証券アナリストと投資家との間の情報フローについて煩瑣な手続的制約を解消するため，ブローカー・ディーラー又は証券業協会会員の関連者（associated persons）である例えば投資銀行部門の者が，証券アナリストと潜在的投資者との間のコミュニケーションをアレンジすることの制限の撤廃である。

二つ目は，証券アナリストが，証券アナリストでない投資銀行部門の者が同席するEGCの経営者とのコミュニケーションに参加することの制限の撤廃である。多忙なベンチャー企業経営者が，投資銀行部門の担当者と証券アナリストとで別々に会議を持つことが煩瑣で負担であるということから定められたようである。これにより，IPOの過程でアナリストが投資銀行部門の者が同席するEGCの経営者との会議に参加することが可能となる。

証券アナリストに関する規制の趣旨は，過去の濫用的慣行を背景として，投資銀行が発行会社に有利なリサーチ・レポートを作成・提供する見返りに案件を獲得しようとすることを禁止することにあったが，JOBS法は，限定的ながらEGCについてその手続的規制の一部を解除した。

(iii) 募集後のコミュニケーション

JOBS法105条(d)により，SEC及び証券業協会は，EGCの普通株式のIPOに関して，ブローカー・ディーラー又は証券業協会会員がIPO後の所定期間あるいはロックアップ期間中，リサーチ・レポートを公表，配布又は公示することを禁止する内容のルール又はレギュレーションを採択し，又は維持してはならないとされた。

その結果，EGCについては，IPO後の一定期間，リサーチ・レポートの配布を制限するFINRAの規制が撤廃されることとなった。他方，JOBS法では，IPOではなく，その後の通常の募集に関するリサーチ・レポートやロックアップ期間経過後のリサーチ・レポートの公表に関するFINRAの規

制を撤廃することは定められなかった。しかしながら，EGC について，リサーチ・レポートの活用を促進するという JOBS 法の趣旨に従って，それらを含めて FINRA のリサーチ・レポートの公表禁止期間に関する NASD ルール2711は EGC に適用されないように改正されている。また，同様の改正がニューヨーク証券取引所ルール472についてなされている。

(iv) EGC の公募に関する機関投資家への事前調査の解禁

EGC に対する規制緩和のうちで注目すべきものが，JOBS 法105条(c)による EGC の公募に関する事前調査（testing-the-water）の解禁である。

証券法5条(c)では，登録届出書提出前のオファーが禁止されているところ，発行体に対する投資家の関心を喚起するよう，あるいは，募集を予期して市場を整えるよう企図された行為は，オファーに該当すると解釈されている。したがって，募集に先立って，募集に係る関心の有無を投資家に打診することは同条に抵触すると考えられている。

JOBS 法はこの原則に対して大きな見直しを行った。すなわち，EGC の証券の募集を行う場合には，かかる証券の募集への関心の有無について，適格機関購入者（qualified institutional buyers）（QIBs）である潜在的投資家及び認定投資家（accredited investors）である機関投資家（institutional accredited investors）（IAIs）に対して，登録届出書の提出前に意向調査を行うことを解禁している。

JOBS 法105条(c)により，証券法5条(d)が追加され，EGC 又は EGC のために行為する権限のある者は，投資家に対して，想定される証券の公募に関心があるか否かについて判断するため，登録届出書の提出日の前あるいは後であるかを問わず，適格機関購入者である潜在的投資家又は認定投資家である機関投資家との間で，口頭又は文書によるコミュニケーションを行うことができることとなった。

この改正によって，引受証券会社は，EGC の募集に関連して，機関投資家にどの程度の需要があるかについて，登録届出書の提出前に把握することが可能となった。発行会社にとっても，例えば，登録届出書の提出はしたけ

れども，思うような数量あるいは価格で販売できないためこれを取り下げるなどのリスクを回避することが可能となっている。

なお，グローバル・オファリングがなされる場合に，欧州を中心とする日米以外の市場においては，プレ・マーケティングの慣行があるため，正式な勧誘開始（ローンチ）に先立って，投資家の証券募集に関する関心を調査し，価格を含め妥当な募集条件を設定するために，機関投資家に対する意向の打診が行われることが一般的である。JOBS法の改正の結果，EGCの証券の募集については，米国でも，登録届出書提出前に一定の機関投資家に対して関心の事前調査をすることが可能となったことは注目される。

(7) 登録届出書ドラフトの秘密提出によるSECスタッフの検討

JOBS法106条(a)により，EGCは，IPOの日（登録届出書による普通株式の最初の売付けの日）より前に，登録届出書のドラフトをSECに秘密提出して，SECスタッフによる秘密で非公開の検討を受けることが可能となった。ただし，秘密提出されたドラフト及びその訂正書類については，EGCがロードショウを行う21日前までに，公開の形で正式提出されなければならない。このドラフトの秘密提出によって，SECが受領又は入手した情報には開示義務がないとされる。このように，正式提出の前にSECスタッフによる検討を受け，コメントを受ける機会が設けられることによって，EGCは，正式提出後に開示内容の訂正をしなければならないリスクを避けられることとなる。

(8) EGCによるオプトインの権利

JOBS法107条では，EGCは上述のJOBS法に基づき与えられる適用除外について，その適用除外を受けずに，EGCでない発行会社に適用される要件を遵守することを選択することができるとされる。

(9) レギュレーション S-K の簡素化の検討

最後に，JOBS 法108条において，EGC の負担軽減のため，EGC に適用されるレギュレーション S-K における開示義務の簡素化について，SEC が改正の検討を行うことが求められた。

2．私募の活用による資本調達

JOBS 法第2章では，EGC か否かにかかわらず，私募の活用による資本調達について規制緩和がなされている。

(1) ルール506及びルール144A の私募における一般的勧誘の解禁

従来，レギュレーション D のルール506においては，認定投資家及び35名までのファイナンスないしビジネスに関する知識経験ある洗練された投資家向けの私募が認められているが，発行会社は，いかなる形態かを問わず，一般的勧誘又は一般的広告（general solicitation or general advertising）を行うことが禁止されている。

また，適格機関購入者のみに転売することを前提としたルール144A による私募においては，適格機関購入者のみに対して，オファー又は売付けしなければならないとされており，事実上，ルール506と同様，ルール144A の対象証券についても，一般的勧誘又は一般的広告が禁止されている。

前述のイッサ氏の書簡[4]においては，認定投資家又は適格機関購入者向けの未登録証券に関して，かかる投資家に限らず，一般の投資家までが発行会社による広告を受け取ることによっていかなる害悪が実際に生じるのか，という疑問が呈されていた。

JOBS 法201条(a)は，ルール506について，購入者が認定投資家のみであることを条件として，一般的勧誘又は一般的広告を解禁し，また，ルール144A について，売付けの相手方が適格機関購入者のみであることを条件と

4）前掲注1参照

して，オファーの相手方を適格機関投資家のみとする限定を撤廃した。これにより，投資家の属性限定については，オファーの段階ではなく，売付けの段階に重点がおかれることとなった。

　JOBS法201条(a)では，SECは，JOBS法の成立後90日以内にレギュレーションD中のルール506を改正して，一般的勧誘又は一般的広告の禁止を解禁することとされたが，証券の購入者の全員が認定投資家であることが条件とされている。また，当該ルールにおいては，発行会社は，証券の購入者が認定投資家であることをSECの決定する方法により確認する合理的な措置を講じなければならないとされている。

　同様に，SECは，ルール144A(d)(1)を改正して，適格機関購入者であると発行会社が合理的に信ずる者に対してのみ証券の売付けが行われることを条件として，適格機関購入者でない者に対してもオファーすることができるようにするものとされた。

　かかる改正によって，購入者が認定投資家若しくは適格機関購入者又はそれらに該当すると合理的に考えられる者に限定されている限りにおいては，基本的に，勧誘段階において相手方の属性にとらわれる必要はないため，ベンチャー企業等による資本調達において，インターネットやソーシャルメディアなどさまざまなメディアを活用することが可能となる。

　なお，ルール506とルール144Aによる私募であっても，詐欺的行為防止規制は適用されるため，詐欺的行為に対する責任追求は，これらの場合でももちろん可能である。

　さらに，JOBS法201条(b)は，証券法4条(b)（一つ目）[5]を追加して，改正後のルール506に基づき適用を除外されるオファー及び売付けは，一般的勧誘あるいは一般的広告を行った結果として公募とみなされることはないという確認規定を新設した。

---

5) JOBS法201条(b)・(c)の改正により証券法4条(b)が二つ新設される形となっている。

(2) ルール506の私募に係るブローカー・ディーラー登録規制からの適用除外

JOBS法201条(c)により,証券法4条(b)(二つ目)[6]が追加され,レギュレーションDのルール506による私募において,オンライン・プラットフォームを提供する業者について,ブローカー・ディーラー登録規制からの適用除外が設けられた。

ルール506を遵守してオファー及び売付けが行われる証券に関し,(A)報酬を受領しないこと(B)顧客の資金又は証券を管理しないこと,及び(C)証券取引所法3条(a)(39)[7]で定義される自主規制機関に係る法定欠格事由に服しないことという要件を満たす者は,(i)ルール506に基づくオファー,売付け,買付け,交渉,又は,一般的勧誘,一般的広告若しくはそれに類似・関連する行為を,オンラインで行うことを可能とするプラットフォームあるいはメカニズムを維持すること,(ii)証券に共同投資すること,(iii)証券に関しデュー・ディリジェンスや標準的書面の提供に関する付随業務を提供することのいずれかの行為を行ったことのみをもって,ブローカー・ディーラーとしての登録義務に服することはないとされている。

この改正によって,発行会社と投資家との間のコミュニケーションや取引をオンラインで行うサービスを提供することは,それが売買に関連した手数料を収受せず,かつ,顧客資産を預からない限りは,基本的にブローカー・ディーラーの登録規制に服しないこととされた。

3. クラウドファンディング

JOBS法第3章は,クラウドファンディングについて定めている。

---

6) 前注参照
7) JOBS法201条(c)では証券法3条(a)(39)とあるが,誤記と思われる。

(1) クラウドファンディングとは

クラウドファンディングとは，主としてインターネットやソーシャルメディアを通じて，特定の目的を達成するために金銭拠出を募り，その趣旨に賛同して拠出された多数の人々からの金銭（典型的には個人による小口資金）をプールして，当該目的達成に充てる新しい資本形成手法を指称する。

このクラウドファンディングについては，資金拠出者がリターンを期待しない場合は格別，拠出資金に対するリターンが資金拠出者に分配される仕組みになると，証券の募集という連邦証券規制との抵触が問題となる[8]。

クラウドファンディングに関し従来の登録免除規定が利用可能かについては，レギュレーションAでは，SECへの簡易な登録が必要で，offering circularの形式による開示も必要となるなどの負担があるため，また，レギュレーションDのルール504は，12カ月間の募集総額が100万ドル以下の場合には利用可能であるが，一般的勧誘又は一般的広告の禁止という要件の適用除外を受けるには，各州規制の遵守をすることが必要であるため，そして，ルール505・506においても一般的勧誘又は一般的広告の禁止という要件が課されていたため，インターネット等を通じて各州にまたがって勧誘を行うクラウドファンディングについては利用困難であった。

このような状況のもとで，ビール会社の買収に必要な資金を調達するため，出資を行えば出資を証する証書と出資額に見合う買収対象会社のビールを受け取ることができるとして，出資約束の取りつけという第一段階と，出資約束が3億ドルに達したならば出資を履行するという第二段階に分けて，インターネットとソーシャルメディアを通じて投資家向け勧誘が行われた事案について，結局，第二段階まで進むことはなく，投資家からの出資が行われなかったものの，SECは，登録又は免除を受けずに証券のオファーがなされたことは証券法5条(c)に違反するとして，排除命令を出すという事件が起こった[9]。

---

8) SEC v. W.J. Howey Co., 328 U.S. 293 (1946) 等参照

そこで，ベンチャー企業がインターネット等を通じてクラウドファンディングを利用することができるように，証券募集に係る登録義務の免除を求める要望が強くなり，JOBS法第3章が立法されることとなった。

（2） JOBS法による改正

JOBS法301条は，第3章をCapital Raising Online While Deterring Fraud and Unethical Non-Disclosure Act of 2012の頭文字をとった略称でクラウドファンド法と呼ぶことができるとする。

JOBS法302条(a)は，証券法4条(a)(6)を追加して，4つの要件を満たす発行会社による証券のオファー又は売付けに係るクラウドファンディング取引について，証券法5条の適用除外とした。

すなわち，(i)12カ月間の証券の売付総額が100万ドル以下であること，(ii)いずれかの投資家に対する12カ月間の売付総額が当該投資家の年収又は純資産を基準とする所定の金額を超えないこと，(iii)新設の証券法4A条(a)の義務を遵守するブローカー又はファンディング・ポータルを通じて，クラウドファンディング取引を行うこと，(iv)発行会社が新設の証券法4A条(b)の義務を遵守することの4つの要件である。

JOBS法302条(b)は，証券法4A条を追加する改正を行い，クラウドファンディング取引における仲介者の義務，発行会社の義務，重要な情報の不実

---

9) In the matter of Michael Migliozzi II and Brian William Flatow (Release No. 33-9216 (June 8, 2011)). 事案の概要は以下のとおりである。

2009年11月，広告会社の経営者2人が，Pabst Brewing Companyを買収する300百万ドルの投資について，クラウドソーシングにより投資家を勧誘することを目的として，共同でBuyaBeerCompany.comというウェブサイトを立ち上げた。投資家の勧誘は，出資約束を取りつける第1段階，出資約束が3億ドルに達したら投資家が出資を履行して「crowdsourced certificate of ownership」及び投資額に見合う量のビールを受け取る権利が与えられる第2段階に分けて行われた。ウェブサイトによって募集を公表するほか，フェースブックとツイッターでウェブサイトの広告がなされていた。2010年2月のプレスリリースでは500万人を超える人たちから2億ドルを超える約束を取り付けたとされ，同年3月には買収会社としてBuy a Beer Company LLCが設立予定であると報じられたが，同年4月にウェブサイトは閉鎖され，結局，当該LLCの設立及び投資家の出資は行われなかった。

開示に係る責任，1年間の譲渡制限などの規定を設けた。

証券法4A条(a)では，クラウドファンディングの適用除外取引において，仲介者（intermediary）として行為する者が，ブローカー又はファンディング・ポータルとして登録すること，適用ある自主規制機関に登録すること，また，SECがルールにより定める開示内容を提供すること，さらに，各投資家が一定の投資リスクを認識していることを確認することなどの義務を負うことが定められている。

証券法4A条(b)では，発行会社について，クラウドファンディングの適用除外取引において，発行会社の事業の内容及び事業計画，財務状態，発行目的及び資金使途等所定の情報をSECに提出し，投資家及びブローカー又はファンディング・ポータルに提供するという簡易な情報提供，少なくとも年に1回の継続的な財務情報の提供，募集条件に関して，投資者をファンディング・ポータル又はブローカーに誘導する通知以外の広告を行わないことなどの義務が定められる。

クラウドファンディングの適用除外取引に係る民事責任について，証券法4A条(c)は，証券を買い付けた者に，当該証券の取得対価及びその利息相当額（当該証券から得た利益額を控除する。）の回復のため又は（当該証券を既に所有していない場合は）損害額について，発行会社に対する私的訴権を認め，また，重要な情報の不実開示がなされた場合に，発行会社等所定の者が，不実開示について知らず，かつ合理的な注意を用いても知ることができなかったことを証明しないときは，責任を負うことを原則とした。

さらに，証券法4A条(e)により，クラウドファンディングの適用除外取引により発行された証券は，原則として，その買付け日から1年間，譲渡することができないとされる。

JOBS法303条は，クラウドファンディングの適用除外取引により取得した証券について，登録義務を定める証券取引所法12条(g)の適用除外とするルールの改正をSECに求めている。

クラウドファンディング取引に関連して，JOBS法304条は，証券取引所

法3条(a)(80)を追加してファンディング・ポータルという業者の定義をおいた上で，証券法3条(h)を追加してファンディング・ポータルの登録制を定めた。

ファンディング・ポータルとは，クラウドファンディングの適用免除取引において，仲介者として行為する者であって投資助言・推奨の提供，買付け，売付け又は買付けのオファーの勧誘等の所定の行為を行わないものと定義されている。かかる行為制限を受けないためには，ブローカーとして登録する必要がある。

そして，ファンディング・ポータルの登録制を定めた上で，SECの規制に服することなど所定の要件を満たす登録ファンディング・ポータルについては，ブローカー・ディーラーの登録義務から除外するルールを作成することを求めた。

4．小規模会社の少額免除取引による資本調達の拡充

JOBS法第4章は，EGCか否かにかかわらず，小規模会社の少額免除取引による資本調達の拡充について定めている。

従来からある証券法3条(b)に基づくレギュレーションAの少額免除取引では，12カ月間における募集総額500万ドル未満の募集について，正式な登録が免除され，簡易な登録制度が設けられている。この少額免除の金額基準については，1980年に連邦議会が500万ドルに上限を法改正した後，SECは1992年に同額に上限を修正していたが，1980年の法改正以降のインフレ率が約165％であること，また，レギュレーションAの利用件数が，1995年からの10年間で78件，2010年には3件と低調なことから，見直しが要望されていた。

以上を背景として，JOBS法401条は，証券法3条(b)(2)以下を追加して，新たな少額免除取引を認めることをSECに求め，実質上，レギュレーションAの金額基準を500万ドルから5,000万ドルに増額する改正を求めた。

5．証券取引所法上の登録義務の株主数基準の引上げ

　JOBS法第5章及び第6章では，EGCか否かにかかわらず，証券取引所法上の強制的な登録義務に係る株主数基準を引き上げる規制緩和を行った。

　JOBS法制定前は，証券取引所法12条(g)における外形基準による株式の強制登録義務は，直前事業年度における総資産1,000万ドル超，株式名義上（held on record）の保有者500名以上という基準であった。しかしながら，IPO前に広範な株主基盤を形成するための株主数基準引き上げへの産業界の要望を背景として，JOBS法は同条項を改正し，二つの場合に分けて株主数基準を引き上げている。

　すなわち，JOBS法501条は，一般の発行会社について，エクイティ証券の名義上の保有者の基準を2,000名以上あるいは認定投資家でない者が500名以上とする一方，JOBS法601条は，銀行又は銀行持株会社に関して，エクイティ証券の名義上の保有者が2,000名以上という基準に一本化した。

　なお，登録義務の終了については，一般の発行会社について名義上の保有者が300名未満という基準は改正されなかったが，銀行又は持株会社の場合には，JOBS法601条で名義上1,200名未満という基準に引き上げられた。

Ⅲ．おわりに

　JOBS法は，勧誘規制の見直しをはじめとして，日本の金融商品取引法制の将来に対する示唆に富むものであったが[10]，日本の金融当局の動きは素早かった。

　金融審議会に設置された新規・成長企業へのリスクマネーの供給のあり方等に関するワーキンググループの平成25年12月25日付報告を踏まえて，平成

---

10) 『金融商品取引法研究会研究記録第40号　米国JOBS法による証券規制の変革』（日本証券経済研究所2013年）21ページ以下参照

26年5月23日に成立，同月30日に公布された金融商品取引法等の一部を改正する法律において，新規・成長企業へのリスクマネー供給促進という観点から，投資型クラウドファンディングに係る制度整備，新たな非上場株式の取引制度の構築，新規上場企業の内部統制報告書の監査義務の免除による負担軽減などが盛り込まれている。

また，上記報告を踏まえて，平成26年6月には，新規上場時の有価証券届出書に掲げる財務諸表の年数を5事業年度分から2事業年度分に短縮する企業内容等の開示に関する内閣府令案，特定投資家に対する需要の見込みに関する調査をはじめとして届出前勧誘に該当しない行為を明確化し，また，特に周知性の高い企業による届出の効力発生までの待機期間を撤廃する企業内容等開示ガイドラインの改正案が公表されている。

ただ，JOBS法により，米国では，購入者の属性のみを基準とする制度に移行することによって，証券の公募・私募規制に関する抵触リスクを低減することとしたのに対し，日本の企業金融証券に関する発行開示規制は勧誘の相手方をベースとする枠組みが維持されている。そこで，日本の発行会社ないし証券実務が，欧米・アジアの国際資本市場に比べて競争劣位に置かれることのないよう，発行開示規制に関する抜本的な枠組みの変更の要否についても引き続き検討していく必要があると思われる。

別紙
米国スタートアップ企業のジャンプスタートに関する法律（JOBS法）の要旨
第1章　新興成長企業に対する米国資本市場の再開放
第101条（定義）
(a)　証券法2条(a)(19)の追加
(b)　証券取引所法3条(a)(80)の追加
「新興成長企業（emerging growth company）」（EGC）の定義を追加する。
- 直前事業年度の年間総収益（total annual gross revenues）が10億ドル未満の発行会社

事業年度の期初に EGC であった発行会社は，以下の日まで，引き続きEGC とみなされる。
- 年間総収益が10億ドルとなった事業年度の末日
- 登録届出書による普通株式の最初の売付けの日の5年後の応当日の後の事業年度の末日
- 過去3年間で転換できない負債証券の発行額が10億ドルを超えた日
- ルール12b-2で定義される「早期適用大規模提出会社」[11]とみなされることとなった日

(c)　その他の定義

「IPOの日」とは，証券法に基づく効力発生後の登録届出書による普通株式の最初の売付けの日をいう。

(d)　EGC の定義の効力発生日

11）ルール12b-2で定義される「早期適用大規模提出会社（large accelerated filers）」とは，事業年度末において，以下の要件を満たすものをいう。
- 議決権付株式及び無議決権株式につき，直近第2四半期の最終営業日において，世界規模の時価総額が700百万ドル以上（non-affiliates が保有するものに限る。）であること
- 12か月間以上，証券取引所法13条(a)又は15条(d)に基づく開示義務の対象となっていること
- 1回以上，証券取引所法13条(a)又は15条(d)に基づく年次報告書を提出していること
- 小規模会社の特例の適用対象外であること

2011年12月8日以前に，効力発生済みの登録届出書に基づく普通株式の最初の売付けが行われた発行会社は，EGC の定義から除外される。

第102条（開示義務）

(a) 役員報酬（executive compensation）
　○証券取引所法14A 条(e)(2)の追加
　　EGC について，証券取引所法14A 条(a)及び(b)（役員報酬及びゴールデン・パラシュート報酬について個別議案による株主承認を要求する規定）の適用除外とする。
　　ただし，EGC であった発行会社が EGC でなくなった場合は，役員報酬について個別議案による株主承認を求めなければならない。
　○証券取引所法14条(i)の修正
　　EGC を，ドッド＝フランク法953条(a)で追加された証券取引所法14条(i)（支払役員報酬と発行会社の業績の関係の開示を求める規定）の対象発行会社から除外する。
　○ドッド＝フランク法953条(b)(1)の修正
　　EGC を，レギュレーション S-K アイテム402の改正を求めるドッド＝フランク法953条(b)(1)（従業員報酬と役員報酬の比率の開示を求める規定）の対象発行会社から除外する。
　○その他の開示方法
　　EGC は，レギュレーション S-K アイテム402（一定の役員報酬にかかる開示義務）について，非関連者（non-affiliates）が保有する普通株式の時価総額が75百万ドル未満である発行会社が開示するのと同等の情報を開示することによって，遵守することもできる。

(b) 財務情報の開示及び公表会計基準
　○証券法7条(a)(2)の追加
　　EGC は，普通株式の IPO の場合，登録届出書の効力発生のために，2年度分を超える監査済財務書類を表示する必要はない。

普通株式のIPOの場合以外の登録届出書について，EGCは，IPOに関連して表示した監査済会計年度より前の会計年度に係る財務データ（selected financial date）を表示する必要はない。

EGCは，サーベンス＝オクスリー法に定義する「発行会社」[12]でない会社が，新しい又は改正された財務会計基準の適用を受けて，それに従うことが必要とされる日まで，当該基準に従う必要がない（確認規定）。

○証券取引所法13条(a)の修正

証券取引所法に基づく登録届出書その他の開示書類について，EGCは，最初の登録届出書において表示した監査済会計年度より前の会計年度に係る財務データ（selected financial date）を表示する必要はない。

EGCは，サーベンス＝オクスリー法に定義する発行会社でない会社が，新しい又は改正された財務会計基準の適用を受けて，それに従うことが必要とされる日まで，当該基準に従う必要がない（確認規定）。

第103条（内部統制監査）

○サーベンス＝オクスリー法404条(b)の修正

EGCを，登録会計事務所が，経営者による内部統制の評価について認証（attest）し，報告する義務を負う対象会社から除外する。

第104条（監査基準）

○サーベンス＝オクスリー法103条(a)(3)(C)の追加

EGCは，以下を要求する公開会社会計監督委員会（Public Company Accounting Oversight Board）のルールから免除される。

● 強制的な監査事務所ローテーション
● 監査及び発行会社の財務書類に関する追加情報（auditor discussion

---

[12] サーベンス＝オクスリー法2条(a)(7)の定義する「発行会社（issuer）」とは，証券取引所法12条に基づき登録された証券の発行会社，同法15条(d)に基づき報告書の提出が要求される発行会社，又は証券法に基づき効力未発生の登録届出書を提出する若しくは提出した発行会社をいう。

and analysis) を記載すべき監査報告書の補足事項 (supplement)

また，EGCは，上記委員会が今後採択する追加的なルールについても，EGCに対する適用が公益のために必要若しくは適切とSECが判断しない限りは，免除される。

第105条 (EGC に関する情報の入手機会)

(a) リサーチの提供

○証券法2条(a)(3)の修正

証券法2条(a)(10) (prospectusの定義) 及び5条(c) (登録義務) の適用上，普通株式の公募に関して登録届出書の提出予定・提出済み・効力発生後のEGCに関するリサーチ・レポートをブローカー・ディーラーが公表又は配布することは，当該ブローカー・ディーラーが登録公募に参加する場合であっても，オファー (an offer for sale or offer to sell a security) に該当しないとみなされる。

「リサーチ・レポート」とは，文書，電子的方法又は口頭のコミュニケーションであって，発行会社の証券に係る情報，意見若しくは推奨，又は，証券若しくは発行会社の分析を含むものをいい，投資判断の基礎とするために合理的で十分な情報を提供するものであるか否かを問わない。

(b) 証券アナリストのコミュニケーション

○証券取引所法15D条に新(c)の挿入

SEC又は証券業協会は，EGCの普通株式のIPOに関して，以下の内容のルール又はレギュレーションを採択し又は維持してはならない。

● ブローカー・ディーラー又は証券業協会会員 (「ブローカー・ディーラー等」) の関連者 (associated persons) が証券アナリストと潜在的投資者との間のコミュニケーションをアレンジすることを，機能的役割に着目して，制限するもの

● 証券アナリストが，証券アナリストでない機能的役割を有するブローカー・ディーラー等の関連者が同席する，EGCの経営者との

コミュニケーションに参加することを制限するもの
(c) 許されるコミュニケーションの拡大
　〇証券法5条に新(d)の挿入
　　EGC 又は EGC のために行為する権限のある者は、投資家が想定される証券の公募に関心があるか否かについて判断するため、登録届出書の提出日の前であるか後であるかを問わず、適格機関購入者（qualified institutional buyers）である潜在的投資家又は認定投資家（accredited investors）である機関投資家との間で、口頭又は文書コミュニケーションを行うことができる。
(d) 募集後のコミュニケーション
　SEC 又は証券業協会は、EGC の普通株式の IPO に関して、以下の内容のルール又はレギュレーションを採択し又は維持してはならない。
- ブローカー・ディーラー等が、EGC の証券に関し、所定の期間（IPO 後の所定の期間又はロックアップ契約の期限前の所定の期間）、リサーチ・レポートを公表若しくは配布すること又は公示（public appearance）を行うことを禁止するもの

第106条（その他の事項）
(a) 登録届出書のドラフト
　〇証券法6条(e)の追加
　　EGC は、IPO の日より前に、SEC スタッフによる秘密の非公開の検討のために、登録届出書のドラフトを SEC に秘密提出することができる。ただし、かかる秘密提出されたドラフト及びその訂正書類は、EGC が「ロードショウ」[13]を行うより21日前までに、公開の形で正式提出さ

---

13) ルール433(h)(4)で定義される「ロードショウ（road show）」とは、概ね、オファー（法定目論見書又はその一部を除く。）であって、発行会社の経営者による募集に係るプレゼンテーションを含み、かつ、発行会社、その経営陣及び募集証券のいずれか一つ以上に係るディスカッションを含むものをいう。

れなければならない。なお、SECは、SECが受領又は入手した情報について開示する義務を負わない。

(b) 呼値の単位（tick size）
○証券取引所法11A条(c)(6)の追加
　SECは、証券の取引及び値付けの単位を1セント刻みに移行すること、すなわち10進法化（decimalization）について、検討するものとする。SECは、本法の成立後90日以内に、連邦議会に調査報告書を提出するものとする。
　SECがEGCの証券の呼値の単位を1セント刻みよりも大きくすべきだと判断する場合、SECは、係る証券についての呼値の刻みを1セントと10セントの間の刻みとすることを指定することができる。

第107条（EGCによるオプトインの権利）

　EGCは、本章に基づき与えられるいずれかの適用除外について、その適用除外を受けずに、EGCでない発行会社に適用される要件を遵守することを選択することができる。

　ただし、EGCが、EGCでない発行会社が遵守するのと同じ範囲で、新しい又は改訂された財務会計基準を遵守することを選択する場合には、以下の義務を負う。
- 登録届出書その他の開示書類を最初に提出する時に選択してSECに通知すること
- EGCでない発行会社が遵守するのと同じ範囲で、かかる財務会計基準の全部を遵守すること
- EGCである期間中、継続して、EGCでない発行会社が遵守するのと同じ範囲で、かかる財務会計基準を遵守すること

第108条（レギュレーションS-Kの検討）

　SECは、以下の目的のため、登録届出書の財務書類以外の部分に係るレ

ギュレーション S-K について検討を行うものとする。
- 現在の登録要件について包括的に分析すること
- 登録手続を現代化し簡潔にするため,また EGC の費用その他の負担を軽減するため,現在の登録要件をいかに改訂できるかについて判断すること

SEC は,本法の成立後180日以内に,連邦議会に調査報告書を提出するものとする。

第2章　雇用創出者のための資本調達方法
第201条（適用除外の修正）
(a)　SEC ルールの修正

SEC は,本法の成立後90日以内に,レギュレーション D 中のルール506を改正して,ルール502(c)に含まれる一般的勧誘又は一般的広告（general solicitation or general advertising）の禁止が,証券の購入者の全員が認定投資家（accredited investors）であることを条件として,ルール506に基づく証券のオファー又は売付けに適用されないよう規定するものとする。また,当該ルールにおいて,発行会社は,証券の購入者が認定投資家であることを SEC の決定する方法により確認する合理的な措置を講じなければならないものとされる。

SEC は,本法の成立後90日以内に,ルール144A(d)(1)を改正して,当該適用除外規定によって売付けされる証券について,発行会社又は発行会社のために行為する者が合理的に適格機関購入者であると信ずる者に対してのみ証券が売付けされることを条件として,適格機関購入者（qualified institutional buyers）でない者に対しても,オファー（一般的勧誘又は一般的広告によるものを含む。）することができるように規定するものとする。

(b)　解釈の平仄
○証券法4条に新(b)の追加
改正後のルール506に基づき適用除外されるオファー及び売付けは,

一般的勧誘又は一般的広告の結果として，連邦証券法上，公募とみなされることはないものとする。
(c) 適用免除規定の説明
  ○証券法4条に新(b)の追加[14]
    レギュレーションDのルール506を遵守してオファー及び売付けが行われる証券に関し，以下の(A)から(C)までの要件を満たす者は，以下の事由だけによって，ブローカー・ディーラーとしての登録義務に服することはないものとする。
    ● 証券に係るオファー，売付け，買付け若しくは交渉，又は，当該証券発行者による一般的勧誘，一般的広告若しくは類似・関連する行為を，オンラインで，直接に又はその他の方法により，行うことを可能とするプラットフォーム又はメカニズムを維持すること
    ● その者又はその者に関連する者が当該証券に共同投資すること
    ● その者又はその者に関連する者が当該証券に関し付随業務を提供すること
    「付随業務（ancillary services）」とは，以下のことをいう。
    ● 当該証券に係るオファー，売付け，買付け若しくは交渉に関連して，デュー・ディリジェンス業務を提供すること（ただし，当該業務において，別途報酬を得て，発行会社又は投資者に対する投資助言・推奨を行わない場合に限る。），及び
    ● 発行会社又は投資者に対して標準化された書面を提供すること（ただし，その者が第三者のために発行条件の交渉を行わず，また発行会社が当該業務を利用する条件としてかかる標準化された書面を使用することが必要とされない場合に限る。）
    (A)から(C)までの要件とは，以下のとおりである。
    (A) その者及びその者に関連する者が，当該証券の売付け又は買付け

---

14) 証券法4条に2つの新(b)が追加されている。

に関連して,報酬を受領しないこと
- (B) その者及びその者に関連する者が,当該証券の売付け又は買付けに関連して,顧客の資金又は証券を有しないこと
- (C) その者及びその者に関連する者が,証券法[15] 3条(a)(39)で定義される自主規制機関に係る法定欠格事由に服しないこと

第3章 クラウドファンディング

第301条（表題）

本章は,2012年オンラインを通じた資本調達並びに詐欺及び非倫理的情報非開示の抑止に関する法律（Capital Raising Online While Deterring Fraud and Unethical Non-Disclosure Act of 2012）といい,略称をクラウドファンド法（CROWDFUND Act）ということができる。

第302条（クラウドファンディングに係る適用除外）

(a) 証券法4条(a)(6)の追加

以下のすべての要件を満たす発行会社による証券のオファー又は売付けに係る取引を,証券法5条の適用除外として追加する。

- すべての投資家に対して売付けをした証券の総額が,直前12か月間を合算して,1百万ドル以下であること
- いずれかの投資家に対して売付けをした証券の総額が,直前12か月間を合算して,当該投資家の年収又は純資産が10万ドル未満の場合は2,000ドル又は年収若しくは純資産の5％相当額のいずれか大きい方の額を,当該投資家の年収又は純資産が10万ドル以上の場合は年収又は純資産の10％相当額（ただし,10万ドルを超えないものとする。）を,超えないこと
- 証券法4A条(a)の要件を遵守するブローカー又はファンディング・ポー

---

15) 証券取引所法の誤りと思われる。

タルを通じて取引を行うこと
- 発行会社が証券法4A条(b)の要件を遵守すること
(b) 証券法4A条の追加
○ 証券法4A条(a)仲介者の義務

証券法4条(6)に基づく他人の勘定による証券のオファー又は売付けに係る取引において，仲介者（intermediary）として行為する者は，以下の義務を負う。

(1) ブローカー又はファンディング・ポータルとして登録すること
(2) 適用ある自主規制機関に登録すること
(3) SECがルールにより定める開示内容を提供すること
(4) 各投資家が，(A)SECがルールにより設ける基準に従って投資家教育情報を検討し，(B)投資全額を失うリスクを冒していることを理解していること及びかかる損失を負担することができることを積極的に確認し，かつ，(C)新興企業・中小企業への投資に一般的に伴うリスクの水準，流動性の欠如のリスク及びSECがルールにより定めるその他の事項についての理解を示す質問対応を行うよう，確保すること
(5) 詐欺のリスクを低減させるためにSECがルールにより設ける措置（各役員・取締役・20％超保有株主の履歴・違反歴の入手を含む。）をとること
(6) いずれかの投資家に対して証券が売付けされる最初の日より21日前の日以前に，発行会社が証券法4A条(b)に基づき提供する情報を，SEC及び潜在的投資家に対して提供すること
(7) SECがルールにより定めるところにより，目標募集金額に達して初めて手取金額を発行会社に対して提供されるよう確保すること，及び，投資家が投資のコミットメントを撤回することを許容すること
(8) いずれかの投資家が12ヶ月間に証券法4条(6)によりオファーされる証券の買付けが同条(6)(B)所定の投資制限額を超えないことを確保するよう，SECがルールにより定める努力をすること

(9) 投資家から収集した情報のプライバシーを保護するためにSECがルールにより定める措置をとること

(10) プロモーター，ファインダー又はリード・ジェネレーター（promoters, finders, or lead generators）に対して，潜在的投資家の個人特定情報を提供したことについての対価を提供しないこと

(11) その業務を利用する発行会社について，自己の取締役・役員・パートナーが金銭的利害を有することを禁止すること

(12) SECがルールにより定めるその他の要件を遵守すること

○証券法4A条(b)発行会社の義務

証券法4条(6)の適用上，発行会社は，以下の義務を負う。

(1) 以下の情報を，SECに提出し，投資家及びブローカー又はファンディング・ポータルに提供し，潜在的投資家が入手可能とすること

　(A) 発行会社の名称，法的地位，住所及びウェブサイト

　(B) 取締役・役員・20％超保有株主の名称

　(C) 事業の内容及び事業計画

　(D) 財務状態（目標募集金額に応じて，以下の内容を含む。）

　　● 10万ドル以下の場合は，直近の所得税申告書及びCEOによる証明付の財務書類

　　● 10万ドル超50万ドル以下の場合は，独立の公認会計士がレビューした財務書類

　　● 50万ドル（又はSECがルールにより定める金額）超の場合は，監査済財務書類

　(E) 発行目的及び目標募集金額に関する予定資金使途

　(F) 目標募集金額，最終募集期限及び募集進捗状況の定期的更新

　(G) 公募価格又はその決定方法（ただし，売付け前に，各投資家に対して，最終価格及び必要なすべての開示内容を書面で提供し，またコミットメントを撤回する合理的な機会を提供するものとする。）

　(H) 所有者の状況及び資本構成（以下の内容を含む。）

- オファーされている証券及びそれ以外の発行会社の各種類の証券の要項
- 主要株主の有する権利の行使によって,証券を買い付けた者がいかにネガティブな影響を受けるのかの説明
- 各種類について20％超を所有する株主の氏名及び所有水準
- オファーされている証券の具体的な評価方法及び将来の評価方法の例
- 少数持分に係る証券を買い付けた者のリスク及び増資,M&A,関連当事者取引等の会社の行為に伴うリスク
 (I) SECがルールにより定めるその他の情報
(2) 募集の条件について広告（ただし,投資者をファンディング・ポータル又はブローカーに誘導する通知を除く。）を行わないこと
(3) ブローカー又はファンディング・ポータルが提供するコミュニケーション・チャンネルを通じて募集を支援する者に対し,その者が対価の受領について明確に開示することを確保するためにSECがルールにより定める措置をとらずに,対価を支払うこと
(4) 少なくとも年1回,SECがルールにより定めるところにより,経営成績に係る報告書及び財務書類を,SECに提出し,投資者に提供すること
(5) SECがルールにより定めるその他の要件を遵守すること

○証券法4A条(c)重要な情報の不実開示に係る責任

　証券法4条(6)により適用除外とされた取引において証券を買い付けた者は,発行会社に対し,当該証券の取得対価及びその利息相当額（当該証券から得た利益額を控除する。）の回復のため又は（当該証券を既に所有していない場合は）損害額について,管轄裁判所に,訴訟を提起することができる。

　当該訴訟において,「発行会社等（issuer）」は,州際通商の手段を用いて,証券法4条(6)により適用除外とされた取引における証券の募集又

は売付けにつき重要な情報の不実開示を行った場合（ただし，買い付けた者が不実開示を知らないことを条件とする。），不実開示について知らず，かつ合理的な注意を用いても知ることができなかったことについての証明責任を果たさないときは，責任を負うものとする。

　証券法4A条(c)において，「発行会社等（issuer）」とは，発行会社の取締役，パートナー，CEO，CFO，会計役又はCAO及び証券法4条(6)により適用除外とされた取引において証券のオファー又は売付けを行う者を含む。

○証券法4A条(d)州への情報提供

　SECは，証券法4A条(b)記載の情報及びSECがルールにより定めるその他の情報を，各州の証券委員会に提供するものとする。

○証券法4A条(e)転売制限

　証券法4条(6)記載の取引により発行された証券は，以下の場合を除き，その買付け日から1年間，譲渡することができないものとし，また，SECがルールにより設けるその他の制限に服するものとする。

- 発行会社に譲渡される場合
- 認定投資家に譲渡される場合
- 登録募集の一部として譲渡される場合
- 家族に対して譲渡される場合又は死亡，離婚若しくは類似の事由に関連して譲渡される場合（SECの裁量による。）

○証券法4A条(f)適用

　証券法4条(6)は，以下の発行会社が行う証券のオファー又は売付けを伴う取引に対して適用されないものとする。

- 米国の州法を準拠法としないもの
- 証券取引所法13条又は15条(d)に基づく報告義務に服するもの
- 投資会社法3条に定義される投資会社であるもの
- SECがルール又はレギュレーションにより定めるもの

○証券法4A条(g)解釈方法

証券法4A条又は4条(6)は，発行会社が4条(6)記載以外の方法により資本調達することを妨げるものと解釈されてはならない。
  ○証券法4A条(h)一定の計算方法
    SECは，5年に1回以下の頻度で，証券法4条(6)及び4A条(b)の金額基準について見直し，公表するものとする。証券法4条(6)(B)の収入及び純資産は，認定投資家のそれらの計算に関するSECのルールに従って計算するものとする。
(c) 規則制定
  SECは，本法制定後270日以内に，証券法4条(6)及び4A条を実施するために必要又は適当と判断するルールを発するものとする。
(d) 欠格
  SECは，本法制定後270日以内に，発行会社が証券法4条(6)によって証券をオファーする適格がないこと及びブローカー又はファンディング・ポータルが証券法4条(6)による取引の実行又は参加をする適格がないことについて定める欠格の規定をルールにより設けるものとする。

第303条（株式保有の上限規制におけるクラウドファンディングの投資者の除外）

  ○証券取引所法12条(g)(6)の追加
    SECは，証券法4条(6)に基づきなされた募集により取得した証券について，ルールにより証券取引所法12条(g)の適用除外とするものとする。SECは，かかるルールを本法成立後270日までに発するものとする。

第304条（ファンディング・ポータル規制）

(a) ファンディング・ポータルの適用除外
  ○証券法3条(h)の追加
    SECは，ルールにより，以下の要件を満たす登録ファンディング・ポータルについて，証券法15条(a)(1)に基づきブローカー・ディーラーと

して登録する義務を適用除外とするものとする。
- SEC の検査，エンフォースメントその他の規則制定権限に引き続き服すること
- 登録証券業協会の会員であること
- SEC がルールにより定めるその他の要件に服すること

証券法15条(b)(8)及び15A 条の適用上，SEC が別途ルールに定める場合を除き，ブローカー・ディーラーとはファンディング・ポータルを含み，登録ブローカー・ディーラーとは登録ファンディング・ポータルを含むものとする。

(b) ファンディング・ポータルの定義
○証券取引所法 3 条(a)(80)の追加

ファンディング・ポータル（funding portal）とは，証券法 4 条(6)のみに基づく他人の勘定による証券のオファー又は売付けに係る取引において，仲介者（intermediary）として行為する者であって，以下の行為をいずれも行わないものをいう。

- 投資助言・推奨の提供
- 自己のウェブサイト又はポータルでオファー又は掲示される証券について，買付け，売付け又は買付けのオファーの勧誘
- 従業員，代理人その他の者に対し，かかる勧誘について，又は，自己のウェブサイト若しくはポータルで提示若しくは言及される証券の売付けに応じて，報酬を支払うこと
- 投資家の資金又は証券を保有，管理，占有又はその他の方法により取り扱うこと
- SEC がルールにより定めるその他の行為

第305条（州法との関係）

(a) 証券法18条(b)(4)(C)の挿入

州又は地方自治体の法令又は行政処分の対象とすることができない証券

に，証券法 4 条(6)に基づき登録免除される取引に係る証券を追加する。
(b) 証券法18条(c)(1)の修正

州が保持する調査権又はエンフォースメント訴訟の提起権に，証券法 4 条(6)に基づく取引に関連した詐欺及びブローカー・ディーラー，ファンディング・ポータル又は発行会社の違法行為を追加する。

(c) 証券法18条(c)(2)(F)の追加

証券法18条(b)(4)(B)［注：(C)の誤記と思われる。］により州又は地方自治体の法令又は行政処分の対象とすることができない証券に関し，書類提出又は手数料を求めてはならない。

(d) 証券取引所法15条(i)に新(2)の挿入

州又は地方自治体は，以下の場合をのぞき，登録ファンディング・ポータルに対し，登録ファンディング・ポータルとしての業務に関し，法令又は行政処分の執行をすることができない。

- 登録ファンディング・ポータルの事業の本拠地の所在する州又は地方自治体による検査又は法令若しくは行政処分の執行（ただし，かかる法令若しくは行政処分は，SEC の設ける要件に追加又は相違するものであってはならない）

第 4 章　小規模会社の資本形成

第401条（一定の証券を適用除外とする権限）

○証券法 3 条(b)(2)の追加

SEC は，以下の条件に従って，ルール又はレギュレーションにより，ある種類の証券を適用除外として追加するものとする。

(A) オファーされた証券及び過去12ヶ月間に本項による適用除外により売付けされた証券の募集総額が50百万ドルを超えないこと

(B) 証券が公募・公売できること

(C) 証券が制限付証券とならないこと

(D) 証券法12条(a)(2)の民事責任規定が当該証券のオファー又は売付けを

行う者に適用されること
(E) 募集書類の提出前に，SECが定める条件により，募集への関心を引く（solicit interest）ことができること
(F) SECが，発行会社に対し，毎年の監査済財務書類の提出を要求すること
(G) SECが定めるその他の条件又は要件（以下のものを含むことができる。）
- SECが定める様式及び内容による募集書類及び関連書類を発行会社が作成し，電子的にSECへの提出及び潜在的投資家への配布を行うという要件
- 発行会社又は一定の関係者に対して適用除外が利用できなくなることを定める非適格の規定

○証券法3条(b)(3)の追加

証券法3条(b)(2)により採択されるルール又はレギュレーションに基づき適用除外される証券は，以下の種類の証券に限られる。
- エクイティ証券
- 負債証券（当該証券の保証を含む。）
- エクイティ持分に転換又は交換可能な負債証券（当該証券の保証を含む。）

○証券法3条(b)(4)の追加

SECは，ルール又はレギュレーションにより，証券法3条(b)(2)により適用除外とされる証券の発行会社に対して，発行会社，その事業，その財務状態，そのコーポレート・ガバナンスの原則，投資家の資金の使途その他の事項に係る定期的な開示事項を，投資家に提供し，SECに提出することを要求することができる。

○証券法3条(b)(5)の追加

2011年小規模会社資本形成法（Small Company Capital Formation Act of 2011）の制定後2年以内に，またその後2年ごとに，証券法3

条(b)(2)(A)記載の募集総額の制限額を見直し，適当と判断するときは増額するものとする。増額しないと判断するときは，議会の委員会に増額しない理由を報告するものとする。
- 証券法18条(b)(4)に新(D)の挿入

    州又は地方自治体の法令又は行政処分の対象とすることができない証券に，証券法3条(b)(2)により採択されたルール又はレギュレーションにより登録免除される取引に係る証券であって，証券取引所において又はSECが定義する適格購入者（qualified purchaser）に対してオファー若しくは売付けされるものを追加する。

第402条（レギュレーションA募集に対する州の証券規制法の影響調査）

米国連邦会計検査院長（Comptroller General）は，レギュレーションAに基づきなされる募集に対する州の証券規制法の影響について調査を行い，本法の制定後3か月以内に連邦議会の委員会に報告書を提出するものとする。

第5章　閉鎖会社の柔軟性及び成長

第501条（登録に関する基準）

- 証券取引所法12条(g)(1)(A)の修正

    証券取引所法12条(g)(1)に基づく登録義務の要件について，発行会社の総資産の基準を10百万ドル超とし，エクイティ証券（適用除外証券を除く。）の名義上の保有者の基準を2,000名以上又は認定投資家でない500名以上とする。

第502条（従業員）

- 証券取引所法12条(g)(5)の修正

    証券取引所法12条(g)(1)に基づく登録義務の要件の適用上，「名義上の保有（held of record）」の定義には，証券法5条の登録義務が免除され

る取引で，従業員報酬プランにより証券を受け取った者は含まないものとする。

第503条（SEC の規則制定）

SEC は，証券取引所法12条(g)(5)に従って，名義上の保有の定義を見直すものとし，また，証券法5条の登録義務が免除される取引で，従業員報酬プランにより証券を受け取ったかどうかを判断するに際し，発行会社がよることができるセーフ・ハーバー規定を採択するものとする。

第504条（ルール12g5-1に基づく執行権限についての SEC の調査）

SEC は，名義上の保有に係るルール12g5-1に含まれる脱法防止規定を執行するために新たな執行手段が必要かどうかについて判断するため，当該ルールを執行する SEC の権限について検討し，本法制定後120日以内に連邦議会にその推奨案を提出するものとする。

第6章　資本増強

第601条（登録に関する株主基準）

○証券取引所法12条(g)(1)(B)の修正

証券取引所法12条(g)(1)に基づく登録義務の要件について，銀行又は銀行持株会社である発行会社の総資産の基準を10百万ドル超とし，エクイティ証券（適用除外証券を除く。）の名義上の保有者の基準を2,000名以上とする。

○証券取引所法12条(g)(4)及び15条(d)の修正

登録義務の終了について，名義上の保有者が300名未満という一般の基準に加えて，銀行又は銀行持株会社である発行会社の場合に1,200名未満という基準を追加する。

第602条（規則制定）

SECは，本法の制定後1年以内に，本章の規定を実施するための最終レギュレーションを発するものとする。

第7章　法改正に係る啓蒙活動

第701条（SECによる啓蒙活動）

SECは，本法による改正について，オンラインで情報提供するとともに，中小企業，女性所有企業，退役軍人所有企業及びマイナリティ所有企業に周知するための啓蒙活動を行うものとする。

主な略称	
証券法	1933年証券法（Securities Act of 1933）
証券取引所法	1934証券取引所法（Securities Exchange Act of 1933）
投資会社法	1940年投資会社法（Investment Company Act of 1940）
サーベンス＝オクスリー法	2002年サーベンス＝オクスリー法（Sarbanes-Oxley Act of 2002）
ドッド＝フランク法	ドッド＝フランク・ウォール・ストリート改革及び消費者保護法（Dodd-Frank Wall Street Reform and Consumer Protection Act）
EGC	新興成長企業（emerging growth company）
IPO	株式公開（initial public offering）
SEC	米国証券取引委員会（Securities and Exchange Commission）

金融商品取引法制の潮流

平成27年2月20日

定価（本体2,500円＋税）

編 集 　金 融 商 品 取 引 法 研 究 会
発行者 　公益財団法人　日本証券経済研究所
　　　　東京都中央区日本橋茅場町 1 - 5 - 8
　　　　東京証券会館内　〒103-0025
　　　　　　電話　03(3669)0737 代表
　　　　　　URL：http://www.jsri.or.jp
印刷所　昭 和 情 報 プ ロ セ ス 株 式 会 社
　　　　東京都港区三田 5 - 14 - 3　〒108-0073

ISBN978-4-89032-048-6　C3032　￥2500E